문학과 젠더

이채원 지음

글누리
HNU

서 문

이 책은 학제적 융합적 교과목인 '문학과 젠더' 수업을 위한 교재로 구성되었다. 대학에서의 교양교육은 공동체의 미래를 상상하는 것에서 시작된다. '교양'이 개인적 차원에 머무르는 것이 아니라 타자와의 관계, 사회적인 이슈들을 대하는 태도를 결정하는 관계적, 사회문화적 차원의 문제이기 때문이다. 즉, 지성과 교양은 '천상천하 유아독존'적인 고고한 가치가 아니라 내가 살고 있는 세상에 대한 인식과 태도를 결정하는 배경이 되며, 사고와 표현 역시 타자와의 관계와 상호작용 속에서 이루어진다. 그렇다면 우리는 세계와 타자에 대해서 어느 정도까지 인식하고 있는지에 대해서 질문해야 한다. 인식의 범위가 태도를 결정하기 때문이다. 인식의 범위가 클수록, 배제하고 타자화하며 혐오하는 태도를 버릴 수 있고 비판적 성찰을 거친 이해와 포용이 가능하며 교양교육의 우선적 과제도 인식의 범위를 넓히고 이를 통해 비판적 성찰을 거친 이해와 포용을 지향하는 것이다.

'문학과 젠더' 수업에서는 문학작품에 형상화된 시대상, 사회상, 인물들을 젠더의 관점에서 분석하고 해석하며, 이를 통해 현재 내가 처한 시대와 사회문화적 지평을 파악하고, 나의 삶을 성찰하고 지향해야 할 방향을 탐색한다. 특히 좋은 글 읽기의 희열을 몸소 체득하고, 자신을 표현하는 글쓰기를 수행하며 소통을 훈련하고 교감하는 것이 중요한 학습활동이다. 이를 통해 '사회적 공감능력'까지 향상시키는 것을 추구한다. '사회적 공감'은 차별과 혐오에 대한 맥락적인 이해가 전제되어야 가능하다. 여러 가지 맥락이 있지만 특히 현재 한국사회에서는 젠더에 대한 담론이 사회적 공감의 중심에 있다고 할 수 있다. 젠더 갈등 시대에 살고 있기 때문이다. 따라서 젠더 담론에 대한 정확한 이해가 현 시점에서 가장 필요한 지적(知的)이고 윤리적인 감수성이라고 할 수 있다. '문학과 젠더'는 바로 이러한 지적이고 윤리적인 감수성을 키우는 것을 목표로 한다.

현재성을 담고 있는 문학텍스트 읽기와 '고전'에 대한 비판적 다시 읽기는 문학텍스트에 내포된 논점과 사유를 발견하는 것에서부터 시작한다. 이는 개개인의 사유의 폭을 확장시킨다. 이를 자신의 언어로 표현하는 훈련은 타자의 사유와 교류하는 것으로 이어진다. '문학과 젠더'는 다른 이의 사고를 해석하고 판단하는 비판적 읽기 과정을 포함하여 궁극적으로는 자신의 생각을 표현할 적확한 자신의 언어를 찾고 소통하기 위한 능력을 훈련하는 것을 목적으로 한다. 이는 학제적 융합적 교과목에서 궁극적으로 도달해야 할 지점이라고 할 수 있다.

이 저서에서 소개하고 분석할 문학작품들은 과거와 현재를 교차하며 문학의 사회적 의미를 함축하고 있는 텍스트들이다. 박민정 작가의 「세실, 주희」에서는 일본군 '위안부' 문제와 불법촬영물의 문제를 한국 여성의 시각에서 다루고 있는데 여기서 한국 여성과 일본 여성의 교류 가능성/불가능성의 논점이 함축되어 있다. 이를 페미니즘과 트랜스내셔널리즘의 교차 가능성의 관점에서 분석했다. 박민정 작가의 「모르그 디오라마」는 19세기

파리 시체 공시소 '모르그'와 현재 한국사회에서 심각한 사회문제인 '비동의 유포 성적 촬영물'이 공통적으로 내포하는 논점들을 통해 폭력의 근원을 지적(知的)으로 서술해나간 작품이다.

최은영 작가의 단편들과 구병모 작가의 「하르피아이와 축제의 밤」을 통해서 '젠더 갈등 시대'를 향한 문학적 증언을 다뤘고, 정세랑 작가의 장편 『시선으로부터,』와 최은영 작가의 장편 『밝은 밤』을 통해서 20세기를 관통하고 21세기로 이어지는 거대 담론을 분석했다. 유사한 현실인식을 공유하면서도 대응하는 전략의 차이를 두 작품을 비교분석하며 설명할 수 있었다. 이는 현실세계의 사회문화 속에서 현실에 대한 동일한 문제의식을 공유하지만 다른 전략으로 현실에 대응하며 이상(理想)으로 나아가는 사람들에 대한 설명과 해석으로도 유용하다. 실화를 바탕으로 창작된 『도가니』를 소개한 장에서는 작품분석 뿐만 아니라 '문학과 젠더' 수강생들의 서평들도 소개한다. 이는 학생들이 문학작품을 매개로 자신들의 체험과 고민과 사고를 표현하고 교감하고 교류함으로써 사유를 확장하는 순간들을 포착하고 예증했다는 의미가 있다.

한국현대사에서 중요한 의미가 있는 1980년대를 회고하는 후일담 문학들을 젠더의 관점에서 다시 읽기 하는 과정과 2000년대에 시작되어 이제 어느 정도는 자리를 잡아가고 있는 듯 보이는 '다문화'가 문학작품 속에서 재현되는 방식에 대한 비판적 읽기 또한 본 저서에서 심혈을 기울인 주제이다. 이를 통해 학생들은 역사와 세계 속에 위치한 자신과 타자를 성찰하게 된다. 특히 공식적인 역사서술에서 배제된 이들의 증언이 가지는 의미는 우리가 역사를 고정된 것이 아닌 새롭게 쓰이는 것으로 이해하고 입체적으로 역사를 바라보게 한다는 데 있다. 여기서 젠더정치학은 핵심적인 키워드가 된다.

문학과 영화가 역사를 해석하는 방식과 그 속에 내포된 작가(감독)의 이데올로기를 분석하는 것은 현재와 미래를 위해서 중요하다. 지배계층의 시각에서 서술된 공식적인 역사서사의 태도를 따라가며 체제수호적인 봉건성으로 향한 문학작품도 있지만, 분명히 존재했으나 삭제된 이들의 시선에서 역사적 사건을 재현하는 문학(영화) 작품도 존재한다. 소설 『남한산성』과 영화 <남한산성>의 비교분석을 통해 이를 심도 있게 분석했다. 허무주의적인 역사관을 재현한 작가 김훈의 태도가 '여성혐오'로 이어질 수밖에 없음도 논증한다.

또한 시대와 역사를 대하는 문학의 사회성과 정치성이라는 관점에서, 일제강점기 친일과 여성혐오를 일삼았던 유명 작가들과는 다른 에토스를 가진 작가의 문학작품을 소개하고 분석한다. 본 저서에서 선택한 문학텍스트는 이기영 작가의 단편들이다. 이는 '시대의 한계'라는 말을 너무도 쉽게 해 왔으나 쉽게 시대 탓을 해서는 안 되는 이유에 대한 방증이 될 것이다. 또한 한국문학의 거목이라고 할 수 있는 박경리 작가의 『김약국의 딸들』을 소개하고 분석한다. 이 작품은 수강생들로 하여금 거대서사에 압도당하는 체험을 하게 함과 동시에 섬세한 문학의 향기를 체감하게 할 수 있다.

마지막으로 한 편의 영화텍스트를 세밀하게 분석했는데, 해당 텍스트는 독립영화로서 국내외를 통틀어 40여개의 상을 수상한 영화 <벌새>이다. 이 영화의 분석을 통해서 개인사 안에 시대사가 어떻게 새겨지는지를 논하고, 폭력의 원형인 가부장제와 반복되는 재난의 상관관계를 분석한다. 또한 타자의 철학을 체현하는 캐릭터를 통해 책임의 윤리학으로 향하는 여성 성장서사의 의미를 조명하고, 편 가르기와 배타적인 폭력과는 다른 세상을 상상하는 능력을 가지게 되는 과정을 서술한다.

이 책을 집필하면서 강의실에서 만난 많은 학생들에게 감사의 마음을 전한다. "이 수업에서 배운 것을 가지고 평생을 살아가겠다."는 다짐을 전달한 수강생의 메시지를 비롯해서 교수자인 필자에게 더할 수 없는 책임감과 긍지와 보람을 준 여러 전언들이 있었다. 나 혼자 일방적으로 지식을 전달하는 수업이 아니었으며 필자 또한 학생들로부터 많은 것을 배울 수 있었다고 생각한다. 강의실을 떠나고 학교를 떠나 때로 정글 같은 사회로 나아가는 학생들에게 응원과 격려를 보낸다. 이 사회를 정글 같은 사회로 만드는 것을 막지 못한 기성세대의 한 사람으로서, 각자도생 무한경쟁의 정글이 아닌 모두의 존엄과 개성이 존중되는 사회를 만드는 데 우리 학생들이 일조할 것을 믿고 기대하며 필자 역시 그들의 앞에서 끌고 뒤에서 밀어주는 일을 기쁘게 수행할 것이다. 본 저시의 집필은 그러한 수행 중 하나가 될 것이다.

이 채 원

Contents

I

모르그 디오라마 (박민정, 2019)

1. 소설의 사회적 배경
2. 폭력을 향유하는 시선의 근원을 찾아 가는 교차 서술
3. 문학과 사회, 문학의 정치성

I 모르그 디오라마 (박민정, 2019)

1 소설의 사회적 배경

이 소설은 디지털성범죄를 주요소재로 채택하고 있지만, 디지털 기기 발전 이전에도 폭력과 고통을 전시하고 향유하는 시선이 있었음이 교차 서술되고 있으며 이를 종말론적인 상상력으로 풀어가는 다층적인 텍스트이다. 과거에도 있었던, 폭력을 향유하는 시선이 이제 첨단기술과 자본의 결합으로 인해 무한반복 재생산되어 피해자들로 하여금 죽음 이후, 종말 이후를 살게 하는 현 세태를 냉철한 태도와 지적인 방식으로 구성하고 전개한 소설이다.

현행 '성폭력범죄처벌 특례법 제14조 제3항'에 따르면 영리를 목적으로 카메라 또는 촬영기능 기계를 이용하여 성적 욕망 또는 수치심을 유발할 수 있는 다른 사람의 신체를 그 의사에 반하여 촬영한 촬영물을 정보통신망을 이용하여 유포한 경우에 영리목적과 불법촬영행위가 결합된 중한 사이버성범죄로 규정한다.

성폭력범죄 중 카메라 등 이용 촬영죄속칭 몰카범죄 또는 도촬물죄의 증가현상을 주목해야 하는데, 도촬물죄는 2006년 전체 성폭력범죄 중 3.6%에 지나지 않았지만 2015년 24.9%에 이르기까지 급증했다.[1)] 속칭 '몰래카메라'라고 일컬어지는 불법도촬 영상물이나 성폭

1) 김한균, 「사이버성범죄 · 디지털성범죄 실태와 형사정책」, 『이화젠더법학』 제9권, 제3호, 이화젠더법학회, 2017, 34쪽.

행영상 등의 범죄영상물스너프 필름을 정보통신망을 이용한 사이버 공간에 전시하여 금전적 이익을 취한다는 점에서 이는 "자신이 저지른 범죄결과물을 스스로 인터넷에 공개하거나 판매하는 기이한 형태의 범죄"이다.2)

이러한 디지털성범죄의 가장 치명적인 특징은 앞서 언급한 '무한반복성'에 있다. 일단 온라인상에 업로드 되면 급속하고 광범위하게 전파되어 무차별적으로 노출되고, 지속적인 다운로드 및 업로드가 이루어져 완전한 삭제가 사실상 불가능하기에 피해자의 인권과 사생활이 심각하게 침해된다. 또한 피해자는 피해사실을 신고한 이후에도 디지털성범죄가 발생하는 장면을 계속 목격해야 하고 누군가 해당 영상물을 봤을까봐 두려워 이후 인간관계에 장애가 발생한다는 점에서 심각한 피해를 발생시키는 것이다.3) "디지털성범죄는 피해자에게 심각한 사회적 고립을 초래하고 극단적인 최후의 선택으로 이어질 수 있는 사회적인 살인행위와 마찬가지로 심각한 사회문제"4)이며 심지어 자살로 생을 마감한 피해자의 영상물은 온라인상에서 '유작 포르노'로 명명되며 소비되기까지 한다.5)

문학과 젠더

2) 김한균, 앞의 논문, 31쪽.

3) 최용성·곽대훈, 「성폭력처벌법 제14조를 기반으로 한 디지털성범죄의 합리적 대응방안 연구」, 『한국경찰학회보』 22권, 2호, 한국경찰학회, 2020, 224쪽.

4) 권미경, 「디지털성범죄 피해자 지원 프로세스에 대한 연구」, 『이화젠더법학』 제10권, 제3호, 이화젠더법학회, 2018, 71쪽.

5) 불법촬영은 살아남은 사람에게도 큰 상처를 남겼다. 친구의 죽음을 경험한 ㄴ씨는 "저는 그 애가 웹하드에서 자신의 동영상을 발견한 후부터 스스로 목숨을 끊을 때까지 3개월간 거의 유일하게 만난 사람"이라고 스스로를 소개했다. ㄴ씨는 "3개월 동안 그 애 옆에 있어 주고 지지하고 보조자가 되어주는 것만으로도 제 일상은 충분히 망가져 있었다"고 했다. 그는 "친구의 죽음을 차분하게 설명하고 의미를 따질 수 없어" 친구 장례식에도 가지 못했다. 추모제 공동발언문은 불법촬영 피해자들의 죽음을 '사회적 타살'로 규정했다. 발언문은 "국가가 불법촬영물을 유통하여 돈을 버는 온라인 공간에 적극적으로 개입했다면, 사람들이 피해자를 향해 손가락질하지 않았다면, 가해자가 제대로 처벌되었다면 막을 수 있었던 죽음이었다"고 썼다.
'30일 저녁 서울 광화문광장에서 열린 '불법촬영 및 비동의 유포 피해자를 기리며-'이름 없는 추모제' 참석자들이 헌화하고 있다.' (『경향신문』, 2019. 01. 30.)

주지하다시피 대한민국은 디지털기술과 온라인이용에 있어서 세계최고 수준이다. 성산업과 성범죄에 있어서도 그러하다. 이 두 가지가 결합되어 디지털성범죄에 있어서도 강국이 되었다. 딥페이크 이용 포르노 합성에 한국 여성 연예인의 비중이 25% 가량을 차지하는 것으로 보도됐다. 또 미국 법무부가 32개국 국제 공조수사를 벌인 결과 다크웹에서 아동음란물 사이트 운영자와 이용자 310명을 적발했는데 이 중 한국인이 223명에 달했고, 그 중 아동음란물 사이트를 운영한 한국인 손정우가 4억여 원의 비트코인을 챙긴 것으로 나타나 충격을 주었다.[6] 앞서 언급했듯이 디지털기술의 발전과 플랫폼의 다양화 그리고 자본과 결합된 성범죄는 사실 새롭지 않다. 공창, 윤락, 매춘, 성매매, 포르노, 남초사이트, 단톡방, 몰래카메라, 리벤지 포르노 등 다양한 형태를 관통하는 맥락은 여성을 성적으로 대상화하는 남성들의 행위에 대한 관대함이 가져온 결과라고 할 수 있다. 여기에 "통제할 수 없는 '보편적' 남성성욕의 산물이라 주장하다가도 특정 괴물의 소행이라 분리하는 모순을 한 번도 성찰해 보지 않은 무사유"[7]도 성범죄, 성착취의 근원에 있다.

그럼에도 불구하고 디지털성범죄의 심각성을 인식하지 못하거나, 촬영과 유포만을 범죄로 인식하고 불법촬영물을 다운로드하고 소비하는 행위에 대해서는 이를 범죄로 인식하지 못하는 경우도 허다하다.[8] 비동의 유포 성적촬영물의 제작과 유포가 끊이지 않는

6) 최용성 · 곽대훈, 앞의 논문, 227쪽.

7) 이나영, 「n번방이 던진 근본적인 질문」, 『경향신문』, 2020. 03. 29.

8) 디지털 성범죄 아웃(Digital Sexual Crime Out; DSO)은 디지털성범죄의 유형을 다음과 같이 분류하고 있다. 첫째, 자신 또는 타인의 성적 욕망을 유발하거나 만족시킬 목적으로 다른 사람의 신체를 촬영하거나 그 촬영물을 반포 · 판매 · 임대 · 제공 · 제시 또는 전시 · 상영하는 '유포형'과 둘째, 정보통신망을 통해 디지털성폭력 행위를 제공할 목적으로 제조 · 유포 · 수입 · 수출하는 '제작형', 셋째, 디지털성폭력 행위의 게시물에 댓글, 연락 등으로 동조 · 참여 또는 가담하는 '참여형', 그리고 넷째, 강간 촬영물을 소지 · 매입 · 시청하는 '소비형'으로 분류하였다. 이러한 DSO의 유형분류는 촬영 행위를 한 당사자뿐 아니라 유포 행위자, 참여자, 소비자 모두가 범죄 행위에 연루되어 있음을 강조한다. 더구나 문화이자 놀이로 문제의식을 느끼

것은 이에 대해서 금전적인 대가를 지급하는 소비자가 있기 때문이라는 것이 명백하며 소비형 범죄 역시 범죄인 것이 자명하다.[9] 박민정의 「모르그 디오라마」는 바로 이 소비형 범죄에 초점을 맞춘다. 폭력을 전시하는 쪽에 대해서도 묘사하지만 그보다는 폭력의 전시를 향유하는 시선에 대해 물음을 던지는 소설이다.

동시대 작가가 동시대의 민감한 사회적 이슈를 소설화 한다는 것은 '거리두기'의 어려움에 있어서 난관에 봉착할 수 있고, 특히 성범죄를 소설화또는 영화화 한다는 것은 매우 조심스러운 일이다. 성범죄를 다룬 소설과 영화에서 오히려 피해자의 고통이 전시되고 착취되는 경우가 많으며 피해자의 서사가 아닌 가해자의 서사가 되어버리는 경우도 있기 때문이다. 또한 아무리 성범죄를 소재로 했다고 해도 르포나 다큐멘터리나 신문기사가 아닌 소설에서 미적 형상화의 문제를 간과할 수는 없는 것이다. 해당 소설텍스트가 이 문제를 어떻게 돌파했는지에 대한 미학적 분석과 더불어 문학과 사회의 관계에 대한 논의 또한 필요하다. 문학텍스트를 매개로 이루어지는 대학교육현장에서 이러한 논점이 중요한 이유는 이러한 논의가 "문학교육이 구체적으로 어떤 방식으로 사회와 관계 맺을 수 있을지에 대한 고민"[10]에 대해서 그 구체적인 답을 찾아가는 과정이기 때문

지 못했던 평범한 자들까지 범죄이자 폭력에 가담하고 있음을 인식시킨다.
최용성 · 곽대훈, 앞의 논문, 226쪽.

9) 이러한 입법은 소지하고 소비하는 행위가 곧 제작알선, 영리목적 판매나 제공, 제작을 불러오기 때문이라는 단순하면서도 명확한 논리적 고려에 터 잡고 있다. 더구나 아동 · 청소년이용음란물의 소지가 가능한 경로 역시 대부분 정보통신망이라는 점을 고려해 보면, 피해자 의사에 반하거나 동의를 구하지 않거나 몰래 촬영한 신체나 성적 영상물 내지 사진임을 알면서 인터넷을 통하여 소비하고 소지한 자도 디지털성범죄 가해자로서 처벌함이 마땅하고 필요하다. 물론 사이버성폭력 또는 디지털성폭력에 대한 형법적 개입이나 제재확대는 표현의 자유 침해 논란을 가져올 수 있다. 그러나 정보의 자유를 표현의 자유와 혼동해서는 안 된다. 디지털성범죄로서 범죄결과물이나 음란물, 혐오성 발언 게시는 표현의 자유 문제가 아니라 정보를 자유롭게 유통할 권리의 문제이다. 우리 형사사법체계는 불법정보를 멋대로 유포할 권리와 자유까지 허용하지는 아니한다.
김한균, 앞의 논문, 47쪽.

이다. 이는 최근 논란이 되고 있는 문학과 '정치적 올바름'의 관계에 대한 논쟁과 문학의 정치성에 대한 문제를 포함한다. 이 모든 것이 학제적 융합적 교과목의 중요한 논점들이 될 것이다.

2 폭력을 향유하는 시선의 근원을 찾아 가는 교차 서술

1) 죽음의 전시와 향유의 변주된 반복-시체 공시소에서 사이버 공간으로

박민정의 「모르그 디오라마」에서 1인칭 화자는 줄곧 어렸을 때의 임사체험을 이야기한다. 화자가 유년시절이었던 1999년은 세기말 정서인 종말론이 친구들 사이에서 유행했음을 계속 밝히고 있다. 노스트라다무스의 종말 예언이나 휴거, 버뮤다 삼각지대, UFO 등에 관한 이야기들이 언급된다. 화자인 '나'의 아버지는 자신의 혈액형을 정확히 몰랐으며 따라서 딸의 혈액형을 알게 되었을 때 자신의 아이가 아닐지도 모른다는 의심을 하게 된다. 어린 화자는 아버지를 따라 아버지의 회사가 있던 여의도에 가서 혈액형 검사를 다시 해야 했으며, 63빌딩에서 아버지가 잠시 자리를 비운 사이에 미확인 벙커UO에 갇혀 잠시 죽었던 적이 있다고 말한다. 종말론적인 상상력을 가지고 있던 화자가 기억 속에서 지워버리고 이를 임사체험으로 가공했던 사건의 전말은 소설의 결말부에 가서야 독자 앞에 제시되며, 사실상 이 소설은 이 마지막 문장을 향해 치밀하게 직조되어 나아간다.

이 치밀한 직조의 중심에는 21세기 서울, 화자가 근무하는, 한때는 검색엔진의 대명사였으나 지금은 쇠락하여 성인 웹툰 사이트와 합병한 회사의 동영상 아카이빙 사이트에 대량으로 업로드 된 비

10) 우신영, 「문학교육에서 문학사회학적 상상력에 대한 시론」, 『문학교육학』 제64집, 문학교육학회, 2019, 146쪽.

동의 유포 성적촬영물과 19세기 말 파리 시체 공시소 모르그의 교차 병치가 있다. 화자인 '나'는 범죄영상물의 대량 업로드 사태 앞에서 대학시절 강의 시간에 들었던 '모르그 디오라마'를 떠올린다.

> 10여 년이 흐른 지금도 그날의 수업을 잊지 못한다. 파리 시체 공시소 모르그의 개방 …… 신원 미상의 시체를 공개하여 유족을 찾는 일이 목적이었으나, 결국 파리 시내의 가장 즐거운 구경거리가 되어버렸던 모르그 디오라마에 대하여. 그저 눈을 감은 듯 깨끗하고 아름다운 소녀의 시체를 두고 "그 소녀는 왜 죽었을까?"를 집요하게 물었던 사람들. 교수는 미국 유학파였는데 당시 CSI 사진감식반에서 일한 적이 있었다고 했다. 그때마다 나는 모르그 디오라마를 떠올렸어요. 빨랫줄에 널려 있듯 널린 시체를 구경하는 것만이 유일한 스펙터클인 당시 사람들의 마음은 대체 뭐였을까. 그녀는 그 이야기를 할 때 눈을 질끈 감으며 한 손으로 교탁을 짚었다. CSI 이후 내 삶의 질은 다섯 단계쯤 낮아졌죠. 그 사진들이 잊히지 않으니까요. 그 말을 나 역시 실감하게 되리라고는 당시에는 전혀 예상할 수 없었다.[11]

> 그때도 세기말이었다. 19세기 말, 파리의 센강 가운데, 시테섬에 있었던 시체 공시소 모르그. 하루에 만 명 이상이 몰려들기도 했다고 했다. 쇼케이스 너머에 있는 시체를 구경하러. 1880년대 후반, 센강에서 건져진 소녀의 두상, '센강의 신원 미상의 소녀'에 대해 교수는 미간을 찌푸리며 설명했다. 폭행의 흔적도 없이 깨끗했고, 게다가 예상했겠지만, 아름다웠고 …… 만면에 미소를 띠고 있었죠. 남자 때문에 죽었다는 소문이 호사가들 사이에서 파다했고요. 그녀의 두상은 매장되기 직전 공시소의 병리학자에 의해 석고로 제작됩니다. 이 두상은 수많은 복제본으로 만들어졌고, 먼 훗날 구강대의 구강 소생법 훈련을 위한 심폐소생술 마네킹이 되었습니다.[12]

쇼케이스 너머에 있는 소녀의 시체를 구경하러 하루에 만 명 이상이 몰려들었다는 사실을 전하며 교수는 "빨랫줄에 널려 있듯 널

---

11) 박민정, 「모르그 디오라마」, 『2019 현대문학상 수상소설집』, 현대문학, 2019, 18쪽.
12) 박민정, 앞의 책, 22쪽.

린 시체를 구경하는 것만이 유일한 스펙터클인 당시 사람들의 마음은 대체 뭐였을까"라고 묻는다. 게다가 소녀의 두상이 석고로 제작되어 수많은 복제본으로 만들어지고 이들이 구강 소생법 훈련을 위한 심폐소생술 마네킹이 되었다는 후일담까지 건조하게 전달한다. 교수의 독백적인 질문과 건조하게 전달하는 후일담은 낯설지 않다. 19세기 말에도 21세기 초에도 그 형태를 변주해서 반복되는 폭력과 그로 인한 죽음을 향유하는 시선이 늘 존재해왔기 때문이다. 시체 공시소 모르그에서의 직접 전시와 사이버 공간에서의 전시라는 형태는 다르지만 관통하는 공통점들이 있다. 한 가지는 향유하는 시선은 피사체에게 감정이입을 하지 않는다는 것이다. 그렇기 때문에 보고 즐길 수 있는 것이다. 여기서 피사체는 그림이나 사진이 아닌 사람이다. 그럼에도 불구하고 감정이입을 하지 않는다는 것은 피사체가 된 사람을 타자화 한 것이다. 그런데 "당시 사람들의 마음은 대체 뭐였을까"라고 묻는 교수는 피사체를 타자화 하지 않은 것이고 그렇기 때문에 피사체에게 감정이입을 할 수 있는 것이다. 이는 중요한 윤리적 논점을 시사한다. 분명히 나와 같은 '인간'인데 나와 같은 인간으로서 동일시 할 수 없고 감정이입 할 수 없을 때 모든 차별과 폭력이 시작된다. 인종차별의 역사와 성차별의 역사, 유대인 학살, 종족 대량학살 등 인류역사에 걸쳐 이루어져온 폭력과 최근 문제가 되고 있는 혐오의 근원이 모두 여기에 있다.

또 한 가지 공통점은 죽음이 전시되고 향유되는 인간 피사체의 성별이 여성이라는 것이다. 여기서 젠더 정치학적 논점이 파생된다. 여성이 피사체가 되고 여성에 대한 폭력이 스펙터클이 되는 일은 여러 양상을 띠고 전방위적으로 진행되어 왔다. 이를 '구경'할 수 있는 시선은, 피사체로서 재현되는 인간 여성을 타자화할 수 있는 '남성적' 시선이며 이러한 시선은 도처에 존재한다. 게임이든 웹툰이든 영화이든 스펙터클은 점점 더 자극적으로 제작되고 여기서 여성에 대한 폭력이 스펙터클로 소비되고 있는 것이 지금의 현실이다. 게임이나 웹툰이나 영화가 현실이 아니라 가상이라고 해도 가상은 현실과 무관하게 존재하지 않는다. 현실이 가상의 창조에 영향을 주고 가상의 스펙터클은 다시 현실 속 인간들의 태도에 영향을 미친다. 더 큰 문제는 폭력을 전시하고 향유하는 데 있어서 가상에 만족하지 못하고 '진짜' 폭력, '진짜' 범죄를 스펙터클로 소비하고 향유하는 지점에 와 있다는 것이다. 그리고 그것이, 소녀의 의사와 상관없이 소녀의 두상이 복제되어 심폐소생술 훈련용 마네킹으로 제작되었듯이, 무한복제 되어 반복 재생된다는 것이다.

> 여자의 성기가 드러난 영상이, 그것도 몰래카메라 영상이었다. 정확하게는 비동의 유포 성적 촬영물. 그중 세 건은 정황상 강간으로 추정되었다. 사이트는 잠시 접속이 불가능할 정도로 방문자가 폭주했다. 로그인도 성인인증도 필요 없는 사이트에 범죄 영상이 날 것으로 올라왔으니 그날만큼은 모든 매체에서 우리 회사를 다뤘다. 음란물 대량 업로드 사태 …… 누군가 새벽에 업로드 한 동영상은 몇 시간 동안이나 방치되었고, 삭제된 후에도 이미 널리 유포되고 있었다.13)
>
> 업로드한 자를 추적해 경찰과 함께 만나보니 뜻밖에도 중학생 소년이었다.
>
> 사촌형 집에 놀러 갔는데 …… 급하게 제 아이디로 저장해 두고 싶어서요, 마음에 드는 것들만 ……
>
> 그래도 이건 몰카, 아니 범죄물이잖아요.
>
> 그래도 진짜잖아요 …… 사촌형이 국산 아니면 볼 필요가 없대요. 전부 가짜라고 ……
>
> 경찰이 피식 웃었다.14)

문학과 젠더

13) 박민정, 앞의 책, 24쪽.
14) 박민정, 앞의 책, 25쪽.

범죄영상물을 업로드한 남자중학생은 "마음에 드는 것들만" "저장해두고 싶었다"고 말한다. 마음에 드는 이유는 해당 영상물이 연출된 "가짜"가 아닌 "진짜" 범죄영상물이기 때문이라고 한다. 이 말에 경찰은 피식 웃었고, 화자가 다니는 회사의 부장은 중학생 소년에게 "어른들 물건"에 왜 손을 대느냐고 으름장을 놓는다. "어른들 물건"이라는 부장의 말에 화자는 다시 한 번 종말의 기운을 느낀다. 이때 느끼는 종말의 기운은 '진짜' 범죄영상물이 유포되고 향유되며 반복 재생산되어 소비되는 것에 별다른 문제의식조차 없는 것 같은 현 세태에 대한 인식적 반응이다. 범죄영상물들의 법 저촉 여부를 파악하기 위해 초단위로 범죄영상물들을 돌려봐야 했던 화자는 "이런 게 종말"이라고 말하며 술을 들이키면서도, "누구 하나 성범죄 피해자 아닌 사람 있을까?"라고 말하며 자신의 성범죄 피해 사실을 고백하는 동료에게 "나는 아닌데"라고 말하며 자신은 잠시 죽었던 것뿐이라고 말하면서 다시 한 번 임사체험의 실체로 독자의 주의를 환기시킨다.

2) 종말론적 상상력의 의미-방어기제에서 현실에 대한 냉철한 인식으로

화자인 '나'는, 과거의 영화榮華를 뒤로 하고, 저질 콘텐츠를 제작하는 웹툰 사이트와 합병할 정도로 망해가는 직장에서 버텨왔으나 범죄영상물을 검수하는 일까지 하고는 더 이상 버티지 못한다. 회사에 사표를 내고 상담사와 상담을 시작한 화자는 계속 맥락 없이 내뱉던 임사체험의 실체를 끝내 발화하게 된다.

> 나는 눈이 멀었던 적이 없었다. UO의 몽타주가 제 교복 셔츠의 넥타이를 풀어서 내 눈을 감겨버렸기 때문에 암흑에 갇혔을 뿐이었다. UO는 컴컴해서 플래시가 터졌고, 그때 내게는 실제로 들리지 않았을 소리, '팟'이 환청처럼 들렸으며, 그때 영혼이 달아났다. 담배를 피우

러 다녀온 아버지는 비상구 문 앞에 쓰러져 있는 나를 발견했다.

> 나는 상담사에게 대답했다.
> 나는 죽었던 적이 있어요.
> (나는 발가벗겨진 채 사진을 찍혔고) 그때 죽었어요.[15]

이 소설의 마지막 문장에서 괄호 안에 쓰인 글이 실제로 발화된 것인지, 아니면 끝내 발화되지 못한 것인지에 대해서는 다른 해석의 여지가 있으나, 중요한 것은 설사 상담사에게 끝내 발화되지 못했을지라도 독자를 향해서는 발화되었다는 것이다.[16] 그때까지 화자가 주요사건의 중간 중간 뜬금없이 발화하는 임사체험의 실체가 성범죄 피해자의 자기방어기제였음을 확실하게 목도하게 된 독자는 충격과 동시에 비로소 정밀하게 직조된 전체 그림을 마주하게 된다. 더불어 화자가 어린 시절 범죄의 피해자가 된 계기 역시 그냥 지나칠 수 없는 직조의 결절점이다. 이 소설에서 화자의 1인칭 서술은 그날 임사체험의 장소로 가게 된 계기를 "상식으로 널리 알려진 기초적 생물학 지식과 오쟁이 의식의 결합이 낳은 비극이"[17] 라고 말한다. 엥겔스도 언급한 이 오쟁이 의식은 『가족, 사유재산, 국가의 기원』에서 그가 말한 '여성의 세계사적 패배'와 깊이 연관된다. 사유재산이 형성되고 계급이 발생하면서 자신의 친자에게 재산을 상속할 필요성을 느끼게 된 남성들이, 자신의 아이가 자신의

15) 박민정, 앞의 책, 32쪽.

16) 박민정은 '작가의 말'에서 다음과 같이 밝힌다.
"이 소설은 누군가 플래시-빛을 터뜨릴 때, 자기 삶에서 빛이 영영 꺼져가던 순간에 대해서 종말론적 우화로 말하기를 즐겨 했던 여자의 이야기다. 그녀는 자기가 잠깐 죽었다고 이야기하지만, 실은 범죄의 피해자였음을 자각하게 된다. 끝없는 자기분석을 통해서, 상담사와의 대담을 통해서, 결코 입 밖에 꺼낼 수 없었던 말을 비로소 꺼내는 결말이 내겐 중요했다. 불법촬영물이 돌아다니는 지금, 자기 인생의 지옥과 대면하는 사람의 이야기야말로 진정한 포스트 아포칼립스 아닌가. 나는 그렇게 믿었다. 믿고 썼다." 박민정, 앞의 책, 366-367쪽.

17) 박민정, 앞의 책, 11쪽.

친자인지 늘 의심스러울 수밖에 없었던 남성들이 여성의 섹슈얼리티를 통제하고 여성을 사적 영역에 가두게 되었다는 것이 엥겔스가 말하는 '여성의 세계사적 패배'의 과정이다. 여기서부터 시작된 젠더 역학관계의 불균형은 여성에 대한 응시와 폭력의 역사로 이어진다. '왜 폭력이 전시되고 향유되는가?'라는 질문은 이제 '왜 여성에 대한 폭력이 전시되고 향유되는가?'라는 질문으로 바뀌어 이것이 신종기술 때문만이 아님을 설파하고, 테크놀로지의 발전에 따라가지 못하는 인간사회의 의식수준과 느린 변화를 보여주고 있다. 즉 첨단 테크놀로지와 관련되어 있는 디지털성범죄 역시 오랫동안 공고했던 가부장제의 폭력과 함께 논해야 하는 문제인 것이다.

한국성폭력상담소 부설연구소 울림이 2015~2016년 디지털성범죄와 관련한 상담통계 분석결과, 피해자의 93.9%는 여성, 가해자의 92.1%는 남성으로 나타났다.[18] 실제 강간의 경우, 물리적이고 신체적인 힘의 차이가, 피해자가 대부분 여성이라는 사실의 이유를 어느 정도 설명할 수 있다고 해도, 신체적인 힘의 차이가 아무 의미가 없는 디지털성범죄에서조차 피해자가 대부분 여성이라는 것은 분명한 시사점을 가진다. 남성중심 가부장제의 인류역사에서 유구하게 이어져온 젠더 폭력, 성폭력이 여성에 대한 '진짜' 폭력을 향유하는 '남성적' 시선을 만들어 낸 것이다. 이 소설이 "실질적으로 지금 이곳을 사는 우리가 겪는전 지구적 상황에서 야기되었으며 역사적으로 연원이 깊은 구조적 고통에 깊이 개입함으로써, 폭넓은 소설적 공감의 연대를 마련한다"[19]고 볼 수 있다면, "전 지구적 상황에서 야기되었으며 역사적으로 연원이 깊은 구조적 고통"이란 여성을 응시하고 여성에 대한 폭력을 전시하며 향유했던 남성중심 가부장제의 오랜 관습을 말한다. 이 오랜 관습이 첨단기술과 자본과 결합된 것이 디지털성범죄인 것이다.

18) 최용성 · 곽대훈, 앞의 논문, 224쪽.

19) 소영현, 「페미니즘 리부트 이후, 진화하는 한국문학」, 『2019 현대문학상 수상소설집』, 현대문학, 2019, 355-356쪽.

회사에 사표를 냈다. 소년이 올린 영상의 이미지가 잊히지 않았다. 나는 용기를 내 웹하드 사이트에 접속해보았다. 성인물 카테고리에 '국산'이라는 네임카드가 붙은 게시물을 하나씩 클릭해봤다. 전부 비동의 유포 성적 촬영물이었다. "내 친구가 찍은 내 여친 ……" 나는 이토록 수많은 '일반인'들을 살아가면서 대면해본 적 없었다. 댓글 창에는 "남자 목소리 들으니까 내가 아는 카센터 사장님 같은데" 따위의 방담이 가득했다.[20)]

죽은 자의 식별 초상 그 자체가 스펙터클이었죠. 모르그 디오라마를 설명하던 교수는 내내 얼굴이 창백했다. 그녀는 언제나 두꺼운 가죽표지로 된 강의노트를 들고 다녔다. 한 번이라도 그것을 훔쳐보고 싶다는 열망이 내겐 가득했다. 이제 와 드는 생각은 아마 교수가 언제나 끼고 다니던 그 노트에는 초상의 역사와 스펙터클 이론에 관한 정갈한 정리뿐만 아니라 가끔 견딜 수 없는 순간에 터져 나오는 방언 같은 말들도 곳곳에 적혀 있지 않았을까, 싶다.[21)]

가끔 견딜 수 없는 순간에 터져 나오는 방언 같은 말은 교수의 것이기도 하고, 소설 속 화자의 것이기도 하고, 작가의 것이기도 하고, 독자의 것이기도 하다. 여기서 문학적 상상력은 젠더 정치학의 통찰과 만난다. 사실상 디지털성범죄는, 공공화장실이나 다중이용시설에서의 몰래카메라처럼 누구라도 피해자가 될 수 있다는 점에서 실제 강간과 같은 성범죄보다 더욱 광범위하다. 응시하고 감시하는 시선이 곧 권력임을 말한 푸코를 인용하여 박정오는 눈이 "외디푸스의 눈처럼 대표적인 남근의 상징물"[22)]이라고 말한다. "욕망의 시선이 대상으로부터 호응을 얻을 수 없을 때 소극적으로 훔쳐보며 자신의 욕망에 국한되면 시각적 성도착자voyeur로 남지만, 그렇지 않고 과격하게 욕망을 분출시키면 강간이나 절도라는 행동으로 나타날 것이"[23)]라고 말한다. 실제로 오랫동안 불법촬영물들

---

20) 박민정, 앞의 책, 30쪽.

21) 박민정, 앞의 책, 31쪽.

22) 박정오, 「남성의 시선, 여성의 몸-포크너와 몸의 정치」, 『영미문학페미니즘』 제 8권, 1호, 영미문학페미니즘학회, 2000, 59쪽.

23) 김동식, 「데이터베이스의 얼굴을 한 생명권력」, 『2019 현대문학상 수상소설집』,

을 전시했던 사이트 '소라넷'에서는 보는 것에 그치지 않고 실시간으로 강간모의까지 진행되었다.

이는 심각한 사회문제이며 박민정의 「모르그 디오라마」는 바로 이 심각한 사회문제를 정교한 문학적 장치를 통해 돌파한다. 바로 지금 이곳의 문제를 직시하지만 이것을 19세기 말 프랑스 파리의 '모르그 디오라마'와 교차시킴으로써 폭력적 시선의 유구함과 일반적임을 또한 폭로하는 것이다. 현실에 대한 문학적 개입이 세심하고 정교하여 강력한 심미적 울림을 파생시킨다. "비동의 유포 성적 촬영물이 21세기 디지털시대의 스펙터클이자, 여성들의 죽음시체에 관한 방대한 목록이며, 벌거벗은 생명에 가해지는 폭력과 살인의 매커니즘이라는 사실을 환기"하면서 이를 관통하는 종말론적 상상력은 이미 우리가 종말 이후를 살고 있다는 현실에 대한 냉혹한 인식까지 마주하게 한다. 작가의 말에서 '재난 이후부터'라는 제목을 설정한 것 역시 이런 인식을 바탕으로 하고 있다. "언제나 구글 페이지에서 자료를 찾다 보면 그런 생각이 들곤 했다. 지금 우리는 이미 종말 이후를 살고 있는지도 모르겠다고. 불법 촬영 따위가 인간의 존엄을 영영 파괴할 수는 없으리라고 믿지만그러려고 하지만 간혹 그런 생각이 들었다. 다 끝난 거 아닌가, 이만하면"[24]라고 말하는 작가의 고백은 '그렇다면 이제 우리는 무엇을 할 수 있는가? 무엇을 해야 하는가?'라는 독자의 성찰을 유도한다.

현대문학, 2019, 361쪽.

24) 박민정, 앞의 책, 366쪽.

3 문학과 사회, 문학의 정치성

1) 작가의 정치성에 관한 재론(再論)

앞서 2장에서 분석했듯이 박민정의 「모르그 디오라마」는 동시대 사회문제에 문학적으로 개입한다. 소영현의 언술처럼 "한국 소설은 삶의 치유력을 여전히 신뢰하지만, 그 삶의 윤리를 치열하게 심문하고, 지금 당장 논의가 시급한 현실 자체로 직접 개입해 들어간다. 삶에 더 밀착하고 한층 더 깊이 성찰하면서 그렇게 진화 중"[25]인 것이다. 여기서 "삶의 윤리를 치열하게 심문하"는 문학과 "현실 자체"인 사회의 관계 그리고 문학의 정치성의 문제가 제기된다. 최현숙은 "2010년대에 한국현대문학은 다시금 사회적 · 정치적인 담론의 움직임을 표출하고 있"음을 지적하면서 이러한 움직임이 "6~80년대에 보여주었던 참여문학이나 민족주의와는 다른 움직임을 보인다"고 서술하고 "대표적인 사례로 82년생 김지영조남주, 2016은 2010년대 문학의 위치에 대해 다시 생각해보는 계기가 되었다"[26]고 논한다. 이는 여러 사회적 정치적 담론 중에서 특히 젠더 정치학의 문제가 2010년 이후 현재까지 문학의 영역과 가장 많이 교류하고 있는 것에 대한 진단으로 보인다. 실제로 2010년대에 등단하여 활발히 활동하며 두각을 나타내는 작가들 중 상당수가 스스로를 페미니스트로 선언하는 여성작가이다. 이 글에서 논하는 「모르그 디오라마」의 작가 박민정 역시 여기에 해당된다.

문학의 정치성을 논할 때 가장 많이 언급되는 언술 중 하나는 랑시에르J. Rancière의 "문학의 정치는 작가의 정치가 아니다"[27]라는

25) 소영현, 앞의 글, 358쪽.
26) 최현숙, 「문학을 활용한 사회적 글쓰기 교수 - 학습 사례 고찰」, 『사고와 표현』 제12집 2호, 한국사고와표현학회, 2019, 188쪽.
27) 자크 랑시에르, 유재홍 역, 『문학의 정치』, 인간사랑. 2009. 9쪽.

것인데, 이에 대해서 김영찬은 "현실 정치와 구별되는 문학 고유의 몫으로서 '문학의 정치'로 이해"[28]하며, 조윤정 역시 랑시에르의 관점을 차용하여 "문학은 애초부터 글쓰기라는 행위의 가시적 형태들과 그것의 이해 가능성 양태들 사이의 관계를 진술하는 체제이"고 "이 때문에 문학의 정치는 작가의 정치와 동일시되어서는 곤란하다"[29]고 말한다. 이러한 관점과 해석 모두 타당하게 보인다. 그런데 "문학의 정치는 작가의 정치가 아니다"라는 랑시에르의 언술에서 다른 질문 또한 제기된다. 작가와 작품은 별개라고 보는 것인가? 라는 질문과 작가는 정치적이어서는 안 된다는 전제를 내포하고 있지 않은가? 라는 질문이다. 이는 다시 문학의 정치와 작가의 정치가 유리되어서 존재할 수 있는가? 라는 질문으로 이어진다. 물론 이때 '정치적'이라는 용어에 대한 개념 규정이 선행되어야 한다. 분명 '현실 정치'를 지칭하는 것은 아닐지라도 그렇다고 해서 '현실 정치'와 유리된 별개의 것이라고만 볼 수 있는가의 문제도 제기되기 때문이다. 나는 이에 대한 해답의 단초를 '사적인 것이 정치적인 것'이라는 페미니즘의 대전제에서 찾고자 한다. 결국 정치적이지 않은 것은 없으며 정치적이어서는 안 되는 것도 없다.[30] 작가가 글을 쓰고 그것을 발표하는 행위는, 그 글이 비록 사회적 이슈를 담고 있지 않더라도, 그 글이 내면의 고백이라고 해도, 사회적 행동이며 따라서 정치적 행동이다. 이것이 "문학의 정치는 작

28) 김영찬, 「1960년대 문학의 정치성을 '다시' 생각한다」, 『상허학보』 40집, 2014, 186쪽.

29) 조윤정, 「문학과 정치, 문학의 정치」, 『상허학보』, 42집, 2014, 78쪽.

30) 여기서 2014년 부산국제영화제를 파행으로 몰고 가게 했던 영화 〈다이빙벨〉 관련 사건이 상기된다. 〈다이빙벨〉은 세월호 사건과 연관된 다큐멘터리 영화이다. 당시 서병수 부산시장은 정치적 중립을 지키지 않은 영화를 영화제에서 상영할 수 없다는 주장을 내세우며 상영을 금지할 것을 요구했다. 이는 영화나 영화작가가 정치적이어서는 안 된다는 주장이기도 하다. 하지만 영화는 정치적 중립을 지키는 매체가 아니라 정치적 논쟁을 촉발시키는 매체이다.
이채원, 「부산국제영화제 사태에 투영된 대한민국의 사회문화」, 계간 『예술문화비평』 제20호, 2016, 10-11쪽.

가의 정치가 아니다"라는 랑시에르의 언술을 한편 동의할 수 있지만 한편 동의할 수 없는 이유이다.

2) 대학교육의 현장에서 고민해야 할 문학의 정치성 관련 난제들

문학의 정치성은 결국 문학텍스트를 다루는 대학교육의 현장에서도 피해갈 수 없는 문제이다. 앞서 1장에서 언급했듯이, 이는 "문학교육이 구체적으로 어떤 방식으로 사회와 관계 맺을 수 있을지에 대한 고민"[31]이 된다. 이 논점에 대해서 내가 흥미롭게 읽은 논문이 있는데, 문학과 정치적 올바름[32]의 문제를 다룬 글이다. 문형준은 정치적 올바름에 대한 강박을 "살균된 문화sanitized culture"[33]라고 부르며 대학에서의 한 일화를 소개한다.

> 최근에 내가 한 지인에게 들은 일화에 따르면, 그가 한 대학의 교양 글쓰기 수업의 텍스트로 셰익스피어의 『햄릿』을 소개했더니 한 여학생이 수업 후 찾아와 '저는 페미니스트이고, 여성혐오 텍스트를 배우고 싶지 않기에 수업을 듣지 않겠습니다'라는 뜻을 전했다고 한다. 수년 전까지도 상상할 수 없던 일이다. 여성혐오를 용납할 수 없다는 여학생의 결기에 박수를 보내면서도, 나는 이 일화에서 정치적 올바름이 가진 단점을 짚지 않을 수 없다. 한편으로 이 여학생의 결심에는 여성혐오에 대한 거부라는 어떤 '정치적 올바름'이 있지만, 다른 한편으로는 자신의 생각과 신념과 권리를 침해하거나 공격할 수 있는 모든 것을 함께 거부함으로써 궁극적으로는 오직 '자기 자신'만 남게 되는 편

---

31) 우신영, 앞의 논문, 146쪽.

32) 정치적 올바름(political correctness, PC)은 언어 사용에 있어서 인종, 민족, 종교, 성차별 등의 편견이 포함되지 않아야 한다는 것이다. 이는 언어가 인간의 사고에 영향을 준다는 사피어-워프 가설과 관련되어 있다. 즉 성차별적인 어휘를 쓰면 성차별주의자이거나 성차별주의자가 될 수 있다는 것이다. 이러한 정치적 올바름은 언어의 사용에 한정되지 않는다. 언어에 의한 인종 차별이나 성차별을 없애는 것이 사회제도와 문화의 개선과 변화로 연결되는 것까지를 지향한다.

33) 문형준, 「정치적 올바름과 살균된 문화」, 『비교문학』 제 73집, 비교문학회, 2017, 125쪽.

협함이 있다.[34]

이어서 문형준은 "정치적 올바름으로 박제된 문학이 아니라 현실의 복잡함과 욕망의 모호함과 진실의 이중성을 드러내는 것이 문학이 있어야 할 자리가 아닐까"[35]라고 반문한다. 이 언술은 '정치적 올바름으로 박제된 문학'과 '현실의 복잡함과 욕망의 모호함과 진실의 이중성을 드러내는 문학'을 교차점이 없는 것으로 대립시킨다. 그렇다면 문형준이 말하는 '정치적 올바름으로 박제된 문학'이란 무엇일까? 작가가 정치적 올바름을 독자에게 계도하려는 문학일까? 박민정의 「모르그 디오라마」는 정치적 올바름으로 박제된 문학인가? "현실의 복잡함과 욕망의 모호함과 진실의 이중성을 드러내는 것이 문학이 있어야 할 자리"라는 주장에는 동의하지만, 정치적 올바름을 추구하는 문학은 '현실의 복잡함과 욕망의 모호함과 진실의 이중성을 드러내는 문학'이 될 수 없는 것인가? 라는 문제 역시 제기된다. 예를 들면, 하퍼 리Harper Lee의 『앵무새 죽이기To Kill a Mockingbird』가 출간된 당시 큰 반향과 함께 베스트셀러가 되고 퓰리처상을 수상하고 여전히 스테디셀러인 이유는 텍스트에 내재한 사회적 의미와 정치적 올바름을 문학의 방식으로 전개했기 때문이다. 『앵무새 죽이기』는 1960년대 당시 미국에 만연했던 인종차별의 문제를 직접 돌파하는 '정치적 올바름'으로 무장한 소설이지만 그 안에 "현실의 복잡함과 욕망의 모호함과 진실의 이중성"이 없다고 판단하는 독자평론가는 없을 것이다. 다시 말해서 '정치적 올바름'과 '현실의 복잡함과 욕망의 모호함과 진실의 이중성을 드러내는 것'이 어느 한 쪽을 선택하면 어느 한 쪽을 버려야 하는 것이 아니다.

34) 문형준, 앞의 논문, 109쪽.
35) 문형준, 앞의 논문, 120쪽.

또한 문학의 정치성은 작가와 작품의 차원에서만 존재하는 것이 아니라 독자의 차원에서도 존재한다. 허윤은 최근 영 페미니스트 작가들의 소설이 문학의 정치성을 보여주는 것은 소재가 정치적이기 때문이 아니라 이 소설을 둘러싸고 벌어지는 문학의 행위성 때문이라고 주장한다.[36] 작가들은 페미니스트로서 자신의 정체성을 선언하고 페미니스트 독자들은 이 책들을 구매하여 읽는다. 책을 매개로 한 작가와 독자의 순환 구조가 만나 한국문학 장에서 페미니즘이라는 감성의 분할을 이루어 낸다. 즉 페미니스트임을 선언한 작가와 이들의 작품을 읽는 독자의 행위가 문학을 정치적인 것으로 만든다고 볼 수 있다는 것이다.[37]

그렇다면 어떤 텍스트를 읽지 않겠다는 독자의 선택 역시 같은 맥락에 있지 않을까? 앞서 거론된 학생에게는 여성혐오를 감당하고 참아가면서 "현실의 복잡함과 욕망의 모호함과 진실의 이중성"을 탐색하지 않더라도, 여성혐오를 혐오하며 정치적 올바름을 포기하지 않는 텍스트에서도 현실의 복잡함과 욕망의 모호함과 진실의 이중성을 읽을 수 있는 문학텍스트들이 너무도 많은 것이다. 여성혐오가 공기처럼 만연한 사회에 살면서 대학 교양수업에서 또다시 여성혐오텍스트를 읽고 싶지 않다는 학생의 발언을 '편협함'이라고 단정하기보다는 여기서 깊이 성찰해야 할 여러 가지 난제들이 있음을 논할 필요가 있다.

학생들의 증언에 의하면 어떤 텍스트들에 대해서 '여성혐오를 담고 있는 것은 사실이지만 문학사적 의미가 많은 작품'이라거나 '작가의 한계가 아닌 시대의 한계'라고 말하는 교수자의 태도에서 학생들이 절망하는 경우가 많았다. 이 논점에 대해서는 조연정의 논의가 시사하는 바가 크다. 조연정은 이러한 태도가 "해당 작품에

36) 허윤, 「광장의 페미니즘과 한국문학의 정치성」, 『한국근대문학연구』 19권, 2호, 한국근대문학회, 2018, 133쪽.
37) 허윤, 앞의 논문, 133쪽.

나타난 여성혐오적 시선을 작가 개인의 한계가 아닌 젠더에 무감한 시대의 한계로 이해하면서, 그러한 시대에 속한 작가 개인은 물론 그 시대 자체에게도 일종의 면죄부를 주는 방식이"며 "그때의 감각으로는 크게 문제될 것이 없다는 식의 해명이"라고 말한다. "이러한 관점을 따른다면, 억압당한 대상이 분명 존재함에도 불구하고 그러한 억압을 책임질 주체는 쉽게 찾을 수 없게 된다"고 역설한다.[38] 앞서 논한 사례의 경우, 『햄릿』 읽기를 거부한 학생에게 해당 교수자가 어떤 답변을 했는지는 서술되어 있지 않으므로 교수자의 설명 방식에 관해 논할 수 없지만, '편협함'이라는 어휘로부터 추론되는 태도가 교수자로서 적절하지 않을 수 있다는 문제를 제기하는 것이다. 용기를 낸 학생이 거부한 텍스트에 대해 그 이유를 그 학생의 입장에서 진지하게 고민하는 것이 필요하다.

자크 랑시에르의 '해방된 관객'을 차용해 '해방된 독자'라는 명명을 사용한 허윤은 "정전화된 한국사회와 한국문단에 대한 저항으로, 그런 책을 참조하지 않겠다는 독자로서의 거부 선언"이 "'해방된 독자'들"로 하여금 "과거의 정전을 다시 보고, 이를 수정하여 자신들의 정전으로 만들어 나가기 시작"했으며 "적극적으로 정전에 저항하는 독자가 집단으로 나타난 것은 새로운 방식의 실천이자 문학 장의 궤도가 변화할 것이라는 점을 보여"[39]주고 있다고 말한다. 앞서 소개한 『햄릿』 읽기를 거부한 학생의 행위 역시 이러한 맥락 안에 있다고 보인다. 그렇다면 대학수업에서도 이러한 변화에 대한 갈망과 그 기저를 진지하게 고민하고 소통해야 한다고 생각한다. 이는 문학교육 커리큘럼과 '정전'을 규정하는 문제와 연결된다.

대학에서 문학교육 커리큘럼은 '정전' 위주로 구성되는 경우가

38) 조연정, 「'무능한 남성'과 '불온한 예술가', 그리고 '여성혐오' - 여성주의 시각으로 김수영 문학을 '다시' 읽는 일」, 『한국시학연구』 제57호, 한국시학연구학회, 2019, 241쪽.

39) 허윤, 앞의 논문, 138쪽.

많다. 하지만 정전의 규정과 문학사 역시 고정된 것이 아니며 현재가 달라지면 과거도 달라진다. 또한 과거를 지배하는 자가 미래도 지배한다. 때문에 이전 정권에서는 역사교과서를 국정교과서로 단일화하려고 시도했던 것이다. 역사가 계속해서 다시 해석되고 재평가 되고 다시 쓰여야 하는 것이라면 문학사 역시 마찬가지이다. 그런데 여전히, 새로운 시각에서 비판받는 고전텍스트들에 대해서 '그들을 부정한다면 한국문학사 자체가 흔들린다'는 완고함으로 수업커리큘럼을 진행한다면, 교수자와 수강생과의 의사소통은 불가능해질 수밖에 없다.

문학텍스트의 미학과 예술성에 대한 평가 역시 고정된 것이 아니다. 문학의 정치성과 사회성을 미학과 예술성의 안티테제로 보는 시각도 보다 진지하게 재론될 필요가 있다. "작품의 정치적·윤리적 한계는 작품의 미학적 성과에 훼손을 가할 수 없는 사소한 문제로 소거되거나, '문학의 자율성'이라는 모호한 개념과 더불어 옹호"[40]해온 입장에 대해 보다 활발한 토론이 필요하다. 이는 새로운 시대의 요구이기도 하다. "최근의 한국 문단에서 '정치적 올바름'과 '문학의 자율성'을 대립시키며 전자가 후자를 억압할 가능성을 우려하는 논의들이 제출되고 있는 것은, 작가 혹은 작품의 정치적·윤리적 한계가 더 이상 미학의 이름으로 '무조건' 승인되기 어려워진 현실을 반증한다고도"[41] 할 수 있기 때문이다.

음악평론가인 신예슬은 한때 자신이 향유했던 "어떤 이들의 음악"을 더 이상 듣지 않기로 결심하게 된 과정을 고백하면서 "무엇을 듣는지, 누구의 음악을 듣는지, '듣는 일'에도 최소한의 윤리와 책임이 부여되어야 한다고 믿는다."[42]라고 말한다. 문학텍스트의 향유 역시 마찬가지일 것이다. 또한 '표현의 자유'란 고작 약자를

40) 조연정, 앞의 논문, 242쪽.
41) 조연정, 앞의 논문, 242쪽.
42) 신예슬, 「우리는 누구의 음악을 듣는가」, 『경향신문』, 2019. 04. 03.

혐오하기 위해 존재하는 것이 아니며, 상상력이 부족한 이들의 표현의 한계를 옹호하기 위해 표현의 자유가 존재하는 것이 아니다. 「모르그 디오라마」 속 핵심소재인 디지털성범죄에 관한 “대응방안의 불비와 범죄자에 대한 처벌 경미”가 “법 제도의 미비뿐 아니라 법 집행과정의 문제, 사회 전반의 문화적 문제”[43] 때문이기도 하다면, 문학 등의 예술텍스트의 선택과 향유 역시 ‘사회 전반의 문화적 문제’를 구성하고 있는 것이다. “폭력을 묵인하고 보호하고 향유하는 시선”을 “죽음, 종말, 감각으로는 아무것도 남은 것이 거의 없는 공간”[44]으로 사유하는 「모르그 디오라마」는 문학의 정치성이 무엇인지 그리고 현실 사회에 대한 문학적 개입이 어떤 것인지에 대해서 정밀한 구성을 통해 보여주는 텍스트이다. 사이버 환경이 점점 더 확장되고 디지털 기술이 빠른 속도로 발전하고 있지만 이것이 악성댓글이나 디지털성범죄와 같은 혐오와 폭력의 장(場)이 되고 있는 현 세태에서, ‘사이버 시민성’ ‘사이버 윤리’ 관련 교육 역시 대학교육이 감당해야 할 몫이자 중요한 과제라고 할 수 있다.

43) 최용성·곽대훈, 앞의 논문, 240쪽.
44) 김인숙, 「폭력의 서사, 순간의 응시」, 『2019 현대문학상 수상소설집』, 현대문학, 2019, 362-363쪽.

II

세실, 주희 (박민정, 2018)

II 세실, 주희 (박민정, 2018)

1 내셔널리즘, 페미니즘, 한일 여성 연대

이 장에서는 문학텍스트 분석에 앞서 먼저 지금까지 다각도로 이루어진 일본군 '위안부' 문제에 대한 여러 논의들을 고찰하고 일본군 '위안부' 문제에 관한 보다 진전된 논의를 위해 필요한 실천적 담론을 모색한다. 이는 여타 다른 나라들과의 관계 등 국제정세와도 긴밀한 관련이 있는 문제이겠으나 무엇보다 해당 양 국가인 한국과 일본에 집중한 논의를 전개하려 한다. 특히 일본군 '위안부'는 여성의 인권을 유린한 심각한 범죄행위라고 볼 때, 한국여성과 일본여성이 이 문제에 대해 공유하는 시각과 서로 다른 입장에 대해 분석할 것이다. 또한 분명히 존재하는 입장 차이에도 불구하고 연대해온 사례들을 소개하고 보다 진전된 연대 가능성을 모색하려 한다. 이를 위해 박민정의 소설 '세실, 주희'를 분석함에 앞서 페미니즘과 내셔널리즘이 충돌해 왔던 역사적 사례들을 고찰하고 일본군 '위안부' 문제에 대한 진전된 논의를 위한 방향을 찾을 것이다.

내셔널리즘은 민족 또는 국가를 중심으로 한 강력한 내부결속으로 인해 배타적인 것으로 이해된다. 그런 한편 내셔널리즘은 기본적으로 다른 나라의 존재와 다른 나라와의 관계를 상정하고서야 유효한 개념이라고 할 수 있다. 그 관계가 적대적일 수도 있고 우호적일 수도 있는데 이는 과거의 역사적 흔적들과 현재 힘의 역학관계 그리고 상호 이해관계가 복합적으로 작용한 결과이다. 한국과 일본의 때로 적대적인 관계나 한국인들과 일본인들의 서로에 대한 미묘한 감정의 저변에는 일제강점기 식민체험이 자리한다. 해방 이후 과거청산에 실패한 한국정부와 여러 가지 만행을 부정하고 그 책임을 감당하지 않으려는 일본정부가 해결하지 못한 문제들은 역사인식과 민간교류에도 영향을 준다. 그 중심에 일본군 '위안부' 문제가 있다. '위안부' 문제는 페미니즘의 시각에서 다뤄야 하는 문제이기도 하고 한일 양국이 대립해왔기에 내셔널리즘의 속성을 내포한 문제이기도 하다. 그런데 페미니즘과 내셔널리즘은 일본은 물론 한국에서도 충돌해 왔다. 국가가 가부장적인 '남성성'으로 존재해 왔고 내셔널리즘 역시 남성중심적이기 때문에 페미니즘과 내셔널리즘의 갈등은 필연적이라고 할 수 있다. 또한 내셔널리즘은 그 이데올로기적 속성상 인종차별과 민족차별 등과 연결될 여지가 언제나 농후하다. 그렇다고 해서 내셔널리즘의 해악 때문에 내셔널리즘을 버린다는 것이 현실적으로 가능한가에 대해서 필자는 회의적인 입장이다. 좀 더 급진적으로 나아가서 아나키즘은 어떠한가? 국가 혹은 정부가 아무리 개인의 자유와 이상을 제한한다고 해도 무정부상태에서 산다는 것은 가능하지도 않고 또 다른 폭력과 악惡에 노출될 위험이 존재한다. 국가가 '남자의 얼굴'을 하고 있다고 가정할 때 '국가'를 해체하는 상상력이 필요할 수는 있지만 그것이 실천적 담론이 되기에는 비현실적이다. 그보다는 '남자의 얼굴'에 문제를 제기하는 것이 맞는 방향이며, 내셔널리즘 대신 트랜스내셔널리즘이 대안이 될 수 있으리라는 전제 하에 그 가능성과 방향에 대해 논의를 전개하고자 한다.

주지하다시피 일본군 '위안부' 문제가 공식적인 담론의 장에서 제기되기 시작한 것은 1991년 일본군 전시성폭력 생존자인 고 김학순의 증언에 의해서였다. 그렇다고 해서 그 이전에 한일 양국에서 일본군 '위안부'의 존재를 몰랐던 것은 아니다. 일본에서는 공창의 매춘부를 대하는 시선과 유사한 일본남성중심의 시선에서 일본군 '위안부'를, 전장에서 군인들을 위로했던 이국의 여성으로서, 대중소설과 대중영화에서 형상화했으며, 한국에서는 '정신대'라는 이름으로 숨겨야 할 희생자들로 여겼다. 이 글의 2장에서 1991년 이전 일본군 '위안부'가 어떻게 재현되어 사회적 담론 속에 비가시적으로 존재했는지 개략적으로 검토하고, 1991년 이후 한국여성학자들과 일본여성학자들이 일본군 '위안부' 문제를 깊이 있고 치열하게 논했지만 그 과정에서 내셔널리즘이 어떤 문제를 야기했는지 고찰할 것이다. 즉 선행연구자들의 의미 있는 연구들을 관통하여 역사적 고찰을 통해 페미니즘과 트랜스내셔널리즘이 함께 고려되어야 함을 논증하게 될 것이다.

이러한 논증을 배경으로 하여 이후 본격적으로 동시대 한국작가 박민정의 소설 「세실, 주희」를 분석한다. 페미니즘과 트랜스내셔널리즘의 연결과 관련하여 이 작품을 분석하는 이유는 이 소설텍스트가 관련 논점들을 모두 내포하고 있기 때문이다. 특히 소녀상을 지키려는 순수한 열정을 가진 한국의 젊은 세대와 왜곡된 역사교육의 영향력 아래에 있으면서도 한국과 새로운 관계를 설정해가는 일본의 젊은 세대의 만남 중에서 젠더 폭력에 노출되어 있는 '여성'이라는 공통점을 가진 한국의 젊은 여성과 일본의 젊은 여성이 과거사를 대하는 인식과 태도의 간극 안에 농축되어 있는 질문들의 깊이와 폭이 거대하다. 「세실, 주희」는 일본군 '위안부'를 소재로 한 다른 소설들[1]과 확연하게 다른 태도를 보이는데 이는 젊은

1) 최명익의 「장삼이사」(1941), 김정한의 「수라도」(1969), 김성종의 『여명의 눈동자』(1977), 윤정모의 『에미 이름은 조센삐였다』(1982), 한수산의 『우리들의 시대』(1984), 조갑상의 『살아있는 사람들』(1984), 백우암의 『조선여자정신대』(1989), 허문순의 『분노의 벽』(1989), 정현웅의 『잃어버린 강』(1989) 등이 일본군 '위안부'를 소재로 한 소설들이다. 이 소설들에서 일본군 '위안부'는 불쌍한 피해자로 처절하게 묘사되며 한국(조선)남성들의 무력감과 분노가 토로되면서도 남성 중심적인 시선에

여성작가의 단호함과 더불어 일본군 '위안부'에 대한 사회적 인식과 태도의 변화와도 관련이 있다. 이 소설에서는 두 인물들의 서로 다른 배경지식에 의한 인식의 차이로 인해 진정한 소통과 교감의 어려움이 형상화되고 있지만 접점이 될 수 있는 지점도 암시된다. 이를 구체적인 소설텍스트 분석을 통해 드러내어 일본군 '위안부' 문제가 가진 광범위한 함의들을 논하는 것에 필자가 선정한 텍스트 분석의 연구적 의의가 있다.

여기서 부연해야 할 말이 있다면 이 글에서 한일 여성연대에 대해서 논한다고 해서 '위안부' 문제를 한일 여성의 문제로만 보지 않는다는 것이다. 일본군 '위안부' 문제가 한일 여성만의 문제는 분명 아니며 야만과 싸워야 하는 전 세계적인 과제이다. 그럼에도 불구하고 결국 한일 여성들이 앞장서서 해결해야 하는 문제인 것도 사실이라고 본다. 이는 한일 여성들이 공감할 수 있는 영역의 폭이 크다고 생각되기 때문인데 공감이 가능할 수 있으려면 개개인의 공감지수 외에 필요한 맥락이 있기 때문이다. 이와 관련해서 마샤 누스바움의 논지가 시사하는 바가 크다. 마샤 누스바움은 "연민의 최초 인지적 필요조건은 고통이 사소하기보다는 심각한 것이라는 믿음 또는 평가이고, 두 번째 필요조건은 해당되는 사람이 이 고통을 당해서는 안 된다는 믿음이며 세 번째 필요조건은 이 감정을 느끼는 사람의 가능성이 고통을 겪는 사람의 가능성과 흡사하다는 믿음이다."[2]라고 말한다. 한일 여성연대의 관점에서 이 글에서는 특히 세 번째 필요조건에 주목한다. 즉 "이 감정을 느끼는 사람의 가능성이 고통을 겪는 사람의 가능성과 흡사하다는 믿음"은 다시 말해서 자신도 그런 피해자가 될 수 있다는 인식이 전제되어야 한다는 의미이다. 그렇다면 다른 어떤 범죄보다 성범죄에 있어

의한 가학적이고도 선정적인 묘사가 상당히 많아서 '위안부'가 가학적이며 선정적인 소재로 소비되었다는 혐의에서 자유로울 수 없다.

2) 마샤 누스바움, 조형준 역, 『감정의 격동:2. 연민』, 새물결, 2015, 562쪽.

서 가해자와 피해자의 성별 분포의 비대칭이 크다는 것을 고려해 볼 때 일본군 '위안부'에게 보다 감정이입을 할 수 있다는 측면에서 그리고 한일양국 당사자라는 측면에서 한국여성과 일본여성의 연대를 확장할 수 있는 가능성의 단초들에 주목하려는 것이다.

2 페미니즘과 내셔널리즘의 충돌양상들에 대한 역사적 고찰

페미니즘과 내셔널리즘의 역학관계는 일본군 '위안부' 문제를 논하는 데 있어서 핵심적인 논점이다. 최은수의 언술처럼 "1990년대 초반 피해자 여성의 증언으로부터 담론화된 일본군 '위안부' 문제에 있어 중요한 쟁점 중 하나는 페미니즘이 내셔널리즘을 뛰어넘을 수 있는가? 라는 문제제기였다"3). 이러한 문제제기는 페미니즘이 내셔널리즘과 때로 상반된 입장에 처할 수도 있음을 시사한다. 이는 서구세계로부터 독립한 제3세계 여성들이 종종 가지게 되는 딜레마이기도 하다. 예를 들면, 프랑스에서 독립한 알제리 여성들은 프랑스 페미니즘의 영향으로 벗게 된 히잡을 다시 써야 했다. 알제리 남성들은 히잡을 쓰지 않는 여성들을 내셔널리즘의 이름으로 단죄했으며 여성의 자유와 권리를 말하는 것은 반민족주의로 왜곡되는 상황에서 페미니즘은 내셔널리즘과 함께 갈 수 없었다. 일본에서 페미니즘과 내셔널리즘의 불화는 일본군 '위안부' 관련 논쟁과 함께 전개되었다. 우익과 반페미니즘의 결합은 그 보수적이며 반동적인 성격상 일본만의 특성이 아니라고 할 수 있다. 그런데 조경희가 언급했듯이 "일본에서 90년대 후반 이후 젠더 백래시와 역사수정주의가 상승하면서 세력을 키웠고 그들 동력의 핵심에 일

3) 최은수, 「재일 작가의 '위안부' 표상 — 『8월의 저편(8月の果て)』과 『다시 오는 봄(巡りくる春)』을 중심으로」, 『일본연구』 제80호, 2019, 79쪽.

본군 '위안부' 문제가 있었다."[4]는 것은 일본의 특수한 역사적 맥락이라고 볼 수 있다. 일본 #Me Too의 상징적인 인물인 이토 시오리[5]와 일본군 '위안부'의 일러스트를 나란히 배치시켜 조롱한 것은[6] 페미니즘에 대한 백래시와 역사수정주의 그리고 일본우익의 정치적 이해관계가 연결된 지점 한 복판에 일본군 '위안부' 문제가 있음을 단적으로 보여준다.

이러한 일본의 사회정치적 분위기는 일본군 '위안부' 문제의 심각한 폭력성을 인식하고 한국여성운동가들과 함께 하려는 일본 여성들에게도 영향을 주게 된다. 이들은 여성의 인권에 대한 유린이라는 '일반적인' 차원에서 일본군 '위안부' 문제에 접근하려 했으며 이때 성폭력과 성폭력의 기본원인인 성차별은 강조되지만 식민주의나 민족차별이라는 논점은 상대적으로 등한시 된다는 문제점이 많은 학자들에 의해 제기되었다. 자신의 저서『위안부를 둘러싼 기억의 정치

4) 조경희, 「일본의 #Me Too운동과 포스트페미니즘」, 『여성문학연구』 제47호, 2019, 96쪽.

5) 유명 방송국 TBS에서 인턴으로 일했던 이토 시오리는 2017년 5월 일본에서 기자회견을 통해 당시 TBS 워싱턴지국장이던 야마구치 노리유키(山口敬之)에게 성폭행 당했음을 폭로했다. 성폭력 문제에 폐쇄적인 일본에서 피해자가 얼굴을 공개하고 실명으로 기자회견을 한 것은 이토 시오리가 처음이었다. 피해 당시였던 2015년 4월 이토는 경찰에 신고했지만 수사는 제대로 이뤄지지 않았고, 검찰도 가해자 불기소 처분을 내렸다. 가해자는 아베 신조 일본 총리 측근의 도움으로 체포되지 않았던 사실이 훗날 일본 잡지 '주간신초' 취재로 밝혀졌다. 일본 언론은 철저히 이토를 무시했지만 해외 언론은 오히려 그를 주목했다. 가해자보다 피해자를 비난하는 일본 사회에서 몸부림치는 이토의 용기를 지지하고 나선 것이다. 영국 BBC방송이 다큐멘터리 '일본의 감춰진 수치'를 제작하는 등 해외 여러 방송사가 이토의 투쟁을 담았다. 일본 우익세력의 협박 공세가 심해지자 이토 시오리는 영국 인권단체의 제안을 받아들여 2018년 7월 영국으로 이주했고, 프리랜서 기자로 일하고 있다. 2018년 12월 출장차 한국을 찾은 이토 시오리와 서지현 검사의 짧은 만남을 담은 사진 한 장은 많은 의미와 논점들을 담고 있다.

6) "시리아 난민을 조롱하는 일러스트를 그린 만화가 하스미 도시코 (はすみとしこ)는 그 후 재일조선인, 페미니스트, 오키나와 등 대상을 바꿔가면서 그가 '위장약자'로 부르는 사람들을 공격해왔다. #Me Too 이후 그는 "증거는 없어도 내 몸이 기억한다"는 문구와 함께 이토 시오리와 '위안부' 할머니의 일러스트를 나란히 배치시켜 조롱했다"
조경희, 앞의 논문, 98쪽.

학－다시 쓰는 내셔널리즘과 젠더』가 '위안부' 여성들의 용기 있는 증언이 자신에게 던진 물음에 대해 나름의 있는 힘을 다한 응답이었다고 고백한 일본의 대표적인 페미니스트 학자인 우에노 지즈코는 "가부장제를 기반으로 하는 근대 국민국가의 귀결인 '위안부' 문제를 풀기 위해서 페미니즘이 국경을 초월할 것"을 주장한다.[7] 반면 재일조선인 역사학자인 김부자는 우에노 지즈코의 '보편적' 페미니즘에 맞서 탈식민주의 페미니즘을 역설한다. 탈식민주의 페미니즘에서는 "여성 주체를 인종이나 민족, 계급 등의 복수의 권력관계와 역사적 위치 속에서 교차적으로 구성되는 것으로 볼 것을 요구한다."[8] 즉 우에노 지즈코와 김부자 모두 '위안부' 문제를 바라보는 시각에서 페미니즘을 필연적으로 포함시키지만 김부자가 여성 문제를 젠더와 민족과 계급과 인종 등의 여러 정체성과 정치성이 복합적으로 교차하는 상황에서 바라보는 반면 우에노 지즈코는 다른 무엇보다 젠더의 문제에 절대적인 우위를 두며 이로 인해 일본군 '위안부'였던 일본여성이나 한국여성에게 큰 차이는 없다고 보는 것이다. 여성을 어머니나 아내 같은 보호해야 할 대상과 매춘부와 같이 범해도 되는 대상으로 이분화 했던 것은 일본이나 한국, 연합국 중 그 어느 가부장적 국가에서나 마찬가지였다는 우에노 지즈코의 주장[9]이 틀린 것은 아니지만 내셔널리즘을 초월 또는 거부하려는 우에노의 태도가 당시 일본국과 일본군대, 현재 일본정부에게 가해의 책임을 묻기 어렵게 만들 수 있다는 딜레마 또한 발생한다. 게다가 김부자의 논지처럼 여성주체는 젠더에 의해서만 그 존재가 위치 지워지지는 않는다. 우에노 지즈코의 주장처럼 "일본인 '위안부'와 한국인 '위안부'가 일본군 군인들에 의해 성적 착취를 당한 피해자

7) 우에노 지즈코, 이선이 역, 『위안부를 둘러싼 기억의 정치학: 다시 쓰는 내셔널리즘과 젠더』, 현실문화, 2014, 201쪽.

8) 임경화, 「한일 페미니즘 순환의 (불)가능성」, 『여성문학연구』 47호, 2019, 76쪽.

9) 우에노 지즈코, 앞의 책, 141-146쪽.

라는 측면에서는 크게 다르지 않"을지라도 식민지 여성으로서 '성노예'가 되어야 했던 입장이 일본여성 '위안부'와 동일할 수는 없다.[10] 개인의 정체성을 구성하는 많은 요소들 중에서 젠더만을 중시하고 다른 요소들을 소거시키는 우에노 지즈코의 태도가 "젠더-본질주의"[11]라는 비판을 받는 것도 이런 이유에서이다. 또한 일본군 '위안부' 문제 해결에 적극적인 다른 일본 여성학자와 활동가들에게서도 이런 양상이 나타난다. 1990년대 초 한국, 북한, 일본 여성들이 참여한 '아시아의 평화와 여성의 역할 토론회'에서도 "일본여성은 여성의 정체성, 피해자/가해자 정체성, 주권자 정체성 등을 지닌 다중적 주체로서 일본군 '위안부' 문제, 한반도 통일문제 등에 관철되어 있는 식민주의를 직시할 수 있었지만, 식민지 지배, 침략전쟁, 전후책임 등에 대한 일본의 책임을 온전하게 인식하지 못한 미완의 탈식민주의적 정치학에 머물렀다"[12]는 것이 4차에 걸친 토론회를 분석한 문소정이 내린 결론이다. 일본여성들이 가해국의 국민이라는 가해자 정체성뿐만 아니라 피해자 정체성을 가지고 있었다는 것에 대해 설명이 필요한데, 그들에게는 '진주만에서 시

10) 일본군 '위안부'였던 일본인 여성이 처했던 상황이나 태도에서 '일본인' 여성이 일본군 '위안부'로 끌려갔던 '한국인' 여성과 어떻게 다른지 알 수 있다. 이를 강소영은 다음과 같이 분석한다.
"이 눈으로 여자의 지옥을 봤다"고 서술한 일본인 '위안부'였던 시로타는 아버지에 의해 게이샤로 팔려가 매춘을 하다가 사이판으로 갔던 때의 일을 기록에 남겼다. 속아서 '위안부'가 된 것이 아니었으며 먹고 살 수 없어서였다고 고백한다. 심지어 나라를 위한 것이라는 바보 같은 생각이 들었다고도 서술한다. 결국 시로타는 '위안부' 제도를 국가의 전쟁범죄로 보는 시점을 획득하는 데에는 이르지 못하고 쇼와 일왕의 전쟁책임을 추궁하는 일도 없이 오히려 일왕의 병세를 걱정한다. 가난을 빌미로 아버지에 의해서 팔려갔던 시로타는 가부장 국가에 의해 유린되는 삶을 살았지만 그가 체득한 가부장적 젠더 규범은 폭력의 근본원인을 통찰하는 데까지 나아가는 것을 방해했다.
강소영, 「일본인 '위안부' 피해자의 말하기」, 『일본사상』 36호, 2019, 21-22쪽.

11) 우에노의 '젠더-본질주의'에 대해서는 김주희(「우에노 치즈코의 젠더-본질주의 비판」, 『여성문학연구』 47호, 2019, 참고.

12) 문소정, 「동아시아 여성평화운동과 일본 여성의 횡단 정치학」, 『사회와 역사』 89집, 2011, 306쪽.

작되고 히로시마, 나가사키에서 끝난 전쟁, 우리도 일본 군국주의의 피해자'라는 의식이 강하게 있었고, 특히 일본 여성들은 전쟁 전에 가부장제 아래에서 독립된 인격으로 인정받지 못했고, 참정권도 갖지 못했기 때문에 군국주의의 피해자라는 면이 강조된 시기가 있었다는 것이다.[13] 그렇다면 적어도 일본 여성들에게는 가부장제와 군국주의의 피해자이자 여성 대상 범죄의 피해자인 일본군 '위안부' 문제 해결을 위한 관심과 의지는 분명히 있었다고 보인다. 그럼에도 불구하고 토론회는 "역사적으로 일본 페미니즘에 내장된 한계, 즉 민족주의와 식민주의로부터 자유롭지 못한 단면을 다시 보여준 실험이었다."[14]라고 문소정은 평가한다. 이는 일본군 '위안부' 문제에 관심을 가지고 해결하려는 의지가 있는 일본여성들에게 있어서 페미니즘과 내셔널리즘이 충돌하며 내적/외적 갈등을 일으켰다는 것을 보여준다.

한편 식민주의의 피해국이었으며 일본군 '위안부' 문제에 대해 일본 정부의 사죄와 법적인 배상을 요구해 온 한국에서는 페미니즘과 내셔널리즘이 결합하고 있는가? 그렇지 않다고 보인다. 특히 상당수 한국 남성들은 일본군 '위안부' 문제를 내셔널리즘의 관점에서 바라보고 페미니즘의 관점은 애써 지우려 한다. 2015년을 기점으로 한국사회에서 페미니즘 리부트 현상이 발생한 이후 페미니즘에 대한 백래시는 갈수록 거세지고 있으며 이러한 상황 속에서도 소녀상이 계속 세워지고 일본군 '위안부' 문제가 계속 발화될 수 있는 것은 일본군 '위안부' 문제를 내셔널리즘의 관점에서 담론화하기 때문이다. 일본에서는 "성적 존엄성의 회복을 요구한 일본군 '위안부' 피해자들의 증언의 임팩트를 #Me Too의 시조로 되새기고자 하는 페미니즘 운동의 맥락"[15]이 존재하는 반면 한국에서

13) 문소정, 앞의 논문, 318쪽.
14) 문소정, 앞의 논문, 306쪽.
15) 조경희, 앞의 논문, 104쪽.

는 #Me Too와 일본군 '위안부' 문제를 연결시키지 않는다. 심지어 페미니즘 백래시에 동참한 많은 남성들에게 일본군 '위안부'는, 소녀상 재현에서 볼 수 있듯이, 잔혹한 일본군에게 짓밟힌 민족의 순결한 누이인 반면 #Me Too 선언자는 '거짓' '가짜' 심지어 '꽃뱀'으로 매도되기도 했다. 한국전쟁 당시 과거에 일본군이 했던 것을 흉내 내어 한국군대 주도로 위안소가 설치되었던 것이나[16] 베트남전 당시 베트남 여성에 대한 성폭력, 심지어 광주 민주화 항쟁 당시 계엄군에 의한 자국 여성들에 대한 성폭력이 일본군 '위안부' 문제만큼 공적으로 담론화되지 못한 것도 '위안부' 문제를 보편적인 인권의 관점에서 접근하지 않고 내셔널리즘의 관점에서 접근하기 때문이다. 성차별과 성폭력이라는 인권유린이 민족차별과 식민주의의 폭력으로만 환원될 때 피해자는 다시 한 번 타자화 될 위험이 있다.[17]

16) 김청강은 김귀옥의 연구 (「일본식민주의가 한국전쟁기 한국군 위안부 제도에 미친 영향과 과제」, 『사회와 역사 』 103집, 2014)와 박정미의 연구(「한국전쟁기 성매매 정책에 관한 연구: '위안소'와 '위안부'를 중심으로」, 『한국여성학』 27-2, 2011)를 참고하여 한국전쟁 기간 동안 한국군 '위안부'가 존재했다는 사실과 위안소의 경영이 일본제국의 '위안부' 동원방식과 유사한 점이 많다고 논증한다.
김청강, 「'위안부'는 어떻게 잊혀졌나? 1990년대 이전 대중영화 속 '위안부' 재현」, 『동아시아문화연구』 제71집, 2017, 169쪽.

17) 일본군 '위안부'를 소재로 한 다큐멘터리 영화 〈낮은 목소리〉 연작을 만든 영화감독 변영주는 JTBC 〈#방구석1열〉 8·15 특집 '아직 끝나지 않은 가슴 아픈 이야기' 편에서 "할머니들이 가장 많이 하시는 말씀이 있다. 한국 사람들이 해야 할 일은 일본 욕이 아니다. 성폭력 피해자에게 예의를 지키는 것이 할머니들을 존경하는 마음이 아닐까? 우리나라만큼 성폭력 피해자에게 예의 없는 나라가 어디 있나?"라고 말했다. 최태섭 문화평론가의 문제제기도 이와 유사한 맥락 속에 있다. 최태섭은 다음과 같이 말한다. "오랜 시간 동안 한국 사회가 '위안부'를 바라보기 두려워한 것은, 그것이 이 사회, 무엇보다도 남자들을 비추는 거울이었기 때문이다. 그리고 이것은 민족이라는 이름의 흐릿한 필터를 들지 않으면 이 문제를 바라볼 수 없는 오늘날에도 마찬가지이다. 이것은 민족의 설움 같은 것이 아니라, 그리고 일제강점기의 일본군인만 저지르는 악행이 아니라, 지금도 한국과 세계 곳곳에서 벌어지고 있는 남성들의 여성들에 대한 성폭력이고, 모든 배경과 이유는 뒤로 물러나야 마땅한 것이다. 일제가 저지른 '만행'에 비분강개하는 남성들의 수와 모든 강간과 성폭력이 그 자체로 악이고 존재해서는 안된다고 주장하는 남자들의 수는 왜 이렇게나 차이가 날까?" 최태섭, '국가는 여자의 얼굴을 하지 않았다', 경향신문, 2019. 01. 30.

사실상 일본군 '위안부' 문제가 공적 담론장에서 발화될 수 있었던 것은 페미니즘의 역할이 컸다. 성폭력이 피해자의 수치가 아닌 가해자의 범죄라는 인식과 발화의 전환을 가져온 데에는 페미니즘이라는 실천적 담론이 지대한 역할을 한 것이다. 1990년대 초에 일본군 성폭력 피해자의 용기 있는 증언이 나올 수 있었던 것도 페미니즘이 형성한 당시 사회분위기와 무관하지 않다. 말할 수 없었던 것을 말함으로써 다른 이들을 도울 수 있다는 신념으로 말하기 시작한 생존자들의 '증언'이 지니는 사회정치적 함의[18]는 특히 성폭력 피해 증언에서 그 무게가 크다. 다른 범죄와 달리 성폭력과 관련해서는 가해자가 아닌 피해자에게 수치심을 강요해왔던 사회문화적 맥락이 있기 때문이다. 1990년대 이전에는 한국남성들이 일본군 '위안부'를 대하는 태도는 일본남성들이 일본군 '위안부'를 대하는 태도와 상당부분 공통점이 있었다. 김청강은 "1990년대 이전에 만들어진 대중문화 속 '위안부' 재현이 '위안부'를 바라보는 가학적이고 남성중심적인 시각을 만들었으며 영화 속 '위안부' 아이콘이 남성의 소비물로 유통되면서 '위안부'가 수치스러운 '망각'의 대상이라는 대중적 사회인식을 만들어"[19]냈다고 말한다. 또한

18) "끔찍한 사건을 대하는 인간의 자연스러운 반응은 그것을 기억에서 밀어내는 것임을 생존자들은 충분히 이해하고 있다. 그러나 생존자들은 과거를 잊은 자들은 과거를 반복할 운명에 놓여 있다는 점을 잘 알고 있다. 이러한 이유로, 대중에게 진실을 말하는 일이란 모든 사회적 활동에서 공통된 기반이 된다. 말할 수 없었던 것을 말함으로써 다른 이들을 도울 수 있다는 신념으로, 생존자들은 말하기 시작한다." 주디스 허먼(2007), 차옥숭, 「전쟁 폭력 여성- 오키나와 전장의 기억을 중심으로」, 『아시아 연구』 12-2. 2009, 239쪽. 재인용.

19) 최은수 역시 이와 비슷한 논지를 전개한다. 특히 최은수는 일본의 영화연구가 요모타 이누히코(四方田犬彦)의 주장에 정면으로 반박하는데, 요모타는 "일본의 뜻있는 영화인들이 곤란에도 불구하고 위안부 문제와 마주하려 했"지만 "같은 시기의 한국영화에 있어서 '위안부'는 에로티시즘의 소재에 불과했다"고 주장한 바 있다. 최은수는 일본영화인 〈새벽녘의 탈주〉, 〈춘부전〉, 〈종군위안부(従軍慰安婦)〉와 요모타가 "일본군의 역사적 만행을 비난한다는 구실 아래 박정희 정권 하 엄격한 검열의 대상이 되고 있었던 에로티시즘 묘사를 다수 집어넣은 영화인 듯하다."라고 비판한 한국영화 〈여자정신대〉(1974)를 비교분석하여 요모타의 비판이 당시 한국영화뿐만 아니라 일본영화에도 해당되는 내용이라고 말한다. 결국 한국은 물론 일본

"식민자였던 일본 남성이 조선인 '위안부'를 대하는 남성주의적 시각이 피식민자였던 한국 남성에게 공유되고 있었음을" 여러 영화들을 분석함으로써 예증한다.[20] 스즈키 세이준의 〈작부이야기〉(1965)를 표절한 것으로 알려진 〈여자정신대〉(1974)는 당시 한국에서 유행했던 호스테스 영화의 일부로서 전형적인 포르노그래피의 사진구도를 가지고 있으며 일제에 대한 분노보다 '위안부'의 육체를 전시하는 데 중점을 두었고, 10년 뒤 같은 제목으로 제작된 영화 〈여자정신대〉(1985)와 윤정모의 소설을 영화화 한 〈에미 이름은 조센삐였다〉(1991)에서는 다소 달라진 형상화 방식이 보이는데 김청강은 이를 '순수한 피해자와 남성중심적 민족주의의 결합'이라고 명명한다.[21] 조선인 '위안부'가 첫 강간을 겪고 자살을 시도하거나 일본군에게 강하게 저항하는 모습을 묘사한 장면에 대해서 "이러한 장면은 조선인 '위안부'가 일본 남성의 행위에 저항했다는 의미로도 해석되지만, 반대로 죽음을 당할 정도로의 심한 저항을 하지 않은 여성은 동정을 받을 수 없다는 강간에 대한 남성주의적 시각이 나타난 것으로도 파악할 수 있다"[22]는 것이다. 사실 오랫동안 성폭행 범죄 관련 재판에서 범죄가 구성된다고 인정하는 가장 범박한 기준은 피해자의 저항의 정도이다. 조사와 재판

에서도 일본군 '위안부' 문제는 여성에 대한 전쟁/성적 폭력의 측면에서 파악되고 있다고 할 수 없으며, 한국에서 일본군 '위안부' 문제는 민족담론과 결합되어 있고, 따라서 이 문제는 여성에 대한 성적 폭력이라기보다 구식민지민 여성에 대한 민족적 폭력의 측면이 강조된다고 말한다. 여성 전반에 대한 담론으로 확장되기 어려운 현 '위안부' 담론이 가해국 일본 정부와 일본사회의 폭넓은 사회적 인식형성을 방해하는 측면 또한 좌시될 수 없을 것이라고 결론짓는다.

최은수, 「재일 작가의 '위안부' 표상 - 『8월의 저편(8月の果て)』과 『다시 오는 봄(巡りくる春)』을 중심으로」, 『일본연구』 제80호, 2019, 83-99쪽. 참고.

20) 김청강이 분석한 일본군 '위안부' 소재 대중영화는 〈사르빈 강에 노을이 진다〉(정창화 감독, 1965), 〈작부이야기〉(스즈키 세이준 감독, 1965), 〈여자정신대〉(나봉한 감독, 1974), 〈여자정신대〉(이상언 감독, 1985), 〈에미 이름은 조센삐였다〉(지영호 감독, 1991)이다.

21) 김청강, 앞의 논문, 172쪽.

22) 김청강, 앞의 논문, 177쪽.

과정에서 피해자의 저항의 정도를 질문하지 않고 피해자의 동의 여부를 물어야 한다는 목소리들이 나오게 될 때까지 실천 담론인 페미니즘의 지난한 노력이 있었다. 결국 일본군 '위안부'에 대한 인식과 태도가 변화하게 된 배경은 그 시기의 성인지 감수성과 밀접한 관련이 있다. '위안부'를 희생자가 아닌 생존자이자 활동가로 대하게 된 배경 역시 성폭력 피해자에 대한 인식과 태도변화와 관련된 것이다. 성폭력 피해자를 '정조'를 잃은 수치의 대상으로 보고 망각을 강요했던 시기에 일본군 '위안부'는 공식적인 담론에서 지워지고 대중문화산업에서는 일본군 '위안부'를 남성적 시선으로 소비하려 했다. 사실상 이런 태도는 일본군 '위안부'에게만 한정된 것이 아니다. 병자호란 당시 조선의 왕이 청나라에게 항복하고 조선의 여자들을 공녀로 보내야 했을 때 후에 고향으로 돌아온 공녀들은 '환향녀'라고 불렸고 국가와 남성들이 지켜주지 못했던 이들은 청나라 군인들에 의해 '정조'를 잃었기에 수치스러운 존재가 되어야 했다. 이후 지금까지 '화냥년'은 대표적인 여성혐오용어로 쓰이고 있다.

김청강이 1990년대 이전의 대중영화가 '위안부'를 기억하는 방식이 동아시아 남성주의의 폭력성과 민족주의의 공모 속에서 만들어졌음을 밝히는 것이 식민주의 폭력을 축소하거나 대체하고자 하는 것이 아님을 강조한 것은, 내셔널리즘의 한계를 지적했을 때 이것이 왜곡될 수 있는 한일 간의 미묘한 분위기를 충분히 인식하고 경계한 때문일 것이다. 김청강은 동아시아 남성중심의 폭력적 문화가 사회의 이면에 도사리고 있는 한 '위안부' 문제는 '해결되지 않는 역사'로 끊임없이 재소환 될 가능성을 가지고 있음을 강조하는데[23], 이는 이 글에서 페미니즘과 트랜스내셔널리즘이 교차하는 지점에서 일본군 '위안부'에 관한 진전된 논의가 가능하다고 보는

23) 김청강, 앞의 논문, 156쪽.

대전제와 유사한 논점이라고 볼 수 있다. 아직까지도 한국사회에는 정치적으로 사회문화적으로 후기식민주의의 잔재가 공기처럼 퍼져 있다. 현재 권력층의 상당수는 친일에 뿌리를 두고 있고 이는 해방 후에 친일청산을 하지 못한 것과 인과적으로 연결된다. 일본군 '위안부'를 망각해야 할 수치스러운 존재로 여겼던 2차 가해 역시 오랫동안 지속되어왔다. 가해자에게 관대하고 피해자에게 가혹했던 법적 사회문화적 관행과 관습들은 '피해자에게 예의 없는 사회'를 만들었다. 내셔널리즘을 정치적으로 '이용'하는 이들이 아직도 많기 때문에 한국사회의 문제점과 폭력성을 드러내는 것이 일본의 잘못을 무화시키는 것이 결코 아님을 여전히 강조해야 한다. 무엇을 망각하고 지워버리는가는 무엇을 기억하는지에 못지않게 정치적인 문제이다. 일본군 '위안부' 문제를 내셔널리즘의 시각에서만 접근하게 되면 일본군 '위안부'들이 해방 이후 '정조'를 잃은 여성으로서 가부장적인 한국사회에서 침묵과 망각을 강요당한 채 '지워진' 존재로 살아야 했던 긴 시간 동안 그들에게 가해진 폭력은 문제가 아닌 게 되고 궁극적으로 일본군 '위안부' 문제를 진정으로 해결할 수 없게 된다.

일본군 '위안부' 문제가 전 세계적인 관심을 촉발시키고 뉴욕 홀로코스트 센터 안에 '위안부' 센터가 건립되었으며 2000년 여성국제전범법정까지 이끌어낼 수 있었던 것은 '위안부' 문제가 가지고 있는 트랜스내셔널한 성격 때문이다. 강소영은 "2000년 여성국제전범법정에서는 '매춘부'였던 일본인 '위안부'도 피해자로 인정하고 있"음을 주목하면서 "원래 전쟁 전 일본사회에서 매춘을 했던 여성들은 인신매매를 당해 매춘을 강요받았던 여성들이었으며, 당시 일본정부는 이러한 관습을 방치했고 전시에는 군의 '위안부' 징집에 인신매매가 이용되었다"고 논파한다. 즉 "공창제도 하에 전차금으로 위안소에 간 여성들은 매춘부이기 때문에 피해자가 아니라는 논리에 함몰되어 침묵을 강요받았다"[24]는 것이다. 일본 우익 정치인 등 일본군 '위안부'를 부정하는 이들이 '위안부'를 '매춘부'로 호명하고자 하는 이유도 여기서 찾을 수 있으며 이 또한 소위 '매춘'을 바라보는 지극히 남성중심적인 사고의 결과이다. 이는 성매매를 '자발적으로' 성을 파는 여성들의 문제로 보는 시각이다. 성매매를 젠더 불평등의 원인이자 결과로 보고, 여성에 대한 남성의 폭력의 한 형태로 인식하는 것에서 출발한 노르딕 모델the Nordic Model과 비교해 본다면 '매춘부'에 대한 일본과 한국의 인식이 여성에 대한 폭력으로 연결되었던 인과관계가 드러난다.

즉 일본의 안티페미니즘과 내셔널리즘의 결합 그리고 한국의 안티페미니즘과 내셔널리즘의 결합은 데칼코마니의 한 쪽씩을 담당하며 일본군 '위안부'들에게 폭력적으로 작용하고 일본군 '위안부' 문제의 논점을 왜곡한다. 이는 여성의 섹슈얼리티를 매개로 여성을 공공재로 취급해왔던 인류역사의 오래된 범죄와 연결된다. 여기에는 전시 강간의 문제가 물론 포함된다. 성매매라는 이름을 붙인다고 해서 강간이 아닌 것은 아니다. 야마시타 영애는 "자유의사로 '위안부'가 되었다고 보이더라도 여성들은 이미 결정된 선택을 해야만 하는 노예적 상태에 놓여 있었고 '위안부' 여성들은 대개 폭력적인 형태로 여성의 성노예화를 강요받았다"고 논파한다. "여성이 '위안부'로 만들어지는 것 자체에 이미 사회적, 구조적인 '강제'가 작동하고 있다"는 것이다. 따라서 "일본군 '위안부'에 대한 인식은 해방 후 미군 '위안부' 등 국가가 주도하여 이루어진 성매매와 본질적으로 인식을 같이해야 하는데, 한국에서는 '위안부' 문제가 식민지 지배에 대한 민족적인 분노와 직결되어서 이를 미군기지 주변이나 일상에서 일어나는 성매매와 단절시켜 취급하고 있다"[25]

24) 강소영, 앞의 논문, 7쪽.

25) 야마시타 영애, 박은미 역, 『내셔널리즘의 틈새에서: 위안부 문제를 보는 또 하나의 시각』, 한울 아카데미, 2012, 220-221쪽.

고 주장한다. 일본군 '위안부' 문제는 식민주의와 더불어 여성을 공공재로 취급하면서 한편 여성의 '정조'를 강조하며 '순결한' 여성과 '창녀' 이분법을 고수해온 남성중심 가부장제가 얽혀있는 문제이다. 한편 내셔널리즘을 소거하고 페미니즘의 관점에서만 일본군 '위안부' 문제를 바라볼 때 당시 일본의 식민주의와 일본군의 만행 그리고 현재 일본정부의 무책임한 왜곡과 은폐에 대한 단죄의지가 소극적이 될 수 있다. 전시성폭력도 성매매[26]도 여성에 대한 폭력이라는 의미에서 보편적인 시각으로 보는 것이 맞지만 개별 범죄 행위에 대한 준엄한 심판 또한 필요한 것이다. '우리 모두의 책임'이라는 명제는 일견 그럴 듯하지만 이는 대부분의 경우 누구도 책임지지 않는 결과를 가져올 수 있다는 것을 유념할 필요가 있다. 다음 장에서 젠더와 내셔널리즘이 여성들에게 어떤 실존적 위치를 부여하는지 그리고 일본군 '위안부' 문제에 관해서 한국과 일본의 젊은 여성들이 가지는 인식의 간극은 어떤 것인지 동시대 작가의 소설텍스트를 통해서 본격적으로 분석하려 한다.

3 젊은 세대의 실존적 조건으로서 젠더와 내셔널리즘의 정밀한 초상(肖像) : 박민정, 「세실, 주희」

「세실, 주희」는 2017년『문학동네』, 가을호에 발표되었고 2018년 '젊은 작가상' 대상을 수상했다. 제목에서 알 수 있듯이 '세실'과 '주희'라는 두 여성이 주요인물이지만 J라는 영어 이니셜만 부여된 또 한 사람의 여성인물 역시 중요한 의미를 가진다. 이 소설은 1인칭 서술방식이 아님에도 불구하고 세실과 J를 비롯한 모든 인물들이

26) 성매매를 바라보는 페미니즘의 시각도 한 가지인 것은 아니지만 가장 대표적인 것은 성매매가 '강간할 권리를 사는 것'이라고 보는 시각이다.

주희의 시선과 언어를 통해 재현된다. 즉 3인칭 서술방식임에도 전지적 시점이 아닌 한 사람에게만 부여된 제한된 시점은 그 누구도 명쾌하게 설명할 수 없는 현실세계의 거대한 폭력과 타인의 의도에 대한 의구심을 형상화하기에 효과적인 서사장치가 된다. 또한 1인칭 서술방식과 달리 인물 화자에게 동일시하기보다는 질문하고 설명해보려고 하는 인물 화자를 좀 더 거리를 두고 바라보며 공감하게 한다.

이 소설의 주된 시공간적 배경은 동시대 서울의 명동이다. 주희는 명동을 찾는 외국인 고객과 한국인 고객을 상대하는 화장품 매장 '쥬쥬하우스'의 매니저이고 세실은 쥬쥬하우스에서 일하는 일본인이며 주희와 세실 모두 1990년대에 태어난 20대의 젊은 여성이다. K-Pop을 좋아하는 세실은 유노윤호에 대한 동경만으로 한국에 왔으며 유노의 모국어인 한국어를 잘하고 싶다는 강한 바람을 가지고 주희에게 한국어 개인 교습을 부탁한다. 내셔널리티에 대한 의식은 외국에 있을 때 또는 외국인과 만났을 때 비로소 작동하게 되는데, 한국인과 일본인이 만났을 경우에 특히 내셔널리티에 의한 집단적 (무)의식이 복잡하게 작용하고 이는 한국인에게서 더 미묘하게 발현된다. 이를 역사의식 또는 탈식민적 (무)의식이라고 할 수 있겠다. 세실의 작문 숙제에서 '우리 할머니는 야스쿠니 신사에 계십니다.'라는 문장을 발견했을 때 자신도 모르게 '야스쿠니 신사'라는 단어 아래 빨간 줄을 긋는 주희의 행동은 바로 이런 역사의식이나 탈식민적 (무)의식을 보여준다. 하지만 자신의 외증조할머니가 야스쿠니 신사에 계시다는 것을 자랑스러워하는 세실에게 주희는 어떤 설명도 하지 않는다. 야스쿠니 신사가 한국인에게 어떤 의미인지 말하지 않으며 세실의 역사인식이 어떤 것인지 묻지 않는다. 이런 태도는 이 소설의 마지막 부분에서 소녀상의 의미를 모르는 채 소녀상을 향해 걸어가는 세실에게 아무 얘기도 해주지 않을 때까지 그대로 계속된다.

> "괜찮아요. 세실 상, 이건 평화로운 집회예요. 전쟁 피해자들을 위한 집회예요."
> 세실은 눈을 빛내며 대답했다.
> "아, 그래요? 나도 중학교 때부터 반전 집회에 참여했어요. 일본에서 우리 할머니도 전화에 돌아가셨으니까요."
> (……)
> 주희는 세실을 속인 것 같은 기분이 들었다. 세실, 당신의 할머니와 여기서 말하는 피해자 할머니들은 조금 달라요 …… 세실의 할머니는 야스쿠니 신사에 있다면서요 ……
> (……)
> 행렬은 어느덧 소녀상 근처에 도착했고 세실은 동상의 의미를 몰랐다.[27]

위의 인용문은 「세실, 주희」의 결말 부분에서 세실과 주희와 관련된 부분만 발췌한 것이다. 이 부분만 놓고 본다면 이 소설은 일제의 한반도 침탈 이후 전쟁을 일으킨 세대로부터 4대손이 되는 거리에 멀리 떨어진 젊은이들의 몫으로 남겨진 해결되지 못한 과거청산과 역사인식 그리고 개인과 국가의 관계, 가해자의 후손과 피해자의 후손이 그 역사 인식의 간극을 넘어 진정으로 교류하고 교감할 수 있는가의 문제를 다루는 작품이 될 것이다. 이것만으로도 주제의 밀도가 높은데 이 소설은 여기서 더 나아가서 더 근원적이고 더 복잡하고 더 거대한 폭력과 그 폭력을 구심점으로 연결된 관계망들을 이야기한다. 이를 이해하기 위해서 앞서 언급한 J를 다시 소환해야 한다.

소설 속 인물이 부여받은 고유명사 이름은 인물화characterization의 중요한 방법이다.[28] 주희가 자신의 친구를 J로 호명한 것은 J의

27) 박민정, 「세실, 주희」, 『2018 제9회 젊은 작가상 수상작품집』, 문학동네, 2018, 36-37쪽.

캐릭터를 단적으로 설명함과 동시에 J를 바라보는 주희의 시선과 태도를 함축하기도 한다. 어린 시절에 미국 뉴올리언스에서 살았던 J는 유창한 영어실력을 가지고 있으며 외국인 친구들과 스스럼없이 잘 어울린다. J를 따라 뉴올리언스로 여행 온 주희는 J를 선망하고 동경한다. J는 영국 런던의 펍에서 8개국 친구들과 모여 앉아 각자의 모국어로 〈인터내셔널가〉를 합창했다고 말할 만큼 코스모폴리탄적인 면모를 보이지만 한편으로는 멍청한 한국애들이랑은 말도 섞기 싫다는 게 말버릇일 만큼 유사서양인의 면모를 가지고 있기도 하다. 뉴올리언스 거리의 '마르디 그라' 축제가 어떤 것인지 모르는 주희는 J에 대한 선망과 믿음으로 J를 따라가지만 J는 어떤 설명도 주희에게 해주지 않은 채 폭력과 야만의 한복판에 주희를 버려두었다. 축제 퍼레이드가 끝난 새벽의 버번 스트리트에서 주희는 문득 자신을 둘러싼 남자들이 같은 구호를 외치고 있다는 것을 깨닫게 된다. 상의를 벗어서 가슴을 보여달라는 구호였고 주희는 그들의 요구에 응하지 않았다. 거기서 끝났다면 그 일은 주희에게 그다지 큰 상처를 입히지 않고 잊힐 수 있었다. 그런데 주희의 대학친구가 포르노 사이트에서 주희를 봤다고 다급하게 문자를 보내왔고 'yeslut'이라는 사이트의 'Mardi Gras' 카테고리에 'Mardi Gras, nice asian slut 43%'라는 제목 아래 동그래진 눈으로 멈춰 서서 사방을 둘러보는 주희의 모습이 십팔 초 동안 이어졌으며 옆에 있는 남자는 주희에게 계속 가슴을 보여달라고 말하고 있었다. 주희의 분노는 거리의 남자들과 사이트 운영자와 포르노 사이트에 접속한 대학친구와 J를 지나 결국 자기자신에게로 향했다. 소

28) Jakob Lothe, *Narrative in Fiction and Film*, Oxford University Press, 2000. p. 82.
저자 박민정은 작가후기에서 인물의 고유명사 이름을 고심하여 선택한 과정을 밝힌다. 특히 '세실'이라는 고유명사 이름은 일본여행 중 인상 깊게 관찰했던 한자로 표기되지 않는 유럽풍의 이름들을 메모한 후 정했음을 밝히고 있다.
박민정, 앞의 책, 38-39쪽.

녀상의 의미를 모르면서 소녀상으로 향하는 세실을 보면서 주희는 뉴올리언스에서의 경험을 떠올린다. '마르디 그라' 축제를 즐기러 나가면서 주희의 의중을 묻는 J에게 "따라가고 싶어"라고 답했던 자신을 생각하며 '참회'를 자신의 몫으로 돌리려 한다. 그런데 여기서 주희는 무엇을 참회하려 하는가? 또는 주희는 무엇을 참회해야 하는가? 라는 질문을 제기하게 된다. J처럼 외국인 친구들과 무람없이 어울리고 싶어 했던 마음을 참회해야 하는가? 그 마음은 식민성인가? 아니면 주희도 여타의 범죄 피해자들처럼 '자신이 그때 그곳에 있었음을' 자책하며 스스로에게 2차가해자가 되는 약자의 저항방식을 택했다고 봐야 하는가?

많은 평론가들이 이 소설의 정밀한 대칭구조를 언급했다. "주희와의 크리스마스 나들이 날 벌어진 위안부 집회에 그 의미를 모르는 채로 흔쾌히 섞여드는 세실의 모습은 최근 발표된 한국소설을 통틀어 가장 기괴하고 섬뜩한 장면일 것이"라고 논평한 이은지는 "철저히 자기 의지로 자기 정체성을 파열하는 지점을 향해 걸어들어가는 세실의 모습은 오로지 J처럼 되고 싶다는 열망만으로 마르디 그라 축제에 순진하게 따라나선 주희의 모습이기도 한 것이다." 라고 덧붙인다.[29] 여기서 세실이 "자기 정체성을 파열하는 지점을 향해 걸어들어"갔다는 해석을 좀 더 면밀하게 분석할 필요가 있다. '소녀상'이 젊은 일본여성인 세실의 정체성을 파열하는 지점인가의 문제는 단순하지 않다. 세실의 외증조모가 있는 야스쿠니 신사가 아시아태평양전쟁 A급 전범이 합사된 곳이라는 것을 생각해본다면 소녀상으로 걸어들어가는 세실은 자기 정체성을 파열하는 지점을 향해 걸어들어갔다고 볼 수도 있다. 하지만 세실을 구성하는 또 다른 정체성의 층위들을 생각해 본다면 소녀상이 세실의 정체성을

29) 이은지, "무지한 반역의 크로노토프(chronotope)", 『2018 제9회 젊은 작가상 수상작품집』, 문학동네, 2018, 45쪽.

파열하는 지점이라고 보는 것은 표면적인 해석이라고 생각된다. 자신의 외증조모가 야스쿠니 신사에 합사되어 있음을 자랑스럽게 여기며 아무 것도 모르는 채 소녀상으로 향하는 세실과 그 옆에서 침묵하며 갈등하는 주희는 바로 그 지점에서 페미니즘과 트랜스내셔널리즘이 결합된 근본적인radical 연대의 가능성을 구축할 수 있다. 이 연대 가능성을 설명하기 위해서 소설 「세실, 주희」에서 '히메유리 학도대' 설정이 가지는 중층적인 의미를 분석할 필요가 있다. 이는 오키나와의 특수성, 오키나와인들과 재일한국인조선인들과의 관계, 태평양 전쟁 당시 조선인 남성과 조선인 여성, 오키나와 여성과 한국인 '위안부' 여성 등의 여러 관계의 층위와 태도들이 복잡하게 얽혀있는 문제이다. 류큐국이 일본제국에 의해 오키나와 현으로 강제 편입된 시기는 1879년이다. 오키나와 주민들은 일본으로부터 독립하려는 시도를 하는 대신 일본인이 되고자 했다. 오타 마사히데大田昌秀에 의하면 "근대 백년의 오키나와 현민의 행보는 일본인으로서의 아이덴티티를 획득하는 과정이었"으며 "전쟁과 같은 국가비상사태 때에는 '국익'을 위해 목숨을 바치는 자가 많이 나오면 나올수록일본인으로서의 아이덴티티를 빠르게 달성할 수 있다는 발상이 있었다"고 한다.[30] 류큐인이었다가 자신의 의지와 상관없이 일본인이 되었던 오키나와인들 모두가 오타 마사히데의 주장 같은 태도를 취하지는 않았을 수 있다는 추론도 물론 가능하지만, "그를 비롯한 많은 학생들이 "대동아大東亞전쟁은 구미歐美 제국주의로부터 아시아 민족을 해방하는 신성한 전쟁이다'라는 믿음 아래 철혈근황대鐵血勤皇隊 혹은 히메유리 학도대ひめゆり学徒隊라는 이름으로 전쟁에 참여했다는 점에서 당시 오키나와인이 인식하고 있던 일본인으로서의 내셔널 아이덴티티가 어느 정도였는지 가늠할 수 있다"[31]는

30) 김미영 「오키나와코코로(沖縄のこころ)의 형성 및 변용과정」, 『일본연구』 32집, 2019, 371쪽.

31) 김미영, 앞의 논문, 371쪽.

분석은 상당히 설득력 있다. 또한 많은 오키나와인들이 '일본인'이 되고자 했다는 것은 패전 후에 미군의 점령으로부터 벗어나 일본으로 복귀하고자 했던 그들의 행보에서도 드러난다. 반면 일본정부에게 있어서 오키나와는 전쟁 시에는 본토를 수호하기 위한 방어막으로서의 전장戰場이었으며, 패전 후에는 미국과의 협상카드였다. 세실의 외증조모가 인솔교사로서 소속되었던 히메유리 학도대는 아시아태평양전쟁 말기 오키나와에서 일제에 의해 동원된 종군간호부들이다. 오키나와 소재 여학교의 여학생들과 인솔교사들로 구성되었다.32) 이들은 참혹했던 전장에서 중상자들을 간호하는 일을 하다가 전세가 완전히 기울었을 때 미군에 투항하지 않고 전원 자결했다고 전해지며 '전화에 스러져간 순결한 백합' '최후의 나이팅게일'이라는 어구로 선전되었다. 세실 역시 히메유리 학도대는 전원이 순결한 미혼녀였다고 자랑스럽게 말하며 그 말이 자신의 존재를 부정하는 모순임을 인식하지 못한다. 세실의 외증조모가 미혼인 상태로 자결했다면 세실은 태어날 수 없었기 때문이다. 실제로 당시 여학생들은 자결로 죽었다기보다는 국가와 군대로부터 버려져서 죽었다.33) 또한 이들은 죽음 이후에 '순결한 백합'으로 칭송

32) "미군의 오키나와 상륙작전이 시작된 1945년 3월 23일 심야, '히메유리'로 통칭되는 오키나와 사범학교 여자부와 현립제일고등여학교 생도 222명은 교사 18명에게 이끌려 나하시 동남 5킬로미터 언덕에 있는 오키나와 육군병원으로 향했다. 히메유리는 오키나와의 여러 섬에서 가장 우수한 소녀들이 시험을 통과해 모인 학교였으며, 황민화 교육도 철저하게 받았다. 병원동굴에는 피와 배설물의 악취가 충만했고. 부상병의 신음소리와 외침이 끊이지 않았다. 부상병의 간호 외에 물 떠오기, 식사 운반, 전령, 시체매장 등도 학생들의 일이었다. 이러한 일은 총탄이 퍼붓는 굴밖에 나가서 하지 않으면 안 되었고, 매우 위험한 임무였다"
차옥숭, 앞의 논문, 224-225쪽.

33) 전황이 격렬하게 되자, 히메유리 학도대는 혼란 속에서 동굴에서 동굴로 이동했다. 급박한 전황이었던 6월 18일 밤, 육군병원에서 '해산명령'이 떨어졌다. "너희들은 지금까지 잘 해주었다. 오늘부터는 스스로의 판단으로 행동하도록"이라는 한 마디로 적의 눈앞에 버려지게 되었다. 동요하는 학생들에게 인솔교사는 "결코 성급한 행동을 해서는 안 된다." "안전한 장소를 찾아 한사람이라도 많이 살아남으라."고 전했다. 포탄이 비처럼 쏟아지는 상황에서 갈 곳을 잃고 부모의 이름을 부르면서 죽어가는 학생들이 속출했다. 해산명령 후 불과 수일 만에 100여명이 죽어나갔다.

받으며 야스쿠니 신사에 합사되기도 했으나 간호부로 봉사했을 당시에는 은급 대상도 아닌 동원된 노동력 제공자였다. 이들의 노동에는 정서적 성적 위안도 포함된다. 아시아태평양전쟁 시기 일본군 '위안부'의 정체성에 대해 연구한 신영숙은 종군간호부와 군 위안부란 어쩌면 하늘과 땅 같은 차이가 있을 수도 있었고 다른 한편 남성 군인들 눈에는 여전히 하나의 여성, 즉 성적 희롱폭력의 대상일 뿐이었다고 말한다.34) 하지만 남성 군인들 눈에는 종군간호부와 군 '위안부'가 크게 다르지 않았을지라도, 종군간호부였던 히메유리 학도대 당사자들은 그렇게 생각하지 않았을 것이다. 실제로 오키나와 여성들은 자신의 가해성을 깨닫게 된 계기가 조선 여성 '위안부' 때문이었음을 고백한다.35) 그렇다면 바로 이 지점에서 일본 여성은 식민주의의 폭력성과 남성중심 가부장적 국가주의의 폭력성을 인식하고 다른 여성이 희생자가 되었을 때 자신의 안전이 유보적이나마 지켜질 수 있는 젠더 폭력을 깨닫고 내셔널리즘을 뛰어넘어 트랜스내셔널 페미니즘으로 한국 여성과 연대할 수 있는 것이다. '히메유리 학도대'의 후손임을 자랑스러워하는 세실이 '히메유리 학도대' 이면의 진실을 알게 된다면 국가에 대한 인식과 더불어 젠더에 대한 인식에도 새롭게 눈 뜰 수 있다.

자국의 여성이 적군의 성적 대상이 되는 상황에서는 차라리 죽

그리고 결국 동원된 240명(학생 222명, 교사 18명) 중에 226명이 죽었다.
ひめゆり平和祈念資料館, 2004, 차옥숭, 앞의 논문, 226-227쪽. 재인용.

34) 신영숙, 「아시아태평양전쟁 시기 일본군 '위안부'의 정체성 - 여자 군속의 종군간호부와 비교 연구」, 『동북아역사논총』 25호, 365-370쪽.

35) 오세종이 인용한 오키나와 여성의 발화는 다음과 같다. "오키나와 여자들은 피해자라고 말하는데 가해자라고 생각해요. 인종차별, 일본인이라는 이름으로 식민지에서 연행되어 온 사람들에게 말이에요. 부끄러운 일이죠. 나는 전쟁에 참가한 것이나 마찬가지라고 봅니다. 그리고 군 안에서도 차별하는 것을 보았고, 그녀들이 나를 대신했다는 자책감도 갖고 있어요."
오세종, 『오키나와와 조선의 틈새에서: 조선인의 '가시화/불가시화'를 둘러싼 역사와 담론』, 87쪽. 심아정, 「피해/가해의 틀을 흔들며 출몰하는 오키나와의 조선인 - 가해자들의 '말하기', 그 기점으로서의 오키나와 -」, 『사이』 27호, 2019, 265쪽. 재인용.

음을 강요하는 가부장적 내셔널리즘이 일본 국가와 군대에도 작용했다. 적에게 투항하느니 명예롭게 죽겠다는 극단적 선택은 당시 종군간호부로 동원된 여학생들만의 (자발적인 또는 강요된) 선택은 아닐 것이다. 남성의 경우에도 자결이 명예로운 죽음으로 칭송되던 여러 시대 여러 상황들이 있었기 때문이다. 하지만 히메유리 학도대에 소속된 이들의 선택에 '순결'이라는 이데올로기가 부과된 것에는 젠더정치학적 함의가 강하게 작용한다. '남성'으로 치환되는 국가가 지켜주지 못한 여학생들에게 가부장적 국가는 '순결한' 죽음까지도 강요한다. 즉 야스쿠니 신사에 합사되었다고 해도, '소녀군대'라는 호명과 '순결한 백합'이라는 수식어로 칭해진다고 해도 이들은 국가권력의 희생자였으며, '순결한' 성녀를 칭송하면서 '공공재'로서의 여성을 요구하는 것이 자신의 권리라고 생각하는 (군인) 남성들의 모순된 태도를 단적으로 보여주는 기호가 된다. '히메유리의 탑'[36]은 이를 가장 상징적으로 보여주는 기호이다. 히메유리 학도대를 전쟁영웅으로 칭송하며 야스쿠니 신사에 합사하고 히메유리 탑을 짓고 대중영화 속에서 그들을 미화한 태도와 달리 실제 오키나와 여성들은 전쟁 이후에도 국가와 내셔널리즘에 의해 버려진다. 국가와 내셔널리즘은 점령군인 미군에 의해 자행된 성폭력으로부터 자국의 여성들을 지켜주지 못했다.[37] 1972년 오키나

36) "미군의 오키나와 점령 후에 오키나와를 소재로 제작된 최초의 극영화가 〈히메유리의 탑〉이다. 이 영화는 당시까지 일본영화사상 최고의 성적을 기록했다. 이 영화는 반미와 애국을 내세운 내셔널리즘의 시선에 입각하여 히메유리 학도대를 비롯한 오키나와인들을 조국을 위해 스스로 목숨을 바친 희생자로 재현한다. 이 영화는 전쟁의 기억을 반추하며 일본군을 진혼하는 당시 일련의 영화들과 궤를 같이 하며 일본의 희생자 의식을 강화하는 데 한 몫 했다. 〈히메유리의 탑〉은 같은 제목으로 4편이나 제작되었다. 이는 히메유리에 대한 일본국민들의 관심을 보여주기도 하지만 일본 현대사의 중요한 계기마다 국민국가의 욕망에 따라 히메유리가 이용되었다는 것을 말해준다"
주은우, '다문화주의와 내셔널리즘을 넘어, 혹은 그 사이에서 - 오키나와 영화와 정체성의 정치', 『오키나와 영화, 오키나와 아이덴티티: 영화, 지역&역사연구와의 조우』, 한국영상자료원, 2009, 32-46쪽. 참고.

와가 일본에 반환된 이후에도 미군기지에 이어 자위대 기지까지 설치된 '기지의 섬' 오키나와에서는 미군에 의한 성범죄가 지속적으로 이어졌고 국가도 내셔널리즘도 국민 개인의 인권보다는 강대국 미국과의 이해관계에 더 비중을 두었다. 이를 바로잡으려 애쓴 이들은 일반 시민들 특히 여성단체회원들이었다.38) 미군 역시 여성을 전리품으로 생각했던 남성중심 식민주의 사고방식에서 벗어나지 못했다. 1975년 처음으로 그 존재가 드러난 오키나와 잔류 조선인 '위안부'였던 배봉기는 일본군 '위안부'였다가 일본의 패전 후에는 미군의 '위안부'로 살아야 했음이 밝혀졌다. 하지만 "해방 후에도 귀환하지 못한 채 미군의 '위안부'가 된 조선인 여성들이 오키나와에 존재했다는 것은" 배봉기의 존재가 드러난 1975년 이

37) "미군 점령 3개월 동안에 일본 전역에서 미군에게 강간당한 여성은 일본정부에서 실시한 최소한의 추정으로 3,700명이 넘는다고 한다. 점령 초기의 혼란이 진정된 후에도 미군 병사의 성범죄는 끊이지 않았고 오히려 '여자사냥'이라 불리는 집단강간 범죄가 늘고 흉포화 하는 지경에 이르렀다. 성 윤리의 이중 기준이 여자에게 엄격히 '정조'를 요구하는 사회에서 성폭력 피해자는 이 피해를 일생의 오명으로 짊어지게 된다. 따라서 성폭력 피해는 주위에 감추는 것이 다반사이고 피해를 신고하는 일은 드물다. 그럼에도 불구하고 경찰본부 발표 강간 피해자 수가 1946년 30명, 1947년 283명, 1948년 265명, 1949년 312명에 달한다. 강간당한 후 임신으로 아이를 출산할 경우에는 강간으로 인한 상처에 더해서 아이를 키워야하는 피해여성의 고통은 말로 표현할 수 없었을 것이다. 1949년 9월 혼혈아 인구는 450명에 달한다."
高里鈴代, 1996, 차옥숭, 앞의 논문, 234쪽. 재인용.

38) "1995년 9월 세 명의 미군이 12세 초등학교 여학생을 납치하여 강간한 사건이 발생한다. 현지 경찰이 용의자의 신병을 요구했으나 미군 당국은 미일지정을 이유로 들어 이를 거부했다. 오키나와현 의회는 미일지정을 재검토할 것을 건의했지만 일본 정부는 이러한 요구를 묵살했다. 다시는 이 같은 사건이 반복되어서는 안 된다고 결심한 소녀 가족의 용기 있는 고발로 인해 오키나와인들의 분노가 폭발했다. 강간사건을 규탄하고 미일지정의 개정을 요구하는 1995년 10월 현민 시위에는 8만 5천명이 참가했는데 이는 오키나와 반환 이후 최대 집회였다. 이 사건에 주도적으로 대응을 한 것은 1995년 북경에서 개최된 유엔 제 4차 세계여성회의에 참석하고 돌아온 95오키나와실행위원회 여성들이었다. 이 사건은 소녀 성폭행사건이 소녀 개인의 문제가 아닌 구조적 폭력으로 인식된 계기가 되었다. 특히 비열한 성폭력 범죄가 보호되어야 할 어린 소녀에게까지 미치게 된 것, 더구나 아주 일상적인 생활 중에 일어났다는 것은 많은 여성들에게 큰 충격을 주었다"
차옥숭, 앞의 논문, 236-237쪽.

전에도 숨겨진 일이 아니었다.39) 일본군 '위안부' 여성을 일본 군인뿐만 아니라 조선출신 군인도 성착취했으며 미군 역시 조선인 출신 '위안부'여성이나 점령지 일본 여성을 성착취했다는 사실은 남성군인을 위한 '위안'의 대상으로 여성을 공공재로 바라보는 것이며 내셔널리티와 상관없이 남성군대가 가진 공통적인 인식 수준이다. 또한 이러한 인식과 태도를 「세실, 주희」에서, 미국 뉴올리언스 버번 스트리트에서 모두 같은 구호를 외쳤던 남성들도 가지고 있었다. 처음 보는 여성에게 가슴을 보여달라고 요구할 수 있는 그들의 태도는 여성을 남성들의 '공공재'로 여기는 맥락 안에 있다. 그들은 한편 '남성성'으로 치환된 (서양) 제국주의를 상징하며 주희는 '여성성'으로 치환된 동양에 대한 메타포이기도 하다. 소설 「세실, 주희」에서 미국 뉴올리언스에서의 사건과 J라는 인물의 형상화는 '히메유리 학도대' 설정과 정밀하게 연결 지어 구성되었음을 알 수 있다. 일본제국주의와 일본군대는 유사서양의 멘털리티를 가지고 있으며, 본토 일본인들로부터 차별받는 오키나와인들은 오키나와 잔류 조선인들을 차별하고 핍박하면서 유사일본인이 되고자 했다. 일본의 역사수정주의 편에 선 (일본여성을 포함한) 일본우익과 일부 한국우익들도 유사제국주의의 멘털리티를 가지고 있고, J는 유사서양인으로서의 태도를 보인다. J를 선망했던 주희 역시 자신의 내면에 존재했던 '식민성'을 응시해야 했다. '여성, 최후의 식민지'라는 오래된 명제를 굳이 거론하지 않더라도 페미니즘은 반식민주의 또는 탈식민주의를 필연적으로 내포한다. 여성이 해방되지 않은 상태에서 식민화는 전 지구적으로 여전히 진행 중이며 이제 점령군의 자리에는 '자본'과 결합한 '디지털 기술'도 들어서게 되었

39) 임경화는 한국에서 1963년에 개봉된 오키나와 전투를 다룬 영화 〈女道〉에서 오키나와 전투에서 일본군에게 강간당한 조선인 여성이 해방 후에도 술집에서 일하며 미군을 상대하는 이야기가 그려진 것을 언급한다.
임경화, 「오키나와의 아리랑 - 미군정기 오키나와의 잔류조선인들과 남북한」, 『대동문화연구』 89집, 2015, 570쪽.

다. '공창'을 요구하다가 이제는 실제 여성을 소유할 수 없게 된 남성들이 사진과 영상을 공유하면서 여전히 여성을 '공공재'로 소비하려 한다. 즉 종군간호부였던 '소녀군대' 히메유리 학도대와 일제에 의한 전시 성폭력 피해생존자인 일본군 '위안부' 그리고 여행 중 주희의 의사와 상관없이 포르노 사이트에 전시된 불법 촬영물까지 이 모두를 관통하는 맥락은 여성에 대한 남성의 폭력이다. 남성으로 치환된 국가권력의 폭력과 가부장적 내셔널리즘과 레이시즘까지 이 자장 안에 있다. 여기서 누구도 자유로울 수 없다. 식민지 여성만이 성폭력의 희생자가 되는 것이 아니다. 따라서 '소녀상'은 세실의 정체성을 파열하는 지점이 아니다. 오히려 '소녀상'과 일본여성 세실과 전후 한국여성 주희의 정체성에는 공유되는 지점이 있다. 이제 디지털 기술의 발달과 함께 폭력의 양상은 보다 광범위하게 이루어진다. 주희의 영상이 포르노 사이트에 전시되어 있음을 주희에게 다급하게 알려준 대학친구에게 주희는 '왜 거기서 나를 발견한 것인지. 왜 애초에 그 사이트에 접속했던 것인지' 말하고 싶었지만 말하지 않는다. 누군가가 비용을 지불하고 누군가가 조회하기 때문에 누군가는 찍고 누군가는 유포하는 것이다. 찍지 않고 유포하지 않았다고 해서 범죄에 공모하지 않은 것이 아니다. 남성을 위해서 한편에는 '순결한' 여성이 존재해야 하고 한편에는 남성을 위해서 '위안부'역할을 하는 살아있는 신체나 그에 준하는 실제 영상이 필요하다는 남근중심적인 사고방식은 이제 더 무차별적으로 인간을 도구화 한다. 이때 점령지의 메타포가 되는 여성은 단지 일본군 '위안부'만이 아니다. 가부장적 남성중심 내셔널리즘의 관점만 가지고는 이러한 문제를 올바로 인식하기 힘들다. 즉 '위안부' 문제를 해결할 수 없을 뿐만 아니라 문제를 오히려 왜곡하게 된다.

아시아태평양 전쟁 말기의 오키나와, 21세기 미국 뉴올리언스와 대한민국 서울의 명동을 가로지르며 교차 서술되는 사건들의 동일한 핵심을 향해 파고들어 가는 소설 속 인물의 시선은 광범위하게 퍼져 있는 폭력의 동일한 뿌리를 드러낸다. 이는 폭력의 원인을 '일부' 남성의 개인적 일탈로 무마할 수 없음과 인간의 개입 없이 폭력의 구조가 저절로 만들어지는 것이 아님을 보여준다. 폭력의 향유와 묵인 그리고 소극적 제재 속에서 침묵이 강요되고 강요된 침묵 속에서 죽음도 강요된다. 지금 현재 한국에서도 남성들의 성적 '위안'을 위해 합법적인 야동이 필요하다고 말하는 이들이 있다. 성매매 합법화 주장의 가장 기본적인 논거 역시 남성들의 성욕 해소이다. 이들의 목소리는 전쟁을 수행하는 군인을 위해 종군'위안부'의 필요성을 말했던 목소리와 남성들의 성욕 해소를 위해 공창의 필요성을 말했던 목소리와 한 지점에서 만난다. 여기서 여성의 섹슈얼리티는 공공재가 되고 폭력과 권력에 의해 희생된다. 왜 하필 '다른 나라 여자들'을 끌고 가서 종군'위안부' 위안소를 운영했는지를 규탄하는 목소리는 정의가 아니라 불의이다. 이 목소리는 여성에 대한 폭력에 분노하는 목소리가 아니라 식민지 남성의 상처 받은 자기 연민에 불과하다. 즉 내셔널리즘에 함몰되어 '위안부' 문제에 접근하는 인식과 태도는 '위안부' 문제를 해결하는 데 걸림돌이 된다. 히메유리 학도대, 일본군 '위안부' 그리고 디지털 성폭력까지 이는 성녀와 창녀가 동전의 양면처럼 존재하게 했던 부계사회 인류의 역사이며 그 핵심에 '남근 중심주의'가 있다. 테크놀로지의 발달은 남성중심 사회의 강간문화 속에서 인간의 영혼을 파괴하는 기술이 되었다. 「세실, 주희」에서 자신의 의지와 상관없이 포르노 사이트에 전시되어 '보이는' 대상이 되었던 주희는 시선과 서술의 주체로서 그들을 바라보며 그들을 고발하는 목소리를 발화한다. 그들의 비인간성을 선동적으로 규탄하는 것이 아니라 정교하게 교차된 사건들의 함의를 설명하고자 애쓰면서 보는 가해자와 보이는 피해자를 모두 바라보며 거대한 폭력과 그 뿌리까지 통찰한다.

많은 평론가들이 「세실, 주희」에서 여성들 간의 '차이'를 탁월하게 그려낸 것에 주목했다. 인아영은 "박민정의 서사 전략"이 "여러 여성 인물들을 젠더라는 하나의 범주로 묶는 대신 국가, 세대, 계층이라는 다층적인 조건들의 차이 속으로 밀어 넣음으로써, 여성의 대상화 혹은 피해자화라는 함정에 빠지지 않도록 소설을 지탱한다"고 전제하고 "소녀상 근처에 도착해서도 여전히 "동상의 의미"를 모르는 세실을 그리고 있는 이 소설의 마지막 장면은 너무나도 다른 조건을 타고난 이들의 연대가 앞으로도 쉽사리 이루어지지 못할 것임을 드러낸다."[40]고 해석한다. 즉 여성들 간 차이에 의해 연대가 계속 지연된다는 것이다.[41] 여기서 세실과 주희의 차이를 만드는 주된 원인은 과거의 역사가 큰 영향을 끼치는 내셔널리티에 있다. 표면적으로 보면 이 소설에서는 일본여성 '세실'과 한국여성 '주희'가 내셔널리티 또는 내셔널리즘에 의해 역사인식과 젠더인식을 함께 할 수 없음이 묘사된 것으로 보인다. 그러나 소설은 존재하는 현실을 묘사함으로써 존재해야 하는 현실을 상상하게 하기도 한다. 본 논문에서 주목하는 것은 「세실, 주희」에서 여성들 간의 민족, 계층, 성향, 경험, 인식의 차이를 무화시키는 거대한 폭력의 뿌리가 노출되어 있는 지점이다. 주희가 세실에게 끝내 발화하지 못한 채 내적독백으로 처리했던 말, "당신의 할머니와 여기서 말하는 피해자 할머니들은 조금 달라요"라는 구절에서 '조금'이라는 어휘가 내포한 의미를 주목한다. '조금' 다르다는 것은 많이 다

40) 인아영, "유토피아에서 있었던 일에 대해 알아보려고 합니다(박민정론)", 『경향신문』, 2018. 01. 02.

41) 비슷한 논지를 전개한 이장욱은 다음과 같이 말한다. "문화적 정치적 배경이 다른 타인을 조우하고 친구가 된다는 것은 무엇인가? 그것은 얼마나 어려운 일인가? 가능하기는 한 일인가?"
이장욱, "심사평", 『2018 제9회 젊은 작가상 수상작품집』, 문학동네, 2018, 358쪽.

르지 않다는 것이며 유사하다는 의미를 내포한 것이기도 하다. 한 쪽은 야스쿠니 신사에 있고 한 쪽은 소녀상으로 상징되는 그 간극조차 남성의 얼굴을 한 국가권력에 의해 타자화 된 여성들의 초상肖像이고, 앞서 논했듯이 히메유리 학도대와 종군 '위안부' 그리고 포르노 사이트에 전시된 불법촬영물까지 양상과 정도는 다를지라도 모두 여성에 대한 폭력이라는 같은 뿌리를 가지고 있다. 특히 국가와 군대에 의해서 노동력이 동원되고 '위안'을 요구받다가 죽음까지 강요받은 히메유리 학도대에 부여된 '순결한 백합'이라는 상징성은 '숭배에서 강간까지'가 같은 스펙트럼 속에서 뫼비우스의 띠처럼 얽혀 있다는 불편한 진실을 마주하게 한다. 잔류 조선인 '위안부'로 인해 오키나와 여성들이 안전하기만 한 것도 아니었다. '남성의 얼굴'을 한 식민주의 점령이 계속되는 한 어떤 여성도 안전할 수 없다.

세실은 소녀상에 대해서 모를 뿐만 아니라 히메유리 학도대에 대해서도 정확한 진실을 모른다. 주희는 히메유리 학도대에 대한 의구심을 세실과 얘기하려다가 말을 멈추고 만다. 그것이 세실의 자긍심을 해치며 결국 세실에게 상처를 줄 것임을 알기 때문이다. 비록 세실의 자긍심이 허상이라 해도 그것을 깨뜨리지 못한다. 비슷한 이유로 주희는 마지막까지 세실에게 소녀상의 의미를 설명하지 않는다. 이렇듯 이 소설은 폭력과 '남성성' 그리고 여러 양상으로 지속되고 있는 식민성을 드러낸다. 또한 많은 논자들의 논평처럼 여성들 간 차이를 드러낸다. 하지만 아무 것도 모른 채 소녀상으로 향하는 젊은 일본여성의 행보로 끝나는 이 소설은 차이에도 불구하고 가능한 연대를 상상하게 한다. 주희가 끝내 세실에게 소녀상의 의미를 말해주지 않은 채 끝난 소설의 결말이 오히려 표면적인 것과 다른 얘기를 하고 있다고 유추할 수 있다. 현실세계의 주희들이 현실세계의 세실들에게 소녀상의 의미를 말한다면, 히메유리 학도대의 진실에 대해 대화한다면, 자신들의 차이에도 불구하고 무차별적으로 자신들을 포획하려 하는 폭력의 그물과 입체적인 진실을 함께 논한다면 페미니즘과 트랜스내셔널리즘이 교차하는 지점에서 교감하고 연대할 수 있을 것이다. 이미 그런 움직임이 시작되었다. 앞서 2장에서 서술했듯이 1990년대 이후 일본군 '위안부' 문제가 주요 논점이 되어 한국여성학자들과 일본여성학자들이 교류한 이후, 일본 여성들은 일본군 '위안부'의 증언을 #Me Too와 연결 짓고 있으며, 2010년대 이후에는 K-페미의 역동성을 학습하려는 일본여성들의 움직임이 일본의 출판계와 대중문화계에 큰 영향을 미치고 있다. 재일작가 김민정은 "목소리 내는 한국문학에서 안식처를 찾"는 일본여성들이 한국페미니즘에 열광하는 여러 장면들을 소개한다. 『완전판 한국 · 페미니즘 · 일본』은 2019년 7월 발간된 문예지 『文藝』에서 '한국, 페미니즘, 일본'을 특집으로 꾸려 한국 현대 여성작가들 단편을 대거 실은 결과, 창간 이래 86년 만에 3쇄를 발행하자 단행본 형태로 출간된 것으로서 일본에서 사랑받는 한국작가 조남주의 '가출', 이랑의 '똥손좀비', 윤이형의 '쿤의 여행', 박민정의 '모르그 디오라마' 등 4편의 한국 단편소설과 황정은, 최은영의 기고문이 실려 있으며 그 외 많은 일본 작가들의 한국 페미니즘 관련 에세이가 수록된 작품집이다. 또한 만화가 와타나베 페코는 기고문에서 방탄소년단이, 여성을 성적으로 보는 노래를 많이 만든 일본 작사가와 협업을 하려고 했을 때 일본에서는 '그 사람에겐 우수한 업적이 있다' '어쩌면 이번 곡은 성차별적이지 않은 노래일 수도 있다' '그렇게 나쁜 사람은 아니다' 등의 의견이 쇄도했는데, 한국에서는 '철회하라' '그 작사가가 쓴 노래를 다시 한 번 읽어봐라' 등의 의견이 쏟아져 나오고 소속사에도 항의를 했다며, 한국의 발빠른 기동력, 에너지, 행동력, 연대능력에 놀랐다고 썼다. 그러면서 "왜 우리들일본은 자신의 의사보다 분위기를 더 중요시할까? 대체 무엇이 그토록 두려운 것일까?"라고 반문했다.[42] 박민정 역시 그렇게 일본에 소개된 한국의 젊은 여성작가이며, 세실이 한국에 와서 한국의 노동자로서 일하는 이유가 한국 대중문화를 동경하기 때문이며 그렇기 때문에 한국어를 배우고 싶어 하는 설정 역시 1990년대와는 달라진 한일 여성 민간교류의 양상을 보여주면서 세실이 역사인식 못지않게 젠더의식도 미약하게 형상화됨으로써 한일 여성연대가 어려운 이유를 시사한다. 하지만 여기서 한일 여성연대의 '한계'가 아닌 '가능성'을 읽을 수 있는 것은 세실의 무지가, '재특회재일특권을 용납하지 않는 시민 모임[43]'나 역사수정주의자, 일본우익들과 달리, 의도적 무지가 아니기 때문이다. 즉 계기가 주어진다면 한국의 여성들과 일본의 여성들은 차이에도 불구하고 느슨하지만 강한 연대를 구축할 수 있는 것이다.

4 한일 여성연대의 현재적 의미

여성 개인의 개별성을 인식하지 못하고 여성집단으로 환원시키는 것이 가부장제 남성중심 사회문화가 지속해 온 여성혐오의 방식이었다. 즉 여성 개인의 생각과 감정과 성향과 열망과 능력을 인정하지 않으며 남성을 위해 존재하는 '대상'으로 자리할 것을 요구해 왔다. 그 자리가 '어머니'의 자리이든, '순결'한 '누이'의 자리이

42) 김민정, '여전히 위협받는 일본 여성의 인권 … 목소리 내는 한국문학서 안식처 찾아', 『경향신문』, 2020. 02. 01.

43) '재특회'는 '일간베스트저장소(일베)'와 유사한 정서를 공유한다. 일본 저널리스트들이 '일베'의 취재를 요청하면서 함께 언급하는 단체도 '재특회'이다. 이들은 끝없이 혐오대상인 타자의 범위를 재설정하는 방향으로 그들의 공공의 적을 만들어낸다. 이러한 행동방식은 '이지메'나 '왕따'를 만들어내는 메커니즘과도 상통하는데, 공공의 적인 희생양을 향한 공격으로 뭉칠 때 그들은 자신들이 안전하다고 느낀다. '외국인'과 '여성'은 언제나 타자화 되기 쉬운 존재였다.

든, '공공재'로서 남성욕망의 대상이든 여성 개개인의 생각과 감정과 욕망은 배제된다. 따라서 여성을 개개인으로 보는 것이 페미니즘의 대전제이다. 그렇다면 여성을 집단적으로 '약자화' '피해자화' 하는 것도 경계해야 한다. "여성을 한 덩어리로 약자로 보는 것 자체가 여성들의 임파워먼트를 저해한다."44)는 언술 역시 이러한 페미니즘의 지향을 적절하게 설명하고 있다. 그렇다면 가부장제, 가부장적 내셔널리즘, '남성성'을 내포한 군국주의와 식민주의 그리고 이로 인한 전시성폭력 등의 문제에 역사적으로 얽혀 있는 한일 양국의 여성들이 연대한다는 것은 어떤 의미를 가지는가? 여성 개개인이 개별성을 가진 존재로 실존하는 것은 분명하지만, 여성집단으로 대상화 되고 타자화 되어 왔던 역사 속에서 여성 개개인은 자신에게 새겨진 폭력의 흔적과 비슷한 흔적을 새긴 다른 여성을 발견할 수밖에 없다. 그 흔적의 크기와 모양이 다양하다고 해도, 즉 여성들 간 차이가 크고 정치적 사회문화적 맥락에 의한 입장이 다르다고 해도, 그 차이를 인정하면서 폭력의 원형에 대항하여 함께 싸울 수 있는 것이다. 전시에 점령지 여성에 대한 성폭력은 그 원형을 가장 압축적으로 보여준다. 여기서 필요한 것은 특정 점령군에 대한 단죄에 그치지 않고 이 폭력의 일반성과 연속성에 대한 준엄한 사유이다. 성폭력과 2차 가해의 문제는 과거완료가 아니고 현재에도 진행 중인 것이기에 더더욱 그러하다. "최근 수년간 한국의 페미니즘 '리부트'와 #Me Too 운동이 일본에도 소개되면서 새로운 지적 교류와 정동적 순환이 일어나고 있"으며 "그동안 한일 간에서 축적된 일본군 '위안부' 문제에 대한 관심과 교류가 그 토대를 마련했다고 볼 수 있다"45)면, 한일 양국 여성들의 연대는 젠더

44) 조경희, 앞의 논문, 90쪽.

45) "한국의 현장을 참조대상으로 삼고 일본 #Me Too를 임파워하고자 하는 시간적, 공간적 접속은 #Me Too운동과 위안부문제 양쪽에서 국민국가 스케일을 벗어나는 동력으로 이어질 수 있다. 젊은 세대의 한국 페미니즘 작품들이 속속 번역되었고,

폭력과 식민주의민족/인종주의 폭력에 대한 전 지구적 연대의 구심점이 될 수도 있다. '개별의 방식으로 보편화'46)하여 논할 수 있다면 여성 '개인'에 대한 폭력이 왜 '여성'에 대한 폭력인가를 사유할 수 있게 된다. 이는 실천적 담론인 페미니즘에 의해 가능한 사유이며 여기서 접속과 연대가 가능해진다.

일본군 '위안부' 문제가 여성에 대한 폭력의 문제라는 것에 쉽게 합의할 수 있지만 한일 양국의 여성들은 또한 역사와 민족의 문제에서 자유로울 수 없고 역사와 민족을 염두에 두는 것이 필요하기도 하다. 이때 자민족중심주의로 해석될 수 있는 내셔널리즘에 매몰되지 않고 트랜스내셔널리즘을 지향해야 한다. 이를 위해 3장에서 분석한 소설 「세실, 주희」가 "민족국가의 경계를 넘어 세계시민주의에 도달해야 한다는 당위는 옳지만 과거가 현재에 남기는 유무형의 채무관계는 그것대로 중요하다는 점을 분명히 인식한 채로, 그 속에서 발생하는 성별, 민족적 혐오의 정동을 문제화"47)했다는 비평적 언술을 보다 면밀하게 생각할 필요가 있다. 민족국가의 경계를 넘기 위해서는 과거가 현재에 남긴 유무형의 채무관계를 청산하려는 의지가 선행되어야 한다. 재일조선인 역사학자 김부자가 일본여성들에게 직접적으로 선언한 언술도 이러한 맥락 속에 있다고 보인다. 김부자는 다음과 같이 말한다. "일본인 여성에게는 '이중의 과제'가 있으며, 일본인 여성들은 정치적 공동체로서 가해국

최근 "한국·페미니즘·일본"이라는 특집을 꾸민 『文藝』 2019년 가을호는 1933년 창간 이래 86년 만에 이례적인 3쇄를 찍는 기록을 세웠다. 확실히 'K페미'로 부를 수 있는 장르가 일부의 매니아층을 넘어 하나의 대중서사가 되어가는 과정을 목격할 수 있다. #Me Too와 '위안부' 문제의 접속, 『82년생 김지영』을 둘러 싼 문화번역의 과정은 이미 대중들이 식민-냉전적 한일관계의 틀을 벗어나 날마다 관계를 갱신하고 있음을 보여주고 있다. 이와 같은 실천들을 탈식민·탈냉전기 동아시아의 사회문화적 동력으로 삼는 새로운 정치적 상상력이 요구되고 있다."
조경희, 앞의 논문, 109쪽.

46) 쑨거, 김민정 역, 『왜 동아시아인가: 상황 속의 정치와 역사』, 글항아리, 2018, 39쪽.

47) 신형철, '지적이라는 평가의 의미', 『2018 제9회 젊은 작가상 수상작품집』, 문학동네, 2018, 347쪽.

민의 일원이다. 그 가해국민의 한 사람으로서 전쟁책임을 짊어짐으로써 비로소 국경을 넘어선 여성들의 연대가 가능한 것이지 그 반대는 아니다."[48] 한편 앞서 2장에서 논했듯이 김부자와 대립해온 일본의 페미니스트 학자 우에노 지즈코는 일본, 한국, 중국 세 국가가 가부장제와 여성혐오라는 공통점을 갖고 있으므로 동북아 3국이 연대해야 한다고 말하고 이때 '위안부' 문제는 '성차별'이라는 '보편적인 문제를 해결하기 위해서'라고 선을 긋는다.[49] 즉 일본군대와 일본정부에 한정된 책임과 사죄와 배상 문제에는 소극적 또는 회의적이라고 보일 여지가 있다. 분명 우에노 지즈코도 '여성, 최후의 식민지'라는 명제가 여전히 유효한 명제이며 페미니즘이 '반식민주의'를 내포할 수밖에 없다는 것을 알고 있을 것이다. 그럼에도 일본정부를 향한 책임추궁에 소극적인 것처럼 보일 여지가 있는 태도를 보이는 것은 (의식적이든 무의식적이든) 내셔널리즘의 그림자가 아닐까 생각된다. 또한 보편성에 가려진 개별성의 무게를 경시한 듯하다. 하지만 김부자와 우에노 지즈코가 서로 다른 얘기만을 하고 있는 것이 아니다. 앞서 소개한 김부자의 언술처럼 "일본인 여성들이" "가해국민의 한 사람으로서 전쟁책임을 짊어짐으로써 비로소 국경을 넘어선 여성들의 연대가 가능"하다는 주장에 동의하지만 "그 반대는 아니다"라는 선언에는 어느 정도 회의적인 것이 필자의 의견이다. 왜냐하면 식민주의를 해결하고 페미니즘을 완성할 수 있는 것이 아니며 또한 페미니즘을 완성하고 식민주의를 종식시킬 수 있는 것도 아니라고 보기 때문이다. 즉 인과관계나 선후관계에 있는 것이 아니라 페미니즘과 반식민주의는 밀접하게 연결되어 상호영향을 주는 것이라고 생각된다. 페미니즘에 대한 연

48) 김부자, "'위안부' 문제와 탈식민주의: 역사수정주의적 화해에 대한 저항", 나카노 도시오 편, 『역사와 책임』, 선인, 2008, 79쪽.

49) 우에노 지즈코, 이선이 역, 『위안부를 둘러싼 기억의 정치학: 다시 쓰는 내셔널리즘과 젠더』, 현실문화, 2014, 81쪽.

구사적 분류에 따라 '탈식민주의 페미니즘'이라고 분류된 페미니즘 갈래에만 '탈식민성'이 있는 것은 아니라고 본다. 3장에서 텍스트 분석을 통해 논했듯이 식민주의와 남성주의가 같은 본질에 뿌리를 두고 있다면, 페미니즘은 남성중심주의에 저항하는 윤리적 정치적 투쟁일 뿐만 아니라 식민주의에 저항하는 윤리적 정치적 투쟁이기도 한 것이다. 가해국 여성도 식민주의와 남성주의가 동전의 양면과 같다는 것을 깨닫는다면 그 둘을 함께 버려야 한다는 것에 이의가 없을 것이다.

일제 점령 하에 식민지 조선에서도 조선인 남성과 조선인 여성이 겪어야 했던 억압의 정도와 양상은 분명 다른 것이었다. 심아정은 "오키나와의 조선인 여성과 오키나와의 조선인 남성의 경험은 '민족'이나 '식민지'라는 공동의 문제로만 다룰 수는 없는데, 그들이 노출되는 위험의 자장磁場의 성격이 다르고 경험의 자리 또한 다르기 때문"[50]이라고 말한다. 식민지 '여성'과 식민지 '남성'의 경험이 다른 것은 오키나와에만 해당되는 것은 분명 아니다. 또한 당시 조선인 여성들은 일본인들로부터 뿐만 아니라 당시 조선인 남성들로부터도 차별과 핍박을 받았다. 일본에 의해 식민지가 되기 이전부터 여성들은 각기 다른 방식과 다른 강도로 식민 상태에 있었다고 해도 과언이 아니다. 일본 여성들은 식민주의 전범국가 국민이라는 가해자의 포지션에 위치하면서도 가부장적 군국주의 속에서 피해자의 위치에 있기도 했다. 3장에서 분석한 '히메유리'가 이를 잘 입증한다. 게다가 패전국으로서 점령군인 미군으로부터 겪어야 했던 성폭력의 피해 역시 그들의 몫이었다. 일본군의 범죄와 미군의 범죄는 형태는 달라도 본질은 같다. 일본여성들도 함께 식민주의를 극복해야 하는 당사자들이며 이때 한국여성과의 공통분모는 젠더 폭력에 대한 저항, 즉 페미니즘에서 찾을 수 있고 여기서 페

50) 심아정, 앞의 논문, 256쪽.

미니즘은 트랜스내셔널한 성격을 가지게 되며 트랜스내셔널한 성격이어야 함께 식민주의를 극복할 수 있다. 여기서 '일본여성'에게 물어야 할 책임을 말하기 위해서는 보다 냉정한 시각을 견지할 필요가 있다고 생각된다. '일본여성의 책임'은 무엇인가?라는 질문에 어떤 답변이 공정한가? 전범 가해국의 국민으로 태어났다는 책임인가. 일본남성들의 악행을 막지 못했다는 책임인가. 아시아태평양전쟁 당시 일본의 승리를 위해 후방에서 지원했다는 책임인가. 그 어느 것도 당시 사회적 정치적 맥락을 고려할 때 '일본여성'의 책임을 묻기에는 무리한 측면이 있다. 일본군 '위안부'와 관련된 일본군의 만행에 대해서 일본여성에게도 책임이 있다는 논리는 오히려 일본'남성'의 책임을 일본인의 책임으로 희석시킬 수 있다. 그보다는 가부장의 얼굴을 하고 있는 일본 군국주의와 일본군의 만행, 일본남성들의 범죄행위와 현재 일본정부의 무책임한 태도를 비판하고 단죄하는 데 일본여성들도 함께 하는 것이 현재 일본여성들이 져야 할 책임이라는 논리가 더 공정하고 진일보한 방향이며 문제해결을 쉽게 할 수 있으리라고 본다. 이를 주디스 버틀러의 용어로 '다른 종류의 책임'이라고 말할 수 있겠다.

한국'여성'에 초점을 맞추었을 때에도 보다 정교하게 세분화해야 할 여러 문제들이 보인다. 소녀상을 세우고 지키려는 움직임에 있어서 한국여성들과 한국남성들이 내셔널리즘을 매개로 연대하고 있지만 내셔널리즘은 한국여성과 한국남성에게 상당히 다른 기제로 작동한다. 김은경은 "현재 '위안부'를 기념하고자 한 〈전쟁과 여성인권 기념관〉은 '독립유공자'들로만 구성된 독립공원에서 배제되어 서대문구의 매우 외진 곳에 지어졌"음을 지적하며 "아직도 남성적 민족주의가 득세하는 상황에서 '위안부'들의 투쟁은 먼저 남성중심의 헤게모니적 민족주의와 투쟁을 벌이고 있는"[51]현실에 주목

51) 김은경, 「일본군 '위안부' 기념관의 '위안부' 재현과 기억정치」, 『한국학연구』 35,

한다. 또한 '페미니즘'에 대한 의도적인 무지와 백래시로 인해 일본군 '위안부' 문제 역시 페미니즘의 시각에서 담론화되기 힘든 사회문화적 맥락이 있다. 1980년대까지만 해도 남성중심 내셔널리즘이 일본군 '위안부'에게 침묵을 강요했음은 앞서 2장에서 논했다. 한국과 일본의 페미니스트 활동가들이 본격적인 교류와 논쟁을 이어갈 때, 일본남성들은 가해국 남성중심적인 시선에서 '위안부' 소재의 문화상품을 소비하며 몽상에 젖어 있었으며 한국남성들은 일본군 '위안부' 재현을 에로티시즘 스펙터클로 소비하거나 희생자 '누이'로 타자화 했다.[52] 1991년 생존자의 증언 이후 한국에서도 내셔널리즘의 외피를 입히고서야, 즉 젠더 폭력에 초점을 맞추기보다는, 한국과 일본의 문제이자 식민주의 폭력이라고 담론화 되었기에 소녀상이 만들어지고 사회적 합의가 쉽게 이루어질 수 있는 분위기가 되었던 것이 사실이다.[53] 더 위험한 양상은 '소녀상'이

2010, 179쪽.

52) 일본군 '위안부'를 소재로 한 소설과 영화에서 일본남성작가의 재현과 한국남성작가의 재현은 결국 같은 맥락 안에 있다. "그녀들은 전후 일본의 남성세대에 의해 에로틱한 이민족 여성으로 식민지/남성적 욕망에서 타자화 되었고, 90년대 위안부 담론 이후 구 피지배국 한국을 중심으로 하는 민족 담론 안에서 다시 한 번 민족적 신체/성으로 타자화 되었다. 위안부의 성과 연애를 다룬 일련의 작품 모두에 투영되는 욕망의 양태는 실은 본질적으로 같은 종류의 그것이다. 위안부의 사랑=연애의 주체는 모두 당사자 여성이 아니다. 당사자인 피해자 여성의 말할 수 없는 상태의 의미를 간과한 채, 그녀들의 봉인된 기억=부정된 역사를 둘러싸고 여러 형태의 욕망으로 표상과 비표상, 부정과 긍정이라는 담론이 되풀이되"어 왔다.
최은주, 「조선인 위안부의 연애=사랑을 둘러싼 정치 –식민주의적/민족적 욕망의 미디어로서의 '위안부'」, 『일본연구』 제64호, 2015, 113쪽.

53) "식민 과거의 기억이 현재로 소환되면서, 한국인을 현재의 피해자로서 구성하는 '공동기억(collective memory)'이 만들어졌고 대중적 인식으로 확산되었다. 이는 '위안부' 피해자의 고통이 민족 고통으로 치환되는 "희생자 민족주의"의 발현이라고 볼 수 있다. 때문에 1945년 이후 '위안부' 피해자에게 '침묵'을 강요해 온 한국사회의 로컬리티는 상대적으로 잊혀지게 된다. 그러나 고통의 순간을 50년 전의 과거로 고정하여 이를 민족주의적으로 전유하는 방식은, 해방 이후에도 여전히 '국민이 되지 못한' 여성 하위주체가 1945년 이후 한국 사회를 살면서 겪은 폭력을 상대적으로 축소하는 효과도 가져온다."
김청강, 앞의 논문, 154쪽.

국가주의 이데올로기를 강화하는 데 이용되는 징후가 보인다는 것이다. 국가주의는 언제든 파시즘이 될 위험을 또한 내포한다. 무엇보다 점령지에서의 성폭력을 비롯해서 전 세계적으로 광범위하게 지속적으로 이어져 온 젠더 폭력은 식민주의 폭력이라는 시각만으로 해결할 수 없다. 종군 '위안부' 문제는 홀로코스트나 난징 대학살 등과 또 다른 시각을 필요로 하는 문제이다. '위안부'는 식민주의 폭력과 젠더 폭력이 결합된 문제이며, 심지어 일본군 '위안부'를 착취한 가해자는 일본인 군인만이 아니다. 오키나와에서 일본군 '위안부' 위령제가 열렸다는 사실은 의미심장하다.[54] 앞서 논했듯이 오키나와는 '점령지'로서 점령지의 모든 폭력과 상흔과 갈등과 모순이 깊이 새겨진 곳이며, 점령지에서의 성 착취는 여성의 몸이 '점령지'의 메타포가 되는 것과 무관하지 않은 남성중심 역사의 한 단면이다. 여기에 전쟁과 식민주의와 국가 간 위계와 내셔널리즘이 복합적으로 작용하지만 젠더 폭력은 모든 복잡한 차이를 가로질러 폭력의 핵심에 존재해 왔다. 이제 보다 정교한 페미니즘이 필요하다. 역사와 사회문화의 개별성을 뭉뚱그리지 않으면서 학제 간 정밀한 연결을 통해 남성중심의 내셔널리즘을 합리적으로 비판할 수 있는 실천적 담론으로서 정교화 된 페미니즘은 트랜스내셔널한 성

54) "1990년 10월 일본 오키나와 도카시키(渡嘉敷) 섬에서 일본군 '위안부' 위령제가 처음 열렸다. 여기에 한국교회여성연합회를 비롯한 한국 여성들이 참여하여 시미즈 스미코 등 일본 여성 참의원 9명과 일본군 '위안부' 문제에 관심을 갖고 활동해 온 일본여성단체들과 간담회가 있었다. 바로 이어서 한국에서는 1990년 11월 17일 한국정신대문제대책협의회가 조직되어 일본정부에게 6개 사항, 즉 진상의 정보공개, 범죄제도 인정, 위안부 범죄에 대한 사죄, 범죄 배상, 위령비 건립, 교과서 명기 등을 요구 하였다."
문소정, 「동아시아 여성평화운동과 일본 여성의 횡단 정치학」, 『사회와 역사』 89집, 2011, 311-312쪽.
"오키나와 여성 평화운동이 보여준 것처럼 성학대에 대한 여성주의적 이해는 피해자가 사적인 삶의 장벽을 깨뜨리고, 서로를 지지하며, 집단적인 행동을 취할 수 있는 힘을 준다. 외상을 경험한 개인들과 마찬가지로, 외상을 경험한 국가 또한 외상을 재경험하지 않기 위해서는 이를 기억하고, 애도하며, 속죄해야 한다."
차옥숭, 앞의 논문, 240쪽.

격을 가져야 하고, 트랜스내셔널 페미니즘이 '남성의 얼굴'을 한 식민주의를 없앨 수 있다. 일본군 '위안부' 문제 역시 트랜스내셔널 페미니즘을 통해서 비로소 문제의 원인과 해결책이 입체적으로 조명될 수 있다.

III

도 가 니
(공지영, 2009)

1. 대학교양교육의 의미와 실천윤리적인 교양
2. 실화의 소설화가 파생시키는 의미와 의의 – 문학적 '증언'이 요청하는 것
3. 확장된 현실인식과 공감으로 응답하는 실천윤리적인 글쓰기
4. 인지적 수용과 실천윤리 함양으로 완성된 융합적 교양교육

III 도 가 니 (공지영, 2009)

1 대학교양교육의 의미와 실천윤리적인 교양

대학에서 교양교육의 의미는 무엇이고 사고와 표현 능력을 향상시키는 것의 궁극적인 목적은 무엇인지 묻고 답하는 것으로 이 글의 논의를 시작한다. 고등교육기관으로서 대학은 더 이상 상아탑이 아닌 대중교육의 성격을 띠게 되었고, 대학졸업장은 면허증 같은 지위를 가지게 되었으며, 대학평가에 있어서 비중 있는 지표로 자리한 취업률이 교과목개설에까지 영향을 주고 있다. 이런 세태가 교양교육을 경시하는 태도로 이어진 측면도 분명 있겠으나, 이런 세태에서 교양교육이 더 중요해졌다는 것도 분명 사실이다. '교양'이 개인적 차원에 머무르는 것이 아니라 타자와의 관계, 사회적인 이슈들을 대하는 태도를 결정하는 관계적, 사회문화적 차원의 문제라는 전제 하에서 그러하다. 즉, 지성과 교양은 '천상천하 유아독존'적인 고고한 가치가 아니라 내가 살고 있는 세상에 대한 인식과 태도를 결정하는 배경이 되며, 사고와 표현 역시 타자와의 관계와 상호작용 속에서 이루어진다. 그렇다면 우리는 세계와 타자에 대해서 어느 정도까지 인식하고 있으며 어느 정도까지 인식해야 하는지에 대해서도 질문할 필요가 있다. 인식의 범위가 태도를 결정하기 때문이다. 인식의 범위가 클수록 배제하고 타자화하며 혐오하는 태도를 버릴 수 있고 비판적 성찰을 거친 이해와 포용이 가능하며 교양교육의 우선적 과제도 인식의 범위를 넓히고 이를 통해 비판적 성찰을 거친 이해와 포용을 지향하는 것이다.

인식의 범위를 넓히기 위해 필요한 것은 문화적 충격이다. 문화적 충격을 가져올 수 있는 여러 매개체 중에서 비판적 성찰에 가장 적합한 매체는 역시 문학작품이라고 생각한다. 여러 대학교양 수업에서 문학작품을 텍스트로 선정하여 사고와 표현 훈련을 하는 것은 문학작품 속에 형상화된 세계와 그 세계 속 인물들의 고뇌와 분투를 학생들이 인지적 정서적으로 수용할 수 있기 때문이다. 이를 통해 학생들은 자신이 처한 삶의 체험과의 상호작용 속에서 인식의 틀과 관계망을 확장하고 이를 통해 타자와 교호하는 성장을 이룰 수 있다. 문학텍스트는 인식과 교감이라는 인지적 정서적 체험의 기회를 압축적으로 깊이 있게 제공한다. 문학전공과목에서 문학텍스트를 다루는 방식과 교양교육과목에서 문학텍스트를 다루는 방식은 서로 교차하는 지점도 있을 것이고 갈라지는 지점도 있을 것이다. 전공과목에서의 문학교육과 달리 교양교육과목에서의 문학교육은 텍스트 내재적 비평보다는 사회적 맥락에 더 초점을 두는 경우가 많다. 이는 '무목적적인 합목적성'이라는 칸트적인 시각보다는 '시적 정의'를 역설한 누스바움의 태도에 더 근접한 것으로서 문학의 사회적 책무에 방점을 찍는다. 이를 "대중서사와 문학의 윤리적 전회"[1]라고 할 수 있겠다. 따라서 전공과목에서의 문학텍스트 선택이 좀 더 보수적인 경향이 있다면 교양교육과목에서 선정하는 문학텍스트는 좀 더 동시대적이고 좀 더 대중적인 경향이 있다고 보인다. 또한 교양교육과목 강의실에는 다양한 전공의 수강생들이 모여 있는 경우가 많고, 각자 다른 배경지식을 가지고 있기에 여러 이슈들에 대해 상이하게 다른 관점을 가지고 있을 수 있

1) 이진형, 「대중서사와 문학의 '윤리적 전회' - 녜진자오의 문학윤리학비평을 중심으로」, 『대중서사연구』 제22집, 2호, 대중서사학회, 2016, 329쪽.

다. 수강생들이 문학작품에 대한 서평을 쓰고, 다른 학우들이 쓴 서평을 읽는 과정을 통해서 교수자의 비평이론 강의에서 얻는 것을 넘어서는 인지적 깨달음과 정서적 체험을 할 수 있게 되기도 한다. 여기서 그치지 않고 타자와 세상에 대한 자신의 책무를 성찰하는 실천윤리까지도 터득하게 된다. 기실 "실천윤리적인 교양"[2]을 체득하는 것이 대학 교양교육의 궁극적인 목적이라고 생각한다.

'실천윤리' 또는 '실천윤리적인 교양'의 개념에 대해 좀 더 논의를 전개해 보자면, 이는 타자에 대한 이해와 공감과 세상에 대한 인식을 바탕으로 자신이 그들과 연결되어 있다는 것을 깨닫고 변화를 위해 노력하려는 태도이며 이를 위한 방법들을 찾는 것을 포함하는 총체적인 개념이라고 할 수 있다. "윤리적 글쓰기란 안정적인 자기를 잃고 타자가 되는 변이의 수행이며, 이를 가능하게 하는 정서적 틀거리가 바로 '공감'이"[3]라고 할 수 있다면 문학작품 독해와 서평 쓰기로 이어지는 교양교육수업은 실천윤리적인 교양함양을 수행하는 핵심적인 역할을 한다. 이때의 '공감'은 "타인의 고통을 개인화하지 않고 사회맥락적 관점에서 이해하고 공감하며 그 해결책을 모색하려는 일련의 감정과 행동들"인 "사회적 공감"[4]이라고 할 수 있고, 이해와 공감과 해결책을 모색하려는 일련의 감정과 행동들이 '실천윤리'를 구성한다고 생각한다.

이 글에서는 문학작품 독해와 작품에 대한 서평 쓰기를 통해 수강생들이 각성하고 성찰하며 인지적 정서적으로 교류했던 실제 수업 사례를 바탕으로 문학텍스트에 대한 비평적 독서를 통해서 타자와 세상에 대한 자신의 책무를 성찰하는 실천윤리를 터득하게

2) 이경규, 「헤세의 교양소설에 나타난 교양인의 길」, 『사고와 표현』 제13집, 3호, 한국사고와표현학회, 2020, 289쪽.

3) 김경연, 「파토스의 윤리학과 문학의 (불)가능성 - 백신애 문학에서 '정념'의 문제 재고 -」, 『여성학연구』 제26권, 2호, 여성연구소, 2016, 8쪽.

4) 박현희, 「온라인 수업에서 대학생의 사회적 공감 능력 향상을 위한 단계별 사회성찰 글쓰기 교육」,『사고와 표현』 제13집, 3호, 한국사고와표현학회, 2020, 15쪽.

되는 과정과 양상을 논하려 한다. 매 수업마다 선택된 여러 문학텍스트들에 대한 논점들이 풍부했고 열기가 뜨거웠지만 특히 수강생들의 서평에서 가장 치열한 각성과 고민을 읽을 수 있었던 텍스트 중 하나의 사례를 소개한다. 해당 텍스트는 실화를 바탕으로 한 공지영의 소설 『도가니』이다. 『도가니』는 광주인화학원에서의 실화를 바탕으로 창작된 소설이며 2009년에 초판이 나왔고, 2011년에 영화화 되었으며, 2017년에 100쇄 기념 개정판이 나왔다. 소설 『도가니』는 실화를 바탕으로 했으나 인물형상화나 작품구성에 있어서 1980년대 후일담의 색채를 강하게 보이고 있고, 독특하게도 1960년대 김승옥의 소설 『무진기행』을 차용해서 서사를 시작한다. 묘사가 많아서 사건서술이 속도감 있게 전개되지 않음에도 불구하고 묘사를 통해 서사에 몰입하게 하는 소설이기도 하다.

이 글의 2장에서는 먼저 사실서사와 허구서사의 관계 그리고 실화를 소설화하는 것의 의미에 대해 간략하게 논한다. 이는 소설에서 전개되는 가해자와 피해자, 폭력과 야만의 서사가 작가의 상상에 의거한 허구가 아니라 실제 사건을 바탕으로 형상화 되었다는 사실을 학생들이 어떻게 수용하는가의 문제와 연결된다. 또한 수강생들이 각자 실존하며 체험하는 현실세계와 타자가 경험하는 세계와의 관련성을 어떻게 인지하고 반응하는가의 문제와도 관련된다. 이는 앞서 설명한 '실천윤리적인 교양'의 핵심테제인 '공감' '사회적 공감' '윤리적 글쓰기'와 밀접하게 연결된다. 더 나아가서 2장 2절에서 논의하게 될 '무진'과 '안개'의 상징성과 허구서사에서 진실을 드러내는 방식은 20대의 수강생들이 막연하게 알고 있는 80년대에 대한 정서적 반응과 판단을 서술한 3장에서의 논의와 이어질 것이다. 2장 3절에서는 특히 인물을 묘사하는 방식에 주목하고 시선과 서술적 목소리를 세밀하게 분석할 것인데, 이는 3장에서 소개할 수강생들의 서평에서 학생들이 소설 속 인물들에게 공감하는 양상을 고찰하기 위한 선행분석의 성격을 가지고 있다. 수강생들의 서평에서 가장 중요한 핵심은 학생들이 소설 속 인물들에게 공감하는 다양한 양상들이기 때문이다.

이를 바탕으로 3장에서는 실제 수강생들의 서평들을 발췌하여 소개함으로써 학생들이 소설텍스트를 경유하여 현실인식을 확장하는 양상들과 현실인식과 비판능력을 바탕으로 이루어지는 공감의 세부사항들을 확인하고 이를 통해 소설텍스트에 대한 비판적 독해의 의의를 설명한다. 궁극적으로 이는 수강생들이 문학작품에 대한 비평적 독해를 통해 사회와의 관계망 속에서 타자를 발견하고 자신의 위치와 책무를 인식하고 고민하며 각성하는 '실천윤리적인 교양'을 내면화 하는 과정과 양상에 대한 고찰이 될 것이다. 이를 통해 대학교양과목에서 문학작품을 독해하고 이에 대한 비평적 글쓰기를 하는 것의 의미가 구체화되기를 기대한다.

2 실화의 소설화가 파생시키는 의미와 의의 - 문학적 '증언'이 요청하는 것

1) 사실서사와 허구서사의 역학적 관계

실화實話를 소설화 하는 이유는 여러 가지가 있을 수 있겠지만, 크게 두 가지 이유가 있다고 생각한다. 그 이야기를 좀 더 널리 알리고 싶은 고발의 의미가 그 한 가지이고, 그 이야기를 문학적으로 형상화 하고 싶은 미학적 동기가 다른 한 가지이다. 소설 『도가니』의 배경이 된 실화는 2000년부터 2005년까지 청각장애아동 특수학교인 광주 인화학원에서 교장을 비롯한 교직원들이 청각장애아동들에게 지속적으로 성폭력을 행한 사건이었고, 2005년 인화학원

교사에 의해 처음 고발되었다. 작가 공지영은 “어떤 신문기사 한줄 때문”[5]에 이 소설을 쓰게 되었다고 고백한다. 즉 소설화의 가장 우선적인 이유가 ‘고발’에 있었음을 알 수 있다. 이를 문학적 ‘증언’의 발화라고 할 수 있겠다. 작가가 어떤 사건에 대해서 문학적 ‘증언’을 발화하고자 열망한다면 그 사건이 정치적 사회적으로는 완결된 것이라 해도 여전히 진행형의 의미를 내포하고 있는 경우일 것이다. 작가 한강은 『채식주의자』로 맨부커 인터내셔널 상을 받고 인터뷰하는 자리에서 『채식주의자』가 아닌 『소년이 온다』에 관한 언급을 했다. “출간된 지 9년 된 『채식주의자』보다 『소년이 온다』가 많이 읽혔으면 좋겠다. 제 책이 많이 읽히면 좋겠다는 생각을 처음으로 했다. 정말로, 많은 분들이 읽어주셨으면 좋겠다.”[6]라는 언술은 자신의 문학적 증언에 대한 응답을 요청하는 것이라고 할 수 있다. 또한 누스바움이 “시인이란 ‘공감’을 통해 비천한 자들의 수모 속으로 스스로를 내던져 개입하고, 배제된 자들의 오랫동안 말이 없던 목소리들이 장막을 벗고 빛 속으로 나올 수 있도록 하는 매개자”[7]라고 했을 때 ‘청각 장애인’이라는 배제된 자들의 목소리를 드러내는 매개자의 역할을 작가 공지영이 한 것이며 이때 공지영의 문학적 증언 역시 독자들에게 응답을 요구한다. 이에 대한 응답의 여러 가지 양상들을 수강생들의 서평에서 확인할 수 있다. 이는 이 글의 3장에서 논하려 한다.

실화를 바탕으로 문학적 증언의 성격을 가지고 있는 소설이라고 해도 소설은 미적 형상화 과정을 거친 허구서사이다. 여기서 사실서사와 허구서사의 관계에 대해 간략하게 짚고 넘어가려 한다. 사실서사와 허구서사가 근본적으로는 다르지 않다고 주장한 대표적

5) 공지영, 『도가니』, 창비, 2017, 340쪽.
6) 조성희, 「한강의 『소년이 온다』와 홀로코스트 문학- 고통과 치욕의 증언과 원한의 윤리를 중심으로」, 『세계문학비교연구』 제62호, 세계문학비교학회, 2018, 6쪽.
7) 마사 누스바움, 박용준 역, 『시적 정의』, 궁리출판, 2013, 249쪽.

인 학자는 헤이든 화이트Hayden White이다. 화이트는 "서술이란 세계에 대한 우리의 체험과, 언어로써 그 체험을 묘사하려는 우리의 노력 사이에서 태어났다"는 바르트Roland Barthes의 언술을 인용하면서 이러한 서술의 특성은 사실서사인 역사에서의 서술과 허구서사인 소설에서의 서술 모두에 적용된다고 말한다.[8] 헤겔G. W. F. Hegel은 "역사라는 용어는 무엇이 일어났는가보다는 무엇이 일어났는가에 대한 서술을 의미한다"[9]고 언급했으며, 바르트는 서술에 대해 "언급되는 사건의 직선적 복사가 아니라 이를 의미로 대체"[10]하는 작업이라고 주장했다. 그렇다면 '서술'은 여러 가지 함의와 시각과 논점을 내포하기 마련이다. 서술에는 서술의 대상을 선택하는 문제에서부터 서술된 대상을 명명하는 문제 그리고 그것들을 배열하는 문제에 이르기까지 서술주체의 판단과 의지가 개입된다. 때문에 서술주체가 서술된 사건의 의미에 대해 논평하지 않는다고 해서 그 서술이 '객관적'이라거나 '단지 사실 그 자체'라고 볼 수는 없다.

반면 바르트와 헤겔 그리고 화이트의 입장에 비판적인 학자는 도레첼Lubomir Dolezel이다. 도레첼은, 바르트의 에세이 "역사의 담론"에서 역사의 담론은 '실재the real'에 도달하는 것이 아니라 '현실효과'를 만들어낸다는 언술이나, 화이트가 『담론의 회귀선』에서 언급한 "역사서술이 플롯구조화에 의해 이루어지며 플롯구조화는 문학적 작용, 즉 허구를 만드는 작용"이라는 언술에 대해 "역사적 서사=문학의 서사=허구서사"라는 이중의 동일화가 세계정신이 된 것 같다고 판단하면서 이에 대해 도덕적이고 목적론적인 우려를 나타냈다. 도레첼은 자신의 논지를 효과적으로 설명하기 위해 홀로코스트를 예로 든다. "허구와 역사의 동일함에 기반한 이론이 홀로코스트 같은 인류의 과거에 있어서 가장 외상이 깊은 사건들을 어떻게

8) 헤이든 화이트 외, 석경징 외 역, 『현대 서술 이론의 흐름』, 솔 1997, 187쪽.
9) 헤이든 화이트, 앞의 책, 194쪽.
10) 헤이든 화이트, 앞의 책, 178쪽.

다룰 것인가?"라는 질문과 함께 "나치의 대량 학살이라는 사실은 상상적 재현의 과정으로부터 역사적 담론을 분리시키는 핵심"이라는 랑Berel Lang의 언급을 소개하면서 역사서술과 허구서술이 다르며 또한 달라야 한다는 것을 강조한다.[11]

사실서사와 허구서사의 유사성과 차이 그리고 역학관계에 대한 담론들을 바탕으로 이 글에서 먼저 제기할 질문은 실화와 소설과의 관계이다. 이는 어떤 실화가 소설화되는가? 라는 질문으로 구체화 할 수 있다. 이 질문에 대한 여러 답변이 있을 수 있겠으나 필자가 강조하고자 하는 것은, 실화는 그 이야기가 소설보다 더 소설 같은 경우에 소설의 소재로 선택된다는 것이다. 소설은 허구서사이지만 그 허구는 '개연성 있는' 이야기이다. 상상의 산물인 허구를 여러 서사장치를 통해 개연성 있고 핍진하게 재현해야 독자의 몰입과 공감을 이끌어낼 수 있다. 반면 소설화의 소재로 선택된 실화는 소설보다 개연성이 희박한 경우일 때가 많다. 있을 수 없을 것 같은 사건과 믿어지지 않는 이야기가 '실화'이기에 개연성이 부족한 경우에도 쉽게 핍진감과 리얼리티를 보장받는다. 상식에 어긋나고 진실일 수 없을 것 같은 이야기가 '실화'로서 리얼리티를 확보하고 여기에 개연성을 전제로 한 소설의 허구화 과정을 거치는 과정에서 그 사건이 발생하게 된 전체 맥락이 조망되는 것이다. 이는 소설 『도가니』에서 줄곧 천착하는 '진실'과 '상식'의 문제와 연결된다. 소설 속에서 형상화 된 '믿기 힘든 폭력과 야만과 거짓의 실체'를 접한 수강생들이 허구서사 속의 실화를 인지적/정서적으로 수용하는 양상은 3장에서 전개할 것이다.

11) Lubomir Dolezel, "Fictional and Historical Narrative: Meeting the Postmodernist Challenge", David Herman(ed.), *Narratologies: New Perspectives on Narrative Analysis*. Ohio State University Press. 1999, pp. 249-251.

2) '안개'의 상징성으로 소환된 80년대의 정서

소설 『도가니』가 기반으로 하고 있는 실화는 광주 인화학교에서 발생한 사건이다. 그런데 공지영은 공간적 배경을 '광주'가 아닌 '무진'으로 설정했다. '무진'은 실존 지명이 아니며 김승옥의 소설 「무진기행」을 통해서 익숙한 지명이다. 작가 공지영이 김승옥의 「무진기행」을 염두에 두고 『도가니』의 공간적 배경을 '무진'으로 설정했음은 소설텍스트 곳곳에서 명시적으로 드러난다. "한때 민주화의 메카"[12) "무진 민주화운동 28주년 기념식"[13)등의 언급을 통해 실화의 배경이었던 광주를 연상하게 하면서도 실화를 바탕으로 한 소설에서 굳이 실제 지명이 아닌, 문학작품 속에서만 등장하는 가상의 지명을 선택한 이유는 인물형상화와 '안개'의 상징성에 있다.

> "하인숙이라는 여자 말이에요, 주인공이 약속을 어기고 떠난 후 무진에 홀로 남아 어떻게 되었을 것 같아요?"[14)

『도가니』의 주요 인물이자 서사 안에서 가장 많은 시선과 서술적 목소리를 가진 강인호는 사업에 실패하고 아내의 제안에 떠밀리듯 무진에 가게 되면서 김승옥의 「무진기행」과 그와 연관된 '명희'와의 과거 기억을 떠올린다. 무진에 홀로 남은 하인숙이 자살했을 것 같다고 인호에게 말한 명희는 인호의 외면 이후 자살했다. 소설의 도입부에 김승옥의 「무진기행」을 언급한 공지영은 이후 노골적으로 「무진기행」을 계속 소환한다. '무진의 명산물'이었던 '안개'도 계속 소환된다. 『도가니』에서 안개는 몽환적이고 감상적인 마술적 상징이 아니라 '은폐'를 상징한다. 두 달 사이에 자애학원

12) 공지영, 앞의 책, 24쪽.
13) 공지영, 앞의 책, 326쪽.
14) 공지영, 앞의 책, 13쪽.

의 학생 두 명이 사망한 사건에 대해서, 자애학원 교장으로부터 뇌물을 받고 있는 무진경찰서의 장경사는 "모든 것은 이 지독한 무진의 안개 탓"[15]이라고 생각하며 은폐를 합리화 한다. 자애학원에서의 잔혹한 폭력을 처음 감지한 후 강인호는 "무진의 명물인 안개"가 "두꺼운 셔터처럼 모든 시선으로부터, 학교를 차단할 것"[16]이라고 생각한다. 그렇다면 소설 『도가니』에서 실화에서의 실제 장소인 광주 대신 가상공간인 무진을 선택한 이유가 '은폐'의 기호로 '안개'를 설정하기 위해서라고 볼 수 있을까? 그런데 특이한 사실은 『도가니』에서 안개에 대한 묘사를 「무진기행」에서 그대로 가져왔다는 것이다. 또한 인물의 독백과 행위도, 마치 영화에서의 오마주처럼, 특정 단어, 문장들과 맥락들을 그대로 가져온다.

> 안개는 마치 이승에 한(恨)이 있어서 매일 밤 찾아오는 여귀(女鬼)가 뿜어 내놓은 입김과 같았다 …… 사람들로 하여금 해를, 바람을 간절히 부르게 하는 무진의 안개[17]
>
> 여귀(女鬼)의 머리칼 같은 안개, 사람들로 하여금 이 안개를 걷어줄 해를, 바람을 간절히 부르게 하는 그 무진의 안개였다[18]

> 한 번만, 마지막으로 한 번만 이 무진을, 안개를, 외롭게 미쳐 가는 것을, 유행가를, 술집 여자의 자살을, 배반을, 무책임을 긍정하기로 하자[19]
>
> 다음 날 아침, 강인호는 쇼핑백을 들고 행정실 문을 노크하면서 마지막으로 한번만 이 배반을, 타협을, 무책임을 긍정하자고 마음먹었다[20]

15) 공지영, 앞의 책, 19쪽.
16) 공지영, 앞의 책, 48쪽.
17) 김승옥, 『무진기행』, 동아출판사, 1995, 154쪽.
18) 공지영, 앞의 책, 152쪽.
19) 김승옥, 앞의 책, 179쪽.
20) 공지영, 앞의 책, 50쪽.

쓰고 나서 다시 나는 그 편지를 읽어 봤다. 또 한번 읽어 봤다. 그리고 찢어 버렸다.[21)]

그는 담배를 물고 다시 한 번 편지를 읽었다. 그러고는 편지를 찢었다.[22)]

거기에는 선명한 검은 글씨로 '당신은 무진을 떠나고 있습니다. 안녕히 가십시오'라고 씌어 있었다. 나는 심한 부끄러움을 느꼈다.[23)]

감색 바탕의 이정표에는 안개보다 더 하얀 글씨로 '당신은 지금 무진을 떠나고 있습니다. 안녕히 가십시오.'라고 쓰여 있었다. 강인호는 두 손으로 얼굴을 가렸고 한참 동안 떼지 않았다.[24)]

4.19 혁명의 수혜를 받은 작품이자 '감수성의 혁명'이라는 비평적 언어로 찬사 받은 「무진기행」에서의 60년대 남성 인물이 『도가니』에서 2000년대 남성 인물로 병치되어 제시된다. 「무진기행」의 '윤희중'은 속물적인 친구 '조'를 경멸하지만, 문학소년 시절의 순수함을 여전히 가지고 있는 후배 '박'을 긍정하지도 않는다. 아내와 처가에 의탁해서 생활하고 출세하는 것에 대해서 기뻐하지도 않지만 열패감을 가지고 있지도 않다. 아내의 권유에 따라 잠시 무진에 내려와 과거의 자신과 조우하며 하인숙을 사랑하게 되지만, 하인숙의 구원요청을 결국 외면하고 무진을 떠난다. 『도가니』에서 강인호는 아내의 연줄로 자애학원 교사로 오게 되었으며 월급 받아 적금 붓는 소시민으로서의 삶을 살겠다고 다짐하지만, 청각장애 학생들이 겪는 폭력을 알게 되고 그들을 외면하지 못한다. 전방위적인 압박에도 굴하지 않고 아이들을 위해 투쟁했으나 결국 마지막 순간에 아이들을 외면하고 서울로 향한다. 무진을 떠나는 순간 윤희중은 '심한 부끄러움을 느꼈다'고 고백하고 강인호는 두 손으

21) 김승옥, 앞의 책, 180쪽.
22) 공지영, 앞의 책, 330쪽.
23) 김승옥, 앞의 책, 180쪽.
24) 공지영, 앞의 책, 335쪽.

로 얼굴을 가린다. 노골적으로 「무진기행」을 소환하여 강인호의 인물형상화를 구성한 것은 80년대 작가이자 386486/586세대인 작가 공지영의 에토스를 보여주며 변형된 후일담 양식이기도 하다. 독재정권에도, 비리를 저지르는 권력층의 위협에도 꺾이지 않는 혁명과 저항의 의지마저 굴복하게 되는 상대는 '생활'이고 '밥그릇'이라는 처절한 인식을 강인호를 통해 보여주며 그런 그를 비난하지 않는 것이 내포저자의 태도이다.

> 그때 젊은 강인호의 눈에 세상은 지금보다 훨씬 더 불우하고 불의했지만 그 불우와 불의는 적어도 그를 비참하게 만드는 종류의 것은 아니었다 …… 거기에 제 밥그릇이 걸려 있지는 않았으니까.[25]

반면 강인호와 함께 서사를 진행하는 중요한 인물인 서유진의 인물화characterization는 강인호와 많이 다르다. 무진인권운동센터에서 상근 간사로 일하는 서유진은 강인호의 대학 선배이다. 주류정치권에 진입하려다 실패한 남편과 헤어진 이혼녀로 설정되었으며 두 딸을 혼자 키운다. 유력정치인의 측근이 된 전남편은 양육에 대한 어떤 책임도 지지 않는다. 서유진의 아버지는 개척교회목사로서 유신정권에 대한 비판적 발언으로 고초를 겪은 후 죽었다. 즉 서유진의 삶 자체에 한국 현대사의 질곡이 새겨져 있으며 젠더정치학의 문제도 각인되어 있다. 서유진은 강인호보다 더 심한 생활고와 양육의 부담감을 가지고 있지만 한 치의 흔들림이 없다. 그리고 여기엔 '딸을 가진 엄마'라는 입장이 있다. 경찰과 교육청과 시청 등에서 성폭력 가해자들을 단죄할 의사도 의지도 없음을 확인한 유진은 인호에게 "우리 여기서 딸 키우고 살아야 하는 거지? 이 발정난 나라에서. 응?"[26]이라고 분노와 절망감을 표출하는데, 인호 역

문학과 젠더

25) 공지영, 앞의 책, 71쪽.
26) 공지영, 앞의 책, 152쪽.

시 딸이 있지만 '딸 가진 아빠'라는 인호의 위치는 유진만큼 대의로 향하지는 못한다. "강인호는 순간 서유진이 거대한 빙하 앞에 조그만 망치 하나를 들고 서 있는 듯한 환영을 보았다"[27]는 서술은 강인호와 서유진의 차이를 단적으로 설명한다. 서유진은 어린 딸을 눕힌 채 딸에게 다음과 같이 말한다. 딸에게 하는 말이지만 자신에게 하는 다짐이다.

> "엄마가 네게 공주 같은 옷은 입히지 못할지도 몰라 …… 하지만 엄마가 한가지는 약속할 수 있어. 우리 바다하고 하늘이가 컸을 때 지금보다 더 좋은 나라를 만들겠다고. 여자들인 너희가 더 씩씩하게 거리를 걸어다니게 해주겠다고".[28]

서유진이 작가의 페르소나임은 쉽게 유추할 수 있다. 그럼에도 불구하고 소설 『도가니』의 서사선체에서 가상 많은 시선과 목소리를 가지고 이야기를 이끌어가는 주인공은 강인호이다. 이는 자신과 가족만을 위해서 살기에도 벅차지만 눈앞의 폭력과 불의를 모른 척 할 수만도 없는 대부분의 평범한 사람들의 고민과 갈등을 강인호를 통해 체화하는 서사전략이다. 또한 가장의 무게를 져야 하는 나약한 남성을 끝내 이해하고 연민했던 초창기 페미니즘의 태도이기도 하다. 청각장애인들과 인권센터사람들의 시위가 공권력과 용역깡패들에게 짓밟힐 때, 유진의 도움요청을 외면한 채 서울로 향했던 강인호가 스스로를 부끄러워하는 모습을 묘사함으로써 훨씬 전에 '부끄러움의 미학'을 형상화했던 「무진기행」을 소환하여, 변주되어 반복될 수밖에 없는 '부끄러움'을 고백한다. 여기서 실화를 소설화 한 『도가니』는 청각장애아동들이 실제로 당한 폭력과 가해자들의 파렴치함 그리고 가해자들과 결탁한 권력층들의 비리를 고발하는 것에

27) 공지영, 앞의 책, 90쪽.
28) 공지영, 앞의 책, 154-155쪽.

그치지 않고, 피해자들을 지키기 위해 힘겨운 싸움을 해야 하는 사람들의 상식과 선한 의지가 얼마나 위태로운지를 정교한 인물형상화를 통해 보여준다. 더 나아가서 개인사 안에 시대사를 직조한다. "진실이 가지는 유일한 단점은 그것이 몹시 게으르다는 것이"[29]라는 서유진의 내적독백은 진실에 대한 성찰과 더불어 절망 속의 희망을 암시한다. 진실이 게으르다면 지금 당장 현재에는 그 진실이 모습을 드러내지 않겠지만 결국 게으른 진실도 그 모습을 드러내게 되기 때문이다. 게으른 진실을 재촉하여 너무 늦지 않게 진실을 밝히기 위해 동서고금을 통해 많은 이들이 헌신했으며 실화를 소설화하는 것도 그러한 노력의 일환이라고 할 수 있다.

그렇다면 소설 『도가니』에서 개인사 안에 직조된 시대인 80년대의 정서를 1990년대 후반부터 2000년대 초반에 태어난 학생들이 어떻게 수용할 것인가. 학생들은 아마도 공식적인 교과서 내에서 소개하는 현대사 서술의 몇 문장들과 여러 커뮤니티에서의 정보들 때로는 왜곡된을 통해 80년대에 대한 단편적인 지식들을 가지고 있으리라는 선험적인 추론이 가능하다. 민주화 운동의 시혜를 받고 성장했다고 생각되는 학생들이 민주화 운동에 대해 가지는 생각들과 소설서사 속 인물인 강인호와 서유진에 대한 학생들의 판단은 수강생들의 서평분석을 통해 논의할 것이다.

3) 인물화(characterization)가 파생시키는 주제의식

소설 『도가니』에서의 세밀한 인물화는 서유진과 강인호 외 다른 인물들을 묘사하고 설명할 때도 빛을 발한다. 그리고 이는 실화 속에 묻혀 있는 '진실'에 생명력을 불어넣는 서사장치가 된다. 청각장애아동들이 학교 내에서 교장과 교직원들에게 지속적으로 성폭

29) 공지영, 앞의 책, 192쪽.

행을 당한 충격적인 사건이 가해자들에 대한 (처벌이라고 할 수도 없는) 미약한 처벌로 끝나고, 이에 대한 농성과 저항이 있었으며 신문과 뉴스에도 보도되었으나 끝내 법적 판결을 뒤집지 못하고 피해자들에게 더 큰 상처를 안긴 사건이 "명징한 사실에 대한 나열, 많은 물증과 증언이 아니라, '허구'와 '가공'을 무기로 하는 소설을 만나 완전히 다른 결말을 맞게 되었다"30)고 말한 유강하는 그 이유가 작가의 구체적인 인물 형상화 방식에 있다고 본다. "신문기사에 간단한 이니셜로 표현되는 피해자들과 가해자들에게 이름과 캐릭터를 부여"하고 "구체적 묘사와 그들의 대화, 심리상태에 대한 섬세한 묘사는 독자들의 감정이입을 돕는다"31)는 것이다. 실화를 바탕으로 재구성된 허구서사는 대체로 이런 메커니즘을 가질 것이다. 육하원칙에 의해서 감정을 배제한 채 한 줄의 기사로 '보도'된 실화는 작가의 상상력을 통한 묘사와 서술에 의해 비로소 형체와 색채를 입게 되고 이것이 실화를 재구성하며 실화에 생명을 불어넣는다. 『도가니』에서 여러 인물들에 대한 묘사와 설명은 앞서 언급된 두 명의 주인공, 강인호와 서유진에 의해서 이루어진다. 다른 인물에 대한 판단과 평가는 판단과 평가주체인 인물이 어떤 사람이지도 보여준다. 강인호와 서유진의 시선과 논평적인 서술을 통해서 작가 공지영은, 피해자를 '피해자의 전형' 속에 가두지 않았으며 천편일률적으로 묘사하지도 않았다. '연두' '유리' '민수' 라는 고유명사를 부여받은 아이들은 '장애'와 '아동'이라는 취약함을 가진데다가 가정환경도 불우하다. 그러나 『도가니』에서 피해아이들은 힘없고 불쌍한 아이들로만 묘사되지 않았다. 소설에서 독자를 가장 몰입시키는 대목은 연두의 증언 장면인데, 법정소설과 추리소설의 장르적 관습에 더해서 연두의 캐릭터가 독자로 하여금 긴장

30) 유강하, 「'도가니 신드롬'을 통해 본 문학의 치유적 의미에 대하여」, 『아시아문화연구』 제27호. 아시아문화연구학회, 2012, 152쪽.

31) 유강하, 앞의 논문, 157쪽.

과 몰입 속에 독서를 진행하게 한다. 자신과 친구들이 당하는 폭력을 처음 외부에 알린 연두는 강인호에 의해 "영특한 아이"로 논평된다. 연두는 또한 담대한 아이이다. 그리고 연두의 '영특함'과 '담대함'의 배경에는 병으로 청력을 잃게 된 아이를 위해 수화를 배운 연두 어머니의 '모성'이 있었다. 이는 인터뷰 자리에서 연두를 바라보는 강인호의 시선과 서술에 의해 전달된다.

> 연두는 어머니의 표정에서 많은 것을 확인한 듯 다시 말을 시작했다. 그런 연두의 얼굴에는 이미 소녀의 것이라고는 볼 수 없는 어떤 위엄 같은 것이 어려 있었다. 진정한 사랑을 받았고 또 받고 있는 사람만이 보여줄 수 있는 품위 같은 것이었다.[32)]

연두는 가해자를 바라보며 증언해야 하는 법정에서 가해자 측의 노회한 변호사의 덫에 걸리지 않고, 전관예우를 기대하는 판사출신 변호사를 끝내 이긴다. 수의를 입어 구별이 불가능해진 쌍둥이 형제 중에서 누가 자신을 성추행 한 사람인지를 가려내야 하는 상황에서 연두가 보여준 침착함과 영특함은, 실화와 달리 교장과 행정실장을 쌍둥이로 인물화 한 작가의 의도가 이 장면을 위해서였다는 생각을 하게 할 정도로 소설 전체에서 가장 흥미진진한 부분이다. 연두만큼은 아니지만 유리와 민수도 '피해자의 전형'이 아닌 고유의 캐릭터를 부여받았다. 청각장애에 지적장애까지 가지고 있는 유리는 결핍의 표지로 늘 과자를 먹거나 사탕을 빠는 아이로 묘사된다. 아무 생각이 없을 거라는 편견의 대상이 되기 쉬운 아이지만, 연두가 고문을 당하는 세탁실 앞으로 강인호를 이끈 것은 청각장애와 지적장애를 가진 유리였다. 영특한 연두는 물론이고 지적장애아인 유리까지 '아무 것도 모르는' 무지無知와 무치無恥의 존재가 아니며 자기 몫을 한 것이다. 가해자와 가해자의 비호세력인 무진

32) 공지영, 앞의 책, 117쪽.

의 명사들이 오히려 무지와 무치의 존재임이 소설 속 인물 형상화를 통해 폭로된다.

유경수는 "실제와는 다른 청각장애인의 문장력이 리얼리티를 떨어뜨리는 작용을 한다"고 주장한다. "수화에는 명사와 동사의 구분이 없고 조사와 접속사도 몇 개 되지 않으므로 청각장애인들은 완성된 문장을 자연스럽게 쓰는 것에 서툴"기 때문에 "김연두나 진유리가 하는 것 같은 자세한 성폭행 장면의 묘사는 수화로는 어려운 일이"고 "작가가 이를 더 고려했으면 리얼리티를 포함한 문학이 되었을 것이"33)라고 말한다. 이는 매체에 대한 정밀한 이해가 결여된 주장으로 보인다. 수화는 엄밀히 말하면 문자 매체가 아니다. 수화를 사용하는 청각장애인이라고 해서 글을 이해하지 못하는 문맹이 아닌 것처럼 수화는 문자언어의 대체재가 아니며 굳이 대체한다고 하면 음성언어를 대체하는 것이다. 수화의 가장 작은 단위인 수화소chereme는 언어의 음운론에 해당한다고 할 수 있지만 그렇다고 해서 수화가 하나의 문자체계인 것은 아니며 그렇기에 각 나라의 수화에는 유사점이 많다. 즉 청각장애아동들의 수화는 소설화되기 위해 매체의 전이를 거쳐야 한다. 아이들의 이야기는 작가 공지영에 의해 번역된 것이다. 이때의 번역은 문자언어인 외국어를 역시 문자언어인 모국어로 번역하는 것과는 다른 차원이다. 공지영이 번역한 아이들의 이야기는 공지영이 형상화 한 인물화와 맥락을 같이 한다. 그 맥락 속에는 불우한 환경의 청각장애아동들이 힘이 없어 짓밟혔지만 끝까지 짓밟히기만 하는 존재가 아니며 자신의 생각과 감정을 가지고 판단하고 행동할 수 있는 존재라는 의미가 내포되어 있다.

아이들과 아이들을 지키려는 사람들과 대척점에 있는 인물들의

33) 유경수, 「부정적인 현실에 대항하는 사회적 소통의 관계망 - 공지영의 『도가니』를 중심으로」, 『현대문학이론연구』 제45호, 현대문학이론연구학회, 2011, 274쪽.

인물화characterization 역시 강인호와 서유진의 시선과 서술에 의해 이루어지며, 대척점에 있는 인물들이 강인호와 서유진에 대해 말하는 것을 통해서도 그들의 인물화가 입체적으로 구성된다. 강인호와 서유진 각각의 언술을 통해 공통적으로 추출되는 어휘는 '야만'이다. "불현듯 복도 전체에서 야만의 피비린내 같은 것이 진동하는 듯"[34] 느꼈던 강인호는, 아이들의 증언을 접한 후에 "교장과 행정실장이 각기 다른 색깔로 보여주던 야만의 냄새들"[35]의 실체를 이해하게 되고, 그만하고 돌아가자는 아내의 말에 이대로 돌아간다면 "자본에 패배한 것도 모자라 이제는 야만에까지 패배당한 그런 인간이 될"[36]거라고 서술한다. 행정실장의 아내로부터 봉변을 당한 서유진은 "그 벌거벗은 야만의 음성이 주는 공포에 작은 비명조차 지르지 못하고 서 있었다"고 회고한다. 하지만 아이들이 당한 폭력을 고발한 소설 『도가니』는 아이들의 성장과 함께 어른도 성장하게 되는 성장서사로 결말을 맺는다. "먹이를 찾듯 무진으로 쫓기듯 왔던" 강인호는 아이들과 함께 하면서 "스스로의 내부로부터 어떤 빛이 비치고 있"으며 그 빛은 강인호에게 "너는 먹이를 찾는 한낱 짐승이 아니다"[37]라는 자각을 하게 했다. "민중, 민주 뭐 이러는 여자들, 참 맛없게 생기지 않았어?"[38]라는 장경사의 발화는 장애아동 특수학교에서 발생한 폭력과 은폐가 어떻게 가능했는지 한 줄의 대사로 효과적으로 설명하고, 그런 장경사에게 유진은 "세상 같은 거 바꾸고 싶은 마음, 아버지 돌아가시면서 다 접었어요. 난 그들이 나를 바꾸지 못하게 하려고 싸우는 거예요"[39]라고 말함으로써 아이들을 위한 싸움이 곧 자기자신을 위한 싸움이기도 함을 분

34) 공지영, 앞의 책, 140쪽.
35) 공지영, 앞의 책, 85쪽.
36) 공지영, 앞의 책, 326쪽.
37) 공지영, 앞의 책, 244쪽.
38) 공지영, 앞의 책, 112쪽.
39) 공지영, 앞의 책, 301쪽.

명히 한다. 소설의 결말은 서울로 떠난 인호에게 보낸 유진의 편지를 통해 에필로그처럼 구성된다. 여기서 패배한 것처럼 보이는 싸움을 통해 아이들이 성장하고 또한 자신도 성장했음이 드러난다.

> 한번은 같이 밥을 먹다가 내가 아이들에게 물었지. 이 일이 있기 전과 이 일이 있은 후, 가장 변한 게 뭐니? 그랬더니 민수가 대답하더라구.
> – 우리도 똑같이 소중한 사람이라는 걸 알게 된 거요.
> 그때 나는 하마터면 울 뻔했어. 그러니 아이들이 이렇게 대견하게 커가는 것을 보면 우리가 꼭 진 것일까, 하는 생각도 드는걸.[40)]

인호의 시선과 서술을 통해 서울의 빌딩숲에서 점심시간을 맞아 공원으로 나온 회사원들의 흰 와이셔츠를 보며 '그것은 안개 같았다'라는 문장으로 끝을 맺은 소설 『도가니』는 2009년 당시의 법적 판결 상황이나 투쟁 상황에 대해서 더 이상 언급하지 않는다. 그것이 독자들에게 주는 심미적 효과는 한 가지가 아니며, 독자마다 각기 다른 배경을 가지고 소설의 결말에 정서적인 반응을 하겠지만, 민수의 이야기가 주는 먹먹함과 강자의 폭력에 패배할 수밖에 없는 현실에 대해 분노하는 독자들이 많을 것이다. 그러한 독자들 중 하나였을 황동혁 감독은 영화매체의 강력한 사회적 영향력에 바탕을 두고 더 집중력 있는 몰입을 가능하게 하는 장르적 관습을 사용하여 '고발'에 좀 더 집중하며 '참여'를 호소하는 직설적인 영화 「도가니」를 만들게 된다.

3장에서 소개할 수강생들의 서평에서 가장 주목할 만한 논점도 작가 공지영의 '인물화'characterization와 관련된 것이다. 80년대에 대한 '간접'체험을 바탕으로 '강인호' 캐릭터에 대한 강한 비판이 논리적으로 전개된 글들이 있었고, 무엇보다 피해아동을 묘사하는 방식에 대한 비평적 글쓰기가 무척 인상적이다. 수강생들의 토론에서

40) 공지영, 앞의 책, 338쪽.

도 가장 쟁점이 되었던 논점은 피해자에 대한 '재현' 문제와 피해자를 대하는 태도에 관한 것이다. 이는 학생들이 현재 처한 상황과도 밀접하게 관련된다. 3장에서 수강생들의 서평을 소개하면서 이러한 논점들을 분석하고 고찰하려 한다.

3 확장된 현실인식과 공감으로 응답하는 실천윤리적인 글쓰기

2장에서 분석한 소설 『도가니』가 실화에 대한 작가 공지영의 문학적 증언이었다면 공지영의 소설에 대한 학생들의 서평은 작가의 문학적 증언에 대한 응답이라고 볼 수 있다. 강의실에서 수강생들에게 서평 과제를 제시하면서 소설에 대한 어떤 사전정보도 언급하지 않았으며, 소설텍스트에 대한 비평적 발언도 하지 않았다. 심지어 분량도 지정하지 않았다. 어떤 선입견도 없이 소설을 읽고 자신의 생각을 자유롭게 쓰게 하기 위해서였다. 글쓰기를 통해 우선적으로 자신의 내면에 있는 것들을 끄집어내어 이를 설명하고 설득하는 것에서부터 자신과 타자와 세계에 대한 이해와 정돈이 시작된다고 생각한다. 서평은 온라인 게시판에 업로드 하도록 했기에 수강생들은 다른 학생들이 쓴 서평들을 자유롭게 읽고 댓글로 의견을 교환할 수 있었으며, 이는 수업 시간에 열띤 토론으로 이어졌다.

수강생들로 하여금 소설 『도가니』에 대한 서평을 제출하도록 했을 때, 이 소설이 학생들에게 강한 충격을 줄 것이라고 예상했다. 학교와 기숙사 내에서 청각장애아동들에 대한 교사와 직원들의 오랜 기간 상습적인 성범죄와 이를 처리하는 방식을 흡인력 있는 필력으로 서사화 한 소설이기 때문이다. 더군다나 '실화'를 바탕으로 한 소설이니 그 반향은 상당할 것이라고 예측했다. 이 글의 3장에서는 수강생들의 서평 중 몇 편을 선택하여 부분발췌 소개한다. 이를 통해 학생들이 허구와 실화, 소설 속 세계와 현실세계의 관계를 어떻게 인식하고 있는지 진단한다. 또한 앞서 2장 2절에서 논한 80년대의 정서는 학생들이 직접 체험하지 못한 것이므로 이를 학생들이 어떻게 수용했는지도 분석한다. 무엇보다 소설텍스트 속 인물들에 대한 수강생들의 인지적 정서적 태도를 중점적으로 고찰한다. 이를 통해 학생들의 공감능력과 인지적 판단력과 논리력 그리고 표현능력의 현재를 진단할 수 있을 것이며, 궁극적으로 실천윤리적인 교양을 함양하여 공동선에 기여할 수 있는 가능성을 확인하려 한다.

1) 소설읽기를 통한 현실세계 인식과 공감의 확장

서평 사례 1

나는 열다섯의 나이에 이 책을 처음으로 읽었었다. 당시 나는 무진 인권운동센터에서 연두와 유리가 처음으로 자신들이 당한 성폭행을 증언하는 부분을 읽으며 억지로 비명을 삼켜야 했다. [……]나를 안심시켰던 건 웃기게도 '무진'이라는 도시의 이름이었다. 나는 그곳이 실재하는 도시가 아니라는 사실을 알고 있었다. 그리고 마음 편하게도 '아무리 실화를 바탕으로 했어도 이건 소설이잖아'라며 스스로를 안심시켰다. 그렇게 하고서야 겨우 책을 끝까지 읽어낼 수 있었다. 어느덧 8년이 지났다. 이 책은 늘 책장 한쪽에 놓여 있었음에도 그때 느꼈던 모종의 충격과 공포 때문인지 8년 만에 처음으로 펴보는 책이었다. 그리고 책을 다 읽은 나는 스스로 경악할 수밖에 없었다. 나는 나도 모르게 책의 결말을 왜곡시켜 기억하고 있었다. 나는 강인호가 그 싸움에서 도망쳤다는 사실도, 유리의 할머니가 합의

서를 써주었다는 사실도 까맣게 잊고 있었으며 오히려 반대에 가깝게 생각하고 있었다. 그러니까 그때의 나는 정의라면 무조건 승리하고 잘못한 사람들은 벌을 받는다는 그런 순진한 허구를 맹신하고 있었던 것이다. 이번에 책을 읽으며 나는 그때처럼 '이건 소설이잖아' 따위의 변명으로 나를 달랠 수 없었다. [……] 다행히도 민수는 이 시절을 지나며 우리도, 그러니까 아이도, 장애인도 그 어떤 정체성을 지닌 사람이어도 '똑같이 소중한 사람이라는 걸 알게' 되었다고 얘기한다. 오히려 내가 위로 받는 심정으로 <도가니>를 덮을 수 있었던 이유다.

수강생 글, 부분발췌

서평 사례 2

지방 출신으로서 나는 지방이 얼마나 약자에게 불친절한 공간인지 알고 있다. 또한 외부인에게 얼마나 불친절한지도 잘 알고 있다. 그 불친절함은 지방에 뿌리박은 가부장제와 같은 학교 출신이거나 가까운 이웃주민이라는 연결망을 통해 비롯되고 강화되는 부분이 적지 않다. 본가에서 서울을 오가며 대학생활을 시작하기 전의 나도 그 불친절한 사람들 중 하나였을지 모른다는 생각이 들었다. 그만큼 그런 배타성에 대해선 문제의식을 갖기 어렵고, 갖는다고 하더라도 위와 같은 이유로 타파하기 어렵다. 그래서 지방은 강자에게 약하고, 약자에게 강하다. 그렇게 본다면 마지막에 그것을 차마 견디다 못해 도망친 주인공의 심정이 이해하기 아주 어려운 것은 아니다. 하지만 동시에 어떤 배신감이 드는 것은 막을 수 없다.[……]무진을 뒤덮은 안개를 어떻게 해야 걷어낼 수 있는지 현재의 나로서는 알 수 없지만, 한 가지 분명한 것은 인호와 유진과 아이들의 싸움은 그것에 생채기를 냈을 거라는 것이다. 교장 패거리와 그들을 비호하려는 인물들이 하루아침에 생겨난 것이 아니듯, 그들에게 대항하는 힘도 하루아침에 생겨나지는 않을 것이다. 하지만 영영 생기지 않으리란 법은 없다. 인호, 유진, 아이들이 보여 주었듯이. 그렇다면 내가 할 수 있는 일은 명확해진다. 힘을 보태는 것. 그러면서도 내심 인호와 같이 도망치는 순간이 올까 두려움이 들기도 한다.

수강생 글, 부분발췌

서평 사례 3

<도가니>를 읽으며 가장 잘 이입할 수 있었던 인물은 서간사였다. 편하게 읽을 수 없는 이 소설을 읽으며 느끼는 분노를 가장 잘 표현해 주었기 때문인 것 같다. "그런데 말이야, 점점 더 나도 이해할 수 없는 건 이데올로기도 아니고 철학의 문제도 아니고 그냥 지저분한 성폭력 문제에 왜 이렇게 많은 똑똑한 사람들이 달려들어 목숨을 걸고 있느냐는 거야." 교장과 행정실장 같은 범죄자들보다도 소설을 읽는 내내 가슴을 답답하게 했던 것은 폭력에 대한 주변 사람들의 반응이었다. 자애학원의 교사들은 폭력을 보고도 '건너편 차도에서 교통사고가 났을 때, 달리던 자동차들이 잠시 속도를 늦추어 바라보다 다시 속도를 내는 것처럼 무심한 표정과 속도'로 다시 걸었다. 서유진이 깨달았듯, 행정실장 이강복의 아내는 남존여비의 봉건성을 스스로 체화하고 남편의 범죄에 일조했다. 자애학원의 이사진들 중 한명인 젊은 목사는 '그래요. 사람이니까! 남자니까! 사춘기 가슴 빵빵한 아이들 보고 마치 다윗이 유부녀 밧세바를

보고 유혹의 빠지듯이!'라고 사람들 앞에서 말했다. 형제는 참 좋겠다. 알아서 다 너 잘못이 아니라고 크게 외쳐주니.[……] '권력형 성폭력'이 그동안 만연했던 이유, 마치 가끔씩 일어나는 것처럼 잘 드러나지 않았던 이유는 권력이 은밀한 힘을 강자에게 부여해주었고, 권력 그리고 그에 목숨을 거는 다른 사람들이 알아서 그 강자의 폭력을 못 본 척 가려주었기 때문이다. [……]'그들이 나를 바꾸지 못하게 하려고 싸운다'는 서유진. 참 멋있지만 세상이 바뀌지 않으면 그들은 결국 나를, 내 주변인을 바꿔버릴 것이란 생각이 든다. **수강생 글, 부분발췌**

서평 사례 4

공지영 작가가 실제 사건을 바탕으로 소설을 쓴다는 소식에 광주 인화학교 사건에 대해 알게 된 사람들은 성냥불이 옮아붙어 활활 타오른 마른 숲이었다. 하지만 그렇게 이슈화 된 후 어느 정도의 시간이 흐르자 누가 나서서 끄는 사람도 없는데 불길은 점차 사그라들어 불씨가 있었는지 조차 희미할 정도가 되었다. 이제는 아무도 관심이 없다. 가해자들이 어떠한 처벌을 받고 현재는 어떠한 상황에 있는지 대부분 알지 못할 것이다. [……] 이것이 내가 분노만으로는 부족하다고 생각하는 이유이다. 사람들을 더 긴 호흡으로 이끌어갈 수 있는 방법을 찾고 싶고, 그것이 필요하다. 나부터도 예민하게 곤두서있는 상태를 유지하는 일이 어느 순간에는 지치고, 때로 게을러지고 싶어서 더 그렇다. 생각을 하지 않으면 불편한 것들이 보이지 않는다는 것, 혹은 보지 않아도 된다는 것을 겪어서 알기 때문에 계속 생각하는 일에 품을 쓰는 것이 힘들어지는 때가 생긴다. 나는 나를 위해, 그 순간들을 극복하려고 노력하지만 노력할 이유가 없는 사람들도 노력하게 만들기 위한 내러티브가 필요하다는 생각이 든다. 그들이 마음뿐 아니라 머리로 이해할 수 있도록 해야 한다고 생각한다. 소설을 처음 읽었을 때에 설익은 주먹을 꼭 쥔 채로 울분을 터뜨리고, 눈물을 뚝뚝 흘리며 읽었다. 이번에 다시 읽는 동안에도 뜨거운 눈두덩과 가슴에서 울음이 스며 나오고 들어차는 화를 곱씹어야 했다. 지난 번 서평을 쓰면서 책을 마음만이 아닌 머리로도 읽고 싶다는 생각을 많이 했는데 내 좁디 좁은 통찰력 탓인지 감정적으로 몰입하지 않고 거리 두며 읽기가 쉽지 않았다. 나는 여전히 그저 분노할 줄만 안다.

수강생 글, 부분발췌

수강생들의 서평을 읽으면서 소설 속 인물들, 특히 피해아동들에 대한 학생들의 공감지수가 무척 높다는 것을 확인할 수 있었고, 타자의 고통을 느낄 수 있다면 이는 변화에의 의지로 향하게 된다는 것도 알 수 있었다. 마사 누스바움이 역설한 '시적 정의'를 학생들의 서평에서 발견하게 된다. 누스바움의 '정의론'은 이론 철학이 아닌 실천 철학이며 이 실천 철학의 핵심은 연민과 공감이다. 누스바움에 의하면 연민하는 사람은 공감을 통해 그 연민의 대상이 고통의 상황으로부터 벗어나도록 돕는 행위를 스스로에게 촉구한다.[41] 실제 사건을 소설로 형상화 한 작가의 행위가 연민의 대상이 고통의 상황으로부터 벗어나도록 돕는 행위를 스스로에게 촉구하는 방편으로 문학적 증언을 행한 것이라면 그 증언에 응답하는 학생들의 서평 역시 피해자에게 공감하고 가해자에게 분노하며 도망친 '강인호'를 이해하면서도 강인호와 다른 선택을 하고 싶어 하는 목소리를

41) 마사 누스바움, 조형준 역, 『감정의 격동: 2 연민』, 새물결, 2017, 587쪽.

드러낸다. "노력할 이유가 없는 사람들도 노력하게 만들기 위한 내러티브가 필요하다는 생각이" 들었다는 서술은 문학의 사회적 책무, 실천윤리, 타자와 내가 서로 연결되었다는 깨달음을 모두 내포한다.

첫 번째 서평에서 수강생은 열다섯 살 때 처음 소설 『도가니』를 읽었고 8년 만에 다시 읽었을 때 자신이 소설의 결말을 왜곡시켜 기억했다는 사실에 경악했음을 고백한다. 자신의 왜곡된 기억이 정의가 승리하고 악인은 처벌받는다고 생각했던 순진함 때문이었다고 분석하면서 해당 학생의 현실에 대한 인식을 보여주고 있다. 즉 우리가 살고 있는 현실에서는 정의가 항상 승리하는 것은 아니며 악인이 반드시 처벌받는 것도 아니라는 인식이다. 이런 현실인식은 수강생들의 서평에서 공통적으로 확인할 수 있었다. 또한 그럼에도 불구하고 두 번째 서평사례에서 보듯 힘겨운 싸움을 하고 있는 이들에게 힘을 보태고자 하는 의지 역시 수강생들의 서평에서 공통적으로 발견할 수 있었다. 소설 속 강인호처럼 도망가게 될까봐 두렵다는 솔직한 고백 역시 현실에 대한 인식과 그런 현실에 굴복하고 싶지 않다는 전제를 바탕으로 많은 서평들에서 읽을 수 있는 공통적인 태도이다. 세 번째 서평과 네 번째 서평 같은 뜨거운 분노는 피해아이들에 대한 깊은 연민과 공감에 기반을 두고 있는데, 이때의 연민과 공감은 가해자들의 행위가 얼마나 파괴적인 폭력인지에 대한 인식을 바탕으로 한 것이므로 단순히 '감정적'인 것이 아니라고 판단된다. '분노'라는 파토스는 무엇이 부당한 것인가에 대한 인지적 판단이 선행되어야 발생하기 때문이다. 또한 자신이 느끼는 분노를 설명하고 설득할 때 현실에 대한 보다 정밀한 진단과 분석이 이루어진다. 많은 학생들이 소설 속 세계와 지금 현재 자신들이 실존하는 현실세계와의 구조적 상동성을 포착하고 있다. 그 중 몇 개의 사례를 다음 절에서 소개하고 이것이 소설 속 인물에 대한 정서적 인지적 판단과 연결되는 양상을 분석한다.

2) 소설의 인물화에 대한 수강생 독자의 수용방식

서평 사례 5

습윤한 안개로 인해 한 치 앞도 가늠하기 어려운 무진. 희뿌연 안개는 자애학원과 자애원은 물론이거니와 무진시의 사람들의 눈과 귀를 세상으로부터 가려주고 있었다. 외부와는 단절된 그 은밀한 곳에서 아이들에 대한 성적 유린과 학대 그리고 폭행은 이루어진다. 이처럼 소설 『도가니』의 무진 시는 대한민국과 퍽 닮았다. 유진의 표현을 빌리자면, '상식이 없는 곳'이자 '발정난 이들이 가득한 곳', '우리 딸 바다와 하늘이 그리고 새미를 키우기 어려운 곳'이 바로 무진이자 대한민국인 것이다. [……] 무진과 대한민국의 닮은 점은 여기에서 그치지 않는다. 가해자가 아닌 피해자가 결백함을 주장해야 하며, 성폭행을 고소하기 위해서는 나 자신의 도덕적 결함이 있어서는 안 된다. 이것이 피해자와 고발자의 기본적인 자세로 요구되는 현실마저 무섭도록 닮아 있다. 죄가 초범이라는 이유로, 그간 사회에 지대한 공헌을 해 왔단 이유로 감형되고 자신의 이익을 위해서는 몇몇 아이들의 짓밟힌 인권이야 충분히 무시될 수 있는 시대적 분위기와 상황도 고스란히 녹아 있다. **수강생 글, 부분발췌**

서평 사례 6

이 세상에 약자가 갖는 무수히 많은 속성들이 존재한다. 인종, 성별, 계급 중 어느 한 기준만 약자에 속하더라도 억압받지 않는 삶을 사는 데 있어 큰 제약이 따르게 된다. 그렇지만 앞에서 언급한 세 가지 속성이 그나마 나은 점은, 우리 대부분의 일반인들이 공유할 수 있는 기준이라는 것이다. 저러한 기준을 공유함으로써, 비록 어느 한 속성이 약자에 속하게 되더라도 우리가 같은 약자들끼리 연대하고 공감할 여지가 남아 있다는 점은 다행이 아닐 수 없다. 그러나 <도가니>에서 나타난 장애라는 속성은 그렇지가 못하다. 장애는 우리 사회의 극히 일부 사람들만이 갖게 되는 속성이며 이들끼리 연대하거나 공감하기가 극히 힘들다. 특히나 들을 수 없고, 말할 수 없는 청각장애인들은 그 중에서도 가장 극심한 극한의 영역에 있다고 할 수 있겠다. 청각장애라는 속성 하나만으로도 삶에 많은 제약이 따르는 이 약자들이 가난한 데다 아동이기까지 하다면, 사회를 살아가는 이들의 무력함과 취약함은 더 이상 표현할 방법이 없을 것이다. 그야말로 우리 사회의 가장 밑바닥에 존재하는 이들을, 누군가는 강간하고, 폭행하고, 착취한다는 진실을 어떻게 받아들여야 할까. 여성을 차별하는 남성의 무식함은 언젠가 배우고 이해하면 해결되리라는 희망이라도 갖겠지만, 조막만한 권력이라도 쥐게 되면 나약한 누군가를 찾아내서 짓밟아 뭉개고야 마는, 인간의 밑바닥에 눌러 붙은 잔인함 앞에서 어떤 희망을 가질 수 있을까. 논리가, 이성이, 합리가 통용되지 않는 세계를 마주하는 공포 앞에서 강인호의 선택을 비난할 자격이 누구에게 있을까. 분노하고 싶지만 분노할 수 없고, 희망을 말하고 싶어도 말할 수 없는 무진의 안개에 오늘은 나도 빨려 들어가는 느낌이다. 이번엔 이 안개에서 곧 빠져나오겠지만, 언젠가 나 자신이 기화되어 이 기분 나쁜 안개처럼 스물거리지 않기만을 바랄 뿐이다.

수강생 글, 부분 발췌

서평 사례 7

> 소설을 읽으면서 많이 불편하다고 느낀 지점은 강인호의 대사였다. 강인호는 결국 마지막에는 무진을 떠나지만, 이 성폭력을 처음 발견하고 세상에 알린 중추적인 인물이자 주인공이다. 그에게서는 많은 내적 갈등이 보이지만, 그의 주변 사람들은 그를 응원하고 사랑해 준다. 이렇게 영웅시되는 인물이지만 그의 말들에는 여성 혐오적인 인식이 너무나 뚜렷하게 나타나 있다. 이러한 요소들은 내가 소설을 읽는 내내 강인호라는 인물에게 완전히 공감하고 이입할 수 없었던 이유였다.[……] 소설 속에서 가장 인상 깊었던 인물은 서유진이다. 아직 위의 조그마한 부분밖에 보이지 않는 빙하 앞에 망치를 들고 그 빙하를 깨부수려하는 그녀의 모습이 나에게는 굉장히 위대하고 대단하게 느껴졌다. 서유진은 여성으로서 수많은 권력들에게 무시당하고 차별 받고, 그동안 여성 혐오적인 차별들을 수없이 겪어왔겠지만, 그리고 아동 성폭력 사건을 해결하는 과정에서도 그녀도 수없이 상처 입었지만, 그녀는 강인호와 달리 당당하게 맞서 싸웠고 내적으로 갈등하지 않았다. 아니, 그녀는 많은 시간동안 수많은 내적 갈등을 통해 더욱 단단해졌을 것이다. [……] 소설 속의 서유진처럼, 나도 내 안의 내적 갈등을 정리하고 더욱 용기 있는 사람, 부당함과 억울함에 맞설 수 있는 사람이 되고 싶다는 생각을 하게 되었다. **수강생 글, 부분발췌**

수강생들의 서평을 읽으면서, 학생들이 보여준 높은 공감지수의 저변에는 소설 『도가니』에서 형상화 된 사건이 경악스럽고 특수한 것이기는 하지만 소설 속 가상의 도시 '무진'과 지금 현재 대한민국의 현실이 크게 다르지 않다는 인식이 있다는 것을 발견할 수 있었다. 아동학대, 아동대상 성범죄, 장애인 혐오, 권력형 성범죄와 여성혐오 범죄 등이 만연한 현실과 소설 속 무진과의 구조적 상동성을 어렵지 않게 포착한다. 다섯 번째 서평은 소설텍스트 독해를 통해서 지금 현실에 대한 예리한 진단을 이끌어내고 있다. 특히 성범죄 피해자에게 '피해자다움'과 약점이 없을 것을 요구하는 현재 사회의 분위기가 소설 속에서 장애 아동 대상 성범죄가 처리되는 경악스러운 방식과 맥락이 연결됨을 명료하게 설명한다. 여섯 번째 서평에서는 약자로 분류되는 많은 속성 중에서 '장애'라는 속성이 가진 특수성을 포착하고 있으며 따라서 여러 소수자성 중 가장 취약한 소수자성을 '장애'라고 보고 있다. 또한 피해아동들이 가지게 된 극단의 약자성은 빈곤과 장애와 나이의 문제가 어우러져서 발생된 것임도 적확하게 지적하고 있다. 사실상 현재 대한민국에서 장애인 혐오는 그 수위가 위험하지 않다고 할 수 없다. 특정 집단이나 특정 대상에 대한 혐오는 혐오에 관대한 사회를 만듦으로서 결국 누구도 혐오로부터 안전할 수 없게 된다. 장애인이든, 아동이든, 노인이든, 외국인이든, 여성이든, 전라도인이든, 동물이든 결국 우리 모두는 연결되어 있다. 이러한 인식은 우리로 하여금 행동하게 하는 기폭제가 될 수 있으며 여기서 실천윤리가 인식의 배경이자 결과가 된다.

일곱 번째 서평에서는 소설 『도가니』의 두 중심인물인 강인호와 서유진에 대한 해당 수강생의 대비적인 판단과 평가를 확인할 수 있다. 앞서 2장에서 텍스트 분석을 통해 논했듯이 강인호와 서유진은 80년대 같은 꿈과 이상을 가지고 함께 한 기억을 공유하고 있으나 야만의 도가니 무진에서 서유진이 꿋꿋하게 버티는 반면 강인호는 한 번만 타협하려 하고 결국 도망친다. 강인호의 비겁함까지도 이해하고 포용하려 하는 내포저자의 태도와 달리 해당 수강생은 강인호에게 비판적이며 "내 안의 내적 갈등을 정리하고 더욱 용기 있는 사람, 부당함과 억울함에 맞설 수 있는 사람이 되고 싶

문학과 젠더

다는" 각오를 다지고 있다. 이처럼 수강생들의 서평을 통해서 학생들의 인식지평과 공감과 분노와 의구심과 다짐의 정동들 그리고 여기서 파생되는 실천윤리적인 교양의 양상들을 구체적으로 진단할 수 있다. 이는 대학교양교육에 있어서 선결적이며 핵심적인 과제라고 생각한다. 다음 3절에서 소개하는 서평들은 소설텍스트에 대한 비판적 독해가 두드러진 글들이다. 소설텍스트에서 피해자가 재현되는 방식, 수강생들이 직접 체험할 수 없었던 80년대에 대한 판단과 평가, 소설텍스트 내에서 문제를 인식하고 해결책을 제시하는 방식의 뭉툭함에 대한 비판 등 비판적 독해의 수준이 상당히 높은 서평들이다.

3) 소설텍스트에 대한 비판적 독해가 형성하는 인식지평

서평 사례 8

흔히 성범죄의 피해자가 아동인 경우 가해자는 악마로, 피해자는 순수한 어린양으로 그려지기 마련이다. 그러나 실제로 많은 경우 피해자는 '순수함'을 유지할 만큼 강하지 않다. <김복남 살인사건>에서 영희의 딸은 지속적인 성범죄를 내면화해서 교태스러운 모습을 보이기도 하고, 어머니에게 적개심을 보이기도 한다. <도가니>는 아동성범죄를 중심으로 서사가 전개된다. 책을 읽으면서 피해자를 재단하는 시선, 피해자 자신의 자기혐오에 숨이 턱 막혔다. 성범죄 신고 후에 피해자들이 겪는 고난에 대해선 익히 알려져 있다. 피해자의 행실, 섹스히스토리, 가해자와의 관계, 옷차림 등 많은 부분이 토막나고, 많은 부분이 범죄의 원인으로 치부된다. 어떤 책에서 '그녀는 강간에서 어떤 교훈도 얻지 못했다'라는 구절이 있었다. 범죄 발생 전뿐만 아니라 성범죄 후 피해자의 삶이 무결해야 한다는 것 역시 피해자를 옭아맨다. 피해자는 잘살아도, 잘살지 못해도 비난받아야 한다. 잘 살면 피해자인데 어떻게 그렇게 잘 사냐 그러고, 잘 살지 못하면, 즉 규범에서 벗어나거나 실수를 하면 범죄의 원인이 피해자에게로 고스란히 돌아간다.

이 지점에서 나는 『도가니』가 불편했다. 피해자는 피해를 당한 사람이기 때문에 피해자다. 아무리 '싸가지 없거나 행실이 불량'한 사람이어도 강도나 절도를 당하면 그 사건에서 그는 피해자다. 성범죄에선 이 당연한 명제가 성립하지 않는다. 『도가니』를 보면 피해자들의 안티테제가 가해자 뿐 아니라, '창녀'들처럼 보인다. 성판매 여성들을 부끄러워하는 서유진, 자발적으로 몸을 팔 사람들이 널렸는데 왜 하필 그들이었어야 하냐는 주인공의 독백. 더욱 불편했던 것은 가해자 중 교장의 수양딸이자 애인인 윤자애를 조망하는 시선이다. 윤자애는 왜 교장의 애인이 됐을까? 윤자애는 성폭행에서 자유로웠을까? 윤자애를 정당화하려는 게 아니다. 다만 그 시선, 피해자들과 윤자애, 성판매여성을 자꾸만 비교하는 시선, 후자를 절대 악이나 타락한 존재로 비교하는 게 불편했다. 성범죄 피해자가 무고했을 때만 죄가 있다는 그 시선과 뭐가 다른가? 죄는 그 행위와 가해자에게 있다. 왜 자꾸 피해자에게서 죄의 흔적을 찾는지 모르겠다.

예전에 지적장애인이 성폭행을 당했는데 가해자가 사준 '떡볶이'를 얻어먹었다는 이유로 형이 감량됐다는 어처구니없는 기사를 읽은 적이 있다. 연두, 유리가 천원을 받은 것과, 무진의 십대 청소년들이 성판매를 하는 것을 분리하는 도가니 작가의 시선과 다를바 없는 얘기다. 성매매와 성폭행은 왜 분리되어야 하며, 피해자의 행실은 왜 형의 잣대가 되는가? 왜 피해자는 범죄 후에 성장해야 하는가?

수강생 글, 부분발췌

여덟 번째 서평에서 해당 수강생은 소설 『도가니』에 대한 불편함을 드러내고 그 불편함의 원인에 대해서 논리정연하게 서술한다. 이는 피해자가 재현되는 방식과 관련된 문제이다. 피해자가 재현되는 방식은 소설이나 영화, 신문기사 등에서 늘 쟁점이 되는 이슈이기도 하다. 또한 피해자가 재현되는 방식은 피해자를 대하는 태도와 연결되며 2차 가해의 문제와도 연결된다. 위 수강생은 성범죄 피해자에 대해 가혹한 시선과 요구에 대해 조목조목 비판한다. 특히 "그러나 실제로 많은 경우 피해자는 '순수함'을 유지할 만큼 강하지 않다"는 서술이 인상적이다. 즉 작가가 피해아동들을 한없이 착하고 순수한 천사 같은 캐릭터로 묘사한 것의 문제점을 포착했다. 특히 소설서사 내에서 악인으로만 묘사된 '윤자애'에 대한 다른 시각과 추론이 돋보인다. 윤자애는 성폭행 가해자인 교장의 애인이자 기숙사 사감으로서 피해아동들을 고문하고 교장의 편에 서서 증언하는 인물이다. 소설서사 내에서는 평면적인 악인으로 묘사되었으나 위 수강생은 다른 시각에서 소설 속 인물에 대해 분석하고 있으며 상당히 설득력 있는 문제제기이다. "성매매와 성폭행은 왜 분리되어야 하며, 피해자의 행실은 왜 형의 잣대가 되는가?" "왜 피해자는 범죄 후에 성장해야 하는가?"라는 질문은 가해자에게 관대하고 피해자에게 가혹한 현재 사회문화를 직시하는 질문이기도 하다.

실제로 수업시간에 이루어진 토론에서 가장 격렬한 논쟁이 이루어진 논점도 피해자를 대하는 태도의 문제였다. 피해자는 피해자이기 때문에 이해받고 보호되어야 한다는 의견과 피해자라고 해서 무엇을 해도 이해받을 수 있는 것이 아니라는 의견이 대립했다. 여러 사례들을 제시하면서 토론이 이어진 결과 폭력의 피해자를 일반적인 상황이나 일반적인 상식을 준거로 판단해서는 안 된다는 쪽으로 결론이 모아졌다. 최근 권력형 성범죄 피해자에게 가해지는 무차별적인 2차 가해를 바라보면서 타자에 공감하는 실천윤리적인 교양의 필요성을 더욱 절감하게 된다.

서평 사례 9

농인들에게는 이 안개를 통과해 갈 수 있는 '소리'가 없다. 그래서 안그래도 '게으른 진실'(165쪽)은 그들에겐 계란으로 아무리 내리쳐도 꿈쩍도 하지 않는 바위가 되고 만다. 절로 탄식이 나오는 이러한 현실에서 그들은 어떻게 대응할까? 그들의 행동은 결코 무진이나 혹은 무진 밖의 세계와도 결코 조응하지 않는다. 피해자들은, 아동들은, 청각장애인들은 소설 속에서 유일한 순수 선으로 그려진다. 마치 에덴동산에서 발을 헛디뎌 운 없게 지상으로 추락하고 만 천사들처럼, 아니, 만약 예수의 현신이 있다면 바로 그들일 것이다. 그들을 돕는 주변 어른들에게 "제가 너무 세상을 나쁘게만 생각한 것 같아 죄송했어요."(171쪽)라고 고백하는 대목에서는 그 선함의 극단에 심지어 화가 났다. 왜 성범죄의 피해자들은 도덕적으로 항상 옳고, 어떤 정의로운 인물, 그런 일을 "당할만하지 않은 사람"의 지위를 획득해야만 할까?[……] 피해자가 도덕적으로 완벽해야 하고 그것에 대한 입증책임까지 가진다는 건 그 어떤 언어로도 설명할 수 없는 불가사의다. 소설은 이렇게 설명도 납득도 불가능한 언어들을 독자 앞에 여과없이 풀어놓는다.

[……]

작가는 소설 속 '광란의 도가니'를 잠재우는 유일무이한 해법으로 민주주의를 제시한다. 그는 정의로운 단 한 명의 영웅이나, 혹은 비장한 사명감을 가진 공권력과 같은 기존의 다른 범죄소설에서 흔히 사용되는 해결방식을 거부한다. 대신 불특정 다수에게 같은 얼굴을 그려 넣어 여럿이지만 같은 하나의 목소리를 틔워낸다. 민주주의라는 그 목소리만이 무진이라는 안개를 뚫고 통과해 무진을 폭로할 수 있다. 그리하여 이 서사의 영웅은 강인호, 서유진, 방송국, 그 어떤 개인도 아닌 언론과 인터넷으로 무한히 자신의 이야기와 대결의지를 보여준 그들 시민이라는 이름의 그 누군가들로 태어난다.

하지만 작가가 택한 이 해결방식은 결코 완벽하지 않다. 오히려 여성혐오와 아동성폭력, 뒤틀린 남성성으로 가득한 괴물의 단일공통 대립항으로 민주주의로 설정하는 바람에 소설은 지나치게 도식적인 서사로 전락한다. 마치 피해자를 부활한 예수들처럼 그려놓은 것의 결과와 마찬가지로, 여성혐오와 장애인 혐오, 아동성폭력 등 각기 결이 다른 소수자성이 이 도식에 의해 훼손되고 뭉뚱그려진다. 결국 서사는 절대선과 그것을 공격하는 가해자의 아주 단순한 이항대립으로 축약되고 만다.

[……]

게다가 독자들의 시민성을 대표하는 인물로 강인호를 설정한 것은 작가가 대중성을 위해 문학적 미학의 갈피들을 포기한 선택으로 보인다. 이야기에서 정의를 구현하는 인물은 많은 경우, 독자들의 보호본능을 일으키거나, 사랑해 마지않을 만큼 매력적인 인물이다. 하지만 그는 갓 졸업한 제자와 자고, 오랜만에 만난 대학선배에게 찌질한 호감을 느끼는 기혼남성에, 그의 사고와 판단은 군대시절의 많은 부분에 근거하는 등 전형적인 한국 성인 장년층의 정서로 무장한 '평범한' 인물이다. 아이러니한 건 오히려 이런 요소들 때문에 그에게 더 호감을 느끼는 다수의 독자들(이라 쓰고 한국의 대중이라 읽자.)은 편안함을 느낀다. 강인호가 민주주의 투사로 거듭나기 위해 꼭 필요하지만 결핍된 다른 중요한 요소들—이를테면 합리적이고 객관적인 태도와 실행력, 상황을 전체적으로 조망할 수 있는 거시적 안목 등은 서유진을 통해 보완된다. 어떤 이유에서인지 작가는 자신의 실제 분신이라 해도 손색없을 서유진을 제쳐두고, 한심하기 짝이 없는 남자를 이야기의 주동인물로 설정했다. 그리고 그보다 훨씬 더 능력 있고 카리스마 넘치는 여성인물은 그의 조수쯤으로 주석을 달아버렸다. 필자는 이런 배치를 두고 어떻게 평가할지 꽤 고민했었다. 남성을 조력하는 여성과 그 도움으로 완벽하게 거듭나는 서사를 좋아하는 한국의 대중들을 겨냥한 의도적인 판매 전략일까, 아니면 작가 자신이 평소 익숙하게 머무르던 둥지를 그저 독자들에게 가감 없이 보여준 것일까?

81학번의 작가는 80년대 대학의 낭만을 소설 속 무진에서도 재현하려 티나지 않게 애쓴다. 가장 치열하게 '옳음'을 수호하던 시절, 옆사람에 대한 믿음으로 충만하던 이 집단적 낭만의 시절은 계속적인 인격의 파편화를 지향하는 오늘의 '도가니'에서 작가를 버티게 해주는 유일한 아름다운 시절이다. 그리하여 그는 당시 운동권 여성들에게 쏟아졌을 여성혐오 맥락을 되살려내 고발하거나―"민중, 민주 뭐 이러는 여자들, 참 맛없게 생기지 않았어?"(97쪽) "저렇게 공격적인 여자를 어떤 남자가 데리고 살고 싶어할까 생각했다."(187쪽) 비합법 전교조에 대한 항변을 작게나마 외치기도 한다. 그 결과, 80년대 민주주의로 수렴하는 이 도식은 여성을 민주화의 도구로, 여성혐오를 각성하는 것조차 민주화 세력의 결집과 반성의 계기로 수단화하던 80년대의 '운동권-(아)저씨'를 우리에게 필요한 '시민'의 정체성으로 못 박는다. 그러니까 결국 강인호의 부족함을 채워주는 서유진은 작가의 분신이며, 작가는 문제의 해결을 위해 강인호의 남성성 뒤로 서유진을 숨긴 것이다. 민주주의를 유일한 정답으로 내세우기 위한 수단으로써든, 작가의 개인적 향수에 기인했기 때문이든 어쨌든 이 소설은 얼마간의 여성혐오를 수용하고 있다. 독자에 따라서는 이런 방식이 '불편하지 않은 페미

니즘'으로, 혹은 80년대의 한계를 아직도 못 벗어난 착오적인 시선으로 여겨질 수도 있을 것이다.[……]

하지만 흘러간 80년대를 넘어 21세기의 공동체, 그리고 그 구성원들의 소수자성과 고유한 각자 삶의 결을 고스란히 숨쉬게 하기 위해서는 민주주의의 가청주파수 대역을 의도적으로 확장시켜야 한다. 더 많은 이들의 목소리를, 우리가 가시적으로 인식할 수 있는 세계 바깥의 존재들의 소리까지 들을 수 있어야 한다. 강인호의 손바닥에 손가락으로 엄마의 전화번호를 꾹꾹 쓰던 연두의 '목소리'를 강인호가 외면하지 않았기 때문에 사건이 해결될 수 있었던 것처럼 말이다.[……]

시민들의 영웅성이 지니는 힘은 실은 마녀사냥의 원동력과 같은 뿌리에서 기인한다. 단지 그 집단적 권력이 어떠한 대상에, 어떤 방식으로 발휘되는 지에 따라 정의와 불의로 나뉠 뿐이다. 비범한 영웅은 다른 각도에서 보면 다수의 힘없는 사람들에겐 처치해야 할 괴물이기도 하다.[……] 평화롭고 안전한, 나아가 진정으로 모두가 행복할 수 있는 공동체의 상식은 모두의 목소리를 들을 수 있는 주파수의 합으로 만들어진다.[……] 최근 <도가니>가 100쇄를 돌파하여 새로운 기념 단행본이 나왔다. 요즘 한국에서 도대체 어떤 소설책이 100쇄를 돌파할 수 있을까? 역시 공지영이라는 감탄이 절로 나오는 동시에, 2009년에 초판 발행된 이 작품을 9년이나 지난 지금에서야 읽어냈다는 작은 부끄러움이 몰려온다. **100쇄를 돌파시킨 독자들의 저력이야 말로 지난 촛불혁명을 성공하게 한 원동력일 것일 테다. 하지만 미투혁명이 진행되는 지금, 강인호로 대변되는 민주주의의 가청주파수로 과연 혁명을 완수할 수 있을지는 의문이다. 주파수 대역을 넓혀야 한다.**

수강생 글, 부분발췌, 고딕체 강조: 인용자

위에 사례로 제시한 아홉 번째 서평은 프로페셔널 평론가의 비평을 능가하는 비판적 독해의 수준을 보여주고 있다고 평가한다. 작가와 작품과 현실을 관련지어 조망하는 시선과 글의 구성능력, 문장력에 있어서 상당히 높은 수준을 보이고 있다. 특히 작가가 '도가니'에 대한 해법으로 '민주주의'를 제시하고 있다는 해석도 예리하고 작가가 인식하고 있는 '민주주의'를 작가와 작품의 관계에서 유추한 논리전개도 탄탄하다. 2010년대 학번 수강생이 80년대를 이토록 잘 설명하고 있다는 것에서 해당 학생의 독서범위를 짐작할 수 있기도 하다. "여성혐오와 장애인 혐오, 아동성폭력 등 각기 결이 다른 소수자성"을 한데 뭉뚱그려 훼손했기에 해결방안도 지나치게 도식적이며, "여성을 민주화의 도구로, 여성혐오를 각성하는 것조차 민주화 세력의 결집과 반성의 계기로 수단화하던 80년대의 '운동권-(아)저씨'를 우리에게 필요한 '시민'의 정체성으로" 못 박고 있기에 이 소설이 얼마간 '여성 혐오'를 수용한다는 비판적 독해는 앞서 언급한 작가 공지영의 페미니즘, 또는 운동권의 페미니즘이 가지는 한계를 간파했다. 이 한계를 간과했을 때 어떤 일이 발생하는지 우리는 동시대 지금 현재 목격하고 있기도 하다. 기실 80년대 운동권에서 투쟁하고 쟁취하고자 했던 혁명은 배제의 원리에 기반을 둔 것이었으며 함께 투쟁했던 여성들조차 배제되었다. 진보진영 내부에서 일어난 성폭력을 문제제기했을 때 "해일이 다가오는데 조개껍데기나 줍고 있느냐"고 말했다는 진보진영 인사의 발언은 철저하게 기득권의 언어이다. 20대의 젊은 학생들은 분명 80년대 민주화 투쟁으로 인해 민주화 된 사회의 수혜자라고 할 수 있겠으나 그들의 예리한 시선이 바라보는 80년대가 어떤 것인가는 위 서평이 생생하게 증언한다.

"흘러간 80년대를 넘어 21세기의 공동체, 그리고 그 구성원들의 소수자성과 고유한 각자 삶의 결을 고스란히 숨 쉬게 하기 위해서는 민주주의의 가청주파수 대역을 의도적으로 확장시켜야 한다"는 비평적 서술은 청각장애아동 대상 성범죄를 소재로 한 소설 『도가니』를 통한 현실인식의 범위가 어디까지 확장될 수 있는지를 단적으로 보여준다. 다양한 소수자들이 그들 각자의 소수자성을 가지고 때로 연대하며 때로 충돌하는 복잡한 양상을 인식하고 고민하는 학생들이 많아질 때, 다름을 인정하고 다양성을 수용하며 타자와 공존하는 실천윤리를 체득한 성숙한 시민사회를 만들 수 있을 것이다. 문학작품에 대한 비판적 독해와 비평적 글쓰기를 통해 실천윤리적인 교양으로 나아가는 과정과 양상을 구체적으로 보여주는 서평들에서 이를 확인할 수 있다.

4 인지적 수용과 실천윤리 함양으로 완성된 융합적 교양교육

이 글의 서두에서, 대중교육기관으로서의 성격을 가지게 된 대학에서 학생들이 시민사회 구성원으로서 공동선에 기여할 수 있는 실천윤리적인 교양을 함양하도록 하는 것을 대학 교양교육의 궁극적 목적이라고 전제했다. 특히 교양교육교과목에서 문학작품을 매개체로 수강생들의 사고와 표현 능력을 향상시키는 것의 의의를 구체화하고자 했다. 이를 위해 문학작품에 대한 비판적 독해와 비평적 글쓰기를 수행한 실제 수업사례를 분석했다.

이 글에서 예시한 수업에서 활용된 문학텍스트는 실화를 바탕으로 창작된 공지영의 소설 『도가니』이다. 2장에서는 실화를 소설화하는 의미가 작가의 문학적 증언에의 요구에 있다고 보고 문학적 증언의 목소리가 발화하는 메시지를 분석했다. 이를 위해 먼저 사실서사와 허구서사의 관계를 간략히 고찰했다. 개연성과 핍진성을 확보하며 잘 구성된 허구서사인 소설과 달리 실화의 경우 개연성과 핍진성이 결여된 사건일 때 오히려 소설의 소재로 선택되는데, 납득할 수 없고 설명할 수 없는 '실화'는 소설화 되면서 납득과 설명의 논리를 확보하게 된다. 이 글에서 특히 주목한 소설 『도가니』의 서사장치는 김승옥의 소설 『무진기행』을 의도적으로 차용한 '안개'의 상징성과 80년대 후일담과 유사한 인물 구도 그리고 여러 인물들에 대한 세밀한 묘사이다. 시선과 서술의 주체라고 할 수 있는 강인호와 서유진의 인물구도는 도식적인 반면, 피해아동들에 대한 묘사는 생동감 있게 전개된다. 각자 고유명사를 부여받고 각각의 독특한 성격과 외양으로 형상화 된 아이들은 '피해자의 전형'에서 벗어나서 각각의 에토스를 전달하며 '목소리'를 발화한다. 가해자들을 비롯한 학교와 교회와 지역사회와 법원에서 청각장애아동들이 발화하는 '목소리'를 듣지 못하는 것에서부터, 아예 그들에게는 '목소리'가 없다고 여기고 타자화 하는 것에서부터 야만이 자리하게 되었음을 알 수 있다.

3장에서는 실제 수업 수강생들의 서평을 소개했다. 수강생들의 서평은 해당텍스트에 대한 비판적 독해를 경유한 비평적 글쓰기로서 작가의 문학적 증언에 대한 응답의 목소리라고 할 수 있다. 학생들은 소설서사 내의 피해자들에게 강한 연민과 공감을 표출했으며 힘을 보태고 뭔가 하려는 의지를 보였다. 여기서 누스바움의 '시적 정의'로 향하는 과정을 발견할 수 있었으며 실천윤리적인 사고와 표현의 양상을 확인할 수 있었다.

수강생들의 연민과 공감과 분노와 안타까움 같은 다양한 정동의 배경에는 해당 수업텍스트가 촉발시킨 문제의식과 현실진단과 연관된 인지적 수용이 자리한다. 수강생들은 해당텍스트에서의 스토리세계와 각자가 체험하는 현실세계를 관련지어 사유했다. 법적으로 종결되고 서사적으로도 종결된 사건이 현실에서는 여전히 지속되고 있다는 것도 인식하고 있다. 소설 속 가상의 도시 무진에서의 야만적인 폭력과 지금 현재 현실세계에 만연한 혐오와 폭력과의 구조적 상동성을 주목하는 것이다. 소설서사 내의 인물들이 자신들과 무관하지 않고 소설서사 내의 사건들이 변형되고 변주되어 계속 발생하고 있다는 인식은 사회적 사건들과 이를 양산하는 사회문화적 분위기에 대한 자신의 책무를 깨닫는 것으로 이어지는 양상을 보였다. 여기서 '실천윤리적인 교양'이 함양되고 있음을 깨닫게 된다. 또한 상당히 정교한 수준의 비판적 독해와 비평적 글쓰기를 접하면서 교양교육 교과목에서 문학텍스트를 통한 현실인식의 범위가 어디까지 나아갈 수 있는지도 확인할 수 있었다. 소설텍스트에서 피해자가 재현되는 방식에 대한 비판은 피해자에게 무례한 현 세태에 대한 반성으로 연결되고, 수강생들이 직접 체험할 수 없었던 80년대에 대한 판단과 평가는 민주주의에 대한 보다 정교한 인식을 향해 나아가는 모습을 보여준다.

이와 같은 분석과 고찰을 바탕으로, 문학텍스트에 대한 비판적 독해와 비평적 글쓰기를 통해 학생들의 현실에 대한 인식과 태도를 진단할 수 있으며 학생들의 내면에 잠재해 있는 타자에 대한 공감과 정의감을 이끌어 낼 수 있고, 이러한 과정에서 혐오와 배제가 만연한 현재 사회문화 속에서도 타자에 대한 공감능력을 바탕으로 타자와 공존하는 실천윤리를 실행할 수 있는 교양인을 육성할 수 있는 가능성을 구체적으로 입증했다는 것에 본 연구의 의의가 있다. 또한 교양교육과목에서 문학텍스트를 매개로 실천윤리적인 교양을 함양하고자 하는 수업은 문학의 사회적 윤리적 책임에 좀 더 집중한다는 면에서 문학전공수업과 다른 의의를 가지게 됨을 확인할 수 있다.

Ⅳ

그 여름(최은영, 2016)
먼 곳에서 온 노래(최은영, 2015)
아주 희미한 빛으로도(최은영, 2019)

---

1. 문학에서 이성애 로맨스가 소거된 배경
2. 사랑의 서사와 교차하는 여성 성장서사
3. 사회문화적 맥락과 문학과의 역학관계

IV 그 여름(최은영, 2016) 먼 곳에서 온 노래(최은영, 2015) 아주 희미한 빛으로도(최은영, 2019)

1 문학에서 이성애 로맨스가 소거된 배경

이성애 로맨스는 오랜 기간 동안 문학의 중핵이었다고 해도 과언이 아니다. 사랑 이야기는 문학의 주요 구성요소였고 인간의 내면과 관계와 사회를 분석하고 성찰하기 위한 핵심 기제였다. 낭만성을 내포한 사랑 이야기는 때로 혁명의 은유가 되기도 한다. 그런데 현재 문단에서 압도적인 활약을 보이는 젊은 여성작가들은 남녀 간의 사랑 이야기를 거의 쓰지 않는다. 이런 상황에 대해서 허윤은 "한국문학 장을 배태하고 있는 한국사회에서 이성애 중심으로 한 세계의 시효가 끝났"다고 진단하며, 젠더 불평등을 둘러싼 남녀의 격차가 커지고 있는 상황 속에서 낭만적 사랑이라는 '희망' 역시 생명력을 다하고, 데이트 폭력과 디지털성폭력 등은 낭만적 연애와 사랑을 폭력과 생존의 문제로 바꾸었다고 부언한다.[1] 이는 특히 2010년대 이후로 두드러진 현상인데, 2010년대는 젊은 여성들의 각성과 선언이 두드러진 시대이다. 2015년 메르스 갤러리의 여성혐오에 대항한 메갈리아, 2016년 강남역 살인 사건으로 촉발된 페미니즘 리부트, 2017-18년 미투Me-Too, 2019-20년 n번방을 추적조사하고 고발한 '불꽃'의 활동 등, 일련의 사건들을 거친

1) 허윤, 「광장의 페미니즘과 한국문학의 정치성」, 『한국근대문학연구』 19(2), 한국근대문학회, 2018. 144쪽.

젊은 여성들은 이전 세대 페미니스트들보다 단호한 태도를 보인다. 그런데 젠더 문제에 대한 여성들과 남성들의 현격하게 다른 인식을 보면 이들이 서로 다른 세계에 살고 있는 듯하다. 페미니즘 리부트에 맞서 페미니즘 백래시가 가열되고, 남성청년들의 보수로의 회귀와 반동성은 더 공격적인 양상을 보이고 있다. 암울해 보이는 미래에 절망하는 남성청년들의 분노는 모든 것을 '페미 탓'하기에 이르렀고 이러한 젠더 갈등을 정치적으로 이용하는 이들이 세력을 얻고 있다. "문학은 역사적 정치적 힘의 한가운데 있는 것으로 간주"되어야 한다면[2] 현 세태 속에서 이성애 로맨스가 사라진 자리에 들어선 것이 무엇이고 이는 어떻게 문학적 형상화를 이루고 있으며 그것이 가지는 의미는 무엇인지 고찰하는 것은 의미 있고 필요한 연구 과제라고 생각된다.

이성애 로맨스가 빠진 문학에서 서사를 구성하고 인간과 사회의 형상을 재현하며 낭만과 혁명의 수사修辭가 될 수 있는 것은 무엇인가? 이 질문과 관련하여 현재 주목 받고 있는 젊은 작가들 중 한 사람인 최은영의 소설들에서 여러 흥미로운 논점들을 발견할 수 있다. 최은영의 소설들에서도 이성 간의 로맨스는 거의 등장하지 않는다. 최은영의 소설들에서 서사를 구축하는 것은 여성들의 우정과 사랑 이야기이다. 등단작인 「쇼코의 미소」2013에서 두 여성 인물 소유와 쇼코의 우정과 사랑이 서로에게 지대한 영향을 주는 밀도 높은 여성 성장서사를 선보인 최은영은 이후 사랑의 서사가 성장 서사와 어우러지는 또 다른 소설 「그 여름」2016에서 남루한 현실 속에서도 억누를 수 없는 청춘의 아픈 사랑을, 섬세한 언어를 통해 감각적으로 묘사한다. 여기서 이경과 수이의 관계는, 소유와 쇼코의 관계와 달리, '동성애'라고 명명될 수 있지만, 이 소설은 '성적 지향'이라는 논점에 방점을 두기보다는 '사랑의 모양'이 어떤

2) 조지 스타이너, 윤지관 역, 『톨스토이냐 도스토예프스키냐』, 서커스, 2019, 10쪽.

것인지 인물들의 관계 양상을 통해 조형해 간다. 「모래로 지은 집」2017에서 모래은아와 나비선미의 우정 역시 가장 예민한 시기에 각인된 타인의 마음과 관계에 대한 세밀한 묘사 위에 펼쳐진다. 「먼 곳에서 온 노래」2015에서 대학교 노래패 동아리 선배인 미진과의 우정과 사랑은 소은의 삶 자체를 흔들만한 영향을 준다. 이렇듯 최은영의 소설들에서 여성들의 우정과 사랑은 "어떤 연애는 우정 같고, 어떤 우정은 연애 같다"「쇼코의 미소」는 서술처럼 우정과 사랑의 경계를 넘나들며 경계 자체를 무화시킨다.

이 글에서는 여성들의 우정과 사랑이 가지는 개인사적인 의미와 사회 역사적 함의를 분석한다. 인류 역사에서 오랜 기간 이어져 온 가부장 사회문화 속에서 '타자'로 규정된 여성들의 우정과 사랑은 여성들 개개인의 삶과 성장에 영향을 미칠 뿐만 아니라 사회정치적 의미 역시 가질 것이다. "소녀들끼리의 우애는 부모 또는 남성과의 권력관계를 배제한 공간을 생성하는 시도였다"[3]고 볼 수 있다면, 여성들의 우정과 사랑에서 권력관계는 남성과의 사랑에 내포된 권력관계와 어떻게 다르며 그것이 의미하는 것이 무엇인지 고찰하려 한다. 즉 이성애와 폭력이 분리되지 않는다는 것이 현재 문학 장場에서의 인식이라면 여성들의 우정과 사랑의 관계에서, 관계에서 필연적으로 발생하는 상처에도 불구하고, 이성애 관계에서의 폭력과 다른 점이 있다면 무엇인지 분석할 것이다. 또한 여성들의 우정과 사랑이, 의도하지 않더라도, 페미니즘으로 전이될 수밖에 없다는 가정 하에 그 과정과 양상들을 분석하려 한다. 여기서 '연대'가 이루어지는 양상에 대해서도 고찰한다. 이 과정에서 주목할 부분은 관계를 이루는 여성들 개개인의 '차이'에 대한 것이다. 제3물결 페미니즘에서 강조하는 '차이의 정치학'이 논의의 시발점이

3) 오성숙, 「여학생의 '우정'을 둘러싼 제국 일본 담론과 대동아공영권」, 『일어일문학연구』 제95집, 2015, 211쪽.

되겠지만, '차이'의 의미와 비중을 과소평가하지도 과대평가하지도 않아야 한다는 것이 본 연구의 기본전제이다. 즉 가부장 사회문화 속에서 '타자화' 된 성별이라는 공통점을 가지고 있지만 성별 외 모든 것이 다른 여성들 간의 관계에서 젠더정치학적인 문제는 그 관계의 양상을 어느 정도까지 간섭하고 규정하는지 논하려 한다.

앞서 언급했듯이 최은영의 소설들에서는 여성인물들의 우정과 사랑이 서사의 중심에 있다. 최은영은 사회문제에 대한 소설적 형상화에 있어서도 두각을 나타내는데 이 경우에도 해당 사건들은 여성들의 친밀한 관계 속에서 더 짙은 파토스를 드러내며 묘사된다. 그리고 예외 없이 젠더의 문제와 깊이 얽히게 된다. 베트남전을 언급한「신짜오, 신짜오」2016에서 '나'의 엄마와 응웬 아줌마가 나눴던 따뜻한 정, 인혁당 사건이 중심 소재인 「언니, 나의 작은, 순애 언니」2014에서 화자인 '나'의 엄마와 순애 이모가 암흑의 시대에 나눴던 자매애, '세월호' 사건을 명시적으로 언급한 「미카엘라」2014에서 딸에 대한 엄마의 사랑과 헌신, '세월호' 사건을 암시적으로 형상화 한 「비밀」2015에서 외할머니와 외손녀 간의 깊은 애정, 대학사회와 '용산참사'를 관통하는 스토리 세계를 구축한 「아주 희미한 빛으로도」2019에서 눈부시게 빛났던 '선생님'에 대한 '나'의 동경과 애정 등이 그러하다. 본고에서는 10대 후반에서 20대까지 젊은 여성들의 우정과 사랑의 의미를 집중적으로 분석하기 위해서 논의의 범위를 한정한다, 본고에서 선택한 분석 대상 텍스트는 「그 여름」과 「먼 곳에서 온 노래」 그리고 「아주 희미한 빛으로도」이다. 세 작품 모두 가장 예민하고 순수했던 시절의 사랑과 상처를 회고하는 방식으로 서술되어 있다. 따라서 회상의 시학이 구성하는 성장서사의 특성을 보인다. 그 구체적인 양상들을 분석하여 여성들의 우정과 사랑이 내포하는 개인적, 사회적 의미를 고찰한다.

2 사랑의 서사와 교차하는 여성 성장서사

1) 사랑의 형상에 대한 천착과 여성들의 사랑이 내포한 윤리성 –「그 여름」

"이경과 수이는 열여덟 여름에 처음 만났다"[4]는 문장으로 시작하는 「그 여름」은 무엇보다 사랑의 서사이다. 사랑의 속성에 대해 천착하며 이를 감각적으로 묘사한다. 어리고 여린 시절 타자를 향한 갈망을 재현하는 감각적인 묘사가 세밀해지면서 불가항력의 영역에 속하는 마음의 모습이 드러난다. "이만큼 순도 높은 사랑 이야기를 또 보기는 어려울 것 같다"[5]는 비평적 언술처럼 이 소설은 야만의 시대 속 은신처 같은 사랑을 형상화 한다. 은신처는 피난처이자 비밀의 장소이다. 비밀이기에 위태롭지만 그래서 더 간절해진다. 두 사람의 사랑이 비밀이어야 하는 이유는 그들이 미성년 고등학생이고 그들의 관계가 일반적으로 금기시 되며 편견과 혐오의 대상이 되는 '동성애'이기 때문이다. 이경의 회고적 서술은 그것이 문제가 되지 않았음을 보여준다. 오히려 그 사랑이 자신을 어떻게 단단하게 만들었는지 회상한다.

> 손가락 하나 잡지 않고도, 조금도 스치지 않고도 수이 옆에 다가서면 몸이 반응했다. 철봉에 거꾸로 매달린 것처럼 어지럽고 속이 울렁거렸다. 수이의 손을 잡았을 때, 세상에 이보다 더 좋은 건 없으리라고 생각했다. 창고 구석에서 수이를 처음 안으면서 이경은 자신이 뼈와 살과 피부를 가진 존재라는 것에 감사했고, 언젠가 죽을 때가 되면 기억에 남는 건 이런 일들밖에 없으리라고 확신했다 …… 그럴 때 서로의 몸은 차라리 꽃잎과 물결에 가까웠다 …… 눈으로 볼 수 있는 풍경과 코로 들이마시는 숨과 피부에 닿는 공기의 온도까지도 모두 다르게 느껴졌다. 수이를 만나기 전의 삶이라는 것이 가난하게만 느껴졌다.[6]

4) 최은영, 「그 여름」, 『내게 무해한 사람』, 문학동네, 2018, 9쪽.
5) 강지희, '끝내 울음을 참는 자의 윤리', 최은영, 위의 책, 312쪽.

고등학교를 다니던 내내 이경은 머리를 검은색으로 염색해야 했다. 머리카락이 갈색이어서 교칙에 위반되었기 때문이다. …… "넌 눈도 갈색이구나?" 자신을 바라보던 선도부장의 찌푸린 얼굴 앞에서 이경은 더 이상 주눅들지 않았다. 당신은 사랑이 부족하구나. 아무도 당신 같은 사람을 사랑해주지 않을 테니까. 그 찌푸린 얼굴을 이경은 속으로 비웃을 수 있었다.[7)]

위 인용문 첫 단락에서 사랑에 빠졌을 때 세상이 달라 보이는 느낌이 현상학적으로 세밀하게 서술된다. '몸'에 대한 이경의 사유는 신체와 감각을 부차적인 것으로 치부하는 근대까지의 인간관에서 벗어나 있지만 그렇다고 해서 유물론적인 인간관으로 해석되지는 않는다. 그보다는 신체와 마음을 분리하지 않는 듯하다. "우리말의 몸이 서양의 신체Body 개념에 들어맞는 정확한 동의어가 아니"며 "신체body와 마음mind이 결합된 통전체 개념으로 적합한 용어"[8)]라고 할 수 있다면 '몸'에 대한 이경의 태도가 이에 밀접하다고 생각된다. 또한 자연 그대로의 인간의 몸에 대한 솔직한 고백은 에로티시즘을 추구하지 않는다. 이성애 관계에서 남성 인물의 회고적 시선이었다면 여성 인물의 신체가 대상화 되고 섹슈얼리티가 강해졌겠지만 이경의 시선과 서술은 누구의 신체도 대상화 하지 않으며 관능을 추구하지도 않는다. 사랑에 빠진 대상이 동성이라고 해서 '소수자성'을 부각하지도 않는다. 검은색 머리가 다수인 곳에서는 갈색 머리를 가지고 태어난 사람은 염색을 해서라도 검은 머리가 되어야 한다는 '선도'는 동일성의 폭력을 시사한다. 이성애가 주류인 사회에서 동성애가 '선도'나 처벌의 대상이 되는 것도 동일성의 폭력이다. 수이를 사랑하게 된 이경은 이러한 동일성의 폭력에 더

6) 최은영, 앞의 책, 13-15쪽.

7) 최은영, 앞의 책, 17쪽.

8) 정강길, 「몸학, 화이트헤드 철학의 몸삶 적용 이론 탐구 - 전인적이고 통전적인 몸 이해 모색 -」, 『화이트헤드 연구』 26, 한국화이트헤드학회, 2013, 155쪽.

이상 주눅 들지 않게 되고 이러한 이경의 변화는 사랑의 서사와 성장의 서사를 교차시킨다.

이경이 대학생이 된 후 만나게 된 은지의 사연을 통해 동일성의 폭력은 더 구체적으로 고발되며 여기서 젠더정치학의 논제가 강화되고 여성 간의 사랑 이야기가 내포하는 사회문화적 함의도 두터워진다. 여기서 여성들의 우정과 사랑이 페미니즘으로 전이되는 필연성 역시 내포된다.

> 은지는 가족이 다 모인 자리에서 동생에게 아우팅을 당해 아빠와 삼촌들에게 몰매 맞은 이야기도 아무렇지 않게 했다. 머리카락이 뭉텅이로 뽑히고 이마가 찢어져 꿰매야 했다는 이야기였다.
>
> "단 한 명이 필요했어요. 단 한 명. 내 편을 들어줄 단 한 사람. 때리지 말라고 말해줄 사람. 그런데 모두 다 구경만 하는 거죠. 남자 어른들의 일이니까 끼어들 수 없단 듯이."[9)]

레즈비언이라는 이유로 집단폭행을 가하는 동일성의 폭력을 재현하는 데에서 더 나아가서 "남자 어른들의 일이니까 끼어들 수 없단 듯이"라는 언술로써 젠더정치학의 함의를 드러낸다. 아빠와 삼촌들의 몰매질로 표상되는 폭력의 근원이 가부장제임을 시사하는 것이다. 여성 인물들이 서사의 중심에 있는 「그 여름」에서 '남자 어른들'만이 부정적인 모습을 보이는 것이 아니다. 미래의 남자어른이 될 남자애들은 남자어른을 모방하여 폭력을 행사하고 또 다른 남자어른은 그들을 비호한다. 이는 수이가 겪어야 했던 성폭력을 통해 드러난다. 수이는 축구선수이다. 수이와 이경의 첫 만남도 수이가 찬 공에 이경이 맞은 것이 계기가 되었다. 여자 축구부가 있는 학교가 얼마 없었기에 남자 중학교 선수들과 연습 시합을 해야 하는 날에 수이는 침울해졌다고 이경의 서술이 전달한다. 그 이

9) 최은영, 앞의 책, 42쪽.

유는 남자 선수들이 경기 중에 여자 선수들의 몸을 만지기 때문이고, 이에 대해 문제 제기를 하면 코치는 "남자애들은 원래 다 그런 거고" "짓궂은 장난"에 감정적으로 대응하지 말라고 화냈다고 했다. 수이는 "짓궂다"는 말이 무슨 뜻인지 줄곧 생각해 왔다고 이경에게 말한다.

> "비열한 말이라고 생각해. 용인해주는 거야. 그런 말로 자기보다 약한 사람을 괴롭힐 수 있는 권리를 주는 거야. 남자애들은 원래 그렇다니."[10)]

운동을 하는 여자아이들은 쉽게 성폭력에 노출된다. 코치, 트레이너, 물리치료사, 의사 그리고 남자선수들이 가해자가 되곤 한다. 국가대표 선수들조차 성폭력을 피해갈 수 없었다는 사실이 용기 있는 증언들을 통해 이슈화 된 것은 비교적 최근이지만 고질적인 구조적 문제라는 것을 짐작하는 건 어렵지 않다. '남자애들은 원래 그렇다'는 말은 사회문화적인 문제를 생물학적인 문제로 환원시킨다. 생물학적 환원은 인종차별의 근거가 되기도 했다. 나치의 우생학은 차별과 폭력을 합리화하기 위해 생물학적 환원으로 향한 대표적인 경우이다. 생물학적 환원은 비판적 지성이 설 자리를 빼앗고 결국 파시즘의 반지성주의로 향하게 된다. 가부장제는 인류역사상 가장 오래된 지배 이데올로기이고 가장 광범위한 파시즘이며 가부장제의 구심점에 폭력과 야만이 자리한다. 여기서 남자애들은 남자 어른들로 자라난다. "짓궂은 장난"을 용인해 준 결과로 수이는 남자 중학생들과의 연습 경기에서 "아무런 악의도 없었다던 남자애의 '장난'으로 돌이킬 수 없는 부상을 입고" 더 이상 축구를 할 수 없게 된다. 이경은 그런 수이를 위로하려 애쓰는 동시에 자신과 수이의 계층적 차이를 깨닫게 된다.

10) 최은영, 위의 책, 18쪽.

> 이제 이경은 안다. 축구는 수이에게 선택하고 말고의 문제가 아니었다. 수이의 선택이었다고 하더라도 아주 적은 수의 선택지 중에서 고른 일이었을 것이다 …… 그런 수이에게 이경은 선택에 대해 말했다. 자신에게 주어진 선택지가 수이보다 훨씬 더 많았다는 사실을 조금도 이해하지 못한 채로.[11)]

> 스무살 봄, 이경과 수이는 서울로 이주했다. 이경은 서울 한복판에 있는 대학의 경제학과에 입학했고, 수이는 서울 외곽의 직업학교에서 자동차 정비 일을 배우기 시작했다. 수이는 부모로부터 어떤 경제적 지원도 받지 못했다.[12)]

> 그날, 이경이 수이에게 느꼈던 감정은 부끄러움이었다. 초라한 옷차림에 더러운 러닝화, 새로운 사람들과 쉽게 어울리지 못하는 촌스러움, 자기 학력을 부끄러워하는 것 같은 모습까지도 부끄러웠다. 친구들 앞에서 멋진 애인을 보여주지 못한 것 같아 부끄러웠다. 부끄러움을 느꼈다는 걸 인정하기 싫어서 이경은 수이 덧을 했다.[13)]

위 인용문에서 '이제'라는 시간부사와 '안다'라는 어휘는 회상의 시학과 회고적 서술에 의한 성장서사의 특성을 명료하게 보여준다. 고등학교 시절 이경은 수이가 힘들어하는 것이 싫어서 수이에게 축구를 그만두라고 쉽게 말한 적이 있다. 그 당시에 몰랐던 자신과 수이의 계층적 차이에 대해 '이제' 아는 것이고 이는 깨달음을 의미한다. "회고적 위치는 전지성을 정당화하는 위치"[14)]라고 할 때 '전지성'은 신神적인 의미에서의 전지성이 아니라 시간의 경과를 통한 깨달음을 의미하며 이는 특히 회고적 서술로 구축되는 성장서사의 주요 특성이기도 하다. 대학생이 되고 레즈비언 바에 가서 매

11) 최은영, 앞의 책, 20쪽.
12) 최은영, 위의 책, 21쪽.
13) 최은영, 위의 책, 34쪽.
14) 시모어 채트먼, 한용환 강덕화 역, 『영화와 소설의 수사학』, 동국대학교 출판부, 2001, 143쪽.

력적인 전문직 여성들을 친구로 사귀면서 둘 만의 공간이 아닌 곳에서 수이와 함께 할 때 이경 역시 세상의 기준과 시선에서 자유롭지 못했음도 깨닫게 된다.

소설서사 내에서 이경과 수이는 공통점이 별로 없다. 반면 계층적 차이와 성격의 차이 등이 상세하게 서술된다. 그럼에도 불구하고 그들이 서로에게 느끼는 친밀한 애정은 '차이'에 의해서 위협받지는 않는다. 사실 우정은 유사한 사람들 사이에서만 발생하는 정동이 아니다. 또한 친밀한 관계 내에서도 미묘한 권력관계나 위계가 어느 정도 존재하고 있기에 우정의 관계가 완전히 평등한 관계라고 할 수는 없다. 하지만 거의 평등한 관계에서 우정의 정동이 작동하거나, 우정의 정동이 차이가 존재하는 관계를 평등한 관계로 만든다고 할 수 있다. "우정은 대략적인 평등approximate equality을 기반으로 한 관계"15)라는 언술은 이를 잘 설명하고 있다. 여기서 페미니즘의 주요 논점 중 하나인 여성들 간 '차이의 정치학'이나 '연대'의 특성을 유추할 수 있다. 페미니즘 연대는 나와 타자와의 완벽한 일체감이 아니며, 차이들을 인식하고 차이와 특수성을 알아가는 속에서 연계성과 공통성을 더 잘 알 수 있게 된다.16) 앞서 페미니즘 제3물결의 주요 논점이 여성들 간 차이라고 언급했다. 여성이기에 겪는 공통된 억압이 존재하지만 이는 여성들 각각의 차이로 인해 다른 강도로 경험된다. 한편으로는 '여성'이라는 공통점은 다른 차이를 무화시킬 만큼 강력한 정치적 힘을 가지고 있다. 자신과 사회문화적 배경이 다른 여성들을 완전히 이해할 수 없을지라도 그러하다. 여성들 간 계층적, 사회문화적 차이에도 불구하고 인류 역사에서 남성중심 가부장사회의 긴 기간 동안 '여성'에게는 정도

15) M. Friedman, *What are Friends for? - Feminist Perspectives on Personal Relationships and Moral Theory*, Cornell University Press, 1993, p.189.
16) 문현아, 「찬트라 탈파드 모한티, 경계없는 여성주의를 향한 저항의 실천」, 『여성이론』 12호, 2005, 266쪽.

의 차이는 있을지라도 여성이기에 겪는 차별과 억압이 있기 때문이다. 이경의 시선으로 바라본 수이와 은지의 사례는 이를 증명한다. 사실 다른 계층적 배경 속에 있는 수이와 은지가 각각 겪어야 했던 폭력의 강도는 어느 것이 더 심했다고 비교하여 판단할 수 없다. 「그 여름」에서 여성들 간의 사랑은 정치적 연대를 가시화하지는 않지만, 남자 어른들에 대한 냉철한 비판과 남자 어른으로 성장할 남자애들의 야비함을 서술하며 이에 굴복하지 않는 방식으로 정치적 연대의 단초를 내포하고 있다.

페미니즘 연대로 향하는 젠더정치학이 「그 여름」의 기본적인 이념적 태도이지만, 이 소설은 사랑의 형상을 조형하는 것에 보다 더 방점을 두고 있다. 이는 회고적 시선에서 서술된 이경의 고백을 통해 형상화 된다. 수이를 사랑하면서도 은지에게 저항할 수 없을 정도로 끌리게 된 이경은 자신이 모든 것을 망가뜨리는 선택을 하고 있음을 알면서도 수이에게 이별을 통보한다. 이는 수이를 은지로 대체하는 것이 아니다. 수이는 이경에게 대체 불가능한 존재이며 은지 역시 대체 불가능한 존재이다. 그렇기 때문에 수이를 사랑하면서도 은지에게 끌린 것이다. 이는 배신이나 변심 같은 신파적인 어휘로 재단할 수 없다. 오히려 인간이 언제든 대체가능한 부속품 취급 받는 현대사회에서 이 소설은 개별성을 가진 인간의 대체 불가능성을 이경의 몸이 반응하는 양상을 서술하는 방식으로 선언한다. 가족으로부터 외면당하고 폭력에 의해 꿈을 포기하고 빈곤으로 인해 대학진학 대신 자동차 정비를 배우면서도 이경과 함께여서 세상 부러울 것이 없었다던 수이가 이경과의 헤어짐을 앞두고 인간으로서의 자존과 위엄을 쥐어 짜내는 모습과 수이에 대한 애정과 연민을 심장으로 삼켜버리는 듯한 이경의 내면묘사는 독자를 몰입시키면서 사랑에 대해서 질문하게 한다. 이경의 갈등과 고뇌는 사람이 모순적인 존재이듯 '사랑'의 모습 역시 그러함을 보여준다.

> 그때 이경은 자신이 절대 할 수 없다고 생각했던 선택을 목전에 두고 있었다. 이제 손을 뻗으면 모든 것은 무너지고 망가질 수밖에 없을 것이었다 …… 그 일은 지금도 이경에게 악몽으로 반복된다.[17)]

> 수이는 시간과 무관한 곳에, 이경의 마음 가장 낮은 지대에 꼿꼿이 서서 이경을 향한 시선을 거두지 않았다. 수이야, 불러도 듣지 못한 채로, 이경이 부순 세계의 파편 위에 우두커니 서 있었다.[18)]

첫 번째 인용문에서 이경은 수이에게 결별을 통보했던 시점의 일이 '지금도' 자신에게 악몽으로 반복된다고 말한다. 사실 이경은 그 당시에도 자신이 모든 것을 무너뜨릴 선택을 하고 있다는 것을 알고 있었다. 그러나 사람의 마음은 불가항력인 측면이 있어서 알면서도 잘못된 선택을 하기도 한다. 그것이 사랑의 속성이기도 하기에 이경의 당시 선택은 모든 것이 망가질 것을 알면서도 그렇게 할 수밖에 없는 것이기도 했다. 그렇다면 불가항력적인 선택을 한 후 시간이 흐른 '지금도' 그 일이 이경에게 악몽인 이유를 다른 관점에서 해석할 필요가 있다. 그리고 여기서 여성들 간 사랑과 관계의 특성을 유추할 수 있다고 본다. "이 회상의 움직임을 윤리라 말하지 않을 수 있을까"[19)]라고 논평한 강지희는 이경의 회상을 "의도와 무관하게 자신이 누군가를 배반하고 그에게 상처 주었던 순간을 끝내 잊지 않겠다는 의연함"이라고 논하고 이를 관계 속에서 지향하는 윤리라고 말한다. 관계 속에서 지향하는 윤리는 '여성성'의 특성과 연결된다. 이는 사랑의 속성에는 어느 정도 권력과 폭력이 내장되어 있고 누구에게도 전혀 상처 주지 않고 사랑하는 일이 불가능하다는 것을 인지하는 것이다. 이러한 인식의 바탕 위에서 최대한 상처를 덜 주려고 노력하고 헤어짐에 있어서도 예의를 지

17) 최은영, 앞의 책, 51쪽.
18) 최은영, 위의 책, 59쪽.
19) 강지희, 앞의 글, 308쪽.

키려는 것이다. 또한 무엇보다, 사랑했던 사람에게 상처를 주었던 것을 낭만으로 기억하지 않는 회상의 방식에서 '윤리'가 존재한다. 이별을 통보한 연인을 죽이기도 하는 극단적인 '남성성'과는 정 반대의 지점에서 가능한 것이 '관계 속에서 지향하는 윤리'이다.

또한 여기서 이경과 수이의 사랑, 즉 여성들 간 동성애 서사가 남성들 간 동성애 서사와 어떻게 다른가도 논해야 한다. "성적 욕망의 전시와 소비로서"[20]의 게이gay 소설들을 분석한 심영의는 박상영과 김봉곤의 소설들이 "왜곡된 성적 욕망을 전시하고 소비하는 데만 몰두하고 있다는 혐의로부터 자유롭지는 않다"[21]고 말한다. "공격적이고 폭력적인 성적 담화 끝에 얻게 되는 것은 과연 무엇일까. 어떤 종류의 해방일까"[22]라고 질문하는데, 즉 남성 동성애 서사 속 인물들이 "지배 질서가 그어놓은 경계선을 가로지음으로써 당연시되어온 지배 질시에 의문을 제기하고 궁극적으로 그것의 와해, 해체를 시도하는 정치적 행위를 실천하는 주체적인 의지를 재현하고 있는가"[23]에 회의적인 견해를 피력한다. 반면 여성작가들의 레즈비언 서사는 남성작가들의 그것과는 다르게 관계와 사랑의 본질에 대해 이야기한다고 보고 있다.[24] 심영의가 분석한 여성작가들의 레즈비언 서사는 윤이형의 『설랑』, 박민정의 「아내들의 학교」, 김혜진의 『딸에 대하여』이지만 최은영의 「그 여름」도 관계와 사랑의 본질에 대해 이야기하는 대표적인 텍스트이다.

관계 속에서 지향하는 윤리가 '여성성'과 연결된다는 것은 페미니즘 윤리학자인 나딩스의 '보살핌의 윤리'로 부연설명 할 수 있다. 나딩스는 타인의 리얼리티가 나의 리얼리티로 전이되는 것을 보살

20) 심영의, 「관계와 사랑의 본질, 그리고 퀴어(queer) 소설(들)」, 『민주주의와 인권』 제21권 1호, 2021, 206쪽.
21) 심영의, 위의 글, 210쪽.
22) 심영의, 위의 글, 216쪽.
23) 심영의, 위의 글, 196쪽.
24) 심영의, 앞의 논문, 205쪽.

핌의 윤리라고 규정한다.[25] 여기서 관심, 이해, 공감이 작동하며 타인의 리얼리티를 이해하고 공감할 수 있는 정서적 태도와 윤리적 상상력이 요구된다. '남성적' 방식을 끝까지 거부하고 선(善)하기에 오히려 강인한 여성들의 사랑은 이미 연대이지만 이 소설에서는 연대의 정치적 의미를 명시적으로 드러내지는 않는다. 그러나 따뜻하게 사랑하고 예민하게 아파하는 여성 인물들을 서사의 중심에 두고, 여전히 근대의 정신이 지배하는 시대에서 하찮게 여겨지기 쉬운 '감정'의 형상과 구조에 천착했다는 것 자체가 「그 여름」의 정치적 입장을 시사한다. 여기서 거시적인 것과 미시적인 것 사이의 위계가 역전되며 개인적인 것이 정치적인 것이 된다. 수이와 은지에게 가해졌던 폭력에 대한 디테일한 서술과 진단은 사회문제와 싸우는 또 다른 방식이 되는 것이다. 여성들의 우정과 사랑의 정치적 의미가 좀 더 명시적으로 드러난 소설은 다음 절에서 분석할 「먼 곳에서 온 노래」이다.

2) 여성들의 우정과 사랑이 내포하는 정치적 의미 - 「먼 곳에서 온 노래」

이 소설은 영화의 플래시백과 유사한 구성으로 대한민국 서울과 러시아의 페테르부르크를 오가며 인물 서술자의 대학 새내기 시절부터 대학에서 강의하는 현재 시점까지 넘나든다. 문자매체인 소설임에도 불구하고, 화면은 과거를 재현하고 화면 밖 목소리는 현재의 것일 수 있는 영화매체와 비슷한 구성을 취함으로써 과거의 사건을 현재적으로 경험하는 효과를 준다. 동시에 회고적 서술을 통한 반추와 성찰이 이루어진다. 시선의 주체는 1인칭 인물인 '소은'이다. 소은은 자신이 사랑했고 자신을 사랑해주었던 대학선배 '미진'의 사후에 미진이 생을 마감한 도시 페테르부르크에서 미진이

25) N. Noddings, *Caring - A Feminine Approach To Ethics and Moral Education* - University of California Press, 1984, p.16.

살았던 집을 방문한다. 미진의 플랫 메이트였던 율랴의 초청에 의해서이다. 소은에게는 두 번째 페테르부르크 방문이었고 첫 번째 방문은 아직 미진이 살아있었을 때였다. 미진의 유학시절에 만났던 미진의 모습을 회상하다가 서울의 대학에서 미진을 처음 만났을 때의 심경을 서술하다가 다시 미진의 유학시절 미진과의 만남을 서술하는 방식으로 특별한 언어표지 없이 시공간을 넘나들고 기억의 조각조각만을 제시할 뿐이지만 독해를 위해 독자가 애써 추리할 필요가 없다. 기억의 여러 단면들을 제시한 것만으로도 인물의 성격과 인물들의 관계양상 뿐만 아니라 정서까지도 선명하게 재현되기 때문이다. 이는 섬세한 묘사로 인해 가능하다. 디테일의 힘은 서사가 진행될수록 그 의미를 드러낸다.

> 내 말에 선배의 얼굴에 부드러운 웃음이 퍼졌다. 처음 만났을 때 선배는 스물다섯 살 노래패 고학번 선배였다 …… 처음 야외 공연을 했던 4월의 저녁을 잊을 수 없다 …… 선배의 노래가 날카롭고도 부드럽게 내 속으로 들어오자 내가 겨우 감추고 숨겨온, 모른 척하고 싶었던 내 속의 한 조각이 속수무책으로 떠올랐다. 그게 무엇인지는 정확히 몰랐지만, 선배의 노래는 나를 부끄럽게도, 슬프게도 했다. 선배의 가느다란 어깨를 두 손으로 누르고 그녀의 입술에 내 입술을 얹고 싶었다. 그 자그마한 입속으로, 어둠 속으로 흘러들어가고 싶었다. 어떻게든 선배의 세계에 한 발자국이라도 더 다가가고 싶었다. 선배와 가까워지기 전의 일이다. 우리는 여름정원을 함께 걸었다. 정수리 위로 따뜻한 햇살이 내렸다.[26)]

> 우리는 선배가 러시아에 가기 직전까지 삼 년을 같이 살았다 …… 선배가 떠난 텅 빈 방에 앉아 남은 잡채를 꾸역꾸역 먹으면서도 나는 울지 않았다. 슬픔을 느낄 수 없었다. 그저, 고기도 못 먹는 사람이 러시아에 가서 뭘 먹고 다닐지 막막하게 걱정했을 뿐이다. 그런 그럴듯한 걱정으로 나의 깊은 상심과 슬픔을 덮고 속이는 일에 나는 익숙했다.[27)]

26) 최은영, 「먼 곳에서 온 노래」, 『쇼코의 미소』, 문학동네, 2016, 188-189쪽.

위 인용문 첫 번째 문장은 러시아에서 미진과 만났던 시점의 상황이다. 현재 기준 과거의 일이고 과거 기준 대과거인 처음 만났던 때의 상황과 내면심리가 한 단락 안에서 소개된다. 1인칭 서술의 한계를 넘어가지 않는 서술로 인해 '나'로 지시되는 소은의 심경은 상세하게 제시되지만 미진의 내면은 소은의 시선을 통과하여 독자로 하여금 유추하게 할 뿐이다. 영화에서의 시점쇼트에 의한 플래시백과 상당히 유사한 구성이며 이런 구성은 소설에서 아주 드문 것은 아니다. 다만 세밀한 묘사 덕분에 좀 더 생생한 장면을 상상하게 한다. 또한 영화의 생생한 화면으로도 제시할 수 없는 인물 내면의 심리까지 전달하며 정서적 효과를 배가시킨다. 소은이 왜 미진에게 끌렸는지 직설적으로 알려주지는 않으며 미진을 향한 소은의 감정이 어떤 종류의 것이었는지도 명명하지 않는 서술방식이다. 우정, 사랑, 자매애 등 그 무엇으로 규정할 필요도 없이 지금 소은을 감동시키고 소은의 심장을 아프게 하며 소은에게 지주가 되는 사람이 미진인 것이다. 또한 "깊은 상심과 슬픔을 덮고 속이는 일에 나는 익숙했다"는 고백에서 소은의 극단적인 내향성과 소심함을 알 수 있고, 이러한 내향성과 소심함이 단지 타고난 성격 때문만이 아님이 점차 드러난다. 이 지점에서 여성들의 우정과 사랑이 함축할 수밖에 없는 정치성이 시사되기 시작하는데, 슬픔을 느끼지 못하는 자신의 성격을 고백한 이후 이어진 회고적 서술에서 노래패 80년대 학번 선배와 90년대 학번 선배가 합석한 뒤풀이 자리에서의 사건이 재현됨에 의해서이다.

> 변리사 선배의 시선이 내 손에 머물렀다. 살구색 매니큐어가 칠해진 손톱을 그는 찬찬히 훑었다. 못마땅해 보이는 표정이었다. "예전에는 대학생이라면 지성인이었어, 요즘 애들, 머리에 물이나 들이고 손톱칠이나 하고 대중문화에 찌들어서 지들 선배들이 이룬 게 얼마나 대단한

---

27) 최은영, 위의 책, 195쪽.

건지도 모르지." …… 처음으로 미진 선배는 내 시선을 피하지 않았고, 나를 지지하는 눈빛을 보내줬다. 적어도 나는 선배의 눈빛을 그렇게 기억한다.[28)]

"그러게 말이에요, 형. 우리 학교 여자애들 보셨어요? 계집애들처럼 몰려다니면서 선배보고 오빠라고 하질 않나. 우리 노래패도 단단하게 이끌어줄 남자애들이 안 들어와서 결국 이렇게 된 것 같아요. 나도 여자지만 여자애들, 뭉칠 줄도 모르고 도무지 조직이라는 걸 이해못하잖아요." 그 말을 끝낸 기자 선배가 나를 쏘아봤다. "소은이라고 했나?" "너도 우리 후배라면 그런 여성적인 태도는 좀 버려야 할 것 같다? 말투도 그렇고 옷차림도 그렇고 …… 네 선배니까 말해주는 거지 누가 너한테 이런 말 해주겠니?

밝은 갈색으로 염색한 머리칼, 매니큐어가 칠해진 손톱, 가는 목소리, 낯가리고 내성적인 성격, 여자라는 성별까지 …… 그 자리에 앉아 나는 나의 모든 것이 부정당하는 기분에 사로잡혔다.[29)]

위 인용문에서 80년대 학번 남자선배와 90년대 학번 여자선배가 2000년대 초반에 대학에 입학한 여자후배에게 하는 말들뿐만 아니라 시선과 표정까지 분명 폭력이다. 하지만 폭력의 가해자도 폭력의 피해자도 폭력을 폭력으로 인식하지 못하는 경우가 많다. 가해자의 경우에는 더더욱 그렇다. 그렇기에 "네 선배니까 말해주는 거지 누가 너한테 이런 말 해주겠니?"라는 말을 하는 것이다. 이런 수사는 '사랑하니까 때리는 것'이라는 어법과 유사하다. 폭력을 애정으로 전치시키고 폭력을 합리화한다. 그런데 위 인용문의 모든 상황이나 대사들의 디테일이 무척 생생해서 핍진성 있게 느껴진다. 실화를 바탕으로 한 소설이 아닐지라도, "사건을 체험한 당사자가 아니면 말할 수 없는 것이 존재한다"[30)]는 언술이나 모든

28) 최은영, 위의 책, 195~196쪽.
29) 최은영, 위의 책, 197쪽.
30) 조은숙, 「문순태의 자전적 소설을 통해 본 치유적 글쓰기」, 『현대문학이론연구』

글쓰기는 자전적 글쓰기라는 명제를 입증하는 지점이다. 위 인용문의 상황은 시대의 변화에 따라 변주되어 반복된다. 지금도 여성들은 커뮤니티 내에서 타자화 되어 평가되고 판단되고 규정된다. 위 인용문에서 80년대 학번 남자선배와 90년대 학번 여자선배는 후배 여학생의 '여성적'인 외양과 언행을 비난했지만 지금은 꾸밈노동을 거부하거나 숏 컷을 한 여학생이 공격당한다. 자의적인 기준이고 사실상 기준이란 게 없다. "한 인물의 성장은 타자 혹은 사회적 질서가 정의해 주는 위치에 머물지 않으며 오히려 현재의 실천을 규정하는 상황이나 사건을 통해 기존의 타자나 질서에 대해 의문시하고 새롭게 정의하는 과정"[31]이라면, 자신의 모든 것을 부정당하는 느낌을 가지게 된 소은이 타자나 사회적 질서가 정의해 주는 위치에 머물지 않을 수 있게 된 것은 미진의 도움에 의해서였다. 그리고 여기서 자매애, 연대, 우정의 정치적 성격 등이 부상된다. 미진은 소은을 공격하는 선배들에게 거칠게 항의한다.

> "학번이 벼슬입니까? 해마다 나타나서 제일 어리고 만만한 여자애 붙잡고 주정하는 인간도 제 선배입니까? 신경석씨, 민주주의 사랑한다고 하셨어요? 이 작은 집단에서도 자기보다 약한 사람 위에 서야 후련한 사람이 무슨 민주주의 운운이에요."
>
> "넌 항상 이렇게 감정적이었어 …… 그거 극복 못하면 너 사회생활 못해" 기자 선배가 말했다.
>
> "김연숙씨나 잘하세요. 여자인 게 그렇게 부끄럽고 괴로운 일이었어요? 여자들은 감정적이고, 분란 일으키고, 이기적이어서 조직 배반하기 쉽고, 여자의 적은 여자고, 그런 자기부정이 김연숙씨가 말하는 건강함이었습니까? 여자후배들 앞에서 부끄러운 줄 아세요." 그렇게 말하는 선배의 목소리는 심하게 떨리고 있었다. 선배는 떨리는 손으로

87호, 2021, 357쪽.

31) 이진경, 『필로 시네마 혹은 탈주의 철학에 대한 7편의 영화』, 새길, 1995, 93쪽.

가방을 들고 나갔다. 나도 부랴부랴 책가방을 메고 선배를 따랐다 …… 선배는 이상한 표정으로 웃고 있었는데, 자세히 보니 웃는 게 아니라 우는 얼굴이었다.[32)]

미진이 목소리가 떨리고 손이 떨리면서도 선배들에게 항변할 수 있었던 것은 소은을 도와주고 싶은 마음에서이기도 하지만 소은에 대한 공격이 자신에 대한 공격이기도 하다는 인식에 의해서이다. 즉 '성별'이라는 가장 기본적인 정체성에 대한 공격의 폭력성을 인지한 것이다. 자매애의 의미는 형제애의 의미와 다르다고 할 수 있는 이유는 여성이 역사적 사회문화적으로 편견과 부당한 평가와 규정의 대상이 되어왔기 때문이다. 따라서 자매애는 모든 여성들이 가부장제라는 문제를 공유한다는 인식을 전제로 상호 협력의 의미를 갖는다. 그리고 이것은 정치적 이해와 협력이라는 측면에서 '연대Solidarity'라는 표현으로 대체되기도 한다.[33)] 또한 여기서 여성들의 우정과 사랑이 갖는 정치적 의미도 발견할 수 있다. 페미니스트 정치학자인 아이리스 마리온 영Iris Marion Young은 연대를 '우정의 정치'로 정의한다. 이때 연대는 입장을 함께 하기로 한, 개별적이고 비슷하지 않은 행위자들 사이의 관계다.[34)] 개별적이고 비슷하지 않은 행위자들일지라도 공통된 배경과 공통의 목적을 가지고 있으므로 입장을 함께 하기로 할 수 있는 것이다.

이 소설이 1인칭 소은의 시점에서 전개되므로 미진의 외양과 언행은 제시되지만 미진의 내면 심리는 제시되지 않는다. 선배들에게 직설적으로 항명하고 밖으로 나간 미진이 거리에서 울고 있는 이유에 대해서 "텍스트의 표면에는 나와 있지 않지만, 아마도 잠시 동안이나마 유체이탈을 하여 거칠고 탁한 몸속으로 빙의 여행을

32) 최은영, 앞의 책, 198-199쪽.

33) 강선미, 「자매애에 대하여」, 『여성과 사회』 제11호, 2000, 66쪽.

34) 아이리스 M. 영, 허라금 외 역, 『정치적 책임에 관하여』, 이후, 2013, 205쪽.

했었기 때문"이라고 해석한 서영채는 최은영 소설의 인물들이 "남성적인 것을 거부하고 반대로 여성적인 정서의 유대를 강하게 당겨 안는, 집요하고 독하게 착한 사람"이고 미진 또한 그러하기에 선배들에게 거칠게 항변하면서 "그 거칠고 탁한 기운을 이기지 못해서, 목소리가 떨리고 손이 떨리고 마침내는 눈물이 터져나왔던 것이라"[35]고 말한다. 이후 소은의 내적 독백은 미진의 캐릭터를 묘사하고 미진을 향한 자신의 감정까지도 전달하는데, "마음이 약해질 때 목소리가 떨리는 버릇, 사람들과 잘 섞이지 못하는 성격, …… 사람들의 말과 행동에서 백 가지 의미를 찾아내 되새김질 하는 예민함 같은 것들을 선배는 부끄러워했다 …… 나는 선배가 스스로 약점이라고 여겼던 것들을 사랑했고, 무엇보다도 그것들 덕분에 자주 웃었다"201는 소은의 회상은 미진이 여린 사람임을 보여준다. 여린 사람이 거친 사람을 상대하기 위해서 자신조차 거칠게 말해야 하는 상황은 상대의 무기로 싸워야 하는 모순을 견뎌야 하는 것이기도 하다. 2015년에 등장한 메갈리아의 미러링 역시 상대의 무기로 싸워야 하는 모순을 끌어안으면서 택할 수밖에 없었던 전략이다.

그렇다면 '여성적' 정서가 강한 인물이 때로 거칠고 폭력적인 '남성적' 언어를 사용하는 것처럼 상대의 무기를 가지고 싸워야 하면서도 '여성적' 연대와 '남성적' 연대가 다른 점이 무엇인지, 그것이 이 소설텍스트에서 어떻게 제시되어 있는지 고찰할 필요가 있다. 국가권력에 저항했던 1980년대 운동권에서도 '남성성'과 '가부장성'은 공고하게 자리했다. 이들의 연대는 하나의 구호 아래 집단의 노선을 중시하며 조직과 이념을 위해 개인을 희생할 것을 요구한다. 하지만 여성들의 연대는 운동권의 '남성적' 문화에 의한 조직적인 연대보다 훨씬 느슨하지만 강한 공감과 교감의 정서로 결

35) 서영채, '순하고 맑은 서사의 힘', 최은영, 앞의 책, 288쪽.

속력이 강한 연대이다. 미진의 말에서도 이를 확인할 수 있다.

> 어떤 선배들은 노래가 교육의 도구이자 의식화의 수단이라고 했지만, 나는 우리 노래가 스스로에 대한 다짐이었다고 생각해. 나만은 어둠을 따라 살지 말자는 다짐. 함께 노래 부를 수 있는 행복. 나는 우리가 부르는 노래가 조회시간에 태극기 앞에서 부르는 애국가 같은 게 아니길 바랐어.[36]

즉 '남성적' 연대가 조회시간에 태극기 앞에서 부르는 애국가 같은 노래를 한 목소리로 부르는 것이었다면, '여성적' 연대는 함께 노래 부를 수 있는 행복을 추구한다. 이 말을 회고하면서 소은은 이 말을 할 때 미진의 목소리가 작게 떨렸다고 기억한다. 진심을 말할 때 선배의 목소리는 언제나 조금씩 떨렸다고 회상한다. 러시아에서 만난 미진이 소은에게 노래를 불러주었을 때 그 얼굴이 예전처럼 빛났다고 회고한 후 이어서 바로 "선배는 지금의 내 나이가 되지 못했다"는 충격적인 사실을 담담한 어조로 전달한 후 이어서 미진의 노래가 재생되는 카세트를 끄는 현재를 서술하더니 다시 "서른 두 살의 객사였다"는 이야기로 돌아간다. 역시 영화의 플래시백과 유사한 구성이다. 이러한 구성은 독자를 몰입하게 하면서 두 사람의 관계 속으로 독자를 연루시킨다.

미진의 죽음으로 인해 소은과 연결된 사람이 있다. 미진의 플랫메이트였던 율랴이다. 미진의 죽음 이후 율랴는 소은에게 이메일을 보냈고 두 사람은 서신교환을 통해 미진에 대해 이야기하고 자신에 대해 이야기하면서 자신이 버텰 이유들을 찾을 수 있었다. 율랴와 소은은 인종이 다르고 사회문화적 배경도 다르지만, 공통점이 있다. 율랴 역시 가부장제 남성성에 의해 재단되고 자신의 존재를 부정당했던 상처를 가지고 있다.

36) 최은영, 위의 책, 201쪽.

"넌 아무것도 아니야." 율랴가 말했다. "소은은 그런 얘기 들어본 적 있어요? 난 어릴 때부터 그런 이야기 자주 들었어요. 넌 아무것도 아니야. 다른 누구도 아닌 아버지가 그렇게 말하는 겁니다 …… 아버지가 내게 말했어요. 너는 쓸모없는 계집애야. 덩치만 큰 계집애. 눈에 띄고 싶지 않았는데도 자꾸만 몸이 커졌습니다. 웅크리면 조금이라도 작아 보일까 해서 구부정하게 다녔지만 소용없었어요.[37)]

마지막 노래는 선배와 내가 함께 부른 〈녹두꽃〉이었다. 스물셋의 나와 스물여덟의 선배가 우리 안에 있는 가장 곱고 가장 뜨거운 마음을 그 시에 담아 부르고 있었다 …… 노래는 끝났고, 우리에게는 선배에게 주어지지 않았던 시간이 남아 있었다. 우리는 다음날 유람선을 타기로 했다 …… 그건 율랴와 나의 첫 번째 여행이 될 터였다.[38)]

살구색 매니큐어를 바른 내성적인 어린 여자라는 이유로, 즉 '여성적'인 여자후배라는 이유로 소은이 선배들로부터 자신의 존재를 부정당한 반면 율랴는 덩치 큰 여자라는 이유로 아버지로부터 자신의 존재를 부정당했다. 소은의 존재를 있는 그대로 인정하고 지지해준 미진은 러시아에서 율랴가 자기자신을 긍정할 수 있게 되는 데에도 영향을 미친다. 미진은 더 이상 세상에 없지만 소은과 율랴에 의해 미진의 삶이 기억되고 미진의 흔적이 기록되며 미진은 불멸의 존재가 될 수 있었다. 그리고 이제 소은이 율랴와 함께 하는 첫 번째 여행을 계획하며 소설은 끝난다. 여기서 여성들의 우정이 갖는 정치적 의미도 계속됨을 알 수 있다. 성격과 외양과 인종이 다른 소은과 율랴 모두 여성이라는 타자로서 배척되며 스스로를 사랑하지 못하다가 사랑받고 사랑하는 힘을 가지게 된 공통점은 서로 간의 차이를 인정하고 수용할 만큼 큰 중력을 가지고 있는 것이다. 여성들 간 '우정의 정치'는 상대에 대한 애정이 자기자신에 대한 긍정으로 향한다는 특징을 가지고 있다. 위 인용문의

37) 최은영, 앞의 책, 192쪽.
38) 최은영, 위의 책, 210-211쪽.

“우리 안에 있는 가장 곱고 가장 뜨거운 마음”이 우정이고 사랑이며 연대일 것이다. 미진이 노래패에 대한 애정을 “함께 노래부를 수 있는행복”으로 정의한 것처럼 우정의 정치 역시 그런 것이다. 혐오의 정치가 상대에 대한 부정 끝에 자기파괴로 향하는 것과 분명하게 대별된다. 또한 우정과 사랑을 통한 여성들의 성장서사는, 여성의 수난을 통해 남성인물이 성장하는 남성성장서사와 분명하게 구별된다.

3) 연루됨에 대한 인식과 글쓰기의 윤리 –「아주 희미한 빛으로도」

앞서 분석한 작품들과 마찬가지로 1인칭 인물의 회고적 시점이 서사의 축으로서 자리한 이 소설은 ‘나’희원와 나의 학부시절 선생님과의 관계를 중심으로 전개된다. 두 여성의 관계 속에서 ‘용산참사’에 대한 사유가 비중 있게 자리하며 이는 글쓰기의 윤리에 대한 성찰로 나아간다. 대학졸업 후 비정규직 은행원으로 일하다 스물일곱 살에 학사 편입생이 되어 대학에 돌아온 희원은 영어로 에세이를 쓰는 영문과 전공수업에서 똑똑하고 강해 보이는 젊은 여성 강사에게 매료된다. 수업 중 강사의 설명을 들으면서 “마음 깊은 곳에서는 알고 있었지만 언어로 표현할 수 없었던 것을 발견할 때 행복했”[39]다고 고백한다. 희원이 쓴 에세이는 통근 길의 거리를 묘사한 글이다. “생각이나 판단을 최대한 줄이고, 통근 길에 내 눈에 보이던 것들, 소리, 냄새에 대해 묘사하는 방식으로”[40] 써 나간 글은 비어버린 건물들, 비어버린 상가들에 대해서 쓰면서 “사람들은 어디로 갔을까”[41]라는 문장을 반복하는 것으로 끝난다. 에세

39) 최은영, 「아주 희미한 빛으로도」, 『2020 제11회 젊은작가상 수상작품집』, 문학동네, 2020, 57쪽.
40) 최은영, 앞의 책, 73쪽.
41) 최은영, 앞의 책, 73쪽.

이 발표 후에 이어진 학우들의 논평에서 어떤 주장도 하고 있지 않은 것처럼 보이는 희원의 글에 도시개발을 부정적으로 바라보는 시각이 깔려있다는 발언이 등장하고 여기 동네가 어디냐는 질문이 나온다. 희원은 '용산'이라는 단어를 발화하게 된다. 희원이 대학에 돌아온 시점은 2009년 2학기였고, 그 시점으로부터 몇 달 전에 용산참사가 있었다. 작가는 용산참사에 대한 소설적 사유를 펼치기 위해 희원과 선생님 모두를 용산 출신으로 설정했다. 참사가 일어나던 새벽에 자신이 무엇을 하고 있었는지를 얘기하는 두 사람은 참사를 자신과 무관한 일로 느끼지 않는다. 그렇기에 희원은 가족에게도 말하지 못했던 자신의 감정과 생각을 선생님에게 고백할 수 있었던 것이다.

> 건물주가 나가라면 나가야지. 어디 도시 한복판에서 행패야. 아빠는 그렇게 말했다. 그 사람들 어떻게 됐든 그게 나랑 무슨 관겐데? 우리 먹고 살기도 빠듯해 죽겠다. 그렇게 말하는 엄마에게 오빠는 뭐라고 말했지. 태어날 때 가난한 건 죄가 아니지만, 죽을 때 가난한 건 자기 죄야. 나는 아무 말도 하지 않았지만 길을 걸으면서도, 잠들기 전에도 혼자 울었다.42)

'그 사람들'과 자신이 아무 관계없다고 생각하는 엄마와 달리 희원은 용산참사의 희생자들과 자신이 '연루'되어 있다고 느낀다. 건물주가 아니면서 건물주와 자신을 동일시하는 아빠와 오빠의 허위의식에서 폭력성을 느끼기도 한다. 하지만 자신의 목소리를 드러내는 것보다 감추는 것에 길들여진 희원은 자신의 에세이에서조차 목소리를 드러내지 않고 에둘러 가는 중립적 글쓰기를 택했다. 용산참사에 대한 격렬한 토론이 이어진 이후 선생님은 글쓰기에 대한 자신의 소신을 분명하게 밝힌다.

---

42) 최은영, 위의 책, 71쪽.

> 그녀는 어떤 사안에 대한 자기 입장이 없다는 건, 그것이 자기 일이 아니라고 고백하는 것밖에 되지 않는다고 말했다. 그건 그저 무관심일 뿐이고, 더 나쁘게 말해서 기득권에 대한 능동적인 순종일 뿐이라고. 글쓰기는 의심하지 않는 순응주의와는 반대되는 행위라고 말했다.43)

선생님은 "어떤 사안에 대한 자기 입장이 없"는 것이 결과적으로 "자기 일이 아니라고 고백하는 것"이 됨을 말하고 이에 대해 비판적 입장을 표명함으로써 이 사회에서 일어나는 일들에 대해 개별자들이 모두 어떤 식으로든 연루되어 있다는 인식을 분명히 밝힌다. 이는 단독자로 존재하는 개인이 아닌 사회적 관계 속에서 실존하는 개인에 대한 인식이며 더 나아가서 글쓰기가 내포한 관계성과 사회성까지 설파하는 것이다. 혼자 울면서도 가족에게 아무 말하지 못했던 희원은 글쓰기조차 '안전한 글쓰기'를 택했으며 이에 대해 부끄러움을 느낀다. "자신이 순응주의로 안전한 글쓰기를 택한 것은 아닌지 가혹하게 스스로를 몰아세우며 수치심을 느끼는 희원의 모습"이 "작가의 초상"44)이라는 해석은 희원을 작가의 페르소나로 본 것이다. 기실 서로 많이 다르고 상반되어 보이는 희원과 선생님 모두 작가 최은영의 페르소나이다. 희원은 선생님처럼 되고 싶어 하며 선생님은 희원의 미래이다. 여기서 「아주 희미한 빛으로도」를 통해 작가가 지향하는 글쓰기의 윤리적 입장이 명확해진다. 이는 무목적적인 합목적성을 말한 칸트적인 예술철학과 거리를 두며, 중립을 지킨다는 것은 사실상 아무 것도 하지 않겠다는 것이어서 결국 기득권의 편에 서게 된다는 것을 인식하고 중립지대의 글쓰기를 거부하는 것이다. 현실세계에서도 문학이나 영화 등 예술텍스트에 '정치적 중립'을 요구하는 이들은 많은 경우 기득권의 입장에 서 있다. '중립'이 지켜져야 기득권자들은 계속 기득권

43) 최은영, 위의 책, 75쪽.
44) 강지희, '사회문제와 싸우는 또다른 방식', 최은영, 앞의 책, 351쪽.

을 유지할 수 있다. '미학성'과 '정치성'을 대립되는 것으로 여겨왔던 관행도 이와 유사한 태도이다. 일제강점기에도 자연은 아름다울 수 있고, 군사독재정권 하에서도 섹슈얼리티가 문학의 소재가 될 수는 있다. 그러나 예술의 사회적 책무를 인식하고, 예술의 본령은 정치적 중립을 지키는 데 있는 것이 아니라 정치적 논쟁을 촉발시키는 데 있다는 입장을 재현한 작가들도 많다. 특히 개인적인 것이 정치적인 것이며 일상의 모든 것이 정치임을 인식하는 젊은 여성작가들은 "어떤 사안에 대한 자기 입장이 없"다거나 그것이 "자기 일이 아니라"는 태도를 거부한다. 자기 일이 아닌 게 아니라는 인식, 즉 '연루됨'을 인정하는 태도는 이 소설이 추구하는 글쓰기의 윤리이다.

모든 작가가 "글쓰기는 의심하지 않는 순응주의와는 반대되는 행위"라는 태도로 글을 쓰는 것은 아니다. 식민지 시절과 군사독재정권 치하를 겪었던 한국문학에서는 특히 그러하다. 또한 문학은 때로 권력의 도구로 사용되며, '표현의 자유'나 '미학' 등의 이름으로 '타자화'에 적극적인 경우도 많다. 혐오를 미학화 하는 글쓰기, 체제옹호적인 글쓰기, 권력을 추구하는 글쓰기를 하는 작가들도 분명 존재한다. 널리 알려진 문학텍스트에서 '여성혐오'를 발견하는 것은 어렵지 않으며, 정전canon을 읽는다는 것은 백인 남성 중산층의 시선에서 세상을 바라보는 것이기도 하다. 작가들 중에는 자신의 출신 등이 소수자성을 가지고 있을 때 더 앞장서서 다른 소수자성을 공격하는 글을 씀으로써 자신의 소수자성을 상쇄하려는 이들도 분명 존재한다. 타자의 개별성을 지워버리고 특정 범주에 환원시키는 게으르고 비윤리적인 글쓰기를 하는 작가가 문단의 중심에 자리하기도 한다. 하지만 현재 한국의 젊은 여성작가들은 확실히 "의심하지 않는 순응주의"와는 반대 지평에 서서 의심하고 질문하고 저항하고 선언한다. 의심하고 질문하며 저항하고 선언하는 글쓰기는 자신의 생을 사랑하는 방식이고 소중한 이들의 삶을 응원하고 지지하는 방식이 된다. 자신의 타자성을 부정하지 않고 각자의 존엄성을 가진 각각의 타자들과 '연루됨'을 인정하는 것이 최은영 소설이 궁극적으로 지향하는 글쓰기의 윤리이며 이를 가장 잘 드러낸 텍스트가 「아주 희미한 빛으로도」이다. 중요한 것은 이러한 소설적 사유와 선언이 두 여성의 관계를 통해 이루어졌다는 사실이다.

선생님이 쓴 책을 구해 읽은 희원은 어린 여자이기 때문에 선생님이 겪어야 했던 일상적인 폭력을 아프게 느낀다. 희원 또한 그것이 무엇인지 알기 때문이다. 박사학위를 받고 대학에서 강의하면서도 '젊은 여자강사'이기에 남자강사들이나 정교수들과 달리 무례함의 표적이 되는 것에 대해 선생님이 말을 아껴야 했던 마음을 희원은 십 년의 시간이 지나서 희원이 대학강사가 된 시점에서 회고하며 선생님을 그리워한다. 어느 순간부터 더 이상 선생님의 글이나 번역서를 찾아볼 수 없게 되면서 "누구보다도 똑똑하고 강해보였던 그녀가 어디에도 자리잡지 못하고, 글이나 공부와 무관한 사람으로 살아간다는 사실이" 자신을 얼어붙게 함을 고백하면서 "나는 나아갈 수 있을까. 사라지지 않을 수 있을까"[45]라고 자문하게 된다. "대학이라는 공동체 안에서 누구보다 열심히 읽고 쓰고 싸우던 여성들 안의 긴밀한 관계를 타진"한 이 소설이 제기하는 "그 여자들은 다 어디로 갔을까"라는 물음은 "여성들 안의 계보를 찾아나가는 지금 가장 뜨거운 질문이"[46] 된다. 김명순, 나혜석 등이 사라지고 지워져야 했던 시대와 지금 시대가 과연 얼마나 다른 것인가 라는 질문도 제기할 수 있다. 그러나 희원은 선생님을 잊지 않고 기억한다. 이 소설에서는 유독 "나는 기억한다"는 구절이 많이 등장한다.

45) 최은영, 앞의 책, 86쪽.
46) 강지희, 앞의 글, 351쪽.

> 그녀는 나를 보고 그렇게 말하면서 미소 지었다. 그 순간 그녀가 얼마나 가깝게 느껴졌는지 나는 기억한다.[47)]
>
> 나는 그때 강의실을 둘러싼 이상한 열기를 기억한다.[48)]
>
> 나는 아직도 그녀가 내게 했던 말을 기억한다. 기억하는 일이 사랑하는 사람들의 영혼을, 자신의 영혼을 증명하는 행동이라는 말을.[49)]
>
> 은근한 우애가 느껴졌던 밤으로 기억한다.[50)]
>
> 그녀가 공부하는 사람이 되기로 마음먹었던 순간에 대해 쓴 글을 나는 아직도 기억한다.[51)]

"기억하는 일이 사랑하는 사람들의 영혼을, 자신의 영혼을 증명하는 행동"이라는 선생님의 말을 기억하면서 희원은 선생님의 영혼과 자신의 영혼을 증명한다. 용산참사에 대한 토론이 글쓰기의 의미에 대한 천착으로 이어졌던 강의실의 열기도, 선생님과 학생과의 우애도 희원의 기억을 통해 존재한다. 선생님이 "더 가보고 싶었"기에 공부하는 사람이 되기로 결심한 것처럼 희원 역시 자신도 더 가보고 싶었을 뿐이라고 고백한다. 선생님이 희원의 앞에서 등불을 들어주었던 것처럼 희원 또한 누군가의 앞에서 등불을 들고 빛을 비추는 역할을 할 것이며 그런 희원을 누군가는 기억할 것이다. 지워지고 사라진 여성들이 복원되고 계보를 찾아가는 이 시점에서 선생님과 제자, 선배와 후배인 두 사람의 관계는 여성들 간 관계여서 더 의미심장하다. 위의 인용문들 중 밑줄 친 문장은 희원과 선생님이 처음 사적인 대화를 시작했던 상황인데 수업 중 과도하게 흘러나온 생리혈 때문에 곤경에 처한 희원이 수업이 끝난 후에 선생님에게 도움을 청했던 상황이다. '원수 사이에도 생리대는 빌려준다'는 말이 시사하듯이 여성들 간의 유대는 모든 차이와 벽

47) 최은영, 앞의 책, 58쪽.
48) 최은영, 앞의 책, 76쪽.
49) 최은영, 앞의 책, 77쪽.
50) 최은영, 앞의 책, 79쪽.
51) 최은영, 앞의 책, 86쪽.

을 뛰어넘어 가능해지는 순간이 있다. 선생님과 학생이라는 격차에도 불구하고 희원이 "그 순간 그녀가 얼마나 가깝게 느껴졌는지" 기억할 정도로 그 동질감의 정도는 강하다. 여성들 간 '차이'는 앞서 본고에서 서술했듯이 보다 정교한 페미니즘 이론과 투쟁방식 수립을 위해서 강조되어오기도 했지만, 한편으로는 여성들 간 연대를 막기 위한 방식으로 이용되어 오기도 했다. 사회적 불안을 처리하는 통치술로서 인종혐오[52]가 활용되었던 것과 유사한 맥락이다. 여성들 간 '차이'의 문제가 정치精緻하게 숙고되어야 하지만 여성들 간 '차이'가 지나치게 강조될 때 그 맥락을 면밀하게 살펴야 하는 이유가 여기에 있다.

표현할 방법을 찾지 못했던 자신의 생각을 설명해 주는 선생님의 말과 글을 접하며 희원이 선생님을 좋아하게 된 것은 자연스럽다. "거짓말을 해서라도 그녀에게 잘 보이고 싶었"[53]을 만큼 선생님을 좋아하는 희원은 "그녀가 나를 어린 학생들을 보는 것과는 다르게 바라봐 주기를 바"[54]랄 만큼 선생님과 강의실에서의 사제지간 이상이 되기를 바란다. "나도 그녀처럼 되고 싶다고 생각했"[55]을 정도로 선생님은 희원의 '롤 모델'이고 '빛'이며, 10년의 시간이 흐른 뒤 퇴근길에서 "선생님"이라고 "그녀를 마음속으로 부"[56]를 만큼 희원의 가슴 속에 깊게 자리한 사랑의 대상이다. 한편 희원은 차창을 바라보는 선생님을 보면서 "이상하게도 슬프고 그리운 마음이 들었다"[57]고 회고한다. 이는 연령과 젠더적인 측면에서 취약점을 가지고 있는 젊은 여성으로서 동시대의 다른 젊은 여성에게

52) 소영현, 「징후로서의 여성/혐오와 디아스포라 젠더의 기하학」, 『대중서사연구』 제23권 2호, 2017, 91쪽.
53) 최은영, 앞의 책, 69쪽.
54) 최은영, 앞의 책, 70쪽.
55) 최은영, 앞의 책, 72쪽.
56) 최은영, 앞의 책, 87쪽.
57) 최은영, 앞의 책, 72쪽.

가지는 슬픈 애정이라고 생각된다. 아직 확고한 자기세계를 가지지 못한 희원과 확고한 자기세계를 가진 것으로 보이는 선생님과의 차이에도 불구하고 두 사람은 연루되어 있다. 여기서 '연루됨'은 개인적 차원에 그치지 않고 사회적 차원으로 확장된다. '용산참사'와 같은 사회적인 재난뿐만 아니라 비정규직의 취약성을 체현하는 젊은 여성, 신체적인 문제가 사회적으로 구성되는 젠더 안에 포섭되는 젊은 여성이라는 사회구조적 차원의 문제로 확장되는 것이다. 그리고 이러한 문제의식은 글쓰기의 윤리문제로 더욱 확장된다.

3 사회문화적 맥락과 문학과의 역학관계

2장에서 분석한 세 편의 소설은 여성들의 우정과 사랑을 소재로 하며 여성들의 우정과 사랑이 파생시키는 사회적 의미를 드러낸다. '우정'은 오랫동안 남성들의 전유물로 재현되어 '남성성'을 강화하는 기제로 사용되었다. 현대문학에서 재현된 남성 간의 우정은 혼자서는 감당하기 어려운 자아의 공허감을 상쇄하려는 절박한 욕구가 자신 곁에 있어줄 '또 다른 자아'에 대한 애착으로 이어진 것이며 이는 결국 '남성성' 이데올로기이다.[58] 남성들 간 관계 속에서 '남성성'을 강화해온 '우정'이 최은영의 소설들에서는 보살핌의 윤리, 이해, 공감 등 '여성성'의 속성으로 형상화되어 여성들 간 사랑과 성장의 서사를 만든다. 본고에서 논한 세 소설 모두 감정의 밀도가 높고 감성적인 묘사가 섬세하지만, 감상感傷에 빠지지는 않는 시선과 태도를 보인다. 또한 사랑의 서사와 성장의 서사가 어우러지지만, 그 성장은 무지와 미성숙에서 앎과 성숙으로 향하는 단선

58) 김륜옥, 「이상적 혹은 이상화된 삶의 형태로서 남성 간 우정의 구조 - 헤르만 헤세의 소설」, 『헤세연구』 23집, 한국헤세학회, 2010, 27-28쪽.

적인 구조를 가지지 않는다. 또한 꿈을 향해 노력해서 끝내 꿈을 이루는 스토리텔링을 향해가지 않고, 꿈을 이루지 못하더라도 결코 포기하지 않는 영웅적인 주체를 묘사하지도 않는다. 그보다는 절망과 상실까지도 응시하고 고백하며 그 의미를 사유하는 태도를 보인다. 또한 여성주체성이 억압되는 상황에 대해 여성의 시각에서 인식하는 페미니즘의 기본 전제를 바탕으로 개인적 공감을 사회적 공감으로 확장한다. 사회적 공감이 "개인적 공감과 불평등에 대한 맥락적 이해의 결합"[59]이라고 한다면, 사회적 공감이야말로 불평등을 개인의 문제로 축소시키고 환원시키려는 현 세태에 필요한 지적知的인 감수성이 아닐 수 없다.

한국현대문학에서 이성 간의 로맨스가 불가능한 양상에 대한 사회적 맥락은 여성청년들과 남성청년들의 현실인식이 극명하게 다른 것과 타자를 대하는 태도의 문제와 관련된다. 남성청년들은 '진보적인 청년정신'이라는 전통적 분류가 무색하리만큼 극도의 보수화를 지향한다. 급기야 현재 한국사회에서는 '2060'이라는 신조어까지 등장했다. 남성청년들이 보수화로 향하고 차별과 배타성을 내포한 편 가르기에 편승한다면 사실상 이들에게서 사랑의 서사나 성장의 서사를 기대하기는 힘들다. 인류역사가 시작된 이후 지속된 여성에 대한 차별과 폭력이 여전히 현재진행형인 것이 여성청년들이 체험하는 현실이다. 특히 '디지털성범죄'의 가공할 확산력은 여성들을 분노와 공포에 얼어붙게 만든다. 기술의 발달이 여성혐오범죄에 악용되고 있다. 하지만 남성청년들은 성범죄나 페미사이드Femicide에 대한 분노보다 남자들이 잠재적 가해자 취급 받는 것에 대한 불쾌감이 더 강하다. 그러한 적개심은 실제 가해자 남성에게 향하기보다는 남자를 잠재적 가해자로 생각하는 여성들에게 향한

59) Segal, E. A. "Social empathy, A model built on empathy, contextual understanding, and social responsibility that promotes social justice", Journal of Social Service Research, 37(3), 2011, p. 268.

다. 의식 있는 남성청년들은 여성청년들과 함께 할 수 있겠지만 이들이 남초 커뮤니티에서는 침묵해야 하는 고충도 있다. 이런 상황에서 남성청년들의 여성혐오는 그 어디에도 없는 '개념녀'를 찾아 헤매거나, 실제 여성을 소유할 수 없기에 온라인의 이미지를 통해 여성을 소유하려 하는 데 이르렀다. 혐오의 정치가 이제 한국에서 본격적으로 시작되었을 정도로 남성청년들의 여성혐오는 심각한 수준이다. 이러한 상황에서 여성청년들은 남성청년들에게 인간적인 관계를 기대하지 않는다. 대신 여성들 간 우정과 사랑과 자매애와 연대 등이 중요해지게 되었다. 따라서 여성들의 사랑의 서사와 성장의 서사에 남성들이 설 자리가 없는 것이다. 본고에서 분석한 세 편의 소설은 이런 양상들을 밀도 있게 표현했다.

열여덟 살 때의 첫 만남과 뜨겁고도 서늘했던 사랑과 이별을 회고적 서술을 통해 재현한 「그 여름」은 사랑의 모양이 어떤 것인지 보여준다. 자신이 상대에게 준 상처까지도 정직하게 회고하며 아파하는 태도에서 관계에 대한 윤리적 성찰이 어떤 것인지를 알 수 있다. 또한 이 소설은 남자 아이들부터 남자 어른들에 이르기까지 여성에 대한 폭력을 행사하며 그 폭력을 비호하고 승인하는 폭력의 연결고리를 폭로한다. 남성중심 가부장제의 폭력을 학습한 남성들은 여성들과 인간적인 관계를 맺지 못하며 관계로부터 배제되고 여성인물들에게 영향을 주지 못한다. '남성성'의 폭력성이 준 상처는 여성들 간 관계 속에서 치유된다.

영화의 플래시백 같은 서술기법으로 서울과 페테르부르크를 오가는 소설 「먼 곳에서 온 노래」에서는 1인칭 인물 소은이 시선과 서술의 주체로서 1인칭 서술의 한계를 넘지 않으며 대학 새내기 시절부터 자신에게 의미 있는 타자인 미진을 회상하면서 동시에 자기 자신을 돌아본다. '자유'와 '평등'을 말하는 학생운동의 당사자들조차 '남성성'을 공기처럼 퍼뜨리며 동일성의 폭력을 행사하고 있었음이 재현되고, 학생운동의 거점이었던 노래패의 분위기를 미진이 어떻게 바꾸려 했는지가 묘사된다. 동일성의 폭력에 의해 자신의 존재가 부정당했던 소은을 미진이 지켜주려 했던 것을 시작으로 소은과 미진의 관계는 여성들의 우정이 가지는 정치적 의미를 보여준다. 이를 자매애나 연대 등으로 명명할 수도 있다. 자매애는, 동일성의 추구와 배제를 기반으로 한 형제애와 다르다. 여성들의 연대는, 혐오와 편 가르기를 기반으로 하는 남성연대와 다르다. 여성들 간 차이는 남성중심 가부장사회문화 속에서 타자화 된 성별이라는 공통점을 바탕으로 인정되고 승인되며 이해된다.

1인칭 회고적 서술로 '그때의 나'를 기억하며 '지금의 나'의 생각을 써내려가는 「아주 희미한 빛으로도」에서는 대학 강의실에서 만난 선생님과의 관계 속에서 '용산참사'에 대한 소설적 성찰이 서술되고 이는 글쓰기의 윤리에 대한 사유와 깨달음으로 이어진다. 수업 중 학생들의 토론은 '폭력시위'가 문제였다는 발언과 경찰특공대와 철거용역까지 투입하는 잔인함이 옳다고 생각하느냐는 항변이 격렬하게 충돌한다. 그 와중에 '안전한 글쓰기'에 대한 희원의 부끄러움과 '중립'에 대한 선생님의 경계는 이 소설의 주제적 지향점을 시사한다. 또한 비정규직 여성들에 대한 토론 중 의견충돌 역시 그들이 겪는 차별을 개인의 문제로만 치부할 수 없음을 분명히 한다. 이는 여성에 대한 구조적 차별은 더 이상 없다는 발언이 공적으로 발화되고 있는 현 시점에서 더 사회적 의미를 갖는 문학적 발화이다. 심지어 대학사회조차 공부하는 사람으로 살아가려 했던 똑똑하고 강한 선생님을 밀어내는 현실 속에서 선생님이 갔던 길을 좇아 더 나아가려는 희원의 슬픈 그리움은 여성들의 우정과 사랑 속에서 이 사회가 어떤 모습인지, 이 사회 속에서 여성들의 우정과 사랑은 왜 근원적이고 필연적인지를 보여준다.

이 글에서 분석한 최은영의 소설들에서 전개되는 상황들은 독자에게 낯설지 않게 다가온다. 여성인물들이 겪는 어려움과 그들의 우정과 사랑의 구체적인 정동들이 충분한 공감을 확보한다. 특히 여성독자들에게 그럴 것이라는 추론이 가능하다. 작가 최은영 역시 청년의 시기를 막 통과했을 것이며, 폭력의 구체적인 디테일들은 직접 체험하지 않고는 쓸 수 없는 이야기들이라는 암시적 표지이기도 하다. 즉 이 글에서 분석한 세 편의 소설에서 여성들의 우정과 사랑이 가지는 정치적 의미가 선동적으로 주장되지는 않지만, 여성들 간 우정과 사랑이 그 자체로 충분한 사랑의 형태로 재현되는 것 자체가 현 시점에서 분명한 사회문화적 의미를 가지고 있다. 여성들의 사랑의 서사이자 성장서사인 「그 여름」과 「먼 곳에서 온 노래」와 「아주 희미한 빛으로도」는 사회문화적 정치적 힘의 한 가운데 있는 문학의 자리를 부각시키는 텍스트들이다. 또한 극히 개인적이고 내밀한 이야기들을 통해 현대사회의 모습을 예리하게 조형하는 작가의 능력을 입증한 작품들이라고 할 수 있다.

V

하르피아이와 축제의 밤 (구병모, 2017)

1. 신화적 상상력을 경유하여 현실에 개입하는 소설의 확장된 의미
2. 소설 속 신화적 세계에 대한 현실적 해석과 확장
3. 이 방식은 '상호파괴적'인가. 소설과 현실에서의 대항서사
4. 문학의 방식으로 현실에 개입하는 소설을 통한 사고의 확장

V 하르피아이와 축제의 밤 (구병모, 2017)

1 신화적 상상력을 경유하여 현실에 개입하는 소설의 확장된 의미

소설이 신화의 이야기를 모티브로 가져오는 이유는 신화 속의 인물에게 가해진 (대체로 비극적인)운명에 대응하는 양상들이 지금 현실세계 사람들에게 시사하는 지평을 구성하는 과정에서 현실세계를 진단하고 문제를 제기하기 위해서이다. 신화가 "실재에 바탕을 두어 그럴듯하게 묘사해야 한다는 리얼리즘의 규제에서 벗어나 있는 만큼 인간의 상상력이 가장 잘 드러나 있는 장르"[1]인 것은 분명하지만, 신화 역시 그 시대와 그 시대의 주류 이데올로기를 반영한다. 또한 신화는, 동화나 민담 등과 마찬가지로 체제수호적인 이데올로기를 내포하는 경우가 많다. 대부분의 신화에서 '금기 설정 - 위반 - 위반자에 대한 처벌'이라는 서사구조가 나타나는데, 금기는 모든 이들한테 동등하게 적용되지 않는다. 즉 '금기'가 특정 집단, 특정인에게 차별적으로 적용되므로 금기를 어기는 '위반자'는 금기에 저항하면서 차별에도 저항하게 된다. 위반자는 때로 영웅적인 인물이기도 하고 때로 호모 사케르적인[2] 인물이기도 하다.

1) 박정오, 「여성SF작가가 꿈꾸는 가상세계 속의 신화와 젠더」, 『영어영문학』 제52권 제3호, 영어영문학회, 2006, 639쪽.

2) 아감벤(Agamben, Goergio)에 의하면 호모 사케르는 정치적, 법적으로 배제된 존재이다. 호모 사케르는 문명사회에서 추방되어 벌거숭이의 삶을 사는 존재이며, 버려져도 상관없는 존재를 정하는 것은 주권 권력(국가 권력)이다.

어느 쪽이든 위반자는 지배기득권층에게 위협요인이 된다. 따라서 위반자는 희생양이 되어 제거되는 경우가 많고 그럼으로써 공동체는 (표면적인)평화와 안정을 얻는다. 이때 위반자 희생양에 대한 공동체의 처벌은 상당히 폭력적인 경우가 많다. 그런데 소설에서 신화를 재구성하면서 신화가 가진 체제수호적인 이데올로기와 희생양을 향한 공동체의 폭력에 저항하는 대항담론이 되며 이는 소설이 현실에 개입하는 한 방식이기도 하다. 신화를 소재로 취하는 소설 속에서 신화는 원형으로 자리하며, 소설은 원형에 대한 해석과 재구성을 통해 신화 속 인물들을 새롭게 탄생시킨다. 이러한 과정에서 소설작가의 현실인식과 주제의식과 지향점이 반영된다.

이 글에서는 교양 선택 과목인 '문학과 젠더' 강의에서 동화와 신화를 적극적으로 차용한 소설 「하르피아이와 축제의 밤」구병모, 2017을 분석하여 발표하고 토론한 실제수업사례를 바탕으로 해당 텍스트 해석을 통한 학생들의 사고 확장 과정을 소개한다. 먼저 신화적 상상력을 경유한 이 소설이 어떤 수사학을 통해 현재 한국사회를 형상화 했는지 집중적으로 분석한다. 이어서 소설 속에서의 핵심 논쟁지점이 현실사회를 반영하는 양상에 대한 수강생들의 발표와 토론 내용을 서술한다. 여기서 학생들이 논점을 확장해 가는 과정 또한 고찰한다. 나아가 '타자에 대한 이해 불가능'과 '페미사이드Femicide'라는 묵직한 사유와 뜨거운 논점을 담고 있는 이 소설에 대한 분석과 토론을 통해 학생들이 지금 현재 한국사회에서 가장 직접적으로 실감하는 논쟁지점을 답사한다.

'문학과 젠더' 교과목은 페미니즘의 시각으로 문학텍스트 읽기에서 시작하여 이를 현재 사회문화와 자신의 삶과 연결지어 사유하고 토론하는 수업이다. 현재 한국사회에서 여러 온라인 커뮤니티들이 무지로 인해 페미니즘의 개념을 왜곡하고 있으며, 일부 정치인들은 정치적 이해관계에 따라 의도적으로 페미니즘의 의미를 오염시키고 있다. 그러나 문학 장場 안에서 페미니즘은 그 어느 때보다 주목받는 소재이자 사상이자 방법론이 되고 있다. 또한 첨예한 젠더 갈등 시대에 '젠더'에 대한 올바른 인식과 감수성을 키우는 것은 대학교육의 중요한 과제이기도 하다. 따라서 페미니즘의 시각으로 문학텍스트 읽기에서 시작하는 '문학과 젠더' 수업은 젠더에 대한 올바른 인식과 감수성을 키우는 방향으로 나아간다. 발표와 토론을 위해 선정된 텍스트들 중에서 「하르피아이와 축제의 밤」은 가장 열띤 분위기에서 토론이 이루어진 텍스트이다. 그만큼 많은 논점들을 내포한 소설이라고 할 수 있다.

해당 텍스트의 저자인 구병모는 등단작인 『위저드 베이커리』2009부터 시작해서 줄곧 신화와 동화를 소설에 가져와서 판타지적인 서사세계를 구축해 온 작가이다. 하지만 그 판타지적인 세계는 현실에 대한 냉철한 진단으로 향한다. 고영진은 구병모가 "재난이 일상이면서 동시에 계급화 된 세상 속에서 피난마저도 봉쇄당한 평범한 사람들의 반응을 환상과 동화라는 전략적 수사로 구현"한다고 해석하고, 구병모가 이러한 문제의식과 전략적 수사방법을 지속적으로 유지 발전시키면서 자신의 단편소설을 하나의 맥락을 가진 연작소설 계열로 구성한다는 점에서 단편소설의 외연을 확장하는 새로운 방법론을 제시한다고 덧붙인다.[3)] 이를 입증하기 위해서 고영진은 「조장기鳥葬記」, 「식우」, 「여기 말고 저기, 그래 어쩌면 거기」, 「타자의 탄생」, 「덩굴손증후군의 내력」, 「고의는 아니지만」, 「빨간 구두당」 등 다수의 단편소설들을 분석한다. 그런데 「하르피아이와 축제의 밤」은 고영진이 말하는 '구병모가 구성한 연작소설 계열'에서 비껴간다. 단편소설집 『고의는 아니지만』과 『그것이 나만은 아니기를』을 대상으로 "구병모 소설의 재난 의식과 에코페미

3) 고영진, 「단편소설의 외연과 전략적 수사 - 구병모 단편소설 연구 -」, 『한국문학이론과 비평』 제21권 제2호, 한국문학이론과 비평학회, 2017, 153-154쪽.

니즘의 상상력"[4]을 논한 정연희의 연구에도 「하르피아이와 축제의 밤」은 해당되는 텍스트가 아니다. "현대소설에서 나타난 생태학적 정체성 양상"[5]을 논한 안아름의 논문에서도 구병모의 「덩굴손증후군의 내력」이 분석되지만 「하르피아이와 축제의 밤」은 이 범주에도 속하지 않는다. 구병모의 「한 스푼의 시간」을 중심으로 "캐릭터 AI와 현대환상서사의 새로운 지형"[6]을 탐구한 고영진의 글과 구병모의 등단작이자 독특한 성장서사를 구축한 『위저드 베이커리』 분석을 통해 "청소년 환상소설의 문학교육적 의미와 '가치의 세계'"[7]를 고찰한 나병철의 연구에도 「하르피아이와 축제의 밤」이 자리할 여지는 보이지 않는다.

즉 「하르피아이와 축제의 밤」은 선행 학술논문에서 전혀 연구되지 않았으며, 신화와 동화를 차용하는 서사전략과 만연체의 문체와 반전과 충격과 불친절한 도약을 내포한 결말구성 등에서 구병모의 에토스가 고스란히 녹아있는 단편소설이면서도 구병모의 여타 다른 소설들과 차별화 된다. 「하르피아이와 축제의 밤」은 '페미니즘 소설'이라는 표제를 단 소설집 『현남오빠에게』2017에 수록되어 있다. 조남주, 최은영, 김이설, 최정화, 손보미, 구병모, 김성중 등 7명의 여성작가들의 단편이 수록된 소설집 『현남오빠에게』는 페미니즘 리부트와 백래시가 충돌하는 정점에서 기획된 소설집이라고 할 수 있으며, 7명의 여성작가들은 각자의 시선과 경험과 언어로 당대의 한국사회문화의 젠더지형을 소설로 형상화 했다. 「하르피아

4) 정연희, 「구병모 소설의 재난의식과 에코페미니즘의 상상력」, 『문학과 환경』 제21권 제4호, 문학과 환경학회, 2022, 233-260쪽.

5) 안아름, 「현대소설에서 나타난 생태학적 정체성 양상 연구」, 『문학과 환경』 제16권 제4호, 2017, 191-222쪽.

6) 고영진, 「캐릭터AI와 현대환상서사의 새로운 지형」, 『어문연구』 제112호, 어문연구학회, 2022, 145-170쪽.

7) 나병철, 「청소년 환상소설의 문학교육적 의미와 '가치의 세계'」, 『청람어문교육』 제42호, 청람어문교육학회, 2010, 399-430쪽.

이와 축제의 밤」은 신화적 상상력을 경유해서 현재 한국사회에서 가장 뜨거운 논쟁이 될 수 있는 지점을 겨냥하며 전복적이고 전투적인 서사세계를 구축한다. 인류의 역사가 이어지는 동안 신화와 동화와 현실세계에서 지속적으로 이어져온 '여성 살해Femicide'를 정면으로 응시하는 이 소설은 불친절하기에 더더욱 매혹적으로 다가오는 텍스트이다. 이 소설 속에서 다양하게 언급되는 동화와 신화의 이야기들 그리고 실제 역사적 인물의 이야기까지 모두 치밀하게 구성되었으면서도 느닷없이 튀어나오는 것 같은 서사전략이 긴장되고 흥미로운 독서과정을 이끌어 낸다. 즉 학생들이 단편소설의 미학과 사회적 의미를 체험하고 '문학'과 '젠더'의 융합적 사고를 확장하기에 매우 적절한 작품이다.

수강생들은 처음에는 해당 텍스트를 다소 어려워하기도 했지만 조모임과 조별발표, 이어진 토론 과정에서 상당한 사고 확장 과정을 보여주었다. 해당 텍스트에 대한 다양한 해석과 확장된 적용뿐만 아니라 해당 텍스트에서 재현된 폭력과 폭력에 대한 대응, 선행폭력과 대항폭력이라는 만만치 않은 논점을 현실세계에 접목시켜서 현재 한국사회 (젊은)여성들의 달라진 대응방식에 대해 열띤 토론을 이어갔다. 본론 2장에서는 소설 「하르피아이와 축제의 밤」이 현실에 개입하는 소설적 방식과 그 미학적/사회적 의의를 분석하고 해당 텍스트에 대한 수강생들의 해석과 사고의 확장내용을 소개한다. 3장에서는 이 소설을 통해 유추할 수 있는 현재 한국사회의 모습들 중에서 학생들이 집중적으로 토론한 논점들과 토론내용을 서술하고 그 의의를 분석한다. 단편소설 한 편이 가진 두터운 의미의 층들과 독특한 구성방식이 학생들의 지적 호기심을 자극하는 양상과 학생들이 현재 자신이 처한 사회문화에 대해 비판적으로 사유하며 사고와 표현의 범위를 확장하는 과정을 실증적으로 분석할 것이다. 이는 '문학'과 '젠더'의 학제적 융합적 교양교육 사례를 보여주는 한 전범典範이 될 것이다.

2 소설 속 신화적 세계에 대한 현실적 해석과 확장

1) 인용과 상징으로 가득한 서사구성 방식이 구현한 미덕

「하르피아이와 축제의 밤」의 공간적 배경은 두 곳으로 구획된다. 시선과 서술의 주체인 인물화자 '표'가 현재 위치한 섬과 표의 일상이 이루어지는 도시이다. 그러나 표의 일상이 이루어지는 도시는 표의 회상에 의해서 묘사될 뿐 주된 공간적 배경은 표가 행사에 참가하기 위해 배를 타고 들어온 섬이며 그 섬은 분명 현실세계이지만 현실적으로 납득 불가능한 신화적 세계이기도 하다. 이 소설의 서두는 구병모 작가 특유의 만연체 문장으로 시작되며 첫 문장만으로는 상황파악이 쉽지 않고 첫 문장이 다음 문장의 독해를 이끌어가고 독자의 추리와 재구성을 요구하는 서술구조를 취한다.

> 고요만 감도는 골목길로 뛰어들었을 때 비로소 사냥꾼들의 사정거리에서 벗어나 피와 먼지바람 한복판을 빠져나왔다는 안도감과, 한편으론 구체적 형상을 띤 이 골목길의 광경 또한 수많은 속임수 가운데 하나일지 모른다는 긴장감이 의식 한가운데로 밀려왔고, 정신없이 달리느라 잊은 동안 발뒤꿈치에 흘러 질척거리는 피가 뒤늦은 통증의 신호를 보내왔다 …… 작은 한숨을 토하고 한쪽 다리를 들어올리면서 허리를 숙이자 낭창낭창한 힐 한쪽만으로 버티고 선 다리의 근육이 찢어질 듯 당겨왔다.8)
>
> 그러나 스테레토 힐은 결코 발바닥에서 떨어지지 않았다. 죽을 때까

8) 구병모, 「하르피아이와 축제의 밤」, 조남주 외, 『현남오빠에게』, 다산책방, 2017, 203쪽.

지 춤추어야 하는 왕비의 달군 무쇠구두처럼, 사형 집행인의 도끼에 발목이 잘릴 때까지 춤출 수밖에 없는 카렌의 빨간 구두처럼, 표가 발에 꿴 이것은 두 개의 달 위를 걷는 모카신인지도 몰랐다. 벗을 수 없는 건 구두만이 아니었다 …… 아마도 옷이 몸을 죄는 감각이 살과 들어붙었다는 느낌으로 변질된 듯싶지만, 네소스의 피가 묻은 옷을 입고 몸부림치다 제 살을 뜯어낸 헤라클레스가 마지막 순간에 꼭 이랬을 것 같았다.[9]

소설의 도입부에서부터 스토리를 이해하기 위한 독자의 몰입과 배경지식이 필요하다. '사냥꾼들'로부터 도망친 골목길에서 구두가 벗겨지지 않는 현실을 납득하지 못하는 '표'는 여장남자대회에 참가한 남성이며 구두뿐만 아니라 옷도 벗겨지지 않는다는 기이한 현실에 직면하게 된다. 또한 '왕비의 달군 무쇠구두' '카렌의 빨간 구두' 등의 동화와 '네소스의 피가 묻은 옷을 입은 헤라클레스'라는 신화 속 인물 이야기, '두 개의 달 위를 걷는 모카신' 같은 인디언 속담까지 여러 배경지식과 그것으로부터의 의미유추가 부과된다. 또한 동화와 신화와 속담민담은 소설 「하르피아이와 축제의 밤」에서 전하고자 하는 주제적 메시지의 원형이기도 한다. 벗겨지지 않는 구두와 옷은 무엇을 상징하는가? '두 개의 달 위를 걷는 모카신'은 자신이 직접 겪어보지 않고는 타자를 이해할 수 없다는 의미를 가지고 있지만 이 소설에서는 구체적으로 무엇을 말하고자 하는가? 수강생들의 발표와 토론은 여기서부터 시작된다. 또한 표에 의해서 언급된 '카렌의 빨간 구두'는 무척 잔혹한 동화이다. 동화를 일컬어 "정신세계를 압박하는 닫힌 텍스트"[10]라고 규정한 에코Umberto Eco의 언술은 동화가 기존사회의 관습과 질서를 존속하려 한다는 의미이다. 때문에 동화 속에서 위반자에 대한 공동체의 처단은 가혹할 수밖에 없고, 안데르센의 여성혐오는 신분과 연령을

9) 구병모, 앞의 책, 204-205쪽.
10) 움베르토 에코, 김운찬 역, 『이야기 속의 독자』, 열린책들, 2009, 135쪽.

막론하고 모든 여성인물에게 금기와 위반에 대한 처단이라는 서사를 반복하게 했다. 교회에서 검은 구두 대신 빨간 구두를 신은 카렌은 그 대가로 '붉은 수염을 가진 문지기'의 저주 그대로 춤을 멈추지 못하고 자신의 발목이 잘린 후에 참회한다. 여성에게 엄격한 관습과 규율은 그 위반에 대해서도 폭력적인 응징을 가한다. 이 동화는 욕망을 가지는 여성은 발목이 잘리는 처벌 같은 잔혹한 형벌을 받을 것이라고 경계한다는 의미에서 에코의 전언대로 '정신 세계를 압박하는 닫힌 텍스트'이며 기존 주류 이데올로기에 복무한다. 동화에 대한 재해석과 재평가 역시 학생들의 발표와 토론의 주요 논점 중 하나이다.

독서가 진행되면서 표가 신은 구두가 벗겨지지 않는 것이 신화적동화적 상상력을 경유하여 보다 정교하게 고안된 서사장치임을 알게 된다. 섬에 초대된 이들은 성범죄자들이었고 무대에 오른 그들에게 화살을 쏜 이들은 현실사회에서 가해자에게 관대한 법적용으로 인해 처벌을 피해간 성범죄자들을 섬으로 유인한 재판관이자 집행자들이다. 이들은 표의 시선에서 다음과 같이 묘사된다.

> 달빛을 등지고 서서 표를 둘러싼 이들은 검은 후드를 쓴 사냥꾼들이었다. 어두운 그림자 한가운데서 펄럭이는 후드 자락은 맹금류가 날개를 펼친 듯 보였고, 저마다 옆구리 아래로 내린 활은 갈퀴 모양의 발톱인 양 날카로운 빛을 냈다.[11]

표가 묘사한 이들의 모습에서 제목에서 제시된 '하르피아이'의 의미도 드러난다. 저자 구병모는 작가의 말에서 "하르피아이는 그리스 신화에 등장하는 여성의 얼굴과 새의 몸을 지닌 괴물로 뜻은 '약탈하는 여인'이다."[12]라고 소개하고 이어서 여성을 괴물 아니면

11) 구병모, 앞의 책, 238쪽.
12) 구병모, 앞의 책, 242쪽.

요정으로 등장시키는 것은 성녀-창녀의 이분법만큼이나 오래된 문화적 서사적 관습이라고 덧붙인다. 그리스 신화 속에서 '약탈하는 여인'이라는 부정적인 뜻을 가진 괴물이었던 '하르피아이'는 작가의 변용에 의해서 맹금류가 날개를 펼친 듯한 후드를 쓰고 갈퀴 모양의 발톱인 양 날카로운 빛을 내는 활을 든 사냥꾼/심판관이 되었다. 작가의 신화적 상상력을 경유한 하르피아이는 더 이상 약탈하는 괴물이 아닌 적극적으로 정의를 구현하는 처단자가 된다. 그렇다면 표는 그들의 심판과 처단으로 죽는 것이 마땅한가? 이는 수강생들의 토론 과정에서 많은 이견들이 제시된 질문이며 보다 심화된 문제를 제기하게 한 질문이기도 하다.

표는 다른 참가자들과 달리 성범죄자가 아니다. 성범죄자인 '한' 대신, 한으로부터 돈을 받기로 하고 대신 참가한 것이다. 하지만 서사 내에서 표는 자기변명과 자기합리화에 열심인데, 이는 그가 결백하다고 하기에는 미진한 부분이 많다는 방증이기도 하다. '표'가 결백하지 않다는 것은 현재 한국사회에서 성범죄 관련 중요한 논점 중 하나인 '2차 가해'의 문제와 연결된다. 또한 '방관'의 유무죄 여부와 '중립'에 대한 도덕적 판단이라는 묵직한 사유도 내포한다. 표의 회고적 서술에 의해 전개되는 일련의 과정은 현재 한국사회의 모습을 그대로 반영한다.

> 일 년 남짓 동거한 여자친구가 헤어지기 전, 최소한의 상식을 지닌 사람으로서 어떻게 그런 인간과의 관계를 유지할 수 있는지, 너도 같은 인간이 되고 싶어서인지 혹시 한에게 뭐 약점이라도 잡혔거나 아니면 나중에 콩고물이라도 빼먹을 게 있어서인지 물은 적 있는데, 그때 표는 대수롭지 않다는 듯 대답했었다.[13)]

> 한 사람만 무시하면 회사가 굴러가는데, 굳이 위험을 감수할 것까진……

13) 구병모, 앞의 책, 222쪽.

> 그런 무해한 척하는 순진함은 사실 나태함의 다른 이름이고 결국 넌 기꺼이 2차 가해자로 복무한 거야 …… 말이 심하다니 천만에, 그걸 복무가 아닌 다른 어떤 이름으로 부를 수 있겠니 …… 피곤하다고? 저쪽은 인생이 조각났는데 고작 피곤함 따위를 내세우게 생겼냐고.[14]

> 오직 중립의 세계에서 가능한 한 변색이나 탈색 없이 충실하게 살아왔을 뿐인 평범한 생활인으로서, 이렇게 한데 뭉뚱그려 사냥 대상이 되기엔 억울하다는 탄원을 어디다 어떻게 해야 할지 알 수 없었다.[15]

표의 회사 동료 한이 같은 회사직원에게 성범죄를 저지르고도 막강한 배경을 바탕으로 집행유예 처리되고 대형로펌을 끼고 명예훼손으로 맞고소 하겠다며 피해자로 하여금 회사를 그만두게 만드는 상황은 현재 한국사회에서 빈번한 직장 내 성폭력이나 권력형 성범죄의 양상 그대로이다. 표는 가해자인 한과의 관계를 계속하는 것으로 인해서 여자친구로부터 거센 비판을 받지만 무엇이 문제인지를 인식하지 못한다. 심지어 "한 사람만 무시하면 회사가 굴러가는데"라고 생각한다. 그 한 사람이 피해자임에도 불구하고 피해자를 희생양으로 삼아 공동체를 지속하는 것을 정당화하려 한다. 이는 르네 지라르의 '마이너스1의 평화'를 연상시키는 사고방식이다. 한 사람의 희생양을 만듦으로써 공동체는 유지되지만 문제는 그 사람이 희생양이 되어야 하는 인과적 이유가 없다는 것이며 누구라도 희생양이 될 수 있다는 것이다. 피해자에게 불이익이 돌아가는 2차 가해는 특히 성범죄에서 빈번한데 표는 '방관'이 2차 가해가 될 수 있음을 인정하지 않으려 하고, 중립이 결국 가해자의 포지션에 서게 되는 것을 인식하지 못하고 있다. 그렇다면 하르피아이의 현현 같은 외관을 한 심판관들은 표에 대해서 어떤 판결을 내리는가? 맹금류의 날개처럼 보이는 후드옷을 입고 갈퀴 모양의 발

14) 구병모, 앞의 책, 224쪽.
15) 구병모, 앞의 책, 233쪽.

톱 같은 활을 늘어뜨린 심판관들은 표의 화장이 반만 지워진 것에 주목한다. 화장이 지워진 것을 보고 "집행대상이 아니"라고 했지만 화장이 반만 지워졌다는 것은 표에게 죄를 묻는 것이며 이는 표가 완전히 무죄인 것이 아니라는 것을 시사한다. 방관과 중립을 가장한 2차 가해 외에도 표는 섬에서 무고한 사람을 죽이는 결정적인 잘못을 저지른다. 이는 3장의 논점과 연결되므로 3장에서 논하기로 한다.

2) 퍼즐 맞추기 방식의 독서와 그 의미

수강생들은 우선 「하르피아이와 축제의 밤」을 처음 읽었을 때는 이해하기 쉽지 않았다고 고백한다. 그러나 재독과 조모임을 거치면서 해당 텍스트에 흥미를 가지게 되었다고 밝혔으며 가시적인 논점들부터 심화 확장된 논점들까지 적극적인 토론을 이어갔다. 먼저 학생들이 찾아낸 논점은 '여장남자대회'와 '벗겨지지 않는 구두와 옷'이 내포한 함의와 상징성에 대해서이다. '여장남자대회'는, '남장여자대회'가 드물다는 것을 생각해보면 여성의 '성상품화'와 관련된 의미라는 의견이 지배적이었으나, 텍스트에서 제시된 '두 개의 달 위를 걷는 모카신'과 연결지어 '역지사지'의 메시지를 읽을 수 있다는 의견도 있었다. 벗겨지지 않는 구두와 옷은 여성을 억압하는 '코르셋'을 상징하며 남성인 표가 벗겨지지 않는 여성의 복장을 하고 있는 것에서 '역지사지'의 의미를 부과했다는 의견이었다. 여장남자대회에 초대장을 받은 것은 애초에 한이었으나 한이 여장을 하는 것에 혐오감과 공포를 보이는 것에서 유추되는 '여성혐오'에 주목하여 '두 개의 달 위를 걷는 모카신'이 시사하듯이 타자에 대한 완벽한 이해는 애초에 불가능하지만 이해하려는 시도조차 막는 타자혐오에 대해 주목한 학생도 있다.

「하르피아이와 축제의 밤」에서 제시된 여러 동화와 신화 이야기를 통해 수강생들은 동화와 신화 속의 여성혐오에 대해서 토론을 이어갔다. 텍스트에 제시된 '카렌의 빨간구두' 외에도 널리 알려진 안데르센과 그림 형제의 동화들 속에서 흔히 볼 수 있는 왕자에 의해서 구원받는 수동적인 여성상이나 '여적여' 구도, 욕망을 추구하는 여성에 대한 가혹한 처벌 등의 여성혐오적인 동화들이 디즈니 픽사의 전복적인 노력을 통해 지속적으로 재창조되는 반면, '선녀와 나무꾼' 같이 성범죄의 요소가 있는 한국 전래동화가 여전히 그대로 읽히고 있는 것에 대해 문제를 제기했다. 또한 권선징악의 교훈을 가지고 있는 것으로 배웠던 '콩쥐팥쥐' 등도 잔혹한 여성혐오를 담고 있음을 지적한 학생도 있다. 교수자의 추가적인 설명에 의해 그리스 로마 신화에서 대표적인 마녀로 지목되는 '메두사' 신화가 여성에 대한 욕망과 거세불안을 가진 남성적 시선에 의해 쓰였다는 것을 알게 된 학생들은 신화 속 메두사가 포세이돈에 의해 성폭행 당한 피해자였으며 자신을 바라보는 남성을 돌로 변하게 하는 저주를 받게 되었다는 신화의 디테일을 접하고 경악을 금치 못했다. 머리카락이 모두 뱀이 된 메두사 신화는 창세기 신화에서 볼 수 있는 여성혐오와 맥락을 같이 하며 가해자가 아닌 피해자가 처벌을 받는 상황이 동서고금을 막론하고 가부장사회에서 이어져 온 여성혐오의 양상이라는 인식을 함께 하게 된다. 또한 신화가 계속 재해석 되고 신화 속 인물이 계속 재창조되며 동화 역시 재해석과 재평가, 재창조되어야 하듯이 문학 고전도 다시 읽혀야 한다는 논의에까지 이르게 되었다. 특히 '젠더'의 시각에서 수행되는 재해석과 재평가는 문학문화사 전체를 다시 구축해야 할 거대한 작업이며, 저자와 독자의 일방향적인 소통이 아닌 양방향 소통이 가능해진 현대사회는 '혐오'를 더 이상 예술로 포장할 수 있는 시대가 아니라는 결론에 도달하게 된다.

한편 성범죄자인 한 대신 한으로부터 돈을 받기로 하고 대신 대회에 참가한 표가 심판과 처단으로 죽는 것이 마땅한가라는 질문은 수강생들의 토론 과정에서 여러 의견들이 제시된 논점이며 학생들로 하여금 보다 심화된 문제를 제기하게 한 질문이다. 우선 표가 '중립' 속에서 살아왔기에 자신은 죄가 없다고 토로하는 장면에 대해서 많은 학생들은 대한민국 현실사회문제에서도 '중립기어'라는 말이 부정적인 뜻으로 쓰일 수 있음을 논한다. 특히 가해자와 피해자가 있을 때 중립을 자처한다는 것은 결국 현상유지에 일조함으로써 피해자를 절망하게 하고 결과적으로 가해자의 편에 서는 것이라는 의견이 우세했다. 학교폭력의 경우에도 방관은 도덕적으로 옳지 못하며 피해자 학생을 더욱 고립시키고 가해 학생이 마음껏 피해 학생을 괴롭히게 놔두는 결과를 가져오므로 방관도 죄라는 결론에 이르게 된다. 그 죄의 무게감을 옷이 반만 고통스럽게 벗겨지는 걸로 표현했다는 점이 무척 인상적이었다는 의견도 있었다. 게다가 표는 자신의 잘못을 인식하기보다는 계속 남 탓을 하고 자기변명과 자기합리화에 급급하다는 비판이 제기되기도 했다. 반면 좀 다른 시각에서의 의견을 제시한 학생도 있는데 다른 참가자들과 달리 표가 화살의 공격을 받게 된 것에는 명확한 인과관계가 없고 이는 현실세계에서 역사적으로 인과관계 없이 여성이 당하는 공격과 유사하다는 의견이다. 여성의 복장을 하게 된 표는 현실사회에서 여성혐오범죄에 희생당하는 여성의 입장이 된 것이라고 해석하는 학생들이 있었고 이는 다시 다른 이의 신을 신고 걸어보기 전에는 그의 입장을 이해할 수 없다는 '역지사지'의 결론으로 이어졌다. 그렇다면 폭력을 (대항)폭력으로 대하는 방식도, 혐오에 대한 분노를 혐오로 표현하는 방식도 '역지사지'로 향하는 수단이 된다는 의견이 나왔으며 이는 3장에서 다루게 될 논점으로 연결된다.

3 이 방식은 '상호파괴적'인가. 소설과 현실에서의 대항서사

1) 허구서사 속 복수와 처단이 현실세계에 전하는 메시지

표는 다른 참가자 '신'과의 대화를 통해 자신은 '신'과 달리 무고하며 '한'이 받아야 할 벌을 대신 받게 되었다는 분노로 인해 그의 눈에 띈 여자의 형상을 향해 각목을 휘두르며 돌진한다. 어차피 홀로그램일 거라는 표의 생각과 달리 쓰러진 여인의 머리에서 흘러나온 피는 실제였다. 표는 또다시 자기 잘못을 부정한다. 혼란과 공포를 준 사냥꾼들과 자기보존의 본능을 제외한 모든 인간다운 의식을 강탈해 간 누군가에게 잘못이 있다고 변명한다. 그러던 표의 눈에 띈 것은 그가 죽인 여성의 에코백이었고 그 안에는 쪽지가 있었다.

> 그것은 누군가에게 보내는 메시지였다. 다른 이들은 어떨지 몰라도 나는 이런 상호 파괴적인 게임에는 동의하지 않습니다. 살아 있는 누구든, 이걸 발견한다면 가져가서 드세요. 그리고 부디 온 힘을 다해 도망치시기를. 장년의 평범한 여인이 얼굴도 모르는 누군가를 위해 어느 길목엔가 눈에 띄게 내려놓으려 했던 파스텔 톤의 에코백 안에는 과일 말고도 빵과 생수 등 각종 식량이 그득 담겨 있었다.[16]

즉 표는 자신을 도와주려 한 여인에게 각목을 휘둘러 죽게 한 것이다. 여인의 죽음이 표의 의도가 아니었다고 해도 누군지도 모르는 여인의 형상에게 표가 각목을 휘둘렀다는 것은 변명의 여지가 없다. 여기서 죽은 여인이 남긴 메시지에 주목할 필요가 있다. "나는 이런 상호 파괴적인 게임에는 동의하지 않습니다."라는 글은 "명세서에 알맞게 지급되지 않은 과오의 우수리를 목숨으로 받아내려

16) 구병모, 앞의 책, 237-238쪽.

는"17)행위, 즉 제대로 처벌받지 않은 성범죄자들에 대한 처단을 '상호 파괴적인 게임'으로 보는 것이다. 이는 선행폭력에 대한 단죄와 보복으로서의 대항폭력을 반대하는 메시지라고 볼 수 있겠다. 지속되는 폭력에 저항하기 위한 수단으로서의 폭력, 즉 대항폭력에 대해서는 줄곧 논쟁이 있어왔다. 폭력에 대한 저항방식으로 폭력을 택하는 것을 반대하는 대표적인 인물인 간디부터 악마와 싸울 때 스스로도 악마가 되지 않도록 조심해야 한다는 니체의 사유 그리고 대항폭력을 '신적 폭력'으로 옹호했던 지젝까지 폭력에 저항하는 수단으로 폭력을 사용하는 문제에 대해서는 나름의 이유와 근거를 가지고 대립하게 된다. 혁명이나 독립운동 등도 폭력을 사용한 저항이었기에 더더욱 그러하다. 지속되는 폭력에 저항하기 위한 수단으로 폭력을 사용하는 문제에 대한 수강생들의 여러 의견 교환은 다음 절에서 소개한다.

현실사회의 법이 제대로 처벌하지 않는 성범죄자들을 섬으로 유인해서 처단하는 서사는 사적복수 또는 대항폭력의 의미를 가지고 있다. 이런 일은 소설이나 영화 등 허구서사에서만 가능하다. 허구서사에서 재현되는 대항폭력을 현실사회에 대입해본다면 좀 더 실제적인 토론이 가능하리라는 가정 하에, 본 수업에서는 오랜 기간 지속되어온 여성혐오발언들에 혐오발언으로 되갚는 '미러링'이 「하르피아이와 축제의 밤」이 파생하는 확장된 담론이 될 수 있다고 보고 이에 대해 토론했다. 미러링은 물리적인 폭력을 수반하는 것은 물론 아니다. 그러나 미러링은 선행된 여성혐오언어 원본에 대한 대항서사이며, 혐오를 혐오로 받아친다는 의미에서 그것을 언어적인 대항폭력으로 볼 수 있다. 「하르피아이와 축제의 밤」이 수록된 소설집 『현남오빠에게』가 기획되고 출간된 시기는 페미니즘 리부트의 시기였고 '메르스 갤러리'와 '강남역 살인사건' 등 여성혐오의

17) 구병모, 앞의 책, 231쪽.

표출이 극대화된 시기였으며 이에 대항하는 메갈리아의 미러링이 부상하던 때이기도 했다. 메갈리아와 그 뒤를 이은 (좀 더 과격한 언어를 사용한다고 알려진)워마드의 등장을 '하르피아이'와 같은 괴물의 등장으로 느끼는 이들도 있고, 메갈리아와 워마드를 맹금류의 날개 같은 후드를 걸치고 날카로운 발톱 같은 활을 늘어뜨린 사냥꾼의 이미지로 연상하는 이들도 있다. 메갈리아와 워마드의 미러링은 혐오에 대한 혐오이다. 즉 '여혐혐'이라고 할 수 있겠다. 더 엄밀히 말한다면 여성혐오에 대한 '분노'이겠으나 '미러링' 전략의 특성상 혐오에 대한 혐오라고 해도 무방하리라 본다. 여성학자들이나 페미니스트 활동가들도 메갈리아와 워마드에 대해서는 의견이 엇갈린다. 특히 '생물학적 여성'을 내세우는 워마드에 대해서는 더욱 그러하다. 김선희는 『혐오 미러링: 여성주의 전략으로 가능한가?』라는 저서를 통해 현재 한국사회에서 (때로 정치적인 이해관계에 따라) 악마화 된 워마드에 대해 진지하고 본격적인 논의를 펼친다. 이미 주류질서에 편입한 여성학자 페미니스트들이 워마드를 페미니스트로 호명하는 데 주저하는 반면[18] 김선희는 워마드 역시 자신의 고유한 방식과 전략을 사용하는 페미니스트이고, 서로 상이한 전략과 입장의 한계에 대해 비판할 수는 있지만, 전략이 다르다고 페미니즘의 영역에서 배제시킬 근거는 없다고 말한다.[19] 부당한 여성 차별이 존재한다는 것과 그러한 성차별이 제거되어야 한다는 인식에 공감하는 것이 페미니스트가 되기 위한 최소조건이며, 이러한 페미니즘의 최소조건을 만족한다는 점에서 워마드가 페미

18) 2018년 7월 11일 한국여성단체연합은 〈워마드는 페미니스트가 아니다〉라는 성명을 발표했다. 또한 조한혜정은 "워마드를 '여성주의다, 아니다'로 구분하기보다 이례적 문화 현상으로 봐야 한다. 일부 여성의 과격한 언행에 집중하기보다 이들이 왜 이렇게까지 하게 되었는지를 생각해야 한다."고 밝혔다. 여기서 조한혜정은 워마드가 페미니즘인지 여부에 대해서는 판단을 유보하고 있다.
김선희, 『혐오 미러링 - 여성주의 전략으로 가능한가』, 연암서가, 2018, 5쪽.

19) 김선희, 앞의 책, 62쪽.

니즘이라는 것을 부정할 이유가 없다는 것이다.[20] 「하르피아이와 축제의 밤」에서 표에 의해 죽임을 당한 여인이 이런 상호파괴적인 게임에는 동의하지 않는다고 했을 때 이 역시 방식과 전략에 동의하지 않는다는 의미로 해석할 수 있다. 그렇다면 「하르피아이와 축제의 밤」의 내포작가는 상호파괴적인 게임에 동의하지 않는다는 여인의 입장에 서서 서사를 진행해 온 것인가?

자신 역시 2차 가해자로서 죄가 없는 것은 아니라는 사실을 인정하지 않았으며 폭력적인 행동을 취하는 과정에서 자신을 도와주려한 여인을 죽게 하고도 그것이 자기 잘못이 아니라고 변명하는 '표'에게 주목한다면, 이 소설의 내포작가는 죽임을 당한 여인의 선한 의도와 평화주의적인 태도가 선한 결과와 평화로 이어지는 게 아니라고 말하고 있다. 오히려 동화와 인디언속담을 차용하여 디자의 신을 신고 걸어보기 전에는 타인을 이해할 수 없다는 입장을 표출하고 있으며 이는 신화적 상상력을 거쳐 신화보다 더 신화 같은 실존인물을 떠올리게 하는 역지사지의 장場으로 표를 위치시킨다.

> 화장이 지워졌어.
> 그러게. 화장이 지워졌네.
> 그러면 이자는 집행 대상이 아니야.
> 그래도 봐. 그전엔 어땠을지 몰라도 지금은 저 나이든 여자를 죽였어.
> 그러게. 화장이 반만 지워졌네.
> 반도 아니야. 삼분의 일조차 되지 않아. 지워지다 말았지.
> 그러면 이렇게 하자. 가발이랑 나머지 옷도 구두도 다 벗겨내자.
> 좋아. 허물이 벗겨지는 자는 무죄. 벗겨지지 않으면 유죄.[21]
>
> 손들이 달려들어 옷을 잡아당기자 그전까지 피부의 일부인양 들러

20) 김선희, 앞의 책, 61-62쪽.
21) 구병모, 앞의 책, 238쪽.

붙었던 한꺼풀의 옷이 떨어져 뜯어져 나갔다. 옷 곳곳에 붙어 나온 살점에서 악취가 풍겼다. 네소스의 함정에 빠진 헤라클레스, 아폴론과의 내기에서 패배한 마르시아스, 에우리디케를 영원히 잃고 여인들의 원한을 산 오르페우스, 도래할 새 봄의 파종을 위해 제 몸을 바치는 디오니소스까지 이런저런 이유로 살가죽이 벗겨지거나 육신이 찢어진 허구의 이야기 속 남자들은 하고많았으나, 이 순간 어둠 속으로 추락하는 표의 의식에 떠오른 것은 머리카락과 옷을 빼앗기고 굴 껍데기와 사금파리로 살이 도려내어져 살해당한 수학자 히파티아, 실존했던 그녀였다.[22)]

철학 분야에서 신플라톤주의를 완성하고 수학 분야에서 디오판투스의 대수학을 완성한 히파티아는 라파엘로의 벽화 '아테네 학당'에서 소크라테스 바로 앞쪽에 자리한 여성 철학자이자 수학자로서 알렉산드리아에서 플라톤 아카데미의 책임자로서 강의했다. 당시 알렉산드리아의 총독인 오레스테스는 히파티아를 숭배했다. 기독교 공인 직후 알렉산드리아의 대주교 키릴루스는 권력을 원했고 총독과의 긴밀한 관계를 원했다. 다신교도들을 몰아내고 세력을 확장하고 싶어 했던 키릴루스는 수도승들을 시켜서 히파티아를 납치한다. 히파티아는 옷이 찢기고 굴껍데기로 피부를 도려내는 잔인한 고문 도중에 죽었고 '마녀사냥'의 희생자가 된다. 이는 문명의 시대를 끝내고 야만의 암흑시대로 향하는 상징적인 사건이다. 옷이 찢기고 살점이 떨어져 나가는 순간 '표'가 떠올린 여러 인물들 중 히파티아만이 실존인물이며 여성이다. 즉 이 소설은 타자의 입장이 되어보아야 타자를 조금이라도 이해할 수 있다는 태도를 견지한다. 그것이 '상호파괴적인 게임'이 될지라도 역지사지의 입장에 처하지 않으면 절대로 깨달을 수 없다고 말하고 있는 것이다. 소설집 『현남오빠에게』의 발문을 쓴 이민경은 "이야기 속에서건 밖에서건 여성은 너무 자주 죽었다"고 언급하며 "「하르피아이와 축제의 밤」에

22) 구병모, 앞의 책, 239-240쪽.

서, 남성은 그 자리에 직접 위치되어서야 드디어 유구한 '여성 살해의 역사'를 몸소 이해한다"[23]고 논한다. 타자를 이해하게 되는 통로로서 '역지사지'를 말하는 것인데, '미러링' 역시 혐오의 원본을 만든 이들을 역지사지의 위치에 앉게 하는 것이다. '상호파괴적'이라고 해서 선행폭력과 대항폭력이 같은 것이 아니며 원본과 미러링이 같은 것이 될 수도 없다. 한쪽만 편한 사회는 약자와 타자와 피해자가 침묵하는 사회이므로 한쪽만 편한 사회보다는 양쪽 다 불편한 사회가 낫다고 하는 것이다. 신화적 상상력을 경유한 「하르피아이와 축제의 밤」은 현실 사회의 가장 논쟁적인 부분을 건드리며 판타지적인 요소를 가지고 있으면서도 리얼리즘을 지향하는 페미니즘 소설이 된다. 대항폭력에 대한 여러 의견과 더불어 현재 한국사회 뜨거운 이슈이기도 한 '미러링'은 수강생들이 가장 열띤 토론을 벌인 논점이다. 이를 다음 절에서 다룬다. 또한 실존 인물인 여성 철학자이자 수학자인 히파티아 살해와 페미사이드에 관련된 학생들의 토론 역시 다음 절에서 소개한다.

2) 대항폭력과 대항서사에 대한 수강생들의 발표와 토론

학기 초에 '문학과 젠더' 수강생들 대부분이 현재 한국사회에 만연한 '성별 갈라치기'와 '혐오'에 불편함을 호소했다. 또한 자신이 '젠더' 관련 이슈들과 페미니즘에 관해 잘 모르고 있다고 고백하고 제대로 알고 싶다고 한 학생들이 많았다. 또한 '문학'과 '젠더'가 어떻게 연결될지 기대된다는 의견들도 있었다. 수강생들이 제출한 글을 통해서 학생들이 젠더 관련 담론들이나 페미니즘의 개념에 대해서 잘 모를지라도 최소한 알고 싶어 한다는 것을 확인할 수 있었다. 또한 사회에 만연한 폭력과 혐오에 대해 불편함과 막연한 두

23) 이민경, 「여성의 이야기에 오래 머무른다는 것은」, 조남주 외 『현남오빠에게』, 다산책방, 2017, 281쪽.

려움을 가지고 있다는 것도 느낄 수 있었다. 수업이 진행되면서 수강생들은 문학 작품을 해석하는 여러 비평적 시각과 방법론들에도 흥미를 보였지만, 젠더 관련 개념들과 담론들에 더 집중하는 모습을 보였다. 특히 '페미니즘'에 대해 오해하고 있었다는 고백이 이어지게 된다.

선행 수업들의 바탕 위에서 「하르피아이와 축제의 밤」에서는 대항폭력과 대항서사에 대해서 논하기에 이른다. 설령 누군가 내게 폭력을 사용했다고 해서 폭력으로 대응하는 문제에 대해서는 대다수 수강생들이 반대하는 의견을 표출했다. 그런데 '사적 복수'의 차원에서는 반대하지만, 독재에 대한 저항이나 독립운동 등 대의명분이 뚜렷하고 폭력적인 수단 없이는 성공할 수 없는 경우에 있어서 대항폭력에 찬성한다는 의견이 다수 제시되었다. 대한민국의 현대사를 배운 학생들의 입장에서 독립운동이나 민주화항쟁에서의 무기 사용 등 폭력적인 방식에 부정적인 평가를 할 수는 없었을 거라고 생각된다. 교수자 또한 이 논점에 개입해서 따로 추가적인 질문을 할 필요를 느끼지 못했고 수강생들의 의견 교환 과정에서 논리적 오류나 비약 등이 없어서 지켜볼 수 있었다.

여성혐오언어에 혐오언어로 맞받아치는 '미러링'에 대해서는 상당히 열띤 토론이 이어졌는데 '미러링'의 의도와 전략에 찬성하는 입장이 더 많았다. 여학생들이 찬성하고 남학생들이 반대하는 것이 아니었기에, 다시 말하면 찬반의견에 학생들의 성별이 영향을 주는 것이 아니라는 것을 관찰했기에 '미러링'에 대한 찬성과 반대 의견은 해당 학생들 개개인의 성향과 경험에 의거한 것이라는 판단을 할 수 있었다. 반대하는 주장을 펼친 학생들의 논거는 다음과 같다.

> 모든 혐오발언이 듣기에 불편하다. 굳이 혐오발언의 양을 더할 필요는 없다.
>
> 혐오의 원본과 미러링이 부딪치면 결국 계속 혐오만 양산될 뿐이다.

지금 현재 한국사회에서 젠더 갈등은 무척 심각한데 미러링은 갈등 해소에 아무 도움이 되지 않는다.

미러링에 반대하는 수강생들의 논거는 '혐오는 나쁜 것'이라는 기본 전제 위에서 온건하고 합리적으로 표출되었으나 이러한 의견들이 의도와는 달리 결과적으로 가해자의 목소리가 될 수 있다는 반론이 나왔을 때 반박하지 못하는 한계를 목격하게 되었다. 한편 미러링의 의도와 전략에 찬성하는 수강생들의 논거는 좀 더 구체적이었으며 다양했다. 또한 미러링에 찬성하는 학생들은 사회변화를 바라는 의지를 강하게 표출했다. 이들의 논거와 주장은 다음과 같다.

여성 참정권 운동을 다룬 영화 〈서프라제트(Suffragette)〉에는 이런 대사가 나온다. 여성들은 지금까지 평화롭게 참정권을 얻기 위해 노력해 왔지만 돌아오는 것은 무시와 폭력이었고, '대항폭력'이야말로 남성들이 반응하는 유일한 방법이었다. 사회적 약자의 목소리를 듣기 위해서는 자신의 불편함은 조금 참을 줄도 알아야 한다.

메갈리아가 등장했을 때 수많은 남성들은 착한 페미니즘, 진정한 페미니즘 운운하며 페미니즘의 투쟁적 힘을 빼앗으려 했다. 좋은 말만 해선 변하지 않는 세상은 모른 척하고 여성들의 과격함만을 문제 삼았다. 하지만 여성들도 남성들을 모욕할 수 있다는 것을 보여준 뒤에야 형식적으로나마 여성들의 눈치를 보는 수준이 되었다.

많은 사람들이 '여성혐오반대'를 '남성혐오'라고 생각하지만 남성혐오는 불가능한 것이다. 혐오는 강자가 약자에게 행할 때 비로소 성립하기 때문이다. 미러링은 남성들의 생활에 아무런 위협도 되지 않는다는 점에서 실제로 폭력으로까지 이어지는 여성혐오와는 다르다.

일베 등의 여성혐오는 '혐오'에 의해서 추동되고, 메갈리아의 미러링은 '혐오에 대한 분노'에서 추동된다. 미러링은 혐오의 언어라기보다는 분노의 언어이다. 표현이 거칠다는 것도 여자가 하니까 거칠어 보이는 거 아닌가? 일베들이 하는 건 그동안 관심도 없었으면서, 여자가 하니까 난리치는 것이다. "김치녀" "보슬아치" "맘충" 등 여성혐오언어들이 만연할 때는 조용하다가 "한남충"으로 맞서니 그제야 혐오는 다 문제고 여자, 남자 사이좋게 지내자고 한다. 기만적이지 않은가?

원본이 사라지면 미러링은 존재할 수 없다. 왜 원본을 공격하지 않고 미러링을 공격하는가?

오늘 발표 내용에서도 알 수 있듯이 어느 시대에나 '마녀사냥'이 있었고, 어느 시대에나 페미니스트는 마녀취급, 괴물취급을 받았다. 한때 트위터에서 젊은 여성들 사이에 많이 인용되었던 문구는 "우리는 너희가 미처 불태우지 못한 마녀들의 후손들이다"이다. 워마드를 움직이는 동력에는 여자들의 사명감도 있다고 생각한다. 이 나라를 뜯어고치고 다음 세대 여성들은 이렇게 살지 않도록 하자는 사명감이 있다. 여성혐오세력이 그들을 죽여도 다른 이들과 다음 세대가 싸울 것이다.

수강생들의 토론 과정에서 교수자가 몰랐던 일베의 어휘들과 워마드의 어휘들을 알게 된 것도 흥미로운 경험이었으며 젊은 여성들의 분노 게이지도 체감할 수 있는 기회였다. 또한, 위에 소개된 학생들의 논거에서 알 수 있듯이, 그 분노가 감정적인 것이 아니라 이성적이고 냉철하다는 것도 알 수 있었다. 즉 어떤 방식으로든 가해자를 움찔하게 만들지 않는다면 가해의 행위는 멈추지 않는다는 직접/간접 경험에 의해, 아무 것도 하지 않으면 폭력이 지속되고 반복된다는 인식의 바탕 위에서, 더 이상 기만당하지 않겠다는 의지의 표출이라는 것을 느낄 수 있었다. 이어 실존했던 철학자이자 수학자인 히파티아와 페미사이드에 대한 논의가 이어지면서 대항서사가 필요하다는 쪽으로 토론의 축이 확실하게 기울게 된다. 한 학생은 입시논술을 준비하면서 히파티아가 재현된 라파엘로의 벽화 '아테네 학당' 사진을 본 적이 있다고 밝혔다. 그때 논술 담당

교사는 다른 철학자들에 대해서만 언급하고 히파티아에 대해서는 언급하지 않았다고 증언하고 왜 중고등학교 때 히파티아에 대해서는 배우지 않았는지, 이 역시 여성혐오문화를 입증하는 것이 아니냐는 발언을 하기도 했다. 조별 발표에서 자료조사를 담당한 수강생은 히파티아370~415가 신플라톤주의를 완성한 철학자라는 이유로 기독교도들에게 살해당했으므로 이를 '이교도 살해'로 주장하는 이들도 있지만, 동시대 신플라톤주의자였던 남성 철학자인 아우구스티누스354~430는 살해당하지 않았으므로 히파티아 살해는 페미사이드가 맞다고 주장했다.

이어서 토론은 현재 한국사회에서의 페미사이드 문제로 이어졌는데, 대표적인 페미사이드 사건으로 '강남역 살인사건'이 언급되었으며 최근 여성이 숏컷을 했다는 이유로 일면식도 없었던 편의점 아르바이트 여성을 폭행한 사건도 여성혐오범죄이자 페미사이드에 속한다는 발언도 나왔다. 이에 대한 저항의 한 방식으로서 대항서사가 필요하다는 주장이 우세한 가운데 한 학생은 「하르피아이와 축제의 밤」에서 '한'은 어떻게 되는 거냐는 질문으로 현실사회에 대한 자신의 의견을 피력했다. 정작 처단되어야 할 한은 표를 대신 섬에 보낸 채 또다시 빠져나갔는데 이는 현실사회에서 정작 처벌받아야 할 이들이 교묘하게 빠져나가서 2차 가해를 일삼는 행태와 닮아 있다는 의견이다. 때문에 더더욱 대항서사가 필요하다는 주장이다. 이에 대해서 '미러링'의 방식에 반대 의견을 표출했던 학생들 중에서 대항서사가 필요하기는 하지만 우리 수업에서 다룬 소설들처럼 문학적인 방식으로 가능하다는 반론을 제기한 학생이 있었고, 이러한 반론에 대해서 반대쪽 학생들 중 하나가 '미러링' 중에 문학적인 방식들, 비유나 반어 등 문학적인 방식과 재치가 돋보이는 어휘들도 있다고 반박하기도 했다.

4 문학의 방식으로 현실에 개입하는 소설을 통한 사고의 확장

다양한 동화와 신화를 인용하고 신화적인 실존인물 히파티아의 자리에 남성인물 표를 위치시킨 소설 「하르피아이와 축제의 밤」은 비유와 상징이 뛰어난 작품이다. 또한 두터운 의미의 층을 내포하고 각 구성요소들이 정밀하게 배치되어 있으며 독자로 하여금 그 구성요소들을 조합하고 추리하여 의미망을 만들게 한다. 따라서 수강생들에게 단편소설의 미학을 향유하게 하기에 충분한 텍스트이다. 또한 페미니즘 소설집에 수록될 만큼 현재 한국사회의 젠더이슈를 직접적/우회적으로 다루고 있는 작품이므로 '문학과 젠더' 강의에서 다루기에 안성맞춤인 텍스트이기도 하다. 본고에서는 저자 구병모의 특색이 분명하게 드러나지만 저자의 다른 소설들과 차별화되며 선행학술논문에서 연구된 적이 없는 「하르피아이와 축제의 밤」의 서사시학적 특징들과 함의들을 분석했다. 또한 실제수업에서 이루어진 수강생들의 발표와 토론 내용을 상세하게 소개하면서 해당 문학작품이 학생들에게 주는 미학적/사회적 의의를 고찰했다. 동화와 신화가 기존질서를 수호하려는 지배계층의 이해관계에 복무하는 이데올로기를 내포하고 있는 이상 여성혐오가 포함된다. 그러나 동화와 신화에 대한 해석과 가치판단은 고정된 것이 아니며 시대의 변화에 따라 재해석되고 재평가되며 재창조된다. 문학텍스트에서 동화와 신화를 차용하는 것 역시 재해석과 재창조의 방식이며 이를 통해 문학의 방식으로 현실사회에 개입한다. 수강생들은 신화적 상상력을 경유하여 현실사회에 깊숙하게 개입하는 소설 「하르피아이와 축제의 밤」을 읽고 조별발표와 토론을 통해 사고의 확장을 표현할 수 있었다.

수강생들은 토론을 통해서 전세계적으로 유통되는 디즈니 픽사의 콘텐츠가 기존동화의 차별적이고 폭력적인 이데올로기를 전복한 재창조의 결과물들인 반면 한국의 문화산업에서는 그런 움직임이 약한 것에 대해 논했고, 중립의 함정과 결과적으로 가해자의 위치에 서게 되는 방관의 죄와 2차 가해에 대한 구체적이고 실증적인 토론을 이어갔으며, 소설텍스트 내에서 '상호파괴적인 게임'이라고 명명된 행위가 가해자를 역지사지의 지평에 서게 하는 것이라는 인식으로 이어졌다. 허구서사 내에서 형상화 된 대항폭력은 현재 학생들이 처한 현실사회에서 여성혐오에 대한 대항서사인 '미러링'에 대한 토론으로 연결되었는데, 여성혐오의 언어들과 그에 대한 미러링은 서로 간에 혐오만을 양산할 뿐 젠더 갈등 해결에 도움이 안 된다는 의견들도 제시되었으나 그보다 더 많은 학생들이 미러링의 의도와 전략에 동의하는 의견들을 발표했다. 결코 자신의 잘못을 인식하지 못하고 인정하지도 않았던 표가 옷과 함께 살점이 뜯기는 순간에 마녀사냥 페미사이드의 희생자였던 히파티아를 떠올린 것처럼 미러링은 혐오의 생산자들을 '역지사지'의 위치에 배치할 수 있다는 이유에서이다.

미러링에 찬성하는 수강생들이 훨씬 구체적이고 풍부한 논거들을 제시해서 생동감 넘치고 풍부한 토론이 될 수 있었다. 학생들은, 오랫동안 무수히 난무했던 여성혐오단어들에 대해서 문제를 제기하지 않다가 '한남충'이라는 미러링으로 받아치기 시작하자마자 혐오는 나쁜 것이라며 메갈리아/워마드를 악마화하는 담론들이 얼마나 기만적인지를 토로했으며, 원본이 사라지면 미러링은 존재할 수 없으므로 미러링이 아닌 원본을 공격해야 함을 논리적으로 주장했다. 사회적으로 논란이 되는 '혐오'는 단순히 '싫어하고 미워함'의 의미가 아니라 사회적 차별과 억압의 의미이므로 남성중심 가부장사회에서 '남성혐오'는 존재할 수 없으며 미러링은 혐오의 언어가 아니라 분노의 언어이며 역지사지의 방식이라는 열띤 논쟁도 제기되었다. 수강생들의 토론을 지켜보면서 현재 한국사회의 젊은 여성들의 분노가 감정적인 것이 아니라 상당히 냉철한 것이라는 결론에 도달하게 된다. 소설텍스트에서 언급된 '여성이라서 살해당한 철학자이자 수학자인 실존인물 히파티아'와 관련하여 한국 사회에서도 낯설지 않은 페미사이드에 대한 토론에서는 대항서사의 필요성이 좀 더 논의되었으며 대항서사로서의 문학과 대항서사의 문학성에 대한 토론이 이어지면서 무척 흥미로운 수업이 되었다. 특히 '마녀사냥'과 연관된 서양의 대항담론을 가져와 한국에서 여성주의 미술 공연에 접목한 '발푸르기스의 밤: 한국의 마녀들'이라는 공연을 학생들이 발표하고 사유의 범위를 확장하는 것을 수업시간에 목격할 수 있었던 것은 교수자에게도 인상적인 체험이었다.

'약탈하는 여인'이라는 뜻의 신화 속 괴물 '하르피아이'는 작가의 상상력에 의해 정의를 구현하는 적극적인 심판자가 되었으며, '상호파괴적인 게임'을 반대했던 여인은 자신이 도와주려 했던 표에 의해 죽음을 맞이했다. 이는 선한 의도와 평화지상주의가 반드시 선한 결과와 평화로 이어지는 것이 아니라는 저자의 인식을 반영한다. 단편 소설 하나에 상당히 많은 논점이 담겨 있고 판타지적인 방식으로 현실사회를 형상화 하는 기법도 뛰어나기에 이 소설텍스트는 또 다른 시각에서 연구가 이루어져도 좋을 만한 텍스트이다. 이 글에서는 학제적 융합적 교과목인 '문학과 젠더' 수업에서 수강생들의 발표와 토론에 활용되었던 방식을 위주로 논의를 전개했으며 '문학'과 '젠더'라는 거대담론의 융합이 이루어 내는 사고의 확장과정의 한 전범을 실증적으로 고찰했다.

VI

시선으로부터,(정세랑, 2020) 밝은 밤(최은영, 2021)

1. 21세기 여성가족사소설 연구가 가지는 의미
2. 구심점에서 출발하여 확장하는 서술기법과 지향세계: 『시선으로부터,』(2020)
3. 여러 인물들의 서사가 1인칭 초점화자에게로 수렴되어 형성된 현실인식: 『밝은 밤』(2021)
4. 현실에 대한 동일한 인식, 전략의 차이

VI 시선으로부터,(정세랑, 2020) 밝은 밤(최은영, 2021)

1 21세기 여성가족사소설 연구가 가지는 의미

소설에서 형상화 되는 시대와 그 속의 개인사는 역사서사의 공백을 채우며, 역사에서 지워진 존재들을 소환하여 그들에게 목소리를 부여한다. 이때 문학은 역사의 대항담론이 된다. 역사에서도 뚜렷하게 기록된 영웅의 이야기를 서술하거나 국가권력의 기록을 따라가는 소설도 존재하지만 그보다는 역사에서 타자화 된 이들의 목소리를 복원하는 데 문학의 본령本領이 있다는 것이 명백하다. 이야말로 "역사의 자연화에 대한 항체가 될 수 있는 소설"[1]이기 때문이다. 남성중심 가부장제 역사에서 분명 존재했으며 많은 일들을 했지만 마치 존재하지 않았던 것처럼 지워져왔던 여성들의 이야기를 계보화 하는 작업 역시 대항담론의 자리인 문학의 영역에서 이루어져왔다. 한국의 근현대사를 관통하는 여성가족사소설 『토지』, 『혼불』, 『미망』 등이 대표적이다. 또한 20세기 말 『에덴의 서쪽』(2000) 같은 여성가족사소설이 20세기까지의 남성중심 부계가족의 역사 속에서 목소리가 드러나지 않았던 여성들의 이야기를 계보화 했다. 이들은 모두 식민지 체험과 분단과 한국전쟁, 근대화와 독재와 개발자본주의와 신자유주의에 이르는 격랑의 세기인 20세

1) 이성혁, 「김훈의 '역사소설'에 나타난 파시즘 문제에 대한 고찰」, 『한민족 문화연구』 46집, 한민족 문화학회, 2014, 383쪽.

기에 공식적인 역사가 주목하지 않았던 개개인의 이야기에 주목했으며 특히 남성중심 문학장 내에서도 주변화 되었던 여성들의 서사를 전면에 등장시켰다. 여성들의 역사를 쓴다는 것은 여성들이 의미 있는 삶을 살았다는 것, 올바름과 아름다움과 선함에 대한 논의에 자신들의 생각과 실천으로 동참해 왔음을 밝힌다는 것을 의미하고,2) 이를 기록하여 전한다는 것을 의미한다.

2010년대에 등단하여 주목받는 작품들을 써온 젊은 여성작가들이 비슷한 시기에 여성가족사소설로 분류될 수 있는 장편소설을 출간했다. 해당 작품은 정세랑의 『시선으로부터,』(2020)와 최은영의『밝은 밤』(2021)인데, 20세기를 관통하고 21세기까지 이어지는 여성가족사소설이 비슷한 시기에 출간된 맥락에 주목함으로써 현재 사회문화를 관통하는 젠더정치학적 사유를 읽을 수 있다는 판단에서 이 글은 시작된다. 이는 21세기에도 여전히 20세기에서 21세기로 이어지는 여성가족사소설이 쓰이고 있는 이유를 추론함과 더불어 지금 현재를 진단하는 작업이기도 하다. 문학적 서사가 "역사기술의 성긴 서사가 누락한 것들에 집중함으로써 정치성을 발휘한다"3)는 언술은, 젊은 여성작가들에 의해 동시대에 쓰인 여성가족사소설 『시선으로부터,』와 『밝은 밤』의 문학적 정치성을 잘 설명한다. 『시선으로부터,』와 『밝은 밤』은 같은 시기, 같은 시대, 유사한 사건들을 다루면서도 그 분위기가 확연히 다르며, 확연히 다른 분위기에도 불구하고 같은 이야기를 하고 있는 듯 보인다. 따라서 동시대에 살고 있는 두 작가의 현실인식을, 특히 동시대의 사회문화 속 젠더에 대한 인식과 이를 형상화 한 방식을 분석함으로써, 두 작품의 유사성과 차이점이 시사하는 바에 대한 정치精緻한 고찰을 통해 지금 현재 한국사회의 모습과 미래에 대한 전망이 보

2) 김영옥, 「새로 쓰는 '모성 신화': 여성 계보학의 재사유와 여성 리더십의 새로운 구성을 위하여」, 『여성학 논집』 22(1), 한국여성연구원, 2005, 25쪽.

3) 황정아, "문학의 정치를 다시 생각한다", 『창작과 비평』 제194호, 창비, 2021, 21쪽.

다 입체적으로 드러날 것이라는 전제 하에 두 작품의 지평을 탐색하려 한다.

2 구심점에서 출발하여 확장하는 서술기법과 지향세계: 『시선으로부터,』(2020)

이 소설의 제목에서 '시선'은 시선視線으로 짐작되기 쉽다. 중의적인 제목으로 유추되는 '시선으로부터,'의 '시선'은 인명人名이고, 제목처럼 모든 이야기와 인물들은 시선으로부터, 시작되고 시선으로부터, 파생된다. 그 만큼 시선의 캐릭터가 이 작품의 구심점이며 시선은 그 안에 다른 인물들을 내포한다. 이는 작가의 말에서도 확인할 수 있다. 작가 정세랑은 "이 소설은 무엇보다 20세기를 살아낸 여자들에게 바치는 21세기의 사랑"[4]이라고 말한다. 자신의 '계보'에 대해 종종 생각한다는 정세랑은 자신의 계보가 김동인이나 이상에게 있지 않고 김명순이나 나혜석에게 있음을 깨달았다고 고백한다. 여기서 20세기를 관통해 온 여성가족사소설이 21세기에도 계속 쓰여야 하는 이유가 분명해진다. 즉 여성작가에게 여성가족사 소설을 쓴다는 것은 자신의 계보를 찾고 배제된 이들을 되살려내고 이를 기록함으로써 불멸의 의미를 구축하는 작업인 것이다. 정세랑은 『시선으로부터,』 작가의 말에서 다음과 같이 말한다.

> 만약 혹독한 지난 세기를 누볐던 여성 예술가가 죽지 않고 끈질기게 살아남아 일가를 이루었다면 어땠을지 상상해 보고 싶었다. 쉽지 않았을 해피엔딩을 말이다.[5]

4) 정세랑, 『시선으로부터,』, 문학동네, 2020, 334쪽.
5) 정세랑, 앞의 책, 334쪽.

결국 시선은 김명순이고 나혜석이며 이름조차 기록되기를 거부당한 또 다른 여성예술가의 분신이 될 것이다.6) 현실에서 그들은 지독한 남성중심사회에서 여성이기에 그들의 재능과 예술적 결과물들에 의해서 평가받지 못했으며, 스캔들의 주인공으로 심지어 남성작가들의 악의에 의해 「김연실전」이나 「제야」 같은 소설 속 인물로 대상화되어 왜곡되고 폄훼되었으며 결국 쓸쓸한 죽음을 맞이해야 했다. 그들은 "개인이 추구했던 해방이 사회적 의미를 띠게 된 존재"7)들로서 선구자적인 의미를 갖지만 가부장 사회문화의 집요한 악의들 속에서 버텨낼 수 없었다. 하지만 소설 『시선으로부터,』의 시선은 강인하게 살아남아 일가를 이루었을 뿐만 아니라 주위 사람들에게 강렬한 영향을 끼치고 굴곡 많지만 행복한 생을 살았다. 이 소설이 '판타지'라는 평가를 받는 이유도 여기에 있을 것이다.

이 소설을 "가부장적 사회에서 존재할 수 없는 가족의 모습을 재현하고 있다는 점에서 일종의 판타지"8)라고 평가한 오연희는 "이 소설이 보여주는 3대에 걸친 자손들의 삶과 그들 간의 관계는 전

6) 강소희는 나혜석, 김명순, 전혜린 등을 거론하면서 그들과 심시선의 공통점은 사람들이 그녀들의 말을 좀처럼 귀담아 들으려고 하지 않았으며 그녀들이 보여준 재능을 진지하게 받아들일 태도를 전혀 갖추지 않았다는 것이었다고 말한다. 강소희는 이들을 '세이렌'에 비유한다. 강소희, 「동일적 여성주체의 '회상'과 글쓰기 - 정세랑의 『시선으로부터,』를 중심으로」, 『여성문학연구』 54집, 한국여성문학학회, 537쪽. 결국 현실세계에서 그들은 시대와 사회와 불화할 수밖에 없었다. 그런데 시대를 앞서간 여성지식인, 여성예술가에 대한 남성(중심사회)의 양가적 감정과 태도는 동서고금을 막론하고 유사하다. "사회가 급변할 때마다 호명되던 '신여성'은 20세기 초 영국을 비롯한 유럽에서도 반향을 일으키는 해방의 상징으로 등장했다"는 펠스키의 말과 『위대한 개츠비』가 "당대사회가 1차세계대전 이후 출현한 신여성을 대하는 불편한 기색을 구체화 한 소설"이라는 타이슨의 분석을 인용하면서 심진경은 이러한 태도가 "식민지 조선이 개화기 선구적 여성지식인을 '모던 걸'로 그러다가 '못된 걸'로 불렀던 여성호명방식을 연상시킨다"고 말한다. 강소희, 앞의 논문, 174쪽.

7) 이상경, 「1930년대의 신여성과 여성작가의 계보 연구」, 『여성문학연구』 12, 한국여성문학학회, 2004, 244쪽.

8) 오연희, 「계급적 관점에서 바라본 현대가족의 두 양상 - 김혜진의 『딸에 대하여』와 정세랑의 『시선으로부터,』를 중심으로」, 『어문논총』 제38호, 한국어문학연구소, 2021, 71-93쪽.

통 가족의 인륜을 앞세운 운명적인 관계라기보다는 합리적인 개인들 간의 연대와 결합이라는 시민적 결합에 가깝다고 보여"지며, 이는 "어느 정도의 자산을 가진 계층에게서만 가능한, 그럼에도 불구하고 아직 현실 속에서는 찾기 힘든 시민적 결합으로서의 열린 가족의 모습에 대한 유토피아적 시선"인데 "가족 안에서 평온과 휴식과 연대를 얻는 것은 심시선과 같이 능력 있는 엘리트 여성에 의해서만 가능한 것이며 우리는 아직도 가부장적 사회의 일원일 뿐이기 때문에 이 소설은 판타지 소설로 읽힐 수밖에 없다"고 말한다. '시선'의 가족들이 전통 가족이라기보다는 합리적인 개인들 간의 연대와 결합이라는 시민적 결합의 성격을 가지고 있다는 판단은 분명 적절하며 우리가 아직도 가부장적 사회의 일원일 뿐이라는 것도 정확한 현실 인식이다. 그런데 이와 관련하여 본고에서는 두 가지 문제를 제기하고자 한다. 이 소설이 '판타지'라면 '판타지'여서 부정적인 평가를 받아야 하는가? 라는 질문이 첫 번째 문제제기이며 두 번째는 이 소설은 정말 '판타지'인가? 라는 문제제기이다. 앞서 소개한 오연희의 글에서는 판타지에 대한 부정적인 평가가 느껴진다. 즉 『시선으로부터,』에서 형상화된, 남성혈연중심 가부장제에서 벗어난 연대가 아무리 아름답고 의미 있어도 판타지에 불과할 뿐이라는 해석이다. 하지만 작가 정세랑에게 판타지란 부정적인 의미가 아니라 의도적인 전략이다. 정세랑의 에세이에서 이를 확인할 수 있다. 정세랑은 다음과 같이 말한다.

> 10년 넘게 소설을 쓰면서 알게 된 것은, 사람들이 픽션 속의 캐릭터를 생각보다 자주 닮고 싶어 하고 또 그와 친해지고 싶어 한다는 것이다 …… 남성성의 이미지를 함께 살아가고 싶은 모델 쪽으로 슬쩍 옮기는 것이 효과가 있을지 하는 데까지 해보고 안 되면 다른 전략을 써야겠지만, 세상을 바꾸는 데는 늘 찌르는 전략과 녹이는 전략이 병행되어야 한다고 믿어왔다 …… 참혹한 현실을 외면하기 위해서가 아

니라, 그 다음을 상상하기 위해서[9]

“여성대상강력범죄가 하루가 멀다 하고 보도되는 시대에, 가학적이고 위협적인 인물들이 우리 공동체에 굉장히 낮은 기준선을 제시하고 있는데, 그 선을 좀 끌어올릴 필요가 있지 않을까?”[10]라고 반문하는 정세랑에게 판타지(적인 요소)는 ‘존재하지 않는 유토피아’가 아니라 그가 지향하는 세계가 이미 현재의 세계인 것처럼 형상화 하는 것이며 이것이 세상을 바꾸는 전략 중의 한 가지라고 판단하는 것이다. 기실 이것은 “사회현실과 길항하는 리얼리즘적 방법론”[11] 중 한 가지이며, 이 때 “리얼리스트는 있는 ‘현실’을 그대로 보는 자가 아니라 없는 ‘현실’을 선취하는 자에 가깝다”[12]. 정세랑은 없는 ‘현실’을 선취하는 리얼리스트인 것이다. 그래서인지 소설 『시선으로부터,』는 20세기에서 21세기로 이어지는 폭력과 야만을 서술하면서도 분위기가 유쾌하고 전망도 희망적이다. 시선의 손녀 중 ‘쾌락주의자’로 정의된 지수에게 엄마 명혜가 “쾌락주의자만이 세상을 이길 수 있지”[13]라고 말하는 것 역시 작가의 가치관과 태도를 시사한다. 기울어진 운동장이라고 해서 그 운동장에 들어가서는 안 되는 것이 아니며, 유해한 남성성이 지배하는 혐오와 야만의 세계라고 해서 여자들이 늘 불행할 필요는 없고 오히려 더 행복해야 한다는 오기 어린 전략과 태도로 보인다. 이러한 태도가 시선의 인물형상화에 작용했고, 시선이 강인하게 살아남은 이유는 여성들의 이야기를 기록하기 위해서다.

심시선이 국가폭력에 의한 살해위협을 피해 이주한 하와이가 파

9) 정세랑, 『지구인만큼 지구를 사랑할 순 없어』, 위즈덤하우스, 2021, 65쪽.

10) 정세랑, 위의 책, 64쪽.

11) 황경, 「이창동의 〈버닝〉에 나타난 문예 미학적 논리 연구」, 『우리어문연구』 64집, 우리어문학회, 2019, 187쪽.

12) 황경, 앞의 논문, 187쪽.

13) 정세랑, 앞의 책, 2020, 323쪽.

라다이스가 아닌 착취의 땅이었던 것처럼 『시선으로부터,』에서 묘사되는 세상은 제국주의와 반생태주의로 대표되는 근대성의 폭력이 반복되는 곳이며, 특히 남성에 의한 여성에 대한 폭력이 구조적으로 반복된다. 『시선으로부터,』의 주된 공간적 배경인 하와이는 제국주의의 희생양이라는 역사적 사실에 더해서 "요동하고 상처받고 제약당하고 비틀거리는 여성의 공간 체험"14)의 상징이기도 하다. 따라서 『시선으로부터,』는 판타지적 요소를 내포하고 있으나 판타지는 아닌 것이다. 시선은 하와이에서 가학적인 남성화가 마티아스를 만나고 교육의 기회를 얻기 위해 그를 따라 뒤셀도르프로 이주한다. 화가임에도 불구하고 모델이 되어야 했던 시선은 마티아스에 의해 오브제 취급을 받았지만 시선은 분명 오브제가 아닌 목소리를 가진 인간이었다. 시선에게 유화 나이프를 던져 상해를 입히고 시선이 화가로서 입신할 수 있는 길을 막아버리고 그것도 부족해서 시선에게 배신자 탕녀의 이미지를 덧씌우고 자살해 버린 마티아스는 가해자이면서 피해자가 되었고 시선은 피해자인데 가해자가 된다. 20세기에 시선이 겪었던 폭력과 동일한 폭력의 구조가 21세기에 시선의 손녀 화수를 기면증과 무기력 속에 주저앉힌다. 대기업의 횡포에 앙심을 품은 중소기업사장 기민철이 불공정한 거래를 결정한 회사임원들이 아닌 평사원인 여사원들에게 염산을 던졌고 화수는 그로 인해 얼굴부터 목까지 걸친 화상을 입고 유산까지 했다. 그러나 많은 사람들이 가해자에게 감정이입 했으며 화수의 유산 사실이 알려졌을 때에야 여론의 방향이 바뀌기 시작했다. 하지만 가해자 기민철이 자살함으로써 화수를 비롯한 피해자들은 사과를 요구할 기회조차 박탈당한 채 가해자가 피해자가 되는 상황을 납득하지도 항의하지도 못하고 목소리를 잃어버렸다. "어떤 자살은 가해였다. 최종적인 형태의 가해였다."15)는 구절이 인용되

14) 질리안 로즈, 『 페미니즘과 지리학』, 정현주 옮김, 한길사, 2011, 15쪽.

는 사건이 21세기 대한민국 현실사회에서 발생함으로써 『시선으로부터,』는 판타지가 아닌 리얼리즘[16]이 된다.

그렇지만 왜, 공정거래위원회에 가지 않았을까? 왜 염산병을 한 무리의 여직원들에게 던졌을까? 정작 나쁜 결정을 내린 사람들은 따로 있었는데 …… 기민철은 초범이며, 반성하고 있고, 희석한 염산을 사용했다는 점이 참작되어 징역 이 년에 집행유예 삼년을 받았다. 그리고 피해자들이 민사를 막 시작하려고 할 때 자살했다. 염산을 쓰지는 않았고, 욕실 수건걸이에 목을 매달았다. 죗값을 치르지 않고 도망쳤다. 그건 도망이었다. 화수는 잊을 수 없었고 늘 화가 나 있었고 이제 그 화는 화수만을 해쳤고 ……[17]

"할머니는 그 정도의 악의는 상상하지 못했던 거야. 그런데 우리는 할 수 있지. 21세기 사람들이니까. 그런 악의가 존재한다는 걸 알지."
우윤은 그러고 싶지 않았지만 화수의 말이 맞으리란 것을 뒤따라 깨달았다. 전공은 조소였지만 유화 나이프도 그리 낯설지 않았다. 그건 팔에 박히는 물건이 아니었다.[18]

어떤 자살은 가해였다. 아주 최종적인 형태의 가해였다. 그가 죽이고 싶었던 것은 그 자신이기도 했겠지만 그보다도 나의 행복, 나의 예술, 나의 사랑이었던 게 분명하다. 그가 되살아날 수 없는 것처럼 나도 회복하지 못했으면 하는 집요한 의지의 실행이었다.[19]

---

15) 정세랑, 앞의 책, 2020, 178쪽.

16) 여기서 리얼리즘은 장르 개념으로서의 리얼리즘이라기보다는 현실인식의 태도를 의미한다. 리얼리즘의 개념에 대한 정의가 하나로 통일된 것이 아니고, '마술적' '사진적' '비유적' 등의 수식어와 함께 리얼리즘의 갈래도 다양하지만 리얼리즘의 본질 또는 우선적 목적은 현실인식에 있다. 또한 리얼리즘이 "당대의 묘사 속에서 동시에 미래의 현실을 함께 드러내는 예감"(헹크만· 로터, 김진수 역, 『미학사전』, 예경, 2002, 62쪽.)이라고 할 수 있다면 『시선으로부터,』의 해당 맥락은 이러한 리얼리즘을 체현하고 있다고 판단된다.

17) 정세랑, 앞의 책, 2020, 109-110쪽.

18) 정세랑, 앞의 책, 143쪽.

19) 정세랑, 앞의 책, 2020, 178쪽.

"좆같은 일이 화수에게 일어났다. 좆같다는 말을 쓰는 사람이 될 줄 몰랐지만 유해한 남성성을 그보다 잘 표현하는 말도 없을 것 같았다.[20]

20세기에 시선이 그리고 21세기에 화수가 겪어야 했던 동일한 폭력의 구조는 폭력이 가해자 개인의 문제로 환원시킬 수 없는 것임을 보여준다. 즉 "폭력은 사회적 실천이며, 우발적인 것이 아니라 규칙 의존적이고 사전에 계획된 성격을 가진다"[21]는 것을 보여주는 것이다. 이렇듯 『시선으로부터,』에서 묘사된 사건들과 그에 대한 인물들의 해석은 그들의 현실 인식이 얼마나 냉철한지를 잘 보여준다. 특히 유해한 남성성에 대한 묘사와 여성혐오, 피해자가 가해자로 취급되어 2차 가해의 대상이 되는 것까지 철저히 리얼리즘적인 태도로서 여성에 대한 폭력에 관해서 낙관 없는 현실인식을 보인다. 그럼에도 불구하고『시선으로부터,』가 판타지라는 평가를 받게 된 이유 중 대표적인 것은 남성인물의 형상화에 있다. 시선이 테러 이후의 삶을 꼿꼿하고 강인하게 이어가며 끝내 증언자로서의 소명을 완수할 수 있었던 것은 시선 개인의 강인한 성정에 더해서 여러 조력자들이 있었기에 가능한 일이었다. 조력자들 중에는 남성 인물들도 상당수 존재한다. 이는 3장에서 분석할 『밝은 밤』과 확연하게 다른 점이기도 하다. 『시선으로부터,』에는 마티아스와 기민철 그리고 자신과 날을 세우는 여학생의 사진에 부적절한 합성을 해서 남학생들의 단톡방에 올린 남학생 도영 같은 부정적인 남성 인물들도 존재하지만, 앞서 작가 정세랑이 언급한 것처럼 '함께 살아가고 싶은' 긍정적인 남성인물들이 다수 등장한다. 시선이 마티아스로부터 탈출하는 것을 도왔던 첫 번째 남편 요제프 리, 두 번째 남편 홍낙환, 시선의 아들 명준과 사위인 태호, 손

20) 정세랑, 앞의 책, 2020, 183쪽.
21) 아이리스 M 영, 김도균·조국 역, 『차이의 정치와 정의』, 모티브북, 2017, 151쪽.

주인 규림 등이 모두 긍정적인 남성인물이다. 시선이 김명순이나 나혜석처럼 되지 않을 수 있었던 것은 김명순 나혜석과 달리 주위에 긍정적인 남성인물들이 많아서이기 때문이기도 하다. 그리고 그들이 긍정적인 남성인물들이 될 수 있었던 것은 그들에게 유해한 남성성이 없었기 때문이다. 마티아스와 기민철 그리고 도영이 보여준 악행들에서 추론할 수 있는 '유해한 남성성'의 특징은 자기연민과 공격성과의 결합이다. 그들 모두 자신의 불행 또는 불운에 대해서 인과관계를 논리적으로 판단하기보다는 강한 자기연민으로 향한다. 그리고 자기연민을 타자여성에 대한 폭력으로 표출하며 심리적 보상을 받으려 한다. 이때 자기연민은 자기혐오이기도 한데, 자기혐오를 인정하기 싫은 그들은 타자를 혐오하고 공격하게 되는 것이다. 반면 시선의 세계에 머물게 된 남성들에게는 자기연민자기혐오이 없으며 따라서 그들은 자기연민으로 인해 타자여성에게 폭력을 행사하는 일이 없다. 오히려 규림처럼 자신이 방관자였고 따라서 가해의 위치에 더 가까웠음을 성찰한다. 그러한 성찰은 규림이 한빛으로부터 외면당할 때 자기연민에 빠지지 않을 수 있게 한다.

> 나는 단단히 마음먹고선, 어찌 살아남았나 싶을 정도로 공격성이 없는 사람들로 주변을 채웠다. 첫 번째 남편도 두 번째 남편도 친구들도 함께 일했던 사람들도 야생에서라면 도태되었을 무른 사람들이었기에 그들을 사랑했다. 그 무름을, 순정함을, 슬픔을, 유약함을.22)

> 어느 날, 거의 곰만하게 커다랗고 북슬북슬한 개가 조그만 요크셔테리어가 오는 걸 보더니 한 이십 미터 앞에서부터 납작 엎드려 꼬리를 살랑살랑하며 기다리더라고. 인사하고 싶은데 자기 덩치에 요크셔테리어가 겁먹을까봐 미리 몸을 낮춘 거지. 엄마가 그 장면에 감탄하면서 나한테 그런 남자가 되어야 한다고 그랬어.23)

22) 정세랑, 앞의 책, 2020, 125쪽.
23) 정세랑, 앞의 책, 2020, 316-317쪽.

위 인용단락 중 첫 번째 단락은 시선의 고백이고 두 번째 단락은 시선의 아들 명준이 엄마 시선을 회상하는 내용이다. 지배와 소유, 과시와 잔혹함이 강자의 표상이자 남자다운 것으로 상찬되고, 슬픔을 드러내는 것은 약함의 증거이며 약함은 혐오의 대상이 되는 세상에서 '무름' '순정함' '슬픔' '유약함'을 사랑한다는 것은 생존에 불리한 선택으로 생각될 수도 있다. 그러나 시선은 무름과 순정함과 슬픔과 유약함을 사랑했기에 생존할 수 있었다. 유약한 사람을 그 유약함 때문에 사랑했다는 시선은 생존과 번성에 유리한 것이 지배와 폭력의 남성성이 아님을 하와이와 뒤셀도르프에서의 경험으로 인해 깨닫게 된 것이다.[24] 무르고 순정하고 슬프고 유약해서 다정하고 인지기능이 높았던 사람들 속에서 시선은 국가권력에 의한 민간인 학살에 대해서도 증언할 수 있었다.

많은 경우 피해자에게는 자신의 피해를 증언할 힘이 없다. 사람들은 목격자의 증언도 피해자의 진술도 선별하여 믿으려 한다. '누가' 증언했느냐가 증언의 신빙성을 결정하는 것이다. 신빙성의 자격이 주어지지 않은 피해자가 피해를 증언할 때 2차 가해가 가해지기도 한다. 자신의 피해를 증언할 힘을 가지게 될 때 그리고 그 증언이 유의미하게 받아들여질 때 피해자는 더 이상 단순한 희생자가 아닐 수 있다. 피해자가 증언하는 내용이 국가폭력에 관한 것일 때는 더더욱 그러하다. 한국전쟁 당시 일본에서 유학했던 둘째

24) 이 선택의 현명함을 입증하는 과학적 실험이 있는데, 이은희는 "다정함을 드러내기 위해 필요한 것들"이라는 칼럼에서 다음 실험을 소개한다. 생물학자 드미트리 벨라예프와 류드밀라 트루트는 여우 집단의 구성원 중에서 공격성이 가장 낮은 10%만 따로 선별한 뒤 교배시켜서 새로운 집단을 만들었다. 세대가 거듭될수록 생화학적 수준에서도 인지기능에서도 놀라운 변화가 나타났다. 소위 '행복호르몬'이라는 별칭을 지닌 세로토닌이 증가했고 온순한 개체일수록 인지기능이 더 좋았으며 개체들 사이의 협력적 의사소통 수준도 훨씬 더 높았다. 이는 인류에게도 적용될 수 있는데 서로에 대해 공격의 날을 세우고 분노를 표출하는 방식보다는 다정하게 상대를 살피고 상호협력하는 것이 인류의 생존과 번성에 유리할 것은 자명하다. 이은희, "다정함을 드러내기 위해 필요한 것들", 『경향신문』, 2022.03.17.

심시철이 공산주의자 간첩이라고 이웃이 주장했다는 이유로 먼저 피난을 떠났던 시선을 제외한 온 가족이 총살당했고 이후 시선은 이민신부로 위장하여 하와이로 도피해야 했다. 식민치하와 분단과 전쟁을 경험한 한국 현대사에서 국가폭력에 의한 민간인 학살은 그 범위와 정도가 넓고 심했고 이는 계속해서 문학의 소재가 되어 왔다. 공식적인 역사기록에서 국가의 폭력과 범죄는 배제되는 경우가 더 많기 때문이다. 정세랑 역시 이 소설을 쓸 때 가족의 비극을 하나 빌렸다는 고백과 기억하지 않고 나아가는 공동체는 없다는 언술을 통해 문학의 역사적 사회적 소명을 분명히 한다.

국가가 괴물이었던 시간이 지나고 진상 규명의 요구가 받아들여질 때조차도 공식적인 기록은 개별적인 모든 사안들의 입체적 양상을 서술할 수 없다. '타자의 윤리학'으로 널리 알려진 레비나스는 국가는 익명적이고 보편적이기 때문에 구체적인 타자의 고유성에 무관심하고 이로 인해 의도와 상관없이 개인에게 폭력을 행사할 수 있다고 주장한다. 체제와 영역 바깥에서 체제의 경직성을 경고하고 인간 개개인의 인격의 독특성을 유지할 수 있는 능력이 정치와 윤리의 결합을 가능하게 해 준다고 말하는데,25) 체제 바깥에서 체제의 경직성을 경고하며 개별성에 주목하는 이는 정치가도 법률가도 아닌 작가인 것이다. 여기서 마사 누스바움이 강조한 '시적 정의'가 의미를 획득한다. 상상할 수 없는 것, 침묵을 강요당한 것, 알려지지 않은 것들을 표현할 수 있고, 그럼으로써 변화의 가능성을 만들 수 있기 때문에 증언이 계속되어야 한다면 이때 증언은 말할 기회가 차고 넘쳤던 사람들의 목소리가 아닌 소거되었던 목소리가 발화하는 증언이어야 하며 이러한 증언이야말로 문학의 윤리일 것이다. 정세랑의 『시선으로부터,』는 판타지적 요소를 담고 있는 리얼리즘적 서술방식을 통해 이러한 문학의 윤리를 수행했다.

25) 강영안, 『레비나스의 철학 - 타인의 얼굴』, 문학과지성사, 2018, 195-197쪽.

동시대 또 다른 여성가족사소설인 『밝은 밤』은 『시선으로부터,』와는 다른 서술방식과 분위기를 통해 이러한 문학의 윤리를 수행하는데 이를 다음 장에서 논한다.

3 여러 인물들의 서사가 1인칭 초점화자에게로 수렴되어 형성된 현실인식 : 『밝은 밤』(2021)

최은영의 『밝은 밤』에서는 1인칭 '나'로 지시되는 '지연'의 시선과 목소리에 의해 다른 인물들이 소개되고 묘사된다. 4대에 걸친 여성가족사소설이어서 소개해야 하는 인물들이 많고 시간과 공간의 범위가 방대하기에 3인칭 서술방식이 더 적합하다. 앞서 2장에서 분석한 『시선으로부터,』는 3인칭 서술방식으로 세대별 다양한 인물들의 심리와 사유가 전개되었다. 하지만 비슷한 시대와 세대를 관통하는 『밝은 밤』에서는 1인칭 서술방식이 사용되었는데, 이는 지연이 (외)할머니[26]로부터 (외)증조모의 이야기를 전해 듣는 과정에서 지연의 내면이 변화하는 것에 이 소설의 핵심이 있기 때문이다. 따라서 한 인간이 자신을 이해하고자 할 때 적합한 1인칭 서술방식으로 구성된다. 또한 1인칭 서술방식은 여성들의 글쓰기에서 특별한 의미를 부여받는다. 1인칭 글쓰기 형식의 출발점이 "누군가에 의해 대상화되지 않은 자신의 모습을 그려내고 싶은 욕망이자 '나'를 중심으로 세상을 다시 보고 싶다는 욕망"[27]이기 때문에 그러하다. 오랫동안 여성들은 남성의 시선과 목소리에 의해 대상화되었으며 남성들의 시선을 통해 세상을 인식해 왔으나 이제 여성들

26) 최은영의 『밝은 밤』에서는 엄마의 어머니를 '외할머니'라고 칭하지 않고 '할머니'라는 호칭으로 지시한다. 또한 엄마의 어머니의 어머니를 지시할 때도 '증조모'라고 칭한다.

27) 정주아, "1인칭 글쓰기 시대의 소설", 『창작과 비평』 제192호, 창비, 2021, 53-56쪽.

은 자신과 세상을 자신의 시선으로 바라보고 자신의 목소리로 전달하려 한다.

정선-영옥-미선-지연으로 이어지는 계보와 정선의 친구인 새비 아주머니와 그의 딸 희자의 관계망이 구축하는 서사와 그 의미는 지연이가 증조모인 정선을 닮았다고 말하는 할머니 영옥의 발화에서 시작된다. 그 모든 사연들은 지연의 서술을 거쳐서 독자에게 전달되는 방식을 취한다. 따라서 전형적인 1인칭 서술양상의 범위를 벗어난다. 1인칭 인물 서술자는 다른 인물의 내면 심리를 알 수 없지만, 지연은 다른 인물들의 심리까지도 서술하는 전지적 인물 서술자가 되는데, 이렇게 변칙적인 1인칭 서술방식을 사용한 이유는 다른 인물의 이야기가 1인칭 인물 지연에게 준 영향으로 지연이 변화하고 성장했다는 것에 큰 의미가 있기 때문이라고 추론할 수 있다.

백정 딸 주제에 뭐가 당당하고 즐거워서 저런 표정을 짓는 거지? 그런 이유로 어린 시절에는 맞기도 했다. 고개 숙이고 걸어. 감히 양민과 눈을 마주치려 해? 그러나 증조모는 고개를 숙이고 걸을 수 있는 사람이 아니었다 …… 무리 지어 날아가는 하늘의 새들을 쳐다보느라 넋을 놓았다. 만사를 궁금해했다. 세상이 궁금하고 사람이 궁금했다.[28)]

어머니는 내가 살면서 가장 사랑한 사람, 무서워서 떨면서도 발걸음을 옮기는 사람, 나는 어머니를 닮고 싶었어요.[29)]

어머니가 늘 하시던 말씀이 큰 공부 해야 한다. 멀리멀리 가야 한다는 거였어요 …… 일제 때 태어나신 분이에요. 여자 팔자 뒤웅박 팔자라는 말이 그 시대 사람들에게는 절대적인 믿음이었잖아요? 그런 의미에서 저희 어머니는 이단이셨다 …… 저는 그렇게 생각합니다.[30)]

김희자 박사에게 갈 수 있는 한 가장 멀리 가라고 했던 새비 아주머

28) 최은영, 『밝은 밤』, 문학동네, 2021, 35쪽.
29) 최은영, 앞의 책, 333쪽.
30) 최은영, 앞의 책, 306쪽.

니의 말을 나는 종종 생각했다. 그 말은 단순히 물리적 거리만을 뜻하지 않았을 것이다. 자신의 딸이 다른 차원으로 가기를 바라는 마음이었겠지.31)

첫 번째 인용단락은 지연의 증조모인 정선의 캐릭터를 설명한 부분이다. 두 번째 인용단락은 희자가 자신의 어머니를 회상하는 내용이고, 세 번째 인용단락에서는 지연이 새비 아주머니가 딸인 희자에게 준 말의 의미를 해석한다. 이 모든 것이, 부모와 전남편으로부터 받은 상처로 인해 공황장애 상태까지 가 버린 지연에게 특별한 의미로 다가온다. 증조모 정선과 그의 친구인 새비 아주머니 모두 야만의 시대에 자신에게 혹독한 세상에서 보기 드문 강인한 성정을 가졌으며 꺾이지 않고 버텼다. 그들이 버틸 수 있었던 것은 서로를 향한 우정으로 인해 가능했다. 백정의 딸인 정선은 존재 자체를 부정당하는 삶을 살아야했고 남편조차 아내를 존중하지 않았지만 자신을 있는 그대로 인정하고 신뢰하는 새비 아주머니와의 우정으로 버틸 수 있었다. 새비 아주머니 역시 유일하게 긍정적인 남성 인물이었던 새비 아저씨가 원폭 후유증으로 일찍 세상을 떠난 후 어린 딸 희자를 데리고 피난을 가야할 만큼 힘든 상황이었지만 자신을 살린 정선의 존재가 삶의 커다란 지주가 되었다. 여성들 간 우정은 최은영 작가에게 중요한 화두이다. 한국 여성 소유와 일본 여성 쇼코와의 우정을 다룬 등단작 「쇼코의 미소」에서 여성들 간 우정의 의미를 형상화 한 이후 줄곧 최은영이 천착한 여성들 간 우정과 연대는 구원의 의미가 된다. 인류 역사에서 오랜 기간 이어져 온 가부장 사회문화 속에서 '타자'로 규정된 여성들의 우정과 사랑은 여성들 개개인의 삶과 성장에 영향을 미칠 뿐만 아니라 사회정치적 의미 역시 가진다.

『밝은 밤』에서 여성들의 우정과 사랑은 정선과 새비 아주머니의

31) 최은영, 앞의 책, 335-336쪽.

관계에서뿐만 아니라 영옥과 희자, 명숙할머니와 영옥 사이에서도 밀도 짙게 형상화 된다. 반면 남성 인물들은 대부분 여성들에게 불행의 원인을 제공하는 안타고니스트 역할을 한다. 한국전쟁 피난지인 대구에서 새비 아주머니의 고모인 명숙 할머니의 집에서 여성들끼리정선, 영옥, 새비 아주머니, 희자, 명숙할머니 서로 아끼고 사랑하며 재미있고 행복하게 살았는데 이 여성공동체가 국군에 자원입대했던 (영옥의) 아버지의 귀환으로 깨진다. 영옥의 불행은 아버지의 귀환으로부터 시작되었다. 아버지의 귀환 전에 우애라고 부를 수도 있고 자매애라고 명명할 수도 있는 서로에 대한 애정으로 충만했던 여성공동체는 훅스Hooks가 언급한 진정한 집을 연상하게 한다. 훅스는 아버지가 군림하는 집이 아니라 여성들의 상처를 치유하고 영혼을 성장시키는 저항의 공동체인 집을 상상했다.[32] 정선, 영옥, 새비 아주머니, 희자, 명숙 할머니의 세대를 넘나드는 자매애는 기실 가족의 근원이기도 하다. 헤겔은 가족의 본질은 자매로부터 나오며 자매애는 가족애의 발현이라고 하였다.[33] 상처를 치유하고 영혼을 성장시키는 저항의 공동체를 파괴하고 자매애로부터 나오는 가족애를 끊어버리게 했던 이가 바로 아버지다. 딸이라는 이유로 영옥을 존중하지 않았던 아버지는 이미 결혼해서 아이까지 있는 길남선과 딸을 결혼시키고 아무 것도 모른 채 길남선과 결혼한 영옥의 불행은 후에 혼외자라는 낙인으로 인한 미선의 불행을 야기한다.

『밝은 밤』은 『시선으로부터,』와 비교하면 암울한 분위기를 형성하는데, 남성인물들은 대부분 가부장 의식을 체화하여 비인간적이고 비겁하다. 또한 상당히 폭력적이고 기만적이다. 즉 21세기 여성

32) 이동옥, 「네팔의 생태여행과 여성들의 관계, 우정, 연대: '쓰리시스터즈'를 중심으로」, 『젠더와 문화』제5권 1호, 여성학연구소, 2012, 14쪽.

33) 최혜경, 「페미니즘 관점으로 본 애니메이션 〈겨울왕국〉의 자매애」, 『만화애니메이션연구』 44, 한국만화애니메이션연구학회, 2016, 61쪽.

가족사소설 『밝은 밤』은 동시대 여성가족사소설인 『시선으로부터,』와 달리 판타지의 요소는 전혀 없고 정밀한 리얼리즘으로 향한다. 이는 작품 전반에 걸친 대사와 심리묘사의 디테일에서 더 분명하게 드러난다.

> 할머니가 아주 어릴 적부터 증조부는 농담처럼 그런 말을 하곤 했다.
> 영옥이 너랑 혼인해준다는 남자 있으면 난 무조건 환영이다. 그게 누구건 간에 반대하디 않아
> 증조부는 일평생 할머니에게 만족하지 않았다. 아들이 아니었으므로 무슨 수를 써도 증조부의 기대를 채울 수 없다는 걸 알았지만 할머니는 그래도 증조부에게 잘 보이고 싶었다 …… 남선을 남편으로 맞아들인다면, 할머니는 남선을 통해 간접적으로라도 증조부에게 인정받을 수 있을 것이라 생각했다 …… 증조부의 목소리로 할머니는 생각했다. '내가 잘난 게 뭐가 있는데'[34)]

> 그는 그런 사람이었다. 술자리에서 앞장서 술값을 내는 사람, 그 모든 지출을 아내의 돈으로 하는 사람, 나중에는 아예 액수를 정해서 그만큼을 미리 마련해달라고 했다 …… 감정적인 부분에서도 단 한 순간도 할머니를 채워주지 않았다 …… 그는 여러모로 증조부를 닮은 사람이었다.
> 남선은 자주 친구들을 끌고 집에 들어와서 다 같이 담배를 피우며 대통령과 국회의원과 정당과 세상 돌아가는 일에 대해서 격렬한 토론을 벌이곤 했다 …… 노동자들의 권리를 말하면서 할머니가 벌어온 돈은 아무렇지 않게 앗아갔다. 그런 그를 볼 때면 할머니의 마음 깊숙한 곳에서는 웃음이 터져나왔다. 분노가 서린 웃음이었다.[35)]

아들이 아니라는 이유로 딸을 존중하지 않는 것을 넘어서 학대 수준의 무시를 하는 아버지로 인해 영옥은 스스로를 존중할 수 없었다. 또한 남선의 태도는 운동권 남성들의 이중성을 연상하게 하

34) 최은영, 앞의 책, 217-218쪽.
35) 최은영, 앞의 책, 219-221쪽.

고, 남선의 에피소드는 한국현대사에 대한 메타포로서 간접적이고 중의적으로 서술된다. 이는 중혼 사실을 자신의 어머니를 통해 영옥에게 밝히면서도 영옥에게 사과 한 마디 하지 않고 오히려 큰소리쳤던 남선의 이야기를 전해들은 지연이 자신도 외도한 남편으로부터 진심으로 사과 받지 못했다고 말하고 이후 지연의 내적독백이 이어지면서 그 중층적인 의미를 유추하게 한다.

> 눈으로 보이지는 않지만, 세상에는 진심으로 사과받지 못한 사람들의 나라가 있을 것이다. 내가 많은 걸 바라는 건 아니야, 그저 진심어린 사과만을 바랄 뿐이야. 자기 잘못을 인정하기 바랄 뿐이야, 그렇게 말하는 사람과, 연기라도 좋으니 미안한 시늉이라도 해주면 좋겠다고 애처롭게 말하는 사람과, 그런 사과를 할 수 있는 사람이었으면 애초에 이런 상처도 주지 않았으리라고 체념하는 사람과, 다시는 예전처럼 잠들 수 없는 사람과, 왜 저렇게까지 자기감정을 주체하지 못하고 드러내? 라는 말을 듣는 사람과, 결국 누구에게도 이해받을 수 없다는 벽을 마주한 사람과, 여럿이 모여 즐겁게 떠드는 술자리에서 미친 사람처럼 울음을 쏟아내 모두를 당황하게 하는 사람이 그 나라에 살고 있을 것이다.36)

사과의 문제에도 권력관계가 내포되어 있다. 그렇다면 젠더권력관계 역시 내포되어 있다. 할머니의 남편도 지연의 남편도 자신의 잘못을 사과하지 않았다. 남편이자 남자인 그들에게는 사과하지 않아도 되는 권력이 주어진 것이다. 또한 '진심으로 사과 받지 못한 사람들의 나라'는 한국현대사에 대한 통찰이기도 하다. 이 나라는 진심으로 사과하지 않는 사람들이 권력을 차지한 나라이기 때문이다. 친일을 사과하지 않았고, 광주민주화항쟁에서의 발포명령을 사과하지 않았고, 참사에 대한 책임을 다하지 못했음을 사과하지 않은 사람들이 권력의 자리를 차지해왔으며, 사과하지 않는 일본에게

36) 최은영, 앞의 책, 252쪽.

사과를 요구하지 못하는 사람들이 권력을 차지하고 있는 것이 현재까지 이어지고 있는 한국의 현대사이다. 지연의 내적독백으로 발화된 '진심으로 사과받지 못한 사람들의 나라'는 건조한 역사서술에 의해 기록된 사건들과 다른 의미망을 만들고, 영웅서사를 구성한 역사소설과도 다른 의미와 결을 가진다. '남성적' 국가의 폭력은 여성을 향한 남성의 폭력과 닮아 있고, 여성이 겪어야 했던 억압은 중층적이며 그 속에서 여성들은 우정의 상대인 다른 여성들의 고통에 쉽게 공감하며 그 고통을 자신의 것으로 느낀다. 공감할 수 있는 여성들은 보살핌의 윤리를 실천할 수 있게 되고, 할머니로부터 증조모와 새비 아주머니와 희자에 대한 이야기를 들으면서 자신의 상처를 치유할 수 있게 된 지연이 자신이 받았던 보살핌을 상기하고 보살핌의 주체가 되면서 여성들의 계보는 여성 성장서사로 완성된다. 이는 개인적 차원에 머물지 않고 외부세계로 확장되며 연대의 단초가 된다. 그리고 연대는 사회를 변화시킬 수 있는 근원적인 힘이 되는 것이다. 이 변화의 물결은 인간사회를 넘어 비인간생명체를 아우르는 생태주의와 연결된다. 앞서 2장에서 분석한 『시선으로부터,』와 동일한 구조이다.

> 내 어깨에 기댄 여자는 편안한 얼굴로 잠을 자고 있었다 …… 나는 내게 어깨를 빌려준 이름 모를 여자들을 떠올렸다. 그녀들에게도 어깨를 빌려준 여자들이 있었을 거라고 생각했다 …… 별것 아닌 듯한 그 마음이 때로는 사람을 살게 한다는 생각을 했다. 내게도 다시 그런 마음이 내려왔다는 생각을 했고, 안도했다.[37]

> 김희자 박사의 메일을 다시 읽는데 현미가 어깨 위에 올라왔다 …… 현미는 내가 희령을 떠나기 전에 마트 주차장에서 구조한 고양이다 …… 혹시나 해서 기다렸지만 어미는 나타나지 않았고 비까지 내리기 시작해서 목도리로 아이를 싸매서 집으로 데려왔다. 귀리가 죽었을 때

---

37) 최은영, 앞의 책, 299-300쪽.

> 동물병원 의사는 내가 언젠가는 다시 곤경에 처한 동물을 발견하게 될 거라고 했다 …… 그의 말대로 내가 다시 동물을 구하게 된다면 귀리에게 해주고 싶었던 것을 그 동물에게 해주겠다고 …… 귀리가 나를 어떻게 바꿔놓았던 건지, 나는 내 뺨에 얼굴을 비비대는 현미를 보며 이전에는 몰랐었던 따뜻한 애착을 느꼈다.38)

권위적인 아버지와, 지연에게 굴종적인 삶을 강요하는 듯한 어머니로부터 진정한 사랑을 받지 못하고 결혼으로 도피했으나 결국 남편의 외도로 이혼한 후 삶에 무엇도 기대하지 않게 된 지연은 폭력과 억압이 일상이었던 시대에 자신에게 불친절한 세상에서 서로 지탱해주며 자신의 흔적을 남겼던 증조모와 주변 인물들의 이야기를 되새기면서 누군가에게 어깨를 빌려줄 수 있는 마음을 되찾게 된다. 그리고 그런 마음은 비인간동물에게까지 향한다. 최은영은 전작들에서도 비인간동물들을 비중 있게 등장시켰는데 특히 「아치디에서」2018의 주 인물 하민이 비를 맞고 있는 말에 대한 안타까운 애정으로 승마체험장에 취업한 에피소드는 비인간동물에 대한 작가의 애정이 보다 광범위한 생명평등사상에 기반을 두고 있음을 보여준다. 기실 타자에 대한 폭력과 억압에 저항하는 윤리적 신념인 페미니즘은 인간중심주의에도 저항하는 것이다.

최은영의 작품세계에서 보이는 중요한 특징 중의 하나로서 서영채는 "거친 남자 어른들을 위한 자리가 존재하지 않는다는 점"39)에 주목했다. 이러한 특징은 『밝은 밤』에서 더 심화 확장된다. 이는 가부장적이고 권위적이며 폭력적인 남성들은 물론이고 가부장제에 봉사하는 여성들, 새비 아저씨의 어머니와 길남선의 어머니와 지연의 전남편의 어머니 등에도 해당된다. 엄마의 어머니를 단 한 번도 '외'할머니로 칭하지 않았던 지연은 아빠의 어머니인 '친'할머

38) 최은영, 앞의 책, 334-335쪽.
39) 서영채, "순하고 맑은 서사의 힘", 『쇼코의 미소』, 문학동네, 2016, 284쪽.

니에 대해서는 한 번도 언급하지 않는다. 언급하지 않음으로써 부계혈통 가부장 시스템에 저항하는 것이다. 가부장제는 무엇보다 남자를 비인간적으로 만든다. 자신을 존중하지 않는 남편에게 절망하면서 그토록 이기적인 남자가 일본군 '위안부'로 끌려갈 위험에 처한 자신을 구하기 위해 자신과 결혼한 이유를 알 수 없다는 증조모의 의문은 지연에 의해 천주교 순교자인 조상들 이야기를 듣고 자란 청년의 허영심 때문이라고 분석된다. 하지만 비록 허영심에 의한 것이었다고 해도, 일본군에게 끌려갈 위험에 처한 소녀를 구하려고 했던 순수한 청년이 그토록 권위적이며 투정 많은 남편이자 폭력적인 아버지가 된 것은 가부장제가 남자를 비인간적으로 만들기 때문이다. 가부장 문화가 아니었다면 정선의 남편영옥의 아버지은 처음의 순수하고 선한 마음을 잃지 않을 수도 있었다. 『밝은 밤』에서 가족과 주변 사람들에게 밝은 빛이 되었던 인간적인 남자인 새비 아저씨와 막내 삼촌의 공통점은 그들 스스로 가부장제의 특권을 누리기를 거부했다는 것이다.

그러나 가부장 의식과 특권을 거부한 남성은 새비 아저씨와 막내 삼촌 단 두 사람일 뿐, 『밝은 밤』에 등장하는 남성인물들은 모두 철저하게 남성중심 가부장 의식을 체화했으며 폭력을 폭력으로 인식하지 못하거나 폭력임을 인식해도 자기합리화 하고 그 가학성을 즐긴다. 이는 어린아이도 예외가 아니었다. 정선이 백정의 딸이라는 이유로 결혼을 반대했던 시숙이 정선의 집에 왔을 때 정선은 남편과 시숙 두 사람의 밥을 지으려 남은 쌀을 긁어모아 겨우 두 사람 몫의 밥을 지었다. 밥상을 들고 부엌을 나서려는 정선을 주인집 일곱 살짜리 아들이 가로막는다. "악의와 즐거움이 어우러진 표정"[58]으로 길을 막던 아이는 비키라는 정선의 말에 다가와 쟁반을 올려쳐서 음식들을 모두 쏟고 정선을 다치게 만든다. 고작 일곱 살짜리 아이가 어른인 정선을 두려워하지 않고 악의와 즐거움 섞인 가학적인 장난을 칠 수 있었던 것은 정선이 백정의 딸이기 때문이고, 여자이기 때문이다. 또한 그 아이는 주인집 아들이기 때문이다. 어린아이는 어른들을 그대로 모방한다. 일곱 살짜리에게서도 신분과 젠더에 의한 차별과 혐오가 발현되는 것이다. 가부장 가정은 아들들을 새끼 가부장으로 키우며 남자아이들의 악행을 '짓궂음' '장난' '남자애들은 원래 그런 것'이라는 수사修辭로써 허용한다. '원래' 그런 것이라는 태도는 가부장 문화의 폭력성을 '자연화'한다. 사회문화적인 문제를 생물학적인 문제로 환원시켜서 반지성적 파시즘이 자라게 한다. 남자아이는 그렇게 남자어른이 된다. 남성중심 가부장 사회의 비호를 받는 남성의 폭력성은 전쟁 시에 더 쉽게 용인된다. 증조모 정선은 일본군 '위안부'로 끌려가지 않기 위해서 병든 어머니를 버리고 증조부와 함께 고향을 떠나야 했는데 전시 성폭력은 일본군에 의해서만 행해진 것은 아니었다.

> 피난길을 가는 여자에게는 인민군, 국군, 미군, 중공군의 구분이 중요하지 않았다. 밤마다 민가를 다니면서 여자를 강간하는 군인들이 어느 쪽인지 구분하는 것은 의미 없는 일이었으니까.[40]

전시 성폭력의 역사를 보면 남자군인들에게는 여자를 강간할 '권리'가 주어진 것 같다. 식민지 여성이나 적군의 여성만이 피해자가 되는 것이 아니다. 이 또한 인류 역사에서 끊임없이 반복된 젠더폭력이다. 이런 야만 속에서 여성들 간의 우정과 연대가 그들을 지탱하게 했음이 『밝은 밤』에서 지연의 시선과 서술을 거쳐 섬세하게 재현된다. 지연은 이전 세대 여성들의 이야기를 듣고 전하며 상처를 치유하고 성장하게 된다.

> 새비 아주머니의 시선은 증조모의 몸을 지나서, 마음을 지나서, 어

40) 최은영, 앞의 책, 165쪽.

쩌면 영혼이라고 부를 수 있는 장소에까지 다다랐다. 그곳에서, 아직 다섯 살도 되지 않은 어린 증조모는 햇볕에 따뜻하게 데워진 돌멩이를 안고서 내 동무야, 내 동무야, 말을 걸고 있다. 그런 작은 따뜻함이라도 간절해서, 하지만 사람은 너무 무서워서, 증조모는 마당 구석에 쪼그려 앉아서 자기 그림자를 보고 있다.

그때 자신이 누구를 부르는지도 모르고 간절히 부르던 사람이 바로 새비 아주머니였다는 사실을 증조모는 그녀의 시선 속에서 이해했다. 너레 내 목소리를 들어주었더랬지. 내가 한 음식을 먹고 맛이 있다고 이야기해주었어. 너는 내를 삼천이라고 불러주었어.[41]

나는 희자가 높은 하늘에 연을 띄우듯이 기억이라는 바람으로 잊고 싶지 않은 순간을 마음에 띄워 올리곤 했으리라고 생각했다. 그런 바람을 마음에 품고 살아가는 일이 항상 즐거운 것만은 아니었으리라고 짐작하면서.[42]

첫 번째 인용문은 새비 아주머니의 임종을 묘사한 부분이다. 지연은 물론 그 자리에 있지 않았고, 지연에게 증조모의 이야기를 전해준 할머니 역시 그 자리에 있지 않았다. 새비 아주머니의 임종을 지킨 것은 증조모와 희자이다. 그럼에도 불구하고 지연은 마치 그 자리에 있는 것처럼 새비 아주머니와 증조모를 바라보며 그들의 마음 속 깊은 곳의 기억까지 건드리면서 서술하고 해석한다. 앞서 언급한 1인칭 시점의 한계를 벗어나는 1인칭 서술로써 마치 영화 같은 현장감의 환영幻影을 불러일으키고 그들을 바라보는 지연의 마음의 변화가 그대로 독자에게 전달되어 독자의 마음의 변화까지 이끌어낸다. 즉 인고의 세월을 서로에 대한 애정과 보살핌으로 살아낸 이전 세대 여성들을 바라보며 그 시대를 살아본 적 없는 지연은 그 시대를 사는 듯한 체험을 하며 변화하고 성장하고 이는 독자의 변화와 성장으로 연결된다. 두 번째 인용문은 할머니와 함께 했

41) 최은영, 앞의 책, 288쪽.
42) 최은영, 앞의 책, 152쪽.

던 시절을 기억하려는 희자의 마음을 지연이 추리하는 부분이다. 결국 지연이, 독일에서 암호학자로 살고 있는 희자에게 이메일을 보냄으로써 희자와 영옥이 재회의 약속을 할 수 있게 되고, 희자할머니와의 만남을 기다리면서 설레는 지연의 마음을 전하는 따뜻한 결말에서 제목 '밝은 밤'의 모순형용도 그 의미를 얻게 된다. 밤은 어둡지만 분명 '밝은' 밤이 존재한다. 한국 현대사에 넘쳐났던 폭력과 상처는 특히 여성들에게 암흑의 밤과 같은 시절을 겪게 했지만 여성들은 각자 나름의 용기와 강인함을 가지고 서로를 보살피고 살리며 '밝은' 밤 속을 지나왔다.

4 현실에 대한 동일한 인식, 전략의 차이

2020년대에 쓰인 『시선으로부터,』와 『밝은 밤』은 한국 현대사를 관통하는 여성가족사소설이라는 공통점을 가진다. 현재 가장 주목받는 작가들 중 하나이고 동년배이기도 한 정세랑과 최은영 모두 기억과 기록에 대한 소명의식을 가지고 있으며 특히 삭제되어 잊혀진 여성들의 이야기를 복원하는 것에 대한 작가로서의 책임감을 보인다. 또한 여성들의 우정과 사랑을 기반으로 하여 치유와 구원과 성장으로 이어지는 여성들의 연대에 깊은 신뢰를 가지고 있다. 따라서 두 소설 모두 텍스트 층층에 페미니즘의 가치가 촘촘하게 박혀있다. 두 작품은, 역사서술에서 배제된 여성들의 이야기를 쓴다는 것이 기존의 반쪽짜리 역사를 온전하게 복원하는 것이며 따라서 문학에서 페미니즘은 '빼기가 아닌 더하기의 방법론'이라는 것을 입증한다.

최은영과 정세랑 모두 2010년대에 등단했으며 2010년대는 '페미니즘 리부트'라는 선언이 이루어졌을 만큼 젊은 여성들의 각성과 선언이 두드러진 시기이다. 젊은 여성들의 태도가 단호해진 것에 비례하여 젊은 남성들의 페미니즘에 대한 백래시는 더욱 공격적이 되었으며 젊은 남성들이 사용하는 '페미'라는 말투와 글투는 '빨갱이' 인장을 찍는 방식이 되었다. 즉 현재 상당수의 젊은 남성들에게 '페미니즘'은 '레드 콤플렉스'가 된 것이다. 포스트 페미니즘 시대의 반지성주의는 "페미니즘에 대해 아는 척 하는 것과 페미니즘을 기각하는 것의 결합"43)이라는 언술은 현재 한국사회의 백래시를 정확히 진단한다. 그들은 페미니즘을 모르면서 아는 척 하고, 모르면서 아는 척 하기에 페미니즘을 악마화 하고 기각하려 한다. 현재 한국사회에서 젊은 여성들의 현실 인식과 젊은 남성들의 현실 인식의 격차가 너무 크다. 최은영의 『밝은 밤』에서는 이런 현실이 엄중할 정도로 리얼리스틱하게 묘사되었으며, 정세랑의 『시선으로부터,』는 혐오와 폭력을 생생하게 고발하는 한편 여성들의 '동행'의 자리에 유약하고 선한 남성들을 앉게 한다. 즉 두 소설 모두 역사서술에서 배제된 여성들의 이야기를 복기하고 그것이 현재 여성들에게 주는 의미를 구체화했다는 의의를 공유한다. 또한 두 소설 모두 문학적 증언의 윤리와 문학의 정치성을 상기시키는 텍스트들이고, 개인적인 이야기들을 통해 시대와 역사와 사회문화의 모습을 섬세하고 예리하게 형상화하는 작가의 능력을 보여주는 작품들이라고 할 수 있다. 두 작품 모두 격동의 한국 근현대사를 올곧게 살아낸 여성들의 이야기가 현재 여성들에게 주는 의미로 연결되는 여성가족사소설이다. 이때 가족의 의미는 가부장적 혈연을 가볍게 무시하면서 확장된다. 여기서 가장 중요한 것은 여성들 간 우정과 사랑과 연대이다. 저자인 최은영과 정세랑의 현실인식은 크게 다르지 않다고 판단된다. 미래 후배들에게는 다른 세계를 물려주고

43) 프루던스 체임벌린, 김은주 · 강은교 · 김상애 · 허주영 옮김, 『제4물결 페미니즘: 정동적 시간성』, 에디투스, 2021, 100쪽.

싶은 마음이 그들에게 공통적으로 존재하지만 지향하는 미래세계로 가기 위한 전략에 대해서는 다른 선택을 했다. 즉 '무엇'을 증언하려는가에 대해서 상당한 유사성을 가지지만 '어떻게' 증언하는가에 대해서는 갈라지는 지점이 있다.

『시선으로부터,』에서는 가부장적 국가권력의 야만성과 근대의 폭력성과 현재 한국사회에 공기처럼 퍼져 있는 혐오의 문제를 관통하는 묵직한 사유가 펼쳐지면서도 유쾌한 분위기가 구현된다. 이로 인해 가부장 현실에서 불가능한 모계사회를 그려낸 판타지라는 다소 비판적인 평가를 받기도 했다. 반면 『밝은 밤』은 한국현대사를 관통한 폭력과 야만의 역사가 그대로 여성들의 삶에 스며드는 철저한 리얼리즘의 태도를 견지했다. 『시선으로부터,』에 긍정적인 남성인물들이 다수 등장하는 반면 『밝은 밤』에서는 가부장 의식을 그대로 체화한 기만적이고 폭력적인 남성인물들이 주류라는 것이 두 소설텍스트의 분위기를 확연하게 달라지게 한 큰 요인이 되었다. 『밝은 밤』과 『시선으로부터,』 모두 과거사와 현재의 사회문화를 냉철하게 분석하고 판단하는 시각에서 전개되지만, 『시선으로부터,』에서 구현된 이상적인 인물구성이나 유쾌하고 판타지적이기까지 한 분위기는, '급진적 변화를 바라는 사람들은 사회가 변할 것이라고 생각하며 사는 게 아니라 이미 그런 사회가 온 것처럼 살아야 한다'는 경구를 떠올리게 한다. 이 또한 현실에 발을 디디고 서서 미래를 지향하는 작가의 서사전략이며 『시선으로부터,』가 구축한 독특한 미학이라고 할 수 있다. 『시선으로부터,』의 중심인물은 텍스트 전체의 구심점이자 다른 모든 인물들의 뿌리에 해당하는 '시선'인 반면 『밝은 밤』의 중심인물은 여성 4대의 마지막 주자이자 인물서술자인 '지연'이다. 다른 여러 인물들의 서사를 지연이 초점화자가 되어서 수렴하고, 독자 역시 지연의 시선과 목소리를 따라가기에 지연에게 감정이입하게 된다. 지연의 변화와 성장은 이

전 세대 여성들의 역사 속에 자신이 자리한다는 것을 깨닫게 되면서 이루어졌고 지연의 시선이 확장되고 단단해짐에 따라 독자의 시선 역시 확장되고 단단해진다. 여기서 『밝은 밤』은 여성가족사소설이면서 여성성장서사가 된다. 이 역시 반복되는 역사에 문학이 개입하여 변화를 야기하는 방식이자 서사전략이라고 할 수 있다. 현실에 대한 동일한 인식을 공유하지만 상당히 다른 분위기를 가진 동시대 여성가족사소설들을 비교 분석함으로써 21세기 2020년대에 20세기 초에서부터 이어지는 여성계보를 소설로 형상화 하는 의미와 의의도 보다 선명하게 드러난다. 정세랑이 언급한 "20세기를 살아낸 여성들에게 바치는 21세기의 사랑"[44]은 21세기를 살고 있는 여성들에게 주는 용기이자 다짐이기도 한 것이다.

여성이 목소리를 드러내기 힘들었던 야만의 20세기에 여성에게 더욱 가혹했던 제국주의와 파시즘적 국가주의의 폭력은 여성들의 각성의 목소리가 그 어느 때보다 커진 지금 이 시점에서 신자유주의와 백래시의 폭력이 되어 여성들을 압박하고 있다. 약육강식과 무한경쟁, 승자독식의 신자유주의는 약자에게 무자비하며 남성들 중에서도 약자가 있기에 얼핏 신자유주의는 젠더와 무관하다고 생각될 수도 있다. 그러나 백인이 약자의 기호記號일 수 없듯이 남성이라는 젠더는 약자의 기호가 되지 않는다. 약자의 포지션에 있는 남자는 다른 남자들과의 경쟁에서 졌기 때문에 약자가 된 것이지 '남자라서' 약자가 된 것이 아니다. 반면 여성은 구조조정에서 1순위로 제거되는 중하위 계층의 여성뿐만 아니라, 『시선으로부터,』의 화수처럼 많은 자원을 가지고 있는 여성의 경우에도 하위계층 남성의 애꿎은 화풀이 대상이 되어 폭력의 희생자가 된다. '여성, 최후의 식민지'라는 20세기의 명제는 현재의 사회문화에서도 유효하다. 21세기의 여성은 20세기의 여성과 다르게 살려고 하지만 다르

44) 정세랑, 앞의 책, 2020, 334쪽.

게 살 수 있는 힘과 용기를 20세기 여성과의 연속성에서 찾고 있으며 이를 잘 보여주는 텍스트가 동일한 시기에 연이어 발표된 것은 현재의 사회문화에 대한 문학적인 질문이며 답변이라고 할 수 있다.

이 글에서는, 동일한 인식을 공유하며 다른 서사전략을 사용한 두 여성 작가의 소설을 젠더적인 관점에서 분석하여 현실 속 사회문화와 지향점을 구체적으로 예증하고 고찰했다. 이는 현실세계의 사회문화 속에서 현실에 대한 동일한 문제의식을 공유하지만 다른 전략으로 현실에 대응하며 이상理想으로 나아가는 사람들에 대한 설명과 해석으로도 유용하다. 또한 이 글은 페미니즘 리부트 이후 폭발적으로 탐색되고 있는 여성서사의 한 문맥으로서 여성가족사소설의 문법을 탐사한 작업이다. 그 문법에는 국가폭력과 남성의 폭력으로부터 강인한 생존과 연대의 공동체를 구축하는 여성 간 관계성, 반복되는 폭력의 구조에 대한 성찰, 역사서술에서 배제된 여성들의 이야기를 복원하고 계보화하는 문학의 윤리 등이 포함된다. 이는 또한 현재 젊은 세대에게 과거의 여성문제와 현재의 여성문제를 거시적이고 통시적인 맥락에서 직시하고 통찰할 수 있는 인식틀을 제공한다.

VII

오래된 정원(황석영, 2000), 고등어(공지영, 1994) 저기 소리 없이 한 점 꽃잎이 지고(최윤, 1988) 회색 눈사람(최윤, 1992)

1. 후일담 소설의 젠더 지평
2. 탈근대 '여성성' 지향의 진실과 환상 – 황석영
3. 여성작가들의 후일담 서사, 에토스와 묘사의 차이가 만드는 지평의 차이
4. 역사에서 지워진 이들, 증언의 의의와 젠더정치학

VII 오래된 정원(황석영, 2000), 고등어(공지영, 1994) 저기 소리 없이 한 점 꽃잎이 지고(최윤, 1988) 회색 눈사람(최윤, 1992)

1 후일담 소설의 젠더 지평

한국소설사에서 '후일담'이라는 장르가 본격적으로 등장한 것은 1980년대를 말하기 위해서였다고 해도 과언이 아니다. 80년대를 낭만적으로 회고하기 위해서이든, 회한을 토로하기 위해서이든, 잊지 않으려는 다짐에서든, 그 시대와 단절하기 위해서이든 후일담의 구심점은 1980년대이다. 현재까지 정치 사회 문화 곳곳에 직접적인 영향을 미치고 있는 1980년대는 한국현대사에서 신화적인 시간이라고 할 수 있으며 그 시발점은 80년 5월 광주이다. 광주민주화항쟁과 1980년대를 중심으로 전개된 소설들은 80년대 후반부터 발표되기 시작해서 90년대에 절정을 이루었다.[1] 2000년대에 들어서도 광주와 80년대는 후일담 소설에서 반성적 사유의 원천으로서 다루어지거나 영화 드라마 등의 문화상품의 소재가 되었다.[2] '후

1) 후일담 소설로서 가장 많이 논의된 작품은 공지영의 『고등어』(1994)이다. 공지영은 등단작인 「동트는 새벽」(1988)에서부터 80년대의 정체성을 체화한 작가이다. 심지어 80년대와 상관이 없을 것 같은 소설 『도가니』(2009)에서조차 후일담 문학의 형식과 80년대의 정서가 드러난다. 박일문의 『살아남은 자의 슬픔』(1992) 역시 후일담 소설의 전형적인 특성을 보여주는 작품으로 거론되고 있다. 80년 광주에서의 사건을 시적인 언어와 독특한 구성으로 형상화 한 중편 「저기 소리 없이 한 점 꽃잎이 지고」(1988)를 발표하면서 소설가로서 작품 활동을 시작한 최윤은 단편 「회색눈사람」(1992)에서 짧지만 강렬하고 지적인 후일담 소설의 한 양상을 보여주었다.

2) 2000년대에 들어서 발표된 후일담 소설로는 황석영의 『오래된 정원』(2000)과 방현석의 「랍스터를 먹는 시간」(2003)이 가장 잘 알려져 있다. 80년 5월 광주, 또는 80년대를 다룬 영화는 〈꽃잎〉(1996), 〈박하사탕〉(1999), 〈오래된 정원〉(2006), 〈화려

일담'에 대한 연구들도 활발히 이루어졌는데,[3] 본 논문에서는 젠더의 관점에서 후일담 소설들을 논하고자 한다. 젠더정치학의 시각에서 후일담 소설을 논한 유의미한 연구들도 다수 존재하는데 이 논문들은, 거대서사 속에서 분명히 존재했지만 삭제되었거나 왜곡된 여성주체에 대해 논의를 전개했으며 80년대 운동권의 가부장성과 남성중심주의를 지적했다.[4] 분명 1980년대 민주화 운동은 자유와 평등의 가치를 지향하고 민주적인 정치제도의 기반을 마련했으나, 인류역사상 가장 오래된 지배이데올로기인 가부장제와 남성중심주의는 혁명의 깃발 아래서도 공고하게 유지되었으며, 80년대 지성의 흐름을 주도했던 저항담론들조차 '계급' 갈등을 우선시하고 젠더의 문제는 부차적인 것으로 취급했다. "혁명은 여성에게 무관심하거나 심지어 적대적"[5]이었다면 이는 기득권에 저항적이었던 남성 운동가들이 남성으로서의 기득권은 움켜쥐려 했던 이중성으로 인해 때로 노골적이고 때로 은근한 배제의 전략을 취함으로써 파생된 결과이다. 여성들은 민족운동과 민주화 운동에 기여했지만 그것이 민족민주운동의 여성주의 강화로 귀결되지는 않았다.[6] "기실 1980년대 민주주의를 향한 대중적 봉기의 도화선이 된 것은 유신의 억압 속에서 민주적 노동조합 운동을 주도한 섬유나 의류 분

한 휴가〉(2007), 〈변호인〉(2013), 〈택시운전사〉(2017), 〈1987〉(2017) 등이 있다.

3) 후일담의 서사양식이나 문학사적 의의를 논한 학술논문으로는 권경미, '지식인 주체의 생존 현실 인식과 저항의 서사 - 황석영의 『오래된 정원』을 중심으로', 김지미, '1980년대를 '기억'하는 스토리텔링 전략', 박은태, '1990년대 후일담 소설의 문학사적 연구', 박은태 고현철, '공지영과 김영하의 후일담 소설 연구', 전해림, '공간의 의미와 시대의 재해석 - 황석영의 『오래된 정원』론', 천정환, '1980년대와 '민주화운동'에 대한 '세대 기억'의 정치', 허영재, '독일의 신주관성 문학과 한국의 후일담 문학- 페터 슈나이더의 『렌쯔』와 공지영 작품을 중심으로' 등이 있다.

4) 김은하, 「386세대 여성 후일담과 성/속의 통과제의」, 김은하, 「'살아남은 자'의 드라마 - 여성후일담의 이중적 자아 기획」, 김주현, 「'의거'와 '혁명' 사이, 잊힌 여성의 서사들」, 이혜령, 「빛나는 성좌들 - 1980년대, 여성해방문학의 탄생」 등

5) 김은하, 「386세대 여성 후일담과 성/속의 통과제의」, 『여성문학연구』 23호, 46쪽.

6) 이혜령, 「빛나는 성좌들 - 1980년대 여성해방문학의 탄생」, 『상허학보』 47집, 2016, 423쪽.

야의 여성노동자였다. 또한 많은 여대생, 여성지식인들은 대안적 여성 주체성을 추구하며 중산층 가족을 떠나 공단으로 뛰어들거나 사회단체에 속해 시민운동을 조직했다. 관변 여성 단체와 구별되는 반체제적 여성운동이 성장해 중산층 여성의 자기 각성을 유도하며 초남성적인 폭력국가에 대한 불복종 투쟁을 전개한 것도 1980년대였다."[7] 그런 한편 자유와 평등의 가치 속에서 페미니즘의 부상浮上은 필연적인 것이었기에 1980년대는 한국사회에서 여성해방과 관련된 논의가 시작된 시기이기도 하다. 따라서 여성 작가들의 후일담 소설은, 작가에 따라 페미니즘에 접근하는 방식과 표현양식이 다르다고 해도, 젠더정치학의 함의를 내포하게 된다.

한편, 80년대를 거부하든 80년대에 집착하든, 80년대에서 자유로울 수 없었던 90년대를 보내고 한 세기를 통과하면서 90년대와는 다른 후일담 소설들이 등장했다. 특히 20세기말에 기획되고 21세기 초에 출간된 『오래된 정원』[8]은 1990년대에 발표된 후일담 소설들보다는 80년대로부터 좀 더 멀어진 거리에서 좀 더 관조적인 시야를 확보하여 80년대를 조망하고 회고하며 성찰한다. 80년대로부터 일정 기간 거리를 확보할 수 있는 여건이 마련되었던 『오래된 정원』은 분명 "80년대와 90년대 모두를 반성적으로 성찰하면서 새로운 세기의 현실과 소설들에 의미 있는 방향을 부여하려는 문학적 작업의 결과물"[9]이다. 또한 『오래된 정원』에서는 공동체의

7) 김은하, 「'살아남은 자'의 드라마 - 여성후일담의 이중적 자아 기획」, 『문학을 부수는 문학들』, 민음사, 2018, 313쪽.

8) 황석영은 베를린 망명시절, 작곡가 윤이상 선생 댁에서 떠올랐던 구상이 이 작품의 기초가 되었다고 밝혔다. "베를린 장벽이 무너지고 동구 사회주의가 일제히 몰락했을 때 나는 이십세기가 끝나는 현장을 보면서 이러한 이행기를 냉전과 분단의 시대를" "기록해 두어야 한다는 생각을 했었"고 "이제는 시대나 역사를 통해서가 아니라 그 물결 속에 휩쓸리며 헤엄쳐 가던 하찮고 가냘픈 개인의 나날을 통해서 세상을 보아야 한다고도 생각했다"고 고백한다.
황석영, 『오해된 정원』 하권, 창비, 2000, 317-318쪽.

9) 박은태, 「1990년대 후일담 소설의 문학사적 연구」, 『한국문예비평연구』 26호, 한국현대문예비평학회, 2008, 21쪽.

목표를 위해 희생되었던 '개인'과 '일상'의 가치를 인정하며 20세기의 '남성성'을 반성하고 '여성적' 가치를 긍정하는 서술태도를 보인다. 이러한 서술태도와 가치지향이 구체적으로 어떤 의의와 한계를 안고 있는지를 젠더정치학의 관점에서 좀 더 세밀하게 분석하는 것은 의미 있는 연구가 될 것이다.

이 글은 황석영의 장편소설 『오래된 정원』2000과 공지영의 장편소설 『고등어』1994를 젠더정치학의 관점에서 분석한다. 두 텍스트가 공유하는 지점과 갈라지는 지점에 특히 주목하여 이러한 유사성과 차이가 무엇을 의미하는지 고찰하려 한다. 또한 공지영의 장편소설 『도가니』2007를 대비적으로 논함으로써 변주되어 계속되는 공지영의 후일담 서사구조를 밝힐 것이다. 이에 더해서 여성작가들의 후일담 소설들이 구축한 젠더 지평의 다양한 양상을 고찰하기 위해 최윤의 중편소설 「저기 소리 없이 한 점 꽃잎이 지고」1988와 최윤의 단편소설 「회색눈사람」1992을 대비적으로 논할 것이다. 공지영은 후일담 소설에 관한 논문에서 가장 많이 등장하는 작가이고,[10] 『고등어』는 대표적인 후일담 소설로서 거론되어왔다. 또한 공지영은 페미니즘 작가로서도 언급된다. 80년대에 대한 과도한 낭만화로[11] 비평되기도 했던 『고등어』를[12] 젠더의 관점에서 다시

문학과 젠더

10) 공지영은 1988년 《창작과 비평》에 「동트는 새벽」으로 데뷔해 운동권 여대생의 통과제의를 그린 『더 이상 아름다운 방황은 없다』(1989)로 작가활동을 본격화했다. 1990년대에는 단편집 『인간에 대한 예의』(1994), 『존재는 눈물을 흘린다』(1999), 장편 『고등어』(1994) 등 여러 후일담 소설을 발표하며 386세대의 대표 작가가 되어 왔다. 그녀는 "83년의 어느 가을날", "85년의 광주 망월동" 같은 식으로 자신의 소설을 1980년대에 대한 기억과 증언의 공간으로 만드는 등 혁명세대로서 글쓰기에 대한 자의식을 보여 준다.
김은하, 앞의 책, 315쪽.

11) 공지영과 김영하가 80년대와 90년대를 묘사하는 양상은 유사하지만 묘사된 각 시대에 대한 태도와 시선은 상반된 것으로 논한 박은태와 고현철은 "공지영이 1980년대 공동체에서 희생과 신뢰의 위대함을 보고 있다면, 김영하는 희망의 이름으로 자행된 억압과 폭력을 보고 있다"고 주장한다.
박은태 · 고현철, 「공지영과 김영하의 후일담 소설 연구」, 『한국문학논총』 44집, 2006, 466쪽.

분석함으로써 후일담 소설의 의미망을 보다 풍부하게 할 수 있으리라 생각된다. 여기에 공지영이 80년대로부터 한참 멀어진 2007년에 발표한 소설 『도가니』와 최윤의 소설들을 추가로 대비하여 논하는 것 역시 후일담 소설의 젠더 지평을 보다 폭넓게 조망하려는 연구목적에 의한 것이다.

2 탈근대 '여성성' 지향의 진실과 환상 – 황석영

1) 젠더 이분법에 고착된 가치 지향

『오래된 정원』은 총 두 권으로 이루어진 장편소설이며 스토리 시간은 20여년에 달한다. 감옥 생활의 세부적인 묘사는 저자의 직접 체험에 의해서 가능했으며, 베를린 장벽이 무너지던 순간의 외형적인 상황뿐만 아니라 당시의 공기와 사람들의 복잡한 심경을 섬세하게 전달한 것도 작가의 직접 체험이 바탕이 되었다. 『오래된 정원』은 20세기말에 80년대와 90년대를 모두 돌아보는 회고적 서술양상을 띠고 있지만 역시 그 근원은 80년 5월 광주이다. 국가보안법 위반과 전향 거부로 인해, 사람 하나 죽이지 않고도 감옥에서 18년을 살다 출소한 오현우가 가장 먼저 돌이켜 보는 것도 80년 5월 광주이다.

12) 『고등어』의 주요 인물인 은림과 명우에게 1990년대는 소금에 절은 고등어가 색이 바래서 누워 있는 시장의 좌판이라면, 1980년대는 등이 푸른 고등어가 맘껏 자유의 유영을 펼치는 바다이다.
박은태 · 고현철, 앞의 논문, 468쪽.
김은하는, 『고등어』를 "지난 연대에 대한 작가의 인식은 주관적 감상이 지나치다 못해 신파조로 전락한다"고 평했던 정문순의 글을 소개하면서, "그러나 분명 (……) 과잉정치화 된 세대가 있었다는 점은 부인할 수 없다"고 말한다.
김은하, 앞의 논문, 56쪽.

광주, 그러나 이제는 저 울렁거림 따위는 없다. 전에는 그 도시의 이름만 떠올려도 마치 글자 주위에 불의 링을 달아놓은 것처럼 뜨거운 불길이 활활 타오르는 느낌이었다. 이제는 무슨 특산물로 유명해진 관광지 이름처럼 들린다. 몇 년 만인가 …… 그들의 얼굴이나 기억할 수 있을까. 내 안에서는 저들은 모두 앳되고 어설프고 가난한 젊은이들이었다. 죽은 이들은 더욱 영원히 젊다.[13)]

『오래된 정원』의 중심인물은 오현우와 한윤희이며 두 인물 모두 서술주체로서 시선과 목소리를 부여받았다. 이는 두 사람의 사랑의 서사[14)]가 소설 『오래된 정원』의 독특한 분위기를 형성하기 때문이기도 하지만, 오현우가 감옥에 있었던 18년의 시간들 동안 감옥 외부 세계의 변화를 전달하기 위해 오현우가 아닌 다른 한 명의 초점화와 서술적 목소리가 더 필요했다. 『오래된 정원』의 서사는 한윤희가 남긴 일기와 편지를 오현우가 읽고 다시 오현우의 회고적 시각에서 서술되는 구조를 취한다. 지금까지 『오래된 정원』을 논한 비평과 논문들[15)]은 오현우와 한윤희의 관계를 언급하면서도 오현우에게 초점이 맞춰져 있다. 본고에서는 한윤희에게 초점을 맞추려 한다. 작가 황석영은 한윤희의 서술을 통해서 오현우가 추구했던 가치뿐만 아니라, (오현우가 경시했던) 일상과 생활과 창조 등의 가치를 추구한 한윤희의 삶에 대한 태도가 새로운 세기의 가치가

13) 황석영, 『오래된 정원』 상권, 창비, 2000, 34쪽.

14) 『오래된 정원』을 '사랑의 서사'로 해석하고 논한 연구들은, 고인환, '경계를 응시하는 사랑의 서사 - 황석영의 『오래된 정원』', 『결핍, 글쓰기의 기원』, 청동거울, 2003. 김치수, '이념과 사랑 - 황석영의 『오래된 정원』', 『문학과 사회』 겨울호, 2003, 오생근, '『오래된 정원』과 시간을 이기는 사랑의 힘', 『황석영 문학의 세계』, 창비, 2003. 등이 있다.

15) 강용훈, 「현대문학과 새로운 담론; 황석영 장편소설에 나타난 귀환의 의미 - 『장길산』과 『오래된 정원』을 중심으로」, 『한국문예비평연구』 24권, 한국현대문예비평학회, 2007. 권경미, 「지식인 주체의 생존 현실 인식과 저항의 서사 - 황석영의 『오래된 정원』을 중심으로」, 『한국문예창작』 12권 1호, 한국문예창작학회, 2013. 방민호, '모성적 사랑의 시공을 위하여 - 황석영 『오래된 정원』론', 『납함 아래의 침묵』, 소명출판, 2001. 전해림, 「공간의 의미와 시대의 재해석 - 황석영의 『오래된 정원』론」, 『한국문학이론과 비평』 70집, 한국문학이론과 비평학회, 2016. 등

되어야 한다고 말한다. 이때 새로운 세기의 가치는 소위 '여성성' 특히 '모성'에 기반을 둔 삶에 대한 긍정과 생명에 대한 긍정이다.

> 아무 일도 없는 것 같은 살림의 단순한 일상이 사람에게 가장 중요한 사업이 아닌가요.[16)]

> 그래 나중에 너는 불꽃이 되어 시멘트 포장된 공장 앞 네거리에서 사그라졌지만 네 마지막 편지는 남아 있다. 미경아, 이제 나는 먼길을 돌아와 너에게 뒤늦은 대답을 할게. 사람 사는 게 뭐니, 결국은 삶의 절반은 세끼 밥먹는 데로부터 시작되었지 …… 미경아 예술과 혁명이 가는 길은 무엇인가 생각해본다. 처음 시작했던 삶으로 되돌리려는 안간힘이야. 지상에서 비롯된 새벽의 삶을 회복하기 위해서 지상에 세워진 한낮의 모든 허접쓰레기 같은 제도를 부숴버리는 일. 나는 다시 먹을 것으로 돌아가마. 아름다운 젊은이 예수가 처음에 출발했던 이상으로 돌아가는 일이 무엇이었겠어? 땅에서 가장 소박하고 욕심없는 식사를 회복하는 일이었다. 피가 되고 살이 되는 지상의 양식으로서.[17)]

> 근대는 수컷들의 삭막하고 쓸쓸한 갈등과 번민의 시대였어요.[18)]

> 남자들이 같은 남자들을 죽인 전쟁의 세기를 보내면서 내면적으로는 그와 함께 살해한 모성을 생각해요. 나도 스스로 내 안에서 그것을 죽였어요. 당신을 앗아간 것들이 나로 하여금 스스로 그렇게 하도록 만들었어요. 나는 이 위대한 자연을 회복하고야 말 것입니다.[19)]

'미경'은 "제도를 어떻게 지켜야 하는 가를 배"[20)]우는 법대생으로서 공장에 위장 취업한 '학출 노동자'이다. 미경이 공장건물 옥상에서 분신하고 투신하여 젊은 생을 마감한 이후 윤희는 미경의

16) 황석영, 앞의 책, 상권 233쪽.
17) 황석영, 앞의 책, 하권 189쪽.
18) 황석영, 앞의 책, 하권 304쪽.
19) 황석영, 앞의 책, 하권 306쪽.
20) 황석영, 앞의 책, 하권 48쪽.

편지에 대한 늦은 답장을 쓴다. 윤희는 사적인 소유를 떨쳐낸 소규모 공동체 삶을 꿈꾸고 있고 사적 소유를 지키고 강화하기 위해 만들어진 모든 제도들을 '허접쓰레기'로 규정한다. 여기서 오현우 뿐만 아니라 한윤희 역시 작가 황석영의 페르소나임을 알 수 있다. 즉 "젊은 날의 사회주의 사상의 휴머니즘적 '핵심'을 보존하면서"[21] '갈등'과 '전쟁'과 '죽임'의 세기에 운동권 역시 한 몫 했음을 반성하는 과정에서 근대의 도구적 이성에 대한 비판적 사유와 에코 페미니즘적인 상상력도 엿보인다. '시대'라는 거대서사에 의해 억압된 개인을 바라보려는 태도 역시 80년대에 대한 반성적 사유인데 특히 한윤희와 송영태와의 시베리아 횡단 열차 여정에서 이러한 태도가 드러난다. 송영태는 평양을 거쳐 한윤희가 있는 독일로 왔다. 역시 작가의 개인사가 중첩되는 지점이다. 송영태는 계속 시대의 주제로 대화하고 싶어했지만 한윤희는 개인적이고 서정적인 여정을 방해받고 싶지 않았다고 고백한다. 무엇보다 미경을 외면했던 영태를 추궁했을 때 "그땐 그런 시대였"다는 송영태의 말에 한윤희는 시절 탓 하지 말라고 말한다. 즉 시대와 이념의 과잉 속에서 억눌린 개인과 감성을 복원하려는 것이며 '남성성'의 세기와 작별하고 '여성성모성'의 세기로 향해야 한다는 가치지향을 "위대한 자연을 회복하고야 말 것"이라는 다짐으로 표현한다. 이러한 가치지향이 억압된 감성과 자연의 회복, 궁극적으로는 '여성성'의 회복이라고 해석될 여지가 충분히 있다.

그러나 이 역시 전형적인 젠더 이분법에 기반을 두고 있다. 이성과 정신과 문명과 서양을 '남성성'으로 상정하고 감성과 신체와 자연과 동양을 '여성성'으로 상정하여 전자가 후자보다 우월한 것으로 여기고 전자가 후자를 지배해야 한다는 담론이 우세했던 시대

21) 천정환, 「1980년대와 '민주화 운동'에 대한 '세대 기억'의 정치」, 『대중서사연구』 제20권 3호, 대중서사학회, 2014, 211쪽.

로부터 후자를 중시하는 담론의 시대로 바뀐다고 해도 이 역시 기본적인 젠더 이분법을 전제로 한 것이다. '감성'과 '신체'와 '자연'과 '동양'이 '여성성'이어야 할 필연적인 이유가 없으며 이들이 생물학적 여성과 연결될 필연적인 이유는 더구나 없다. 게다가 모성 또한 이데올로기임도 간과하고 있다.[22] 무엇보다 오현우의 도피생활을 도와주었던 3개월 간의 짧은 인연과 18년 동안 '안'에 있는 오현우에게서 자유로울 수 없었던 '밖'에 있는 한윤희의 삶과 선택은 전적으로 아버지에 대한 동경과 애정에서 기인한 것으로 서술되었다. 이는 남성 판타지의 한 종류라고 할 수 있는 엘렉트라 콤플렉스로 해석할 수 있는 여지가 충분하다. 다음 절에서 이에 대해서 분석하려 한다.

2) 중핵이자 구심점 역할을 하는 아버지의 이름

한윤희의 기록에는 '아버지'가 과도할 만큼 많이 등장한다. 한윤희의 아버지는 일제 강점기 식민지의 지식인 청년이었으며 동경 유학 시절 사회주의 사상에 경도되고 해방 후 빨치산의 이력이 있으나 전향서를 쓰고 폐인이 되어 방에서 술만 마시다가 죽었다. 생계는 모두 한윤희의 어머니 몫이었다. 어린 시절 한윤희는 아버지를 한때 증오했으나 아버지를 이해하고 전 생애에 걸쳐서 아버지를 사랑하게 된다. 오현우와의 관계뿐만 아니라 오현우와 만나기 이전에 한윤희가 사랑했던 선배화가와의 관계 역시 아버지에 대한 선망과 연민에서 비롯되었음이 상세하게 고백된다. 즉 한윤희의 사랑과 인고와 희생의 삶은 모두 '아버지의 이름' 안에 수렴된다고 할 수 있다. 아버지에 대한 한윤희의 집착은 '아버지의 이름'이 한

22) 모성이 자연이 아닌 이데올로기이며 모성신화가 가부장제를 굳건하게 지탱해 왔음은 아드리안 리치, 엘리자베스 바텡데르, 슐라미스 파이어스톤 등 여러 학자들에 의해 논의된 바 있다.

윤희의 전 생애를 지배했다고 할 수 있을 정도이다. 수배 중이었던 오현우의 도피를 도와주기 위해 오현우와 처음 만난 자리에서부터 한윤희는 아버지에 대한 이야기를 한다.

> 나 운동권 아니에요. 광주 비디오 봤어요, 엔에치케이 판요. 용서할 수 없어요. 그래서 아버지를 이해하게 됐지만요.[23] ①
> 당신의 첫인상은 꼭 젊은날의 아버지를 연상시켰어요. 나는 아버지의 청춘이 깃들인 사진 두 장을 간직하고 있어요.[24] ②
> 아, 고생문이 훤한 인연이었어. 그는 작년에 여길 떠나자마자 체포됐어. 아마 오랫동안 세상 밖으로 나오지 못하게 될지두 몰라. 그런데 난 그의 아내를 자청하려고 해. 왜냐구? 그에게는 나밖엔 아무도 없기 때문이야 …… 넌 아버지의 마지막 해를 잘 모를거야. 나는 아버지와 거의 날마다 하루를 보내곤 했어.[25] ③

> 그건 이를테면 누린내 비슷하기도 하고 오래 묵은 쉰밥내 같기도 하고 거기에 간장이 섞인 듯한 남자들의 고독에 찌든 내음이었어요 …… 나는 그를 내 가슴에 안아주었어요. 아버지와 작별하던 생각이 나서 눈물을 찔끔거렸구요 …… 내가 사랑한 건 아버지의 빛나는 젊은 시절에 대한 막연한 상상이었을 거예요.[26] ④ (번호, 인용자)

①은 한윤희가 오현우를 처음 만났을 때 그에게 한 말이고, ②는 한윤희가 오현우에게 남긴 편지글 중 일부이다. ③은 한윤희가 동생 정희에게 보낸 편지글의 일부이다. “고생문이 훤한” 인고와 희생의 인연과 사랑을 감당하겠다는 이유의 근원에 아버지가 있음을 반복해서 고백한다. 그런데 한윤희의 이런 태도는 ④에서 묘사되었듯이 오현우를 만나기 전 첫사랑이라고도 할 수 있는 선배화가와의 관계에서 이미 선행되었다. 한윤희는 오현우에게 남긴 글에서 이런 사연

23) 황석영, 앞의 책, 상권 58쪽.
24) 황석영, 앞의 책, 상권 83쪽.
25) 황석영, 앞의 책, 상권 141쪽.
26) 황석영, 앞의 책, 상권 133-134쪽.

도 전하면서 역시 아버지를 언급한다. 그렇다고 해서 아버지나 선배화가나 오현우가 늘 연민의 대상이 될 수밖에 없는 패배자/약자이거나 선하고 정의로운 사람이기만 했던 것은 아니다. 특히 젠더의 관점에서 볼 때 남성인 그들은 기득권자였고 때로 폭력적이었으며 강자의 위치였고 표리부동한 변절자이기도 했다. 그런데 한윤희는 그들의 폭력성에까지 연민을 느끼며 기꺼이 희생자가 되려는 태도를 보인다. 한윤희가 그토록 연민했던 선배화가는 화단에서 성공하고 부잣집 딸과 약혼하여 유학을 떠났다. 도피생활 중 오현우가 광주에 다녀온 날 밤, 오현우가 마치 강간하듯이 한윤희에게 폭력적인 정사를 시도했을 때에도 한윤희는 "나는 어쩐지 눈물이 흘러나왔"다고 고백한다. "아버지나 당신이 선택했던 그 시대의 가치는" 자신과 함께 하는 오현우의 도피의 시간을 " '기만적인 자유에 머물게 하는 아주 하찮은 소시민적 영역'이라고 깔보게 했"[27]다는 것이 자신의 눈물에 대한 한윤희의 해석이다. 한윤희가 어렸을 때, 방에서 술만 마시는 아버지 대신 어머니가 생계를 위해 밖에서 일했지만, 한윤희의 아버지는 "말만한 년들이 둘씩이나 있으면서"[28] 딸들이 저녁을 늦게 짓는다고 호통을 친다. 한윤희는 일상을 하찮게 여기는 그들에게 저항하면서도 그들의 일은 역사적 대의를 위한 것이라고 규정하고, 그들의 폭력성이 그들이 저항했던 독재권력과 닮아 있음에도 불구하고 이에 분노하지 않고 연민과 희생이 자신의 몫이라고 받아들이는 태도를 보인다. 이는 작가 황석영이 세기말을 보내면서 일상과 개인의 가치를 긍정하게 되었지만, 일상과 개인은 여전히 '사적 영역'이고 '사적 영역'은 '여성성'의 영역이라는 젠더 이분법에 의거한 성별 고정관념에 사로잡혀 있다는 것을 보여준다. 심지어 한윤희는 자신의 임신을 오현우에게 말하지 않고 숨기면서 "그에게

27) 황석영, 앞의 책, 상권 225쪽.
28) 황석영, 앞의 책, 상권 90쪽.

는 지금 자신의 일말고도 평생을 걸고 지켜야 할 것들이 많”기에 “그를 방해하고 싶지 않”[29]다고 말한다. 또한 시베리아 한 복판에서 한윤희는 ‘전쟁과 평화’ 속 여인들의 이야기를 생각한다. 그들은 혁명가가 아니라 혁명가의 아내였다. 그들은 “형리와 심판관들에게서 갖은 모욕과 경멸을 당하며 세탁부나 허드렛일로 남편의 형기가 끝나기를 기다렸”[30]다. 광산의 갱 속에 있는 남편의 발목에 묶인 쇠사슬에 입을 맞춘 여인의 이야기가 한윤희로부터 발화될 때 한윤희는 그 여인과 자신을 동일시한다.

여기서 한윤희는 80년대 운동권 주변에 있었던 실제 여성의 초상이라기보다는 작가 황석영의 판타지라고 생각된다. 정확히 말한다면 남성 판타지이다. 거대폭력에 저항한다는 명분을 가지고 있는 남성들이 여성에게 가하는 폭력성에까지 연민을 느끼며, 자신을 배제하는 ‘아버지의 이름’의 자장 안으로 들어가려 하면 할수록 그것은 결국 자학이 될 수 있다. 실제로는, 80년대 운동권에는 혁명가 남편의 발목에 묶인 쇠사슬에 입을 맞추는 아내보다는 공장에서 ‘미싱’을 돌리는 여성노동자들이 훨씬 많았고, 노동자의 아내 역시 노동자였다. 또한 ‘미경’ 같은 학출 노동자도 많았다. 이들은 계급에 의해서만이 아니라 젠더에 의해서 이중으로 억압 받는 이들이었다. 1986년 당시 서울대학교 학생이었던 권인숙이 공단에 위장취업한 후 부천경찰서 문귀동 경사에게 성고문 당한 사건은 계급에 의한 폭력보다 젠더에 의한 폭력이 더 악할 수 있음을 보여준다. 하지만 한윤희의 목소리 뒤에 내포저자는 견고한 젠더 이분법에 근거한 성별 역할의 고정관념에서 여전히 자유롭지 못하며 여전히 시대착오적이다. 어머니의 품처럼 하염없이 품어주고 기다리고 인내하고 이해하는 여성상을 그리는 남성 판타지를 보여준다.

29) 황석영, 앞의 책, 상권 144쪽.
30) 황석영, 앞의 책, 하권 294쪽.

이후 황석영이 발표한 장편소설 『바리데기』2007 역시 자신을 버린 아버지에게 인정받기 위해, 자신을 배제한 아버지의 법 안에 들어가기 위해 고통과 역경과 희생을 감내하는 여성서사이며 이는 '여성의 이야기'라기보다는 남성 작가의 남성 판타지라고 할 수 있다. 즉 한윤희가 오현우를 회고하며 발화한 "평등을 위한 단호하고 강력한 계급투쟁"[31]은 '형제들의 공화국'을 위한 것이며 젠더에 대한 문제는 인식 자체가 결여되어 있다. 한윤희는, 아버지를 증오하는 송영태에게도 '아버지의 이름'을 설파한다. "다들 아버지 중심으로 버티고 있"[32]다는 한윤희의 말은, "아버지는 어머니의 짐이 아니었"느냐는 윤희의 질문에 "가장이 있는 집은 집안 공기두 다른 법"[33]이라는 어머니의 목소리를 통해 유사하게 먼저 발화되었다. 이때 '아버지의 이름'에 고착되려는 여성들의 목소리는 사실상 남성 판타지에 의해 전유된 것이다.

18년의 형기를 마치고 세상에 나온 오현우는 한윤희와 함께 지냈던 갈뫼로 간다. 한윤희는 암으로 이미 세상을 떠났고 오현우는 윤희가 낳은 딸 '은결'의 존재를 알게 된다.

> 은결이가 팔십이년생이라면 지금은 열여덟살 먹은 처녀가 되었겠지. 아무것도 남아 있지 않을 줄 알았던 이 세상에 윤희는 그 아이를 남겼다 …… 윤희는 은결이와 내가 이승에서 지어갈 부녀지간의 애증을 걱정했는지도 모른다.[34]

그러나 은결이 한윤희와 같은 삶을 살 거라는 걱정은 젠더 이분법과 '아버지의 이름'을 전제로 했기에 나온 발상이다. 이는 80년대와 세기말의 정서에서 젠더의 문제를 삭제한 작가의 한계이기도

31) 황석영, 앞의 책, 상권 216쪽.
32) 황석영, 앞의 책, 하권 296쪽.
33) 황석영, 앞의 책, 하권 25쪽.
34) 황석영, 앞의 책, 상권, 159-160쪽.

하다. "혁명은 비록 독재정권을 무너뜨렸다할지라도 사회적 삶의 내밀한 토대를 형성하고 있는 성역할을 해체하지 못했"[35]기에 '팔십 이년 생 은결'은 한윤희와는 다른 싸움을 해야 한다. 그 싸움은 독재정권을 향한 투쟁보다 더 근본적인 혁명이 될 것이며, '아버지의 이름'에 집착하기보다는 상징적 아버지 죽이기를 감내하는 방향으로 향할 것이다. 이는 80년대와 90년대까지를 폭넓게 조망하며 모성을 회복하고 일상과 개인의 가치를 인정했다고 긍정적인 평가를 받을 수 있는 『오래된 정원』의 서사가 깊이 뿌리 내리고 있는 젠더 이분법과 성 역할 자체를 전복시키는 것이다. '팔십 이년 생 은결'에게 남겨진 과제와 싸움은 '아버지의 이름'에 밀착하여 정치권력에 저항한 항거보다, '아버지의 이름'을 거부하기에 더 불온하고 래디컬한근본적이며 급진적인 일상의 정치학을 구축할 것이다. 이는 딸의 모습을 상상하는 '아버지' 오현우가 예견하지 못한 것이었다. 남성의 세기인 20세기를 반성하며 소위 '여성성'을 추구하려는 후일담의 전망 속에서도 굳건한 젠더 이분법과 '여성의 미덕'에 대한 남성판타지는 기존의 후일담 소설과 갈라지는 듯 다시 만나는 지점이며 『오래된 정원』을 '근대성에 대한 반성'으로 규정한 선행연구 역시 이러한 젠더 이분법에 기반을 두고 있다.

3 여성작가들의 후일담 서사, 에토스와 묘사의 차이가 만드는 지평의 차이

1) 변주되어 계속되는 후일담 서사 – 공지영

공지영은 후일담 소설 연구에서 가장 많이 거론된 작가이다. 공

35) 김은하, 「386세대의 여성 후일담과 성/속의 통과제의」, 46쪽.

지영에게 80년대는 인간에 대한 신뢰와 혁명에 대한 낭만적 이상과 강한 동지애가 공기처럼 머물렀던 시대였다. 그 시대를 작가 공지영은 끝없이 기억하려 하고 증언하려 한다. 『고등어』1994는 그러한 기억의 서사/증언의 서사의 대표적인 텍스트이다. 80년대 학생운동과 노동운동을 함께 한 동지이자 연인이었던 명우와 은림이 90년대가 되어서 7년 만에 만났을 때 했던 논쟁은 90년대 시점에서 80년대를 바라보는 두 시각을 보여주면서 작가 공지영의 글쓰기의 성격을 시사한다. 은림의 오빠이자 명우의 친구인 은철이 고문 후유증으로 정신을 놓아버리고 그런 은철을 면회하고 돌아와서 명우는 지난 시절을 절망과 자조의 어투로 회상하는 현실적인 나약함을 보이는 반면 은림은 자신의 신념을 고수하고 발화하는 데 망설임이나 회의懷疑가 없다.

> 세계의 끄트머리 한심한 나라의 학생으로 태어나서 무슨 세상을 구원해 보겠다고 부모들 가슴에 못을 쾅, 쾅 박으면서 지랄들을 한 거야? 그래서 무슨 세상이 왔지? 어리석었어. 하다못해 그 시간에 운전이라도 배워 두었어야지.36)

> 고작 형의 회한이라는 게 이런 건가요? 우리가 애썼던 날들하고 바꿀 수 있는 게 고작 운전면허예요?
> 아니요, 절망하지 않는 사람들도 있어요. 잊지 않는 사람들, 죽어간 친구와 미쳐간 친구와 그런 사람들을 기억하는 이들 …… 그들이 곧 이 나라를 이끌어 가게 돼요. 이제 곧 우리 세대에게서 …… 그래요, 형 말대로 우리 세대를 거치느라 운전면허 하나 따지 못했던 젊은이들이 …… 그들이 대통령이 되고 그들이 예술가가 될 거라구요. 가짜들 말구 진짜들 …… 그것두 권력이라구 운동하지 않는 불쌍한 친구들 주눅들게 하면서 거들먹거렸던 사람들 말구, 이제 와서 어리석었다고 그 세월 전체를 매도하는 인간들 말구, 진짜들.37)

36) 공지영, 『고등어』, 웅진출판, 1994, 222-223쪽.
37) 공지영, 앞의 책, 225쪽.

명우의 현실적인 나약함과 은림의 신념에 찬 우직함은 공적 영역뿐만 아니라 사적 관계에서도 각자의 선택에 직접적인 영향을 끼쳤다. 스물여섯 살에 이미 유부녀였던 은림과 스물일곱 살의 명우는 동지애를 넘어선 사랑의 감정을 확인하고 함께 창원으로 떠나서 그곳에서 같이 노동운동을 하기로 약속했으나, "스물일곱 살에 불륜이라는 멍에"[38]를 감당하는 게 두려워진 명우는 '운동'과 '도덕'이라는 대의명분을 내세워 은림과의 약속을 저버렸다. "직업적인 혁명가로서 살아남기 위해"[39] 노동자인 연숙과 결혼했으나 이혼하고 이제는 그가 운동하던 시절 적대시했던 "더러운 부르주아들"의 자서전을 대필하는 일을 하고 있다. 반면 은림은 가장 마지막까지 가장 적극적으로 노동현장에 남아 있는 인물이다. 외롭게 투쟁하는 집행부를 차마 외면하지 못하고 임신 7개월의 몸으로 파업투쟁에 함께 하다가 사산하고 자신의 몸을 돌보지 않다가 90년대에 어울리지 않을 것 같은 '결핵'과 '영양실조'의 몸으로 다시 명우 앞에 나타난 것이다. 허구서사인 소설 속 인물이기는 해도 명우와 같은 선택을 한 사람 또는 은림과 같은 선택을 한 사람은 80년대에서 90년대로 그리고 21세기로 넘어오는 한국 현대사에서 실존하는 인물들이다. 노동운동은 그 양상과 정도를 달리하면서 계속되어왔고, 인권운동도 여러 양상으로 지속되어왔다. 90년대에 들어서면서 한 순간에 다른 세계가 펼쳐진 것이 아니라 80년대는 90년대 속에서 다른 양상으로 반복되면서 운동했다[40]고 볼 수 있다. 운동의 이력을 '훈장' 삼아 제도권 정치세력 안에 편입한 사람들도 있고, 명예회복이나 금전적인 보상의 혜택을 받은 이들도 있지만, 여전히 변방에서 여러 형태의 운동을 계속하는 사람들도 분명 존재한다. "이들을 기억하는 것이" "승리자들과 엘리트 '민주화 운동'

38) 공지영, 앞의 책, 24쪽.
39) 공지영, 앞의 책, 236쪽.
40) 박은태, 앞의 논문, 27쪽.

서사에 맞서는 중요한 과제일 수 있다"[41]면 죽음을 앞둔 은림이 명우에게 "우리 이야기를 써 달라"[42]고 부탁한 것은 승리자의 이야기만 기록되고 전파되는 이 세상에서 분명 존재했던 이들을 기억하고 증언하려는 작가 공지영의 글쓰기의 의미를 드러낸다. 공지영의 후속 소설에서 이들의 이야기가 계속 변주되어 등장하는 것도 이러한 이유에서이다.

광주 인화학원에서 교장을 비롯한 교직원들이 청각장애아동들을 지속적으로 성폭행한 실화를 바탕으로 2009년 발표된 공지영의 소설 『도가니』에서도 유사한 서사가 변주되어 반복된다. 특수학교 교사인 강인호는 대학시절 그 시대의 분위기에 따라서 어느 정도 '운동'에 가담했으나 지금은 소시민적 삶을 꾸려가는 것조차 힘겨워하는 인물이다. '그때' 그의 눈에 비친 세상은 '지금'보다 훨씬 더 불우하고 불의했지만 적어도 그를 비참하게 만드는 종류의 것은 아니었다고 생각한다. 거기에 제 '밥그릇'이 걸려 있지는 않았기 때문이다.[43] 반면 강인호의 대학 선배이자 소도시 인권센터에서 상근간사로 근무하는 서유진은 '이제' 세상을 바꾸려는 생각은 접었으나 세상이 자신을 바꾸지 못하게 하기 위해 싸운다고 말하는 인물이다.[44] 이런 서유진에게, '민중' '민주' 이런 말 하는 여자들은 '맛없게' 생겼다고 말하는 지역경찰은[45] 80년대 운동권 내부와 그 주변에서도 존재했을 여성혐오의 분위기를 전달한다. 『고등어』에서의 은림과 『도가니』에서의 유진은 1990년대와 2000년대에도 노동운동과 인권운동을 계속하며 풀뿌리 민주주의를 지켜가는 헌신적인 인물들이라는 공통점을 가지고 있는데, 이 외에도 중

41) 천정환, 앞의 논문, 208쪽.
42) 공지영, 앞의 책, 280쪽.
43) 공지영, 『도가니』, 창비, 2009, 71쪽.
44) 공지영, 앞의 책, 301쪽.
45) 공지영, 앞의 책, 112쪽.

요한 공통점이 한 가지 있다. 그것은 도망치는 나약한 남성 인물들을 끝내 이해하고 용서하며 포용한다는 것이다. 명우의 자조적인 매도와 회한에 날카롭게 반응했던 은림은, 그러나, 7년 전에 자신과의 약속을 저버리고 도망쳤던 명우를 이미 다 용서했다고 말한다. 유진 역시, 싸움을 포기하고 서울로 떠나버린 인호를 비난하지 않는다. 공지영의 소설에서 남성인물들은 나약하고 기회주의적으로 묘사되며 여성인물들은 그런 남성인물들을 비판하지만 끝내 포용하는 쪽으로 향하는 관계가 변주되어 반복된다. 이는 "용서와 관용을 통해 동지애적 연대를 회복함으로써 애정 갈등을 뛰어넘고자"[46] 하는 의도를 보여주는 것이 사실이지만 공지영의 젠더 구획 역시 이분법에서 자유롭지 않음을 시사한다.

> 모두들 그렇게 이야기하대. 난 정말 혁명을 하기에는 너무 감상적인 사람이야.[47]

90년대가 80년대의 연속선상에 놓여 있다고 해도 분명 90년대는 80년대와는 다른 가치를 향해갔다. 80년대와 결별하며 '욕망'에 솔직한 쪽으로 향하거나, 80년대의 사회주의적 이상에서 멀어졌지만 90년대 자본주의의 향연에 적극적으로 참여하려하지는 않는 입장도 존재했다. 명우는 노동운동을 하던 시절의 친구들과 연락하지 않고 지내면서 "더러운 부르주아"의 자서전을 대필해주는 일을 하지만 자신의 일에 만족하지 못하고 있다. 반면 은림은 여전히 울산의 공단에서 노동운동을 계속한다. 90년대가 되었어도 노동현실은 달라지지 않았다고 생각하며 자신을 필요로 하는 곳에서 힘을 보태려 한다. '학출' 노동자가 '노동자'로서의 삶을 계속 지탱

46) 김은하, 「'살아남은 자'의 드라마 - 여성후일담의 이중적 자아 기획」, 『문학을 부수는 문학들』, 2018, 322쪽.
47) 공지영, 앞의 책, 136쪽.

하면서 미련할 만큼 자신의 몸을 돌보지 않는다. 김은하는 "계산적 합리성이나 논리성과 거리가 먼 은림의 열정적 면모는 '여성적인 것'이 곧 '혁명적인 것'임을 역설한다"고 분석하고 "여성적 감수성은 비과학성의 증거가 아니라 '인간에 대한 예의'라는 도덕감정이"라고 논평한다.[48] 혁명이 '합리성'이나 '논리성'의 산물이 아닌 것은 사실이다. 그보다 혁명은 '낭만성'을 내포하고[49] 이상주의 역시 낭만성을 내포한다. 계산적이고 합리적이라면 혁명을 꿈꾸지 않기 때문이다. 그런데 '계산적 합리성이나 논리성'과 먼 거리에 있는 것을, '감수성'을 '여성적인 것'이라고 규정한 것은 사실상 전통적인 젠더 이분법에 기반을 두고 있다. 이는 공지영의 텍스트 자체에서 유추되는 해석이지만 김은하 역시 공지영의 젠더 이분법에 대해서는 문제제기를 하고 있지 않다. "은림의 열정적 면모"나 "감수성"은 이후 '모성'에 대한 집착으로까지 나아간다. 명우의 전부인인 연숙이 앞뒤 맥락을 파악하지 못한 채 은림을 심하게 모욕한 후에 혼자 남겨지게 된 은림이 보여준 행동은 명우와 연숙의 어린 딸인 명지가 누워 있던 자리에 손을 넣어 명지의 체온을 느끼는 것이었다. 이는 명지를 안고 연숙과 함께 방을 나가면서 은림을 바라본 명우의 시선과 서술에 의해 전달된다.

> 명지가 누워 있던 자리에 두 손을 넣어 보는 것이었다. 마치, 그렇게라도 명지를, 그 체온을 느끼고 싶다는 듯이[50]

48) 김은하, 앞의 글, 323쪽.

49) 작가 박경리는 그의 장편소설 『김약국의 딸들』에서 강극과 용빈의 대화를 통해 '혁명'과 '낭만'의 관계를 다음과 같이 설명한다.
"혁명은 로맨티시스트가 이룩하는 겁니다. 그러면 그 다음은 실리자가 장악하는 거죠. 로맨티시스트는 종국에 가서 패자가 됩니다. 그러나 로맨티시스트는 또 일어나죠. 어떤 세대의 가름길에서."
"그렇지만 혁명가들이 화나시겠어요. 로맨티시스트라니요."
"천만에 말씀입니다. 로맨티시즘은 혁명의 원동력입니다."
박경리, 『김약국의 딸들』, 마로니에 북스, 2013, 403쪽.

50) 공지영, 앞의 책, 155쪽.

은림은 명우와의 관계에서 생긴 아이를 사산한 경험이 있다. 그런 은림이, 연숙이 딸을 낳았다는 소식을 들었을 때 명우가 딸 이름에 자기 이름 한 글자정도 넣어주지 않을까 기대했다는 말과, 연숙에게 모욕을 당한 후에 명지가 누워 있었던 자리에 손을 넣어보는 행동 등은 '감수성'이라는 단어로 설명하기에도 설득력이 떨어지는 언행이다. 황석영이 『오래된 정원』에서 남성인물을 혁명의 중심부에, 여성인물을 혁명의 주변부에 두고 그 여성인물로 하여금 "당신만 있으면 상관없다"고 말하게 하면서 계급의 문제를 쟁점화하기 위해 여성을 희생시킨 일면을 보였다면, 노동현장에서 빈곤과 질병과 싸우며 마지막까지 신념을 굽히지 않고 동지들에게 헌신했던 여성인물을 형상화 한 공지영의 서사는 계급과 젠더 문제를 다 담으려 했다. 이는 공지영이 황석영과 달라지는 지점이다. 실제로 1980년대에 여성들은 결코 혁명의 주변부에서 아버지와 애인의 그림자로 존재하지 않았다. 여성들은 시위현장에 함께 있었으며[51)]

51) 정영훈 한국여성연구소 소장은 1987년을 열었던 남영동의 시위가 여성들에 의해서 주도되었음을 증언한다. "1월 22일, 그러니까 아직 박종철의 죽음이 국민적 저항운동으로 확산되지는 못했던 때, 군부독재에 대한 두려움이 사람들을 잠식하고 있던 때, 감히, 남영동 대공분실 앞에서 가두시위를 벌인 사람들이 있었다.(……)인원은 30명을 넘었고, 시위대는 모두 여성이었다. 남영동 금성극장 주변 다방과 골목에 숨어있던 그들은, '우리가 상주'라는 뜻에서 삼베로 만든 수건을 쓰고 "박종철은 내 아들이다"로 시작되는 성명서를 뿌리며 "박종철을 살려내라"는 구호를 외쳤다. 경찰이 곧 그들을 둘러쌌고, 일부는 연행되고 일부는 주변 골목으로 쫓겨가 연좌시위를 계속했다. 이것이 닷새 전 민가협에 이어 박종철의 이름을 남영동에서 부른 가두 대중 시위였다. 이날 시위는, 지금은 고인이 된 여성운동가 이우정, 박영숙이 앞장섰고, 안상님, 김희선을 비롯한 한국여성단체연합, 교회여성연합 여성들이 함께했다. 시위는 불과 몇십분 만에 진압되었지만, 그들의 용기는, 공포로 얼어붙은 시대를 깨웠고, 6월항쟁의 불을 붙인 불씨가 되었다. 그런데 지금 그 불씨는 어디에도 기록되어 있지 않다. (……) 대개 여성들이 한 일은 잘 보이지 않는다. 아니 정확하게는 '보지 않는다'. 사소하게 취급하거나 마치 거기에 없었던 것처럼 삭제되곤 한다. 수많은 항일여성독립운동가들 중 독립유공자로 인정된 여성은 2%가 채 안되는 것도 같은 이유이다. 그러나 삭제되어 보이지 않던 고리를 복원해야 역사라는 거대한 줄이 온전하게 완성된다. (……) 며칠 전, 20대 후반에 접어든 한 젊은 여성이 영화 〈1987〉을 보고 나서 이렇게 물었다. "그런데 여자들은 그때 어디에 있었어요?" 그 여성에게 대답했다. 여자들은 바로 거기에 함께 있었다고."

중산층 여대생들은 그들의 선택받은 환경에서 뛰쳐나와 위장취업 등으로 노동자들과 함께 했다. 각종 학회와 토론에서도 주변부에 머무르지 않았다. 즉 1980년대는 "대안적 여성주체의 등장이 본격적으로 이루어진 여성사의 빛나는 시기"[52]이기도 하다. 공지영의 소설에서는 이러한 양상들이 묘사되어 지워진 여성서사를 복원하려 한다. 그러나 전통적인 젠더 이분법에 고착되어 있는 것과 모성 신화에 대한 집착은 황석영과 크게 다르지 않다. 또한 비겁하고 이기적인 남성인물들을 '연민'으로 포용하고 그것이 때로 자학적인 태도로 연결되는 것은 이제 분석할 최윤의 텍스트들과 다른 점이며, 과격할 정도로 단호한 현재 '영 페미니스트' 작가들과도 분명 다른 젠더 의식을 보여준다.

2) 폭력과 젠더, 혁명과 젠더의 관계에 대한 지성적 고찰 – 최윤

여성작가의 후일담 소설이 80년대 운동권의 가부장성과 이분법 안에서 배제된 여성의 목소리의 가청도를 높인다고 가정할 때 여성작가가 구축한 젠더 지평은 남성작가의 것과 분명 다르다. 그런데 여성작가가 구축한 젠더 지평도, 유사성을 공유하는 지점이 있지만, 다양한 차이와 각기 다른 양상을 보일 것이다. 여기서는 최윤의 소설들을 고찰하여 여성작가들의 후일담 소설이 구축한 다양하고 폭넓은 젠더 지평을 구체적으로 논하려 한다. 최윤은 등단작인 「저기 소리 없이 한 점 꽃잎이 지고」1988[53]에서부터 80년 광주를 그 어떤 작가와도 차별화 되는 독특한 서사기법으로 형상화 했으며, 「회색 눈사람」1992에서 차가운 절제미가 돋보이는 지적인 후일담 서사를 선보였다.[54] 이를 젠더의 관점에서, 앞에서 논한 작가

52) 김은하, 앞의 글, 332쪽.

53) 공지영이 「동트는 새벽」으로 등단한 해도 1988년이다.

54) 김은하는 최윤의 「회색 눈사람」을 "1990년대가 민주주의를 향한 바리케이트 이면

들의 인물형상화와의 비교를 염두에 두고 분석하려 한다.

「저기 소리 없이 한 점 꽃잎이 지고」가 발표된 시점은 1988년[55]이다. 1987년의 거대한 저항의 물결이 직선제 개헌을 이루어냈으되 정권교체는 이루지 못한 좌절과 분열 속에서 한편에서는 올림픽의 열기가 한편에서는 5공 청문회가 공존했던 시기였다. 80년대의 끄트머리에서 80년 5월 광주를 묘사하는 이 소설은 '광주'를 직접 언급할 수 있는 시대적 분위기가 마련되었음에도 불구하고 '광주'를 직접 언급하지 않는다. 자신을 따라 온 '실성한' 소녀를 학대하다가 소녀가 그렇게 된 이유를 추측하는 남자의 시선을 통해서 "소문의 도시"라는 서술로 암시될 뿐이다. 특히 소녀의 분열적인 내적 독백은 그날의 비극을 '직접적으로' 제시하지 않기에 더 강력한 수사적 효과를 발휘한다.

> 그녀의 아물지도 않은 상처를 통해, 모든 의미가 비어버린 실성한 웃음을 통해, 흔적이 없이 지워져버린 인격의 모든 부재를 통해서 남자는 점점 더 자세히, 점점 더 강한 증폭과 깊이로 그녀가 겪었을지도 모르는 소문의 도시 전체를 보았다.[56]

> 그날은 낯선 파도들이 춤추는 날이었는데 푸른 양미간에 묻힌 얼굴들이 어깨동무를 하고 밀려갔다가 밀려오고 …… 엄마는 그 속에 뛰어들어갔어 (……) 파도가 더 빨리 사방으로 몰리고 …… 흩어졌다가 …… 다시 모이고 …… 그리고 또 검은 장막.[57]

에 억눌려 있던 여성들의 목소리가 터져 나오는 시간임을 보여 주는 기념비적 텍스트"이자 "꽃도 십자가도 없이 잊힌 이들에 대한 헌사"라고 비평한다.
「살아남은 자들의 드라마- 여성후일담의 이중적 자아 기획」, 311-312쪽.

55) 1978년에 먼저 평론가로서 등단한 최현무는 1988년 『문학과 사회』에 중편소설 「저기 소리 없이 한 점 꽃잎이 지고」를 통해 소설가 최윤으로서 작품 활동을 시작했다.

56) 최윤, 『저기 소리 없이 한 점 꽃잎이 지고』, 문학과지성사, 1992, 262쪽.

57) 최윤, 앞의 책, 220쪽.

80년대에 대한 배경지식을 바탕으로 독자는 "낯선 파도"가 시위대의 물결임을 유추한다. 그 속에 뛰어든 엄마에게 닥친 비극을 또한 독자는 상상한다. 그 비극이 소녀로 하여금 "모든 의미가 비어버린 실성한 웃음"을 짓게 했음을 추측하면서 독자는 국가폭력과 그로 인한 비극의 참상을 직접적인 서술로 접할 때와는 다른 정서적 체험을 하게 된다. 이러한 정서적 체험의 파장은, 독자의 적극적인 해석과 상상으로 인해, 직설적인 해설과 감정의 직접적인 토로를 접했을 때보다 훨씬 울림이 큰 것이 될 수 있다. 최윤의 시적이고 비유적인 언어의 사용이 가져오는 효과는 여기서 그치지 않는다. 이는 폭력에 대한 보다 중층적인 사유까지 나아가는데, 80년 5월 광주가 한 독재자의 흉포한 성정에 의해서만 가능한 것이 아니었음과 폭력의 연쇄를 증언한다. 또한 여기서 '폭력'과 '젠더'의 관계를 추론하게 한다.

> 파랑새 한 마리가 내 가랑이 사이로 해서 내 몸속으로 들어왔지. 수천 마리가 덤벼보라지. 나는 절대 소리를 지르고 무릎을 꿇거나 빌거나 하지 않을 거야. 강가에서도 여러 번 파랑새가 부리를 틀고 내 몸속으로 들어왔어. 지금 내 몸속에는 수십 마리의 파랑새들이 제각기 둥지를 짓고 살고 있어.[58)]

소녀의 몸속에 들어온 "수십 마리의 파랑새들"이 '강간'을 의미한다는 것을 독자는 독서과정을 통해 전체적인 맥락 속에서 파악한다. 국가폭력에 의해 유린된 소녀의 몸은 이후 소녀를 도와준 이들과 소녀를 배척한 이들 모두로부터 또다시 유린되었다. '폭력'과 '남성성'과의 상동성은 황석영의 『오래된 정원』에서도, 20세기에 대한 반성과 함께 언급되었으나 최윤의 텍스트에서 제시된 '폭력'과 '남성성'과의 상동성의 문제제기가 훨씬 날카롭고 집요하다. 또

58) 최윤, 앞의 책, 237쪽.

한 황석영이 전통적인 젠더 이분법에 기반을 두고 '모성'과 '헌신'의 '여성성'을 21세기의 지향점으로 제시하며 폭력의 가해자이자 피해자인 남성을 이해하고 포용하는 여성상을 제시한 반면, 최윤의 텍스트는 '폭력'의 '남성성'이 결국 여성과 남성 모두를 파괴하는 시대가 한동안 지속될 것임을 암시한다. 소녀를 찾던 이들은 끝내 소녀를 찾을 수 없었고 소녀는 공동체로부터도 개인으로부터도 보호받지 못했다. 소녀를 강간하고 학대하다가 소녀를 돌보게 된 남자는 소녀의 실종에 자책하고 괴로워한다. 그런 남자를 묘사하는 서술태도는 그에 대한 이해와 연민을 일정 부분 견지하면서도 그의 비행을 '시대의 한계'로 무마하지 않는다. 운동권 남자들의 이중성과 비겁함에 대해 질타하면서도 '감상적인' 이해와 연민과 애정 어린 서술태도를 보였던 공지영의 텍스트와도 여기서 갈라진다. 즉 기존의 젠더 이분법에 바탕을 두고 '남성성'에서 '여성성'으로 가치지향점을 이동한 황석영의 텍스트와도, '여성적인 것'을 '혁명적인 것'으로 규정한 공지영의 텍스트와도 다른 젠더 지평을 비유적이고 암시적인 서술방식으로 보여주고 있다. 이후 본격적인 후일담 소설인 「회색 눈사람」1992에서 보이는 젠더적인 시각 역시 이전까지의 후일담 소설의 젠더 지평과 공유하는 지점이 있지만 최윤 특유의 지적인 통찰이 바탕이 된 서술방식과 젠더적인 시각으로 후일담의 젠더 지평을 확장한다.

「회색 눈사람」의 서사는 우연히 신문에서 자신의 이름을 발견한 강하원이 신문의 짧은 기사를 통해서 김희진의 죽음을 알게 된 것을 계기로 그 시절을 회고하면서 시작된다. 여성 인물 강하원의 시선과 1인칭 서술에 의해서 서사가 전개되는 「회색 눈사람」에서는 가난과, 가난한 사람들에게 특히 혹독한 겨울에 대한 처절하고도 생생한 묘사조차 시리고 청명하다. 이모집에서 살면서 이모부의 병원비를 위해 판 땅값을 훔쳐서 대학등록금을 마련하여 상경한 하원은 "어딘가에서 주운 다리미를 엎어 책으로 받쳐놓고 그 위에다 싸구려 빵조각을 데워 끼니를 때"[59]우지만 "우리의 겨울은 모든 병원균이 단번에 소독될 정도로 순수하게 차갑고 투명했다"[60]고 회고한다. 이때 '우리'는 하원과, 하원에게 당시 이적단체였던 문화혁명회의 학습 자료와 논문들을 교정보는 일자리를 준 27세의 대학 제적생 '안'과 그 동료들이다. 눈이 많이 온 날, 하원이 살던 집의 주인은 하원에게 연탄재를 집 앞 골목에 으깨어 놓으라고 말하지만 하원은 연탄재조차 남아 있지 않은 가난한 고학생이다. 그럼에도 불구하고 하원은 "볼이 튼 어린아이들이 재와 흙으로 범벅이 된 회색 눈으로 눈사람을 만들고 있"[61]는 것을 보고 안이 그녀에게 둘러 주었던 목도리를 회색 눈사람에게 둘러준다. 이렇듯 「회색 눈사람」은 운동권의 중심부에 있는 '안'과 그 주변에서 그들과 함께 하는 일을 좋아했던 하원과의 애정의 서사를 구축하는 듯했으나, 강하원과 김희진 두 여성의 우정에 대한 서사로 향해 갔고, 혁명의 주변과 중심에 있었으나 기록되지 않고 기억되지 않는 여성 혁명가들에 대한 증언의 서사가 되었다. 하원은 여권을 만들기 어려웠던 시절, 미군 운전병과 결혼하여 미국에 간 어머니가 보내준 초청장 덕분에 여권을 쉽게 만들 수 있었다. 조직의 중심부에 있었던 김희진을 도피시키기 위해서 안은 하원에게 도움을 요청하고 김희진은 강하원이 되어 출국한다. 당시 안은 희진을 일컬어 "자신의 몸과도 같은 사람"[62]이라고 했으나 미국으로 간 희진은 이십년 후 뉴욕 센트럴 파크에서 "쇠약에 의한 아사"[63]로 사망한다. 불법체류자의 신분이었고 무연고자였다. 반면 검거되어 구속되었던

59) 최윤, 『회색 눈사람』, 문학동네 한국문학전집 022, 문학동네, 2017, 14쪽.
60) 최윤, 앞의 책, 18쪽.
61) 최윤, 앞의 책, 37쪽.
62) 최윤, 앞의 책, 46쪽.
63) 최윤, 앞의 책, 9쪽.

안은 시대가 바뀌자 운동의 이력을 바탕으로 민중예술가의 타이틀을 획득하고 자신의 목소리를 발화할 권력을 얻었다.

김희진을 회고하는 강하원의 회고적 서술은 희진에 대한 애도에서 멈추지 않는다. 혁명의 중심부에 있었던 '여성'이 어떻게 공식적인 역사에 기록되지 못하고 배제되고 삭제되는지를 증언함과 함께 여성들의 우정과 사랑의 섬세한 심리묘사를 관찰과 통찰의 지적인 서술태도로 전개한다. 안과 함께 문화혁명회의 핵심 인물이었던 희진은 첫 만남에서부터 하원에게 강렬한 인상을 주었고 안과는 다른 맥락에서 하원에게 큰 영향을 끼쳤다.

> 그러나 김희진은 그때 상 저편에 앉아 있던 얼굴과는 성질이 다른 피로를 내보이고 있었고 그 얼굴에서는 발견되지 않던, 웬만한 피로로는 꺼지지 않게끔 질기게 가꾸어 온 느낌을 주는 특수한 빛이 있었다. (……)
>
> 그때나 그후나 그녀의 모습을 떠올릴 때면 나는 늘 한 가지 강박관념에 사로잡힌다. 그녀의 얼굴, 그녀의 자태가 내게 야기시키는 그 어떤 것을 꼭 말로 그려내야만 한다는 생각이다.[64]

김희진은 강하원에게 경이로움과 동경의 대상이었으며 '증언'과 '기록'의 욕구를 불러일으키는 존재이다. 안의 목소리와 안과 함께 하는 일들로부터 위로를 받으려 했던 하원이었으나 결국 하원에게 삶의 의미와 사명감을 부여한 이는 희진이다. 희진을 기억하고 기록하는 것은 하원만이 할 수 있는 일이 되었다. 희진은 안과 함께 조직과 혁명의 중심에 있었으나 안과 대조적으로 희진은 삭제되고 지워졌으며 심지어 안조차도 희진을 돌보지 않았기에 희진은 이국에서 쓰러져 갔다. 문화혁명회가 해체된 이후 하원은 기억을 되살려 자신이 교정을 봤던 원고들을 복원했다. 희진이 출국 전 하원에

64) 최윤, 앞의 책, 47쪽.

게 주고 간 희진의 원고와 함께 하원은 자신이 복원한 원고들을 안에게 전달했고 안은 그것들 중 일부를 지면에 발표했다. 하원은 문화혁명회가 해체된 이후 학업을 포기하고 고향에 내려와 농사를 지으면서 "내가 맛본 희망의 색깔을 주변과 나누려고 여러 가지 일을 벌이기도"[65] 한다. 지역사회의 이름 없는 운동가인 하원은 자신의 이름으로 죽은 희진을 또 다른 자신이라고 생각한다. 강하원과 김희진 둘 다 남성들의 '역사'에 기록되지 못했고, 하원과 희진이 남긴 기록들은 '안'의 것으로 탈바꿈되었다. 하원만이 희진을 "상처와도 같은 작은 빛"[66]으로 기억한다. 「회색 눈사람」은 혁명의 시대에 그 자리에서 분명 함께 했지만 기록되지 않고 기억되지 않았던 여성들의 서사를 증언한다는 것에서 더 나아가서 여성들 간의 동질감, 동지애와 연대와 우정과 사랑을 자기연민이나 감상성을 배제한 채 차갑게 승화된 뜨거움으로 형상화 했다. 여기서 펼쳐지는 젠더 지평은 앞서 논한 황석영과 다를 뿐만 아니라 공지영과도 다르다. 공지영의 서사는 여성들의 우정과 사랑을 혁명에 연결시키는 데까지는 가지 못했다.

4 역사에서 지워진 이들, 증언의 의의와 젠더정치학

후일담 소설들은 다양한 서술방식과 서술태도로 전개되지만 불의와 맞서 싸웠던 사람들을 기억하고 증언하려 한다는 공통점이 있다. 이때 남성작가의 후일담과 여성작가의 후일담의 양상이 다름은 이미 선행연구들을 통해 논의되었다. 이 논의들을 압축해 본다면 "남성작가들이 쓴 후일담은 혁명세대의 치욕적 현존에 관한 자

65) 최윤, 앞의 책, 53쪽.
66) 최윤, 앞의 책, 55쪽.

기고백적 보고서"인 반면 "여성작가가 쓴 후일담은 1980년대 민주주의의 기억 속에서 공백으로 남겨진 여성들의 흔적을 보여 주는 증언 텍스트로서 중요한 의미를 갖는다"[67]는 김은하의 언술로 요약할 수 있겠다. 이는 분명 젠더정치학의 관점에서 중요한 의미를 갖는다. 본고에서는 선행연구를 바탕으로 후일담 소설들의 서술방식과 서술태도를 보다 세분화하고 이를 통해 후일담 소설들의 좀 더 다양한 젠더 지평을 심층적으로 분석할 수 있었다.

1990년대에 쓰인 후일담 소설들과는 달리 21세기 초입에 지난 20세기를 돌아보며 '수컷들의 전쟁의 시대'였던 20세기와 작별하고 모성과 '여성성'을 새로운 세기의 가치로 정립하려는 서술태도를 보여준 『오래된 정원』은 거시적으로 혁명의 시대를 성찰했다는 의의를 가진다. 그러나 기존 젠더 이분법에 기반을 두고 전통적인 여성상에 고착되어 있는 한계를 보였다. 80년대 여성들은, 『오래된 정원』의 중심인물인 한윤희와 달리, 실패한 혁명가인 아버지에 대한 과도한 집착을 보이며 혁명가 남편을 헌신적으로 보필하는 역할을 하기보다는 광장과 토론장과 감옥에서 남성들과 함께 있었다. 또한 그 시기는 여성주체에 대한 자각에 눈을 뜬 페미니즘이 본격적으로 논의되었던 시기이기도 했다. 하지만 황석영이 이해하고 형상화 한 '여성'은 아버지에 대한 집착과 희생과 헌신의 아이콘으로서, 새로운 세기의 여성을 이야기하는 것 같지만 결국 전통적인 젠더 이분법을 고착화시키며 '형제들의 공화국'의 질서를 재정비하는데 여성이 밑거름이자 희생양이 되는 것을 예찬할 뿐이다. 이는 남성판타지에 다름 아니다. 한국사회에서 80년대에 탄생하게 된 '시민'은 남성시민에 한정되지 않는다. 여성시민들 역시 "광주 항쟁의 충격을 경험하면서 가부장제 사회의 여성 도덕이라고 할 모성성/여성성 획득을 거부하고 저항적 정치 주체로서 자기를 정체화한

67) 김은하, 「살아남은 자의 드라마 - 여성후일담의 이중적 자아 기획」, 313쪽.

혁명적 개인들"[68]이라고 볼 때 황석영이 이상사회로 제시한 '모성'에 기반을 둔 이상향은 기실 가부장제를 굳건하게 지탱하면서 계급의 전복만을 꿈꾸는 것이었다. 또한 '한윤희'의 고백적 서술은 실존하는 여성들의 내면을 표상한다기보다는 남성작가의 환상이 만들어 낸 여성 '이미지'에 머물러 버리는 한계 역시 가지고 있다.

반면 공지영과 최윤의 후일담 소설들은 혁명의 시공간에 분명 존재했으나 지워진 여성들을 조명한다. 남성들이 운동의 이력을 내세우며 권력을 획득하거나 자기연민과 회한에 사로잡힐 때조차 여전히 지역사회에서 시민운동가로서 풀뿌리 민주주의에 기여하고 있는 여성인물들을 전경화 한다. 즉 왜곡되거나 지워진 여성혁명가들을 기억하고 증언하며 운동권의 남성중심성과 가부장성 속에서 '대의'라는 명분에 치여서 주변부로 밀려난 젠더의 문제를 비중 있게 다룬다. 하지만 공지영의 텍스트와 최윤의 텍스트는 인물형상화 방식이 다르고 서술태도가 달라서 전반적인 텍스트의 분위기가 상당히 다르며 이로 인해 각각의 텍스트에서 구축한 젠더 지평도 상당히 다른 것이 되었다. 공지영 텍스트의 여성인물들은, 비겁하고 이기적이며 폭력적이기까지 한 남성인물들을 이해하고 연민하며 포용하는 태도를 보인다. 이런 양상의 후일담 서사구조를 공지영은 계속 변주하여 재생산한다. 이때 여성인물들은 사랑에 약해지거나 감상적인 모습을 보이는 것으로 묘사된다. 반면 최윤의 텍스트는 국가폭력과 '남성성'의 상관관계를 보여주고 피해자와 가해자 모두를 파괴하는 폭력의 속성을 고발하면서 냉철한 서술태도를 견지한다. 또한 여성과 남성의 애정의 서사보다는 여성들 간 우정과 동지애를 구현한다. 여성들 간 우정과 사랑의 서사야말로 혁명에 보다 가까운 것으로 묘사한 서술태도는, 현재의 관점에서 볼 때 좀 더 현대적이고 진보적인 것이라고 판단된다. 이제 한국사회는 일상의

68) 김은하, 앞의 글, 332쪽.

민주주의와 일상의 혁명의 시대로 돌입했다고 볼 수 있고 여기서 젠더의 문제는 핵심영역을 차지하고 있으며 여기서 여성들의 연대가 그 중심에 있기 때문이다. 후일담이 역사를 과거완료로 이해하지 않는 것이라면 후일담의 젠더 지평 역시 현재와의 상호관계 속에서 계속 논의되어야 할 주제라고 생각된다.

VIII

파프리카(서성란, 2007)
잘 가라 서커스(천운영, 2011)
나마스테(박범신, 2005)

1. '다문화'의 배경과 불편한 진실
2. 다문화 이방인에 대한 문학적 성찰과 한계
3. 이방인 형상화와 관련된 문학적 소명

VIII 파프리카(서성란, 2007) 잘 가라 서커스(천운영, 2011) 나마스테(박범신, 2005)

1 '다문화'의 배경과 불편한 진실

2000년대에 들어서 급속하게 확산된 '다문화'라는 용어는 이제 익숙한 어휘가 되었다. 2000년대 이전까지 우리는 단일민족신화에 경도되었으며 그 기저에는 민족주의와 순혈주의가 자리하고 있다. 2000년대 들어서 생긴 변화는 자본과 노동의 탈脫국경과 더불어 저출산이라는 한국사회 내적인 문제와 맞물려 발생했다. 저출산 문제는 여성들의 인식 변화에 따라가지 못하는 남성들의 인식 그리고 사회적 제도적 시스템의 부재와 관련된다. 이런 한국사회 내부의 문제와 맞물려서 더 나은 삶을 찾기 위해 코리안 드림을 가지고 국경을 넘는 빈곤국 출신 이주민들은 한국인들이 기피하는 3D업종에 종사하며 '외국인노동자' 혹은 '이주노동자'로 호명된다. 한편 주로 동남아 출신인 '결혼이주여성'은 한국여성과 결혼하기 힘든 하위계층 한국남성의 배우자로서 출산과 가사노동을 해야 하고 농사일 등 생업까지 담당하게 된다. '다문화' '외국인노동자' '결혼이주여성'은 가치중립적인 용어처럼 보이지만 그 안에 거대한 차별과 배제와 폭력의 심연이 펼쳐져 있다. 한국사회는 다양성을 포용할 만큼 성숙하지 못했으며 오랜 기간 단일민족신화에 빠져 있었던 만큼 민족적인 배타성도 심하다. 또한 백인에게 우호적이고 흑인이나 동남아인들을 멸시하는 인종차별의식을 가지고 있다.

문학과 젠더

강미옥은 다문화 정책을 지원하는 대부분의 보수-우파들이 사회 구조 변혁을 통해 인종, 문화, 언어적 차이가 차별로 이어지지 않는 평등한 사회를 건설하는 데에는 관심이 없었다고 말한다. 이주노동자들은 사회 경제 구조의 최하층부를 지지하면서 값싼 노동력을 제공해야 한다. 그래야 기업의 이익이 증대될 것이기 때문이다.[1] 그러면서도 한국사회에 만연한 제노포비아xenophobia의 정서는 이주노동자들을 혐오의 대상으로 상정한다. 그들은 손쉽게 폭언과 폭행의 희생자가 되거나 잠재적 범죄자 취급을 받기도 한다.

한편 동남아 출신 결혼이주여성들은 매매혼의 성격을 띤 맞선과정에서부터 인권이 유린된다.[2] 결혼중개업소에서 상대남성에 대해 제대로 된 정보를 제공하지 않고 심지어 상대남성에게 심각한 장애가 있는 경우에 이를 숨기기도 한다. 동남아 출신 여성들은 자신들보다 훨씬 나이가 많은 남성과 결합하여 성적 대상이 되고 출산을 위해 도구화 된다. 언어가 통하지 않고 낯선 환경에서 그들은 자신의 목소리를 낼 수 없다. 심지어 남편의 폭력에 시달리다 가출한 후에 성매매 업소에서 감금되어 성 판매를 강요당하기도 하고 남편의 폭행에 의해 사망한 사례도 있다.[3] 가부장적 혈통주의가

1) 강미옥, 『보수는 왜 다문화를 선택했는가 - 다문화정책을 통해서 본 보수의 대한민국 기획』, 상상너머, 2014, 81쪽.

2) 성차별적이며 인권 침해적인 표현으로 가득 찬 다음 문구는 한 지방자치단체가 면 단위로 보낸 '국제결혼 협조 공문'의 일부이다.
"베트남 여성은 남편을 하느님처럼 모시고 사는 지구상의 마지막 남은 순수함을 지닌 천사와도 같으며, 남편에게 헌신적이고 모성애가 강하며, 몸매가 환상적이고 소식하는 식문화로 살이 찐 여성이 거의 없다."
김승욱, 『다문화 콘서트』, 법문사, 2009, 123쪽.

3) 이주여성인 00씨는 2006년 12월 결혼정보업체를 통해 남편 장 모씨를 만나 2007년 5월 16일부터 충남 천안에서 신혼생활을 시작했다. 코리안 드림을 꿈꾸며 이 땅의 아내가 되고자 했지만 그는 언어문제, 남편의 폭력 등에 힘겨워하다 한 달 뒤인 6월 26일 여권과 옷을 챙겨 고국인 베트남으로 돌아가려다 술에 취해 귀가한 남편에게 맞아 그 자리에서 숨졌다. 남편 장씨는 사건 발생 2개월 뒤인 지난해 8월 초 경찰에 검거됐으며, 대전고법은 지난 1월 살해혐의로 징역 12년을 선고했다. 재판을 담당한 대전고법 김상준 부장판사는 "타국여성을 마치 물건처럼 취급하고 있는 우리 사회의 총체적 미숙함과 어리석음은 이 사건과 같은 비정한 파국의 씨앗을 필

지배하는 한국사회특히 농촌사회에서 "국제결혼을 선택할 수밖에 없는 '주변부' 남성들은 자존감이 무척 낮으며 여성관도 지극히 성적이고 무책임하"[4]기 때문에 결혼이주여성을 동등한 인간으로 대해야 한다는 의식이 부족하다.

국가가 이주민을 포섭할 때 사용하는 정책은 두 가지로 대별된다. 한 가지는 문화용광로melting pot이며 다른 한 가지는 샐러드 볼salad bowl이다. 문화용광로는 이주민으로 구성된 미국사회에서 채택한 정책이며 이것이 동화주의 정책이다.[5] 반면 샐러드 볼은, 타문화의 다양성을 인정하지 않는 동화주의 정책에 반발하여 만들어진 은유이다. 이 용어는 1959년 미국의 역사학과 교수인 카를 데글러가 처음 사용했다. 그는 당시 대도시 근교 슬럼가에 거주하던 소수자들의 삶에 관심이 많았고 다양한 인종이 섞이고 문화와 언어가 교류하는 동안 서로의 정체성을 유지하게 내버려 둬야 맛있는 샐러드처럼 좋은 공동체가 만들어진다는 주장을 했다. 즉 샐러드 볼에서 야채나 과일들은 서로 섞여서 맛을 내지만 그렇다고 믹서에 갈아진 듯 자신들의 정체성을 포기하는 것은 아니다.[6]

한국의 미디어에서 소개되는 다문화가정의 모습은 사실상 정부의 동화주의 정책에 의해 기획된 것이다. 결혼이주여성은 한국의 전통문화에 동화된 모습으로 재현된다. 그들은 시부모를 극진히 봉양하며 아이들을 낳아 키우고 순종적이고 헌신적인 며느리 아내

연적으로 품고 있다"며 "문명국의 허울 속에 갇혀 있는 우리 내면의 야만성을 가슴 아프게 고백해야 한다"고 강조했다.
경향신문, 2008, 03. 13.

4) 이미림, 『21세기 한국소설의 다문화와 이방인들』, 푸른사상, 2014, 360쪽.

5) 미국의 다문화 관련 초기 담론은 흔히 알려진 대로 '문화적 용광로'라는 은유로도 유명한 동화주의 정책에 그 기원을 두는 게 맞을 텐데, 이 개념은 1905년 이스라엘 쟁윌이 집필한 『문화적 용광로(The Melting Pot)』라는 책이 상당한 인기를 얻으면서 널리 쓰이기 시작했다. "모두 녹여 하나로!"라는 동화주의적인 이 구호는, 당시 정부의 핵심 세력들이 주장한 정치적 프로파간다였다.
강미옥, 앞의 책, 60-61쪽.

6) 강미옥, 앞의 책, 65쪽.

엄마의 모습으로 재현되지만 정작 그들의 목소리는 소거된다. 이미 화석화되어버린 전통 의식들이 이주 여성들의 몸을 통해 재생되는 과정이 보수 언론을 통해 비춰지는데,[7] 그들에게 강요된 '전통'은 사실상 많은 한국여성들이 거부한 것이지만, 한국여성들이 거부하는 현모양처로서의 호명에 그들은 부응해야 한다. 이에 저항하는 결혼이주여성은 배제되고 이 과정에서 주체성은 사라진다.[8]

무엇보다 (동남아 출신) 결혼이주여성들은 가족의 가난과 국가의 빈곤에 의한 희생양이다. 빈곤국의 가난한 집안 출신으로서 가족의 빚을 해결하거나 가족의 생계에 보탬이 되고자 그들보다 훨씬 잘 사는 나라의 가난하고 나이 많은 남성과 결혼하는 것이다. 제대로 된 정보를 제공받지 못한 상태에서 거래된 그들은 아비의 눈을 뜨게 하기 위해 인당수에 몸을 던지는 '심청'과 유사하다. 저개발국가, 제3세계 여성, 식민지 여성이 제국주의와 빈곤의 희생양이 되어서 팔려가는 일은 드물지 않다. 한국 역시 그런 역사를 겪었다. 주변 강대국들 사이에서 변화를 거부하고 기존 봉건질서 수호만을 고집했던 조선은 청나라에 '공녀환향녀'를 보내야 했고, 식민지 조선은 일본 군대에게 '종군 위안부'를 제공해야 했다. 해방이 되었으나 완전한 탈식민을 이루지 못했던 한국 정부는 미군의 철수를 막기 위해 '기지촌 여성' 성 판매를 제안하며 국가가 포주 역할을 했다. 여기에는 서구 근대국가의 '남성성'과는 다른 식민지 '남성성'의 문제가 자리하고 여성의 '자발적인' 희생을 장려하는 '심청 이데올로기'가 내재되어 있다. '효녀'라는 칭송은 여성을 위한 것이 아니라 남성을 위한 것이다. 인류역사에서 가장 오래된 지배이데올로기인 가부장제가 그 기반에 자리한다. '피해자' 여성에게 동정적인 시선조차 가부장제에 위협이 되지 않는 한에서 포용하는 온정

7) 강미옥. 앞의 책, 170쪽.

8) 강진구, 「한국소설에 나타난 결혼이주여성의 재현양상」, 『다문화 콘텐츠 연구』 11집, 중앙대 문화 콘텐츠 기술 연구원, 2011, 176쪽.

적 가부장 시각에서 비롯된다. 이 모든 것의 근저에는 남근중심주의가 있다. 심지어 이방인들에게 우호적인 시선을 보이며 우리 내부를 성찰하려는 시도에서 창작된 소설텍스트조차 남근중심 부계혈통 가부장주의에서 탈피하지 못했다.

외국인노동자들과 결혼이주여성들의 숫자가 증가하면서 한국문학의 영역에서도 '타자화'된 그들의 삶에 주목하게 되었다.[9] 이 글에서는 문학텍스트에서 결혼이주여성이 묘사되는 양상을 분석하여 그 속에 내재된 이데올로기적 함의를 파악한다. 동남아 출신 결혼이주여성이 등장하는 소설뿐만 아니라 조선족 여성이 등장하는 소설도 분석한다. 또한 외국인노동자와 한국여성의 결합을 다룬 소설 역시 고찰할 것이다. 외국인노동자와 한국여성의 결합은 계급과 젠더의 문제가 한층 더 미묘하게 얽히는데 텍스트 분석을 통해 계급과 젠더의 역학관계를 밝히고 우리 내부의 오리엔탈리즘을 성찰하고자 한다. 무엇보다 남성적 시선과 가부장적 사고의 한계를 드러낼 것이다.

2 다문화 이방인에 대한 문학적 성찰과 한계

1) 젠더화 된 하위주체의 소거된 목소리: 「파프리카」

서성란의 「파프리카」『한국문학』 겨울호, 2007는 결혼이주여성을 소재로 한 대표적인 소설이다. 「파프리카」에서 베트남 여성 '츄엔'을 형상화 한 서성란은 최근 장편소설 『쓰엉』2016에서 다시 베트남 여성을

9) 대표적인 작품들로는 강영숙, 「갈색 눈물방울」, 공선옥, 「가리봉 연가」, 김려령, 「완득이」, 김애란, 「그곳에 밤 여기에 노래」, 김재영, 「코끼리」, 박범신, 『나마스테』, 박찬순. 「가리봉 양꼬치」, 백가흠, 「쁘이거나 쯔이거나」, 서성란, 「파프리카」, 이순원, 「미안해요, 호 아저씨」, 전성태, 「이미테이션」, 조해진, 『로기완을 만났다』, 천운영, 『잘가라, 서커스』, 한수영, 「그녀의 나무 핑궈리」 등이 있다.

주요 인물로 등장시킨다. 결혼이주여성에게 지속적인 관심을 가지는 만큼 서성란이 형상화 한 베트남 여성은 수동적인 피해자에 머물지 않는다. 「파프리카」의 츄옌은 특히 호미 바바의 용어로 '교활한 공손함'으로 무장되어 있다. 그러나 서사의 많은 부분이 남편 '중일'의 시선과 서술로 이루어지면서 츄옌의 관능을 부각시키고 츄옌의 섹슈얼리티에 집착하는 중일을 집중적으로 묘사하면서 베트남 여성에 대한 천편일률적인 이미지에서 완전히 벗어나지는 못한 채 츄옌을 타자화 한다. 비닐하우스에서 파프리카를 재배하는 중일은 츄옌을 파프리카와 동일시한다. 또한 발음이 어렵다는 이유로 츄옌이라는 이름을 일방적으로 '수연'으로 바꾼다.

> 파프리카는 수연의 속살처럼 탱탱하고 반질반질 윤기가 흐른다, 수연이 처음 수줍게 제 몸을 열어주던 날 중일은 농익은 파프리카 열매를 욕심껏 베어 먹었고 단단하지만 부드럽고 입안에서 아삭하게 씹히는 파프리카의 육질과 향기에 취해 황홀한 절정을 맛보았다.[10)]

> "츄옌은 발음하기 어려워. 이제부터 당신 이름은 수연이야."
> 눈만 멀뚱멀뚱 뜨고 쳐다보던 그녀는 중일의 말뜻을 알아들었다는 듯이 천천히 고개를 끄덕거렸다.[11)]

자신이 발음하기 어렵다는 이유로 베트남 이름 '츄옌'을 한국 이름 '수연'으로 바꾸는 중일을 통해 결혼이주여성을 대하는 한국인의 태도를 유추할 수 있다. 이름은 정체성의 집적체이다. 츄옌이 태어나고 자라면서 곧 자기 자신이었던 이름을 '한국인 남편'이 일방적으로 바꿀 수 있다는 사고방식이 곧 앞서 서론에서 언급한 동화주의 정책의 기반이 되는 사고방식이다. 츄옌의 본래 이름을 일말의 망설임도 없이 쉽게 버릴 수 있는 중일에게 츄옌은 인격과 개

10) 서성란, 『파프리카』, 화남, 2009, 37쪽.
11) 서성란, 위의 책, 40쪽.

성과 성향과 열망과 취향을 가진 인간 개인이 아니다. 마흔이 넘을 때까지 결혼 하지 못한 노총각 중일이 자신의 욕망을 해소할 수 있는 대상으로 사물화 되고, 중일의 어머니에게는 출산을 목적으로 도구화된다. 중일이 츄옌에게 다정하게 대할 때조차 중일에게 츄옌은 동등한 동반자가 아니라 딸과 같이 보살피고 통제해야 하는 존재이다. 이때 츄옌은 중일에 의해 유아화 된다. 츄옌은 반드시 중일의 허락을 받고 외출해야 하고, 예정된 시간보다 늦게 돌아왔을 때 중일은 츄옌에게 소리지르며 화를 낸다. 아픈 츄옌을 간호할 때조차 중일은 아이를 보살피는 태도를 취한다. 한국남성과 동남아 여성과의 국제결혼에서 스무 살 이상의 나이 차이가 기본적이다. 한국사회의 주변부 하위계층으로서 마흔이 넘을 때까지 한국여성과 결혼하지 못한 한국남성들이 국가적 우월감에 기반하여 스무 살이 갓 넘은 어린 동남아 신부들을 데려오기 때문이다. 남편보다 훨씬 어린데다가 한국어에 익숙하지 않은 동남아 여성은 쉽게 유아화 되어 통제와 보살핌의 대상이 되는 것이다. 이러한 사물화, 도구화, 유아화 모두 그들에 대한 올바른 이해일 수 없다.

츄옌은 겉으로는 남편과 시모에게 순종적이지만 그의 내면에는 비밀을 간직하고 있다. 츄옌의 유일한 외출 장소인 목욕탕에서 카운터에 앉아 있는 나일병에 대한 연모의 감정이다. 한국의 추운 날씨를 견디기 힘든 츄옌은 남편의 허락을 받아 군부대 근처 저렴한 대중목욕탕에 다니고 자신에게 친절하며 자신과 비슷한 나이의 군인에게 끌리게 된 것이다. 나일병의 친절함은 그가 츄옌에게 유별나게 굴어서가 아니라 오히려 범상하게 대한 것에 기인한다. 즉 츄옌을 '타자화' 하지 않는 것이다.

> 군복 윗도리에 나상일이라고 실로 새긴 이름표를 달고 있던 나 일병은 츄옌에게 어느 나라에서 왔는지 호기심과 비웃음을 띤 얼굴로 묻지 않았다. 다른 손님들에게 하듯 깍듯이 인사를 했고 츄옌이 돈을 내면

즉시 표를 내주었다.12)

이방인인 자신을 경원시하지 않고 무례한 호기심을 보이지도 않으며 성적으로 대상화 하지도 않는 나 일병에게 느낀 인간적인 감정이 연모의 감정으로 흘러간 것은 지극히 자연스럽다. 게다가 츄옌은 이제 이십대 초반이다. (여성에게 특히 엄격하게 적용되는) 배타적 섹슈얼리티가 기본이 되는 가부장적 일부일처 결혼제도에서 그런 감정이 허락되지 않는다는 것을 츄옌도 알고 있다. 비밀의 서사를 간직한 츄옌은, 중일의 생각과 달리, 죄책감을 가질 정도로 순진하지 않다. "중일과 몸을 섞을 때 이따금 무심한 눈길로 표를 내주던 나 일병을 생각했지만 죄책감은 없었"61던 츄옌은 영농조합에 보낼 파프리카를 포장하면서 파프리카 두 개를 남겨놓는다. 파프리카 한 개를 "씨앗조차 남기지 않고 전부 씹어 삼킨" 츄옌은 "남은 한 개는 돌아가는 길에 목욕탕에 들러 나 일병에게 줄 생각"63을 한다. 이때 파프리카는 단지 호의의 선물이 아닌 게 된다. 남편 중일에게 츄옌과의 성교가 파프리카 과육을 먹는 것과 등가성을 가진 것에 의거해 본다면 파프리카를 나 일병에게 주려고 하는 츄옌의 생각은 나 일병과의 상징적 성교를 의미한다. 이는 분명 도발적이고 전복적인 생각이지만, 지배언어인 한국어와 유리된 츄옌의 목소리는 음소거 되고 자신의 이름조차 잃어버렸다는 한계에 봉착한다. 츄옌은, 가야트리 스피박의 언술처럼 스스로 목소리를 낼 수 없는 젠더화 된 서발턴이며 분명 욕망의 주체이지만 욕망의 주체가 되지 못하고 욕망의 대상이 될 뿐이다. 결혼이주여성은 한국사회 다문화 가정 안에서 유사아버지인 남편의 욕망의 대상이 되고 생식과 노동을 위해 도구화 된다. 그들의 생각이 설령 남편과 여타 가족구성원들의 기대에 반反하는 것일지라도 그들은 결코 목

12) 서성란, 앞의 책, 54쪽.

소리를 낼 수 없다. 이방인이며 빈곤국 출신이고 여성이라는 몇 겹의 타자화가 그들을 에워싼다. 따라서 "아무 것도 갖고 있지 않은 자의 전복적 가능성이 갖는 불안정하고 위험한 권력"13)조차 발화될 수 없다.

2) 빈곤과 폭력과 경계(境界)의 표지, 여성의 몸: 『잘가라, 서커스』

『잘가라, 서커스』는 총 11장으로 구성된 장편소설이다. 1, 3, 5, 7, 9, 11장은 한국인 남성 윤호의 일인칭 서술로 구성되며 2, 4, 6, 8, 10장은 조선족 여성 림해화의 일인칭 서술로 구성된다. 교차서술은 같은 사건을 두 개의 시각에서 진술함으로써 독자에게 보다 풍부한 정보를 준다는 장점이 있는데, 『잘가라, 서커스』에서의 교차서술은 그 이상의 의미가 있다. 두 명의 서술자 중 한 사람이 조선족 여성이며 서술의 비중도 거의 동등하기 때문이다. 조선족은 중국의 중심이 되지 못한될 수 없는 소수민족이며, 한국인과 같은 민족적 뿌리를 가지고 있지만 한국인이 아닌 외국인이다. 그들의 언어는 한국어와 '유사하지만 꼭같지는 않은' 식민지성을 가지고 있다. 조선족 여성들의 회합에서 "말투 먼저 고쳐야 살아남는다고 충고"14)했듯이 그들의 언어는 지배 권력의 언어가 아니다. 그럼에도 불구하고 해화는 시선과 서술의 주체로서 서술 권력을 부여받았다. 결혼이주여성을 다룬 대부분의 다문화서사에서 이주여성이 시선과 서술의 주체가 되지 못하고 시선과 서술의 대상이 될 뿐이라는 점을 생각해본다면 해화의 서술은 스스로 목소리를 낼 수 없는 서발턴의 내면을 직접 드러냈다는 점에서 의미가 있다.15)

13) 김은실, 『여성의 몸, 몸의 문화정치학』, 또 하나의 문화, 2001, 35쪽.

14) 천운영, 『잘가라, 서커스』, 문학동네, 2011, 개정판. 186쪽.

15) 작가 천운영은 조선족 이주여성이 아니라 한국 여성이다. 작가후기에서 알 수 있듯이 면밀한 취재과정을 거쳐서 그들의 삶을 재현했지만, 그들의 내면을 속속들이 드러내기에는 한계가 있을 것이다. 이미림의 언술대로 "국제성별분업과 타자화, 섹

이 소설에서 조선족의 정체성을 상징하는 핵심적인 기호는 '발해'이다. 발해가 멸망하지 않았다면 한반도의 지도가 바뀌었겠지만, 과거 발해가 있었던 곳은 지금은 중국 영토에 속한다. 조선족 거주지인 중국 지린吉林성 연변 지역 역시 중국 영토이다. 해화의 첫사랑이자 해화의 한국행의 내밀한 동기가 되었던 남자는 발해사를 연구하며 발해를 통해 자신의 정체성을 찾으려 한다. 해화가 10세 소녀였을 때 그와 함께 발해 정효공주 무덤 안에 들어갔으며 이 무덤은 해화와 남자를 심리적으로 연결해 주는 매개체이자 후에 해화의 죽음을 암시하는 상징이 되기도 한다. 그는 어린 소녀였던 해화에게 "나라는 망했지만 인민은 살아 있"다고 말했지만 현실은 그들의 이상과는 달랐다. 발해사를 자신들의 역사로 만들려는 중국 정부의 노력과 달리[16] 분단된 한국에서는 발해사에 대한 적극적인 관심을 보이지 않는다. 마찬가지로 조선족을 한국인으로 포용하지도 않는다. 한국인에게 조선족은 '이방인' 또는 '저렴한 노동력'에 불과하다. 조선족 '여성'의 경우에는 여기에 더해서 '벌거벗은 몸' '유순한 몸' 되기를 요구하는 젠더적인 타자화가 추가된다.[17] "끊임없이 여성을 상품으로 유통시키며 유지되는 이 시대"[18]에 그들

슈얼리티, 문화의 혼종 등의 복합적 양상"은 "가난한 유색 이주여성 출신의 작가가 아닌 이상 추상적으로 그려질 수밖에 없"(앞의 책, 368쪽)는 것이 사실이다. 하지만 이는 텍스트 외적인 문제이며 서술자 분석과는 다른 층위에서 이루어져야 하기에 본 연구의 결론 부분에서 논하기로 한다.

16) 림해화가 한국으로 오기 전에 남자와의 추억이 있는 발해 정효공주 무덤을 다시 방문하지만 관리인은 "한국 사람들은 근처에도 못 오게 하라고. 조선족은 물론이고 한족이라도 한국 사람들 데리고 오면 문제가 생긴다 하더라"(38)고 말하며 접근을 못하게 한다. 림해화는 심장을 빼앗긴 기분으로 돌아서야 했다.
또한 작가후기에서 실제로 둔화의 정효공주 무덤에 한국인을 데려갔다는 이유만으로 당의 비판을 받았다는 사람에 대한 감사의 글을 볼 수 있다.

17) "국제결혼에 임하는 남성들의 결혼조건은 여성의 섹슈얼리티와 순결이데올로기 집착, 그리고 가부장적 질서에 순응하는 유순한 몸이 절대기준이다. 이국적인 외국여성의 성적 매력과 남성의 경제능력이 결합된 매매혼은 여성을 타자화시키고 성적으로 대상화한다. 낯선 이주국에서 성욕, 돌봄, 2세 생산, 노동 등을 감당해야 하는 여성타자는 수단으로만 대해진다."
이미림, 앞의 책, 365쪽.

은 각자 다른 사연을 안고 "측량 불가능한 타자"[19]로 다가온다.

1장에서 장애를 가진 형의 신부를 구하기 위해 중국으로 맞선 여행을 떠난 윤호의 시선에서 한국남성의 국제결혼이 어떤 양상으로 이루어지고 있는지가 적나라하게 묘사된다.

> "베트남 아가씨들이 훨씬 더 순종적이다 아입니까. 라이따이한이 얼마나 많응교. 우리가 아버지 나라라 이 말임더."
>
> 남자는 축농증 때문인지 연신 코를 킁킁거리며 말했다. 킁킁댈 때마다 볼의 붉은 점이 더욱더 붉어졌다. 오징어나 문어 따위의 살갗처럼 움찔거리며 색이 변하는 그 붉은 점은 남자와는 상관없이 저 혼자 살아 움직이는 생명체 같았다.[20]
>
> "여자들이야 러시아 여자들이 최고지. 몸매 하나는 죽이잖아. 한국에서 한 번 데리고 자려면 그게 얼만데. 경비까지 계산한다고 쳐도 열 번만 자면 남는 장사잖아. 근데 부부가 어디 열 번만 자? 여기서 괜찮은 여자 없으면 우리 러시아로 한번 더 가자구. 어때 응?"
>
> 러시아 여자 얘기를 꺼낸 사람은 유난히 키가 작은 남자였다. 어찌나 작은지 식탁 위에 얼굴만 겨우 내놓고 있는 형국이었다.[21]

'라이 따이한'에 관한 언술을 통해 식민주의와 결합된 폭력적인 남근중심주의를 엿볼 수 있다. 그들의 무치無恥한 대화를 들으며 그들을 짐승에 비유하는 윤호 역시 사실상 그들과 비슷한 입장에 있다. 윤호는 "냉혹한 면접관"의 눈으로 형의 목소리가 되어 줄 여자를 고른다. 서커스와 같은 묘기를 부리다 목을 다친 형은 목소리를 잃었고 어린아이처럼 퇴행한 모습을 보이는 상태이다. 형이 짐처럼 버거웠던 윤호는 그 짐을 대신 짊어질 여자를 구하러 중국으로 온 것이다. 그들은 맞선 자리에서 바로 결혼을 결정한다. 윤호는 해화

18) 류보선, '하나이지 않은 그녀들', 천운영, 『잘가라, 서커스』 해설, 279쪽.
19) 이미림, 앞의 책, 164쪽.
20) 천운영, 앞의 책, 12쪽.
21) 천운영, 앞의 책, 12쪽.

를 보면서 서커스에서 봤던 선녀와도 같았던 여자를 연상하고 도망가지 못하게 날개옷을 숨겨버리라고 형에게 말하지만 해화의 내면의 갈등을 알 수 없고 알려고도 하지 않는다. 심지어 해화가 왜 형과 결혼하려고 하는지에 대해서조차 궁금해하지 않는다. 조선족 여성의 사연은 모두 한 가지일 거라고 생각하기 때문이다. 해화가 시선과 서술의 주체인 일인칭 '나'로 등장하는 2장의 첫 구절은 해화의 다짐으로 시작된다. "나는 한국으로 간다. 그의 목소리가 되고, [……] 나는 내 나그네의 충실한 아내가 되리라. 그리고 나는 행복해질 것이다."24라는 다짐은 불안을 희석시키려는 듯 보인다. 하지만 이어지는 회고적 서술을 통해 해화가 한국으로 가는 이유가 첫사랑 때문이었음이 제시된다. 그렇다고 해서 한국으로 가서 그를 찾겠다는 생각을 가진 것도 아니다. 지도를 펴고 그가 있는 속초와 남편의 집이 있는 부천과의 거리를 가늠해 보지만 그를 만나기 위해서라기 보다는 그가 있는 곳이기에 한국행을 택한 것이다. 비자를 발급받은 후 해화의 내적 독백은 조선족 사람들에게 한국이란 어떤 곳인가를 생각하게 한다.

> 내 손에 쥐어진 것은 F-2 비자였다. 한국에서 자유롭게 살 수 있고, 부모까지 초청할 수 있는 동거방한사증. 많은 사람들이 그토록 원하는 비자가 내 손에 들려 있었다. …… 이것을 위해 화순은 직업도 버리고 순정도 버렸다. 그는 이것이 없어 무덤 같은 지하방에 숨어 지냈다, 또 누군가는 몇 만 위안을 들여 위장결혼을 하거나 밀입국을 한다고도 했다. 그것이 지금 내 손에 있는 것이다. 단 한 번의 만남으로. …… 도대체 이게 무어길래. 한낱 종이쪽지에 불과할 뿐인데. 알 수 없는 서러움이 가슴을 치고 올라왔다.22)

저마다의 사연을 담은 코리안 드림을 가지고 한국에 오는 사람들의 궁극적인 목적은 더 나은 삶이고 결국 행복해지는 것이다. 해

22) 천운영, 앞의 책, 42쪽.

화 역시 행복해질 것이라고 다시 한 번 다짐하지만 그 다짐은 위태로움과 불안의 정서를 전달한다. 첫 번째 마주하게 된 위태로움은 시동생 윤호와의 사이에 흐르게 된 미묘한 감정의 기류이다. 형수인 해화를 '여자'로 칭하면서 "여자의 손등을 오래오래 쓰다듬고 싶"어했던 윤호의 감정이 자신도 제어할 수 없는 '끌림'이었다면, 해화의 감정은 좀 더 복잡하다. 시모와 남편과 시동생 윤호와 함께 경복궁에 간 해화는 민속박물관 전시실에서 발해 공주의 무덤을 보고 첫사랑을 떠올렸고 주저앉아 울고 있는 자신을 부축한 윤호에게 그 남자를 투영시킨다. 서로 다른 것을 보고 있다고 해도 두 사람은 감정의 파동을 공유하며 비밀을 공유한다. 해화가 윤호에게서 보고 있는 것이 한국으로 떠나간 첫사랑이라면, 윤호가 보고 있는 것은 해화가 아니라 '여자'이다. 여자에 대한 열망에도 불구하고 윤호는 해화의 내면을 진정으로 들여다보려 하지 않는다. "그녀라는 타자와의 거리를 극복하는 것보다도 지켜야 할 더 중요한 질서가 있기 때문이"며,[23] "남근중심적인 상징질서"를 통해 "여성의 실존과 욕망들을 지워내"[24]기 때문이다. 결국 어머니의 임종 후 윤호는 집을 떠나 따이공보따리상이 된다. 윤호의 떠남은 두 번째 위태로움을 야기했다. 어머니가 죽고, 오랜 기간 의지했던 동생마저 떠나자 버려지는 것이 두려워진 남편이 의처증을 보이게 된 것이다. 폭력적인 성관계를 시도하기도 하고 심지어 해화가 잘 때 전선으로 손과 발을 묶기까지 한다. 손목과 발목에 상처가 가실 날이 없지만 자신이 할 수 있는 건 체념뿐이라고 생각했던 해화는 거울 속의 자신의 얼굴과 몸을 바라보고 거울 속 자신을 향해 계속 자신의 이름을 부른다. 거울과 이름 모두 '자아'의 매개체이다. 그는 자신만의 이름과 얼굴과 감정과 생각과 의지를 가진 인간 개인 '림해

23) 류보선, 앞의 글, 276쪽.
24) 류보선, 앞의 글, 277쪽.

화'이다. 보통명사 '여자'가 아니며 "묶이고 갇혀야 할 고깃덩어리"[25]도 아니었다. 결국 해화는 맨 몸으로 집을 나간다. 그 길은 결국 무덤으로 가는 길이 된다.

해화는 중국에서 가져온 약을 지하철역에서 파는 조선족 여성 '서옥분'과 함께 살게 된다. 서옥분은 독립유공자의 후손이지만 한국정부로부터 어떤 대가도 받지 못한 채 그저 조선족 여자로 치부되어 신산한 삶을 산다. 그런 그녀가 해화를 조금도 귀찮아하지 않고 조선족 여자들끼리의 연대감을 보여주지만 계속 신세를 질 수 없음을 아는 해화는 여관 청소일자리를 얻어 여관에서 기거하게 된다. 여관 이름은 '샹그리라'이다. 리조트를 소유하고 싶은 욕망을 가지고 있는 여관 사장에게 샹그리라는 '남쪽나라 고급 리조트'의 이름이지만 해화에게 샹그리라는 환상적이고 아름다운 골짜기이다. 해화는 "한국을 그런 곳이라고 믿고 있었는지 모른다."[26]고 생각하며 헛웃음을 웃는다. 유산을 하고 복통에 시달리면서 힘겨운 노동을 이어가는 해화에게 접근하려다가 거절당한 사장은 다른 중국 출신 여자를 데려오고 해화를 해고한다. 서옥분의 도움으로 병원에서 유산 뒤처리를 하면서도 해화는 "생살이 긁히는 아픔보다도 내 발목과 팔목을 옥죄고 있는 단단한 고무줄이 더 무서웠다."[27]고 고백할 정도로 남편으로부터 당한 일들을 잊지 못한다. "21세기 이주여성의 질병과 몸의 훼손은 디아스포라 여성의 타자성을 상징하고 있다"[28]고 볼 때, 해화가 남편과의 폭력적인 관계의 결과로 생겨난 아이를 유산하게 되는 일련의 과정은 한국 땅에서 겪었던 비인간적인 타자화가 고스란히 몸에 새겨진 것이라고 할 수 있다.

25) 천운영, 앞의 책, 123쪽.
26) 천운영, 앞의 책, 234쪽.
27) 천운영, 앞의 책, 237쪽.
28) 이미림, 앞의 책, 341쪽.

여관에서 하혈을 하면서 고된 노동을 하고 사장의 횡포까지 겪어야 했을 때 해화는 옥분이 준 약인 '록태고'를 망설이다가 먹는다. 록태고는 "사슴의 태아를 고아서 만든 약"이다. "임신한 사슴의 배를 가르고, 세상의 빛이라곤 한 번도 보지 못한 태반 속 아기를 꺼내 만든 약"[29]을 유산한 해화가 먹는다. 유산된 태아와 록태고가 연결되듯이, 손목과 발목이 묶인 해화는 윤호가 배 위에서 본 끔찍한 장면과 겹쳐진다. 짙은 해무에 둘러싸인 배 위에서 병든 말을 처리하는 과정이 윤호의 놀라움과 참담함의 감정과 함께 전달된다. "들판을 달리던 다리는 꽁꽁 묶인 채, 목초를 뜯고 되새김질을 하던 입에는 재갈이 물린 채, 그 몸이 기억하는 모든 자유를 포박당한 채 검은 바다 속으로 침잠하는 한 마리의 말"을 보며 윤호는 그것은 말이 아니라 "검은 바다 속에 던져진 먹잇감일 뿐이었다"[30]고 서술한다. "여자는 죽었다. 죽지 않았어도 죽을 것이다"[31]라는 윤호의 생각처럼 해화는 약에 중독되어 죽어간다. 거울을 보고 자신의 이름을 부르며 자신의 몸은 묶이고 갇혀야 할 고깃덩어리가 아니라는 자각과 함께 집을 나와서 인간으로서 살려고 했지만, 그가 있는 속초에까지 갔지만 결국 한국의 어느 곳에서도 해화가 자신을 지키면서 살 수 있는 곳은 없었다.

해화의 마지막 서술은 "거기 따뜻한 무덤 속으로"[32] 돌아가겠다는 것이다. 해화의 주체적인 삶이 결국 실패로 귀결되는 것에서 현재 한국사회의 단면을 볼 수 있다. 발해를 꿈꾸던 이들도, 독립운동가의 후손도 한국에서는 '조선족'이라는 껄끄러운 한 단어로 환원된다. 한때 간도 지역에서 융성했던 발해는 이제 무덤만이 남았고 그 무덤마저 중국과 한국 어느 한 곳에 속해 있지 못하다. 강인

29) 천운영, 앞의 책, 231쪽.
30) 천운영, 앞의 책, 252쪽.
31) 천운영, 앞의 책, 229쪽.
32) 천운영, 앞의 책, 246쪽.

하고 자의식 강한 조선족 여성 해화 역시 중국에서 조선족으로 살면서 한국을 동경하고 한국에 왔으나 그가 있을 곳은 없었으며 결국 무덤으로 돌아가는 길을 택할 수밖에 없었다. "조선족 알기를 쌀의 뉘처럼 대하"33)는 한국에서 조선족 여성들의 연대조차 그들을 한국에 뿌리 내리게 하지 못했다. 해화를 사랑한 윤호조차 해화를 알려고도 하지 않았다. 『잘가라, 서커스』의 교차서술은 이런 엇갈림을 드러내기에 적절한 서사장치가 되며 인간 개인으로 개별화되지 못하고 '조선족'으로 단일하게 환원되는 한국사회의 다문화 인식을 보여주기에 효과적이다. 특히 남근중심 가부장적 사고가 (유사) 제국주의와 만났을 때 얼마나 원초적인 폭력으로 발현되는지 여기서 이방인 여성들의 인권이 얼마나 쉽게 유린되는지를 이방인 여성의 목소리로 일부 재현했다는 데 의미가 있다.

3) 이방인을 향한 선의(善意) 속에 내포된 오리엔탈리즘과 심청 이데올로기: 『나마스테』

장편소설 『나마스테』박범신, 2005에서 묘사된 외국인노동자들의 수난사는 실화에 기반을 둔다.34) 총 9장으로 구성된 서사 안에서 두

33) 천운영, 앞의 책, 177쪽.

34) 박범신은 작가 후기에서 다음과 같이 서술한다.

"한 청년이 달려오는 전철을 향해 부나비처럼 뛰어드는 장면이 텔레비전 9시 뉴스에 그대로 방영됐다. 2003년 11월 11일의 일이다. 그 청년은 서른한 살의 크리켓 선수 출신으로 코리안 드림을 쫓아 한국에 온 스리랑카 사람 다르카였다. 새로 제정되어 공포한 '외국인 근로자 고용법'에 따라 4년 이상 체류한 외국인 근로자에 대한 대대적인 싹쓸이 단속이 시행되고 있던 때였다. [……] 다르카의 죽음은 신호탄에 불과했다. 그 다음날엔 방글라데시 사람 비쿠가 김포의 한 공장에서 소형 크레인에 목매 자살했고, 한 주 후엔 러시아의 안드레이가 귀국 중 배 위에서 바다로 뛰어들었으며, 11월 25일엔 우즈베키스탄인 부르혼이 쉰 살의 나이로 목재공장 화장실에서 역시 목을 매고 죽었다. 12월엔 우즈베키스탄인 카임이 스스로 명줄을 끊었고, 기아와 혹한에 쓰러진 중국동포 김원섭 씨는 새벽길의 도심에서 112. 119로 수없이 구원을 요청했으나 그 어떤 사람의 조력도 받지 못하고 끝내 얼어 죽었다. 외국인 노동자들이 죽음의 도미노에 계속 휩쓸려가고 있던 그 혹독한 겨울에, 나는 이 소설 『나마스테』의 연재를 시작했다."

명의 서술자에 의해 일인칭 서술이 전개되는데, 1장부터 8장까지는 서른 살 한국여성 '신우'의 시선과 목소리에 의해 다른 인물들이 재현된다. 2021년이라는 미래의 시간이 제시된 마지막 장에서는 '신우'의 딸인 '애린마야'이 시선과 목소리의 주체로 등장한다. 신우와 삼각관계의 구도를 형성했던 주요 인물 '카밀'과 '사비나'는 신우의 시각에 의해 인물형상화가 이루어진다. 카밀과 사비나와의 우연한 만남을 통해 알게 된 외국인노동자들의 이야기를 듣고 신우는 그들의 목소리가 되어 그들이 겪었던 일을 전하고 논평한다. 즉 스스로 목소리를 낼 수 없는 '하위주체'에게 '말 걸기'를 시도하는 것이며 여기서 고발의 의도와 의미가 드러난다.

신우의 목소리를 통해 전달된 외국인노동자들의 한국생활은 비참함 그 자체이다. 코리안 드림을 가지고 더 나은 삶을 찾아서 한국에 왔지만 그들은 열악한 작업환경에서 위험하고 힘든 일을 하고 장애를 얻기까지 하면서도 제대로 돈을 받지 못하고 무엇보다 인간으로서 대우받지 못한다. 그런데 그들의 증언에 담긴 내용들은 1960년대부터 1980년대까지 구로공단에서 한국인노동자들이 겪었던 상황과 유사하다. 개발독재에 의해 이루어진 고도성장의 그늘에는 저임금 노동자들의 희생이 있었다. 당시 한국이 수출경쟁력을 가질 수 있는 유일한 방법은 노동집약적인 산업에서 박한 임금으로 인해 가능했던 가격경쟁력에 있었다. 한국인노동자들 역시 위험한 작업환경과 밤샘작업과 폭행과 욕설의 피해자였으며 근로기준법을 준수하라고 외치면서 분신해야 했다. 이제 한국인노동자들이 떠난 자리를 외국인노동자들이 메꾼 것이며 그들에게는 인종적/민족적 차이에 의한 또 다른 차별과 폭력의 빌미가 더해졌다. 인류의 역사에서 남근중심 가부장제가 시작된 이후 늘 여성을 향한 폭력에는 성적인 폭력이 추가되었듯 여성이주노동자에게도 예외 없이

박범신, 『나마스테』, 한겨레출판, 2005, 395-396쪽.

성적 폭력이 따라온다.

『나마스테』에서 고발하는 폭력은 인간세계를 관통하고 있는 동일성의 폭력에 근거한 것이며 그 기반에 자본주의라는 거대한 괴물이 자리하고 있고 누구든 타자가 될 수 있음을 통찰하고 있다. 한국인인 신우 역시 어렸을 때 미국으로 이민 갔다가 그곳에서 인종차별을 뼈아프게 체험했으며 LA 폭동 때 아버지를 잃고 귀국했던 비극적 가족사를 겪었다. 신우의 비극적인 가족사와 그로 인한 신우의 불행이 아메리칸 드림과 관계있다는 설정은 우리가 약자로서 겪어야 했던 야만의 시대를 강자로서 되풀이 하고 있음을 고발하기 위해서이다. 즉 아메리칸 드림을 안고 미국에 갔던 신우의 가족이 미국사회로부터 배척당했듯이 이제 우리가, 코리안 드림을 가지고 한국에 온 사람들을 배척하고 짓밟고 있는 모습을 부끄러워해야 한다는 성찰의 목소리인 것이다. 신우는 카밀에게서 아버지의 모습을 보고 카밀이 당하는 일들이 우리가 그리 오래지 않은 과거에 꿈을 안고 이주한 부유한 선진국에서 당한 일들이라는 것을, 즉 우리 역시 피해자, 타자, 소수자였음을 증언하는 한편 오빠와의 언쟁을 통해 보다 직접적으로 우리의 이중성을 고발한다.

> 이곳은 어느덧 자본주의의 경쟁논리에 의해 산성화한 사람들이 단단한 카르텔을 이루고 있는 구조화된 세계였다. 그는 결코 그 구조의 중심에 편입될 수도 없을 것이고, 그 구조로부터 자신의 순정을 끝까지 지켜낼 수도 없을 터였다. 아메리칸 드림을 좇아서 미국으로 갔다가 이상과 현실을 다 잃어버린 아버지의 삶이 그 증거였다. 아버지의 삶이 그랬듯 그의 삶도 그럴 것이라고,[35]

> "네팔은 세계 최빈국이야. 그놈들에게 뭐 사랑이 있는 줄 아니. 네가 한국여자니까 붙는 거야."
> "내 오빠라는 게 …… 치욕스러워."[36]

35) 박범신, 앞의 책, 46-47쪽.

신우의 오빠가 카밀을 경계하며 출입국관리사무소에 신고까지 하게 된 이유는 세계 최빈국인 네팔에 대한 멸시 때문이라는 것이 텍스트 전면에 드러난다. 또한 같은 비극을 겪었음에도 신우는 그 일로 인해 인종적/민족적 우월감이 얼마나 폭력적인지를 깨달은 반면 오빠는 배타성으로 무장하고 귀를 막고 있음도 드러난다. 그런데 그 배경에 또 다른 견고한 위계질서가 있음을 다른 다문화 서사들과의 상호텍스트적인 맥락에서 포착할 수 있다. 결혼이주여성을 다룬 다문화 서사들은 많지만 결혼이주남성을 다룬 다문화 서사는 찾아보기 힘들다. 현실에서도 외국인노동자와 결혼이주여성의 젠더 구획은 확연하다. 즉 빈곤국 출신 남성들은 노동력 제공자로서, 빈곤국 출신 여성들은 한국인 가정의 일원이 되어 재생산을 하기 위해 혹은 성산업에 유입되는 섹슈얼리티의 제공자로서 국경을 넘는다. 외국인노동자와 결혼하는 한국 여성은 현실에서도 드물다. 외국인노동자와 한국 여성의 결합은 부계혈통 중심의 가부장제와 한국남성의 자존심에 상처가 된다. 한국남성은 동남아 출신 여성을 성적으로 유린하는 한편 동남아 출신 남성들이 성범죄의 가해자가 되어 한국여성이 피해자가 될 수 있음을 경고한다. 이는 젠더의 맥락에서 논해야 할 문제이다. 제국주의 시대에 '남성'으로 치환되는 서양이 '여성'으로 치환되는 동양을 정복하는 것이 당연시되었던 것처럼, 여성이 '식민지'로 은유되는 것처럼, 점령군에 의한 집단 강간이 상징적 의미를 갖는 것처럼 젠더가 권력화 되거나 권력이 젠더화 된다. 서양여성과 동양남성의 결합은 서양남성과 동양여성의 결합보다 유표적이 되고, 한국 남성과 동남아 여성의 결합은 용인되지만 한국 여성과 동남아 남성의 결합은 기이한 것이 된다.[37] 카밀에 대한 사랑에 당당했던 신우조차도 자신의 사랑에

36) 박범신, 앞의 책, 163쪽.

37) "외국 여성과 결혼한 한국 남성이 법적, 사회적으로 연민과 지원의 대상이 될 때 외국 남성과 결혼한 한국 여성은 경멸과 증오의 대상으로 전락한다. 한국 남성과

대한 믿음 속에 한국 사람이라는 우월감이 깔려 있었다는 것을 깨닫지 못했음을 고백한다. 신우가 처음 카밀에게 관심을 가지게 되었을 때부터 줄곧 신우는 한국인의 시선에서 '네팔 사람' 카밀을 바라보고 있었고 그 시선은 다분히 오리엔탈리즘적인 것이었다. 이는 서양남성이 동양여성에게 일방적으로 부과하는 오리엔탈리즘의 환상과 유사한 맥락에 있다.

카밀과 처음 만났을 때 신우는 카밀의 걸어가는 뒷모습을 보며 "환하고, 동시에 피어린 산인山人의 이미지였다."[38]고 서술한다. 이는 산스크리트어로 '눈의 보금자리'라는 뜻을 가진 히말라야에서 온 네팔 사람에 대한 낭만적인 시각에서 기인한다. 이런 시각은 다음 인용문에서 좀 더 상세히 드러난다.

> 물론 내 안의 어느 깊은 곳에서 사랑의 숙주가 제 터를 잡아가기 시작했다는 걸 나는 알고 있었다. 그것은 서른 살이 될 때까지 한 번도 경험하거나 상상해 보지 못한 특별한 감정이었다. 아니 내가 경험해보지 못한 것은 나의 감정이라기보다 카밀이라는 인간이 보여주는 다른 세계였다. 낯설지만 무한한 신뢰감으로 받아 안을 수 있는 어떤 영혼의 다르마타를 나는 카밀에게서 보고 느꼈다. 그것은 이를테면 조명을 비추지 않아도 환한 세계였고, 말하지 않아도 절로 느껴 알 수 있는 세계였으며, 내가 서른 살이 될 때까지 만났던 많은 문명권의 사람들이 이미 상실하고 만 세계였다.[39]

서구에서 동양을 미개하게 바라보는 시각이 정당하지 못한 것처럼 동양을 신비하게 바라보는 '낭만적인' 오리엔탈리즘의 시각도 타자에 대한 올바른 이해라고 할 수 없다. 빈곤국에 대한 멸시와

결혼한 외국 여성 이민자가 동화와 포섭의 대상이 될 때 한국 여성의 배우자가 된 외국 남성 노동자는 차별과 배제의 대상이 된다."
박정애, 「2000년대 한국소설에서 '다문화가족'의 성별적 재현 양상 연구」, 『여성문학연구』 22호, 한국여성문학학회, 2009, 93쪽.

38) 박범신, 앞의 책, 16쪽.

39) 박범신, 앞의 책, 126쪽.

마찬가지로 신비화 역시 네팔 사람들을 우리와 다른 별종 취급하는 것이며 문명/비문명으로 이분화하고 한 가지로 환원시키는 것 역시 오리엔탈리즘의 시각을 내포한 태도이다. "종교적인 성스러움과 연관된 "꿈속의 설산, 카일라스산"과 같은 네팔 이미지와 폭력과 반인권이 자행되는 한국을 대비하여 묘사하고" "이원화된 공간은 성聖/속俗, 비자본의 세계/자본의 세계, 네팔/한국, 높은 히말라야 산/낮은 공장지대, 신 같은 천문학 학자/짐승 같은 이주노동자로 대비되어 차별적이고 편견으로 가득한 우리 사회를 고발"[40]하는 의미가 있지만 네팔과 히말라야에 대한 신비화 역시 한국인 신우의 굴절된 시선을 통과한 것으로서 타자화의 다른 방식이다. 즉 열등한 종족으로 바라보는 것도, 이국적이며 신비한 종족으로 바라보는 것도 '제국주의의 인식론적인 폭력'인 오리엔탈리즘의 시선이다. 이는 신우와 카밀과 삼각관계의 한 축에 있는 사비나에 대한 시선에서도 드러난다. 신우의 시선과 서술에 의해 사비나는 깨끗하고 흰 편인 피부와 고혹적인 느낌을 가진 처녀로 재현된다. 집안일을 깔끔하게 잘하는 카밀과 달리 일처리가 말끔하지 못하고 예의가 없어 보이는 사비나를 향해 신우는 네팔 여자들은 다 그런 식으로 사냐고 말하고 그런 신우에게 사비나는 자신이 네팔의 대표선수가 아니니까 네팔을 들먹이지 말라고 항변한다. 일반화의 오류는 손쉬운 타자화의 한 방법이기도 하다. 인간 개인의 주체성과 고유성을 무시하고 집단의 구성원으로서만 보기 때문이다. 인종, 민족, 성별, 지역, 종교 등 일반화의 범주는 곧 차별과 배제의 범주가 된다.

일인칭 서술의 한계에 의해서 독자는 카밀의 내면을 알 수 없다. 인물이자 초점화 주체이며 서술자인 신우의 시선과 서술에 의해서만 다른 인물들을 상상할 수 있다. 『나마스테』에서 일인칭 서술을 택한 것은 이주민에게 차별과 폭력을 자행하는 한국인들에 대한

40) 이미림, 앞의 책, 215쪽.

자성自省을 부각하기에 적합한 서사장치이지만 다른 인물들의 내면을 묘사하는 데에는 분명 한계가 있다. 그리고 일인칭 서술자인 신우는 이 한계를 솔직하게 인정함으로써 오히려 서술의 신뢰성을 확보한다. '훗날' '나중에 알게 된 사실이지만'과 같은 회고적 언술을 통해 부각되는 것은 신우의 욕망이며 신우는 자신의 사랑과 갈망으로 인해 카밀을 제대로 이해하지 못했음을 인정한다. "아름답고 환한 카밀을 잃고 그 대신 어느덧 싸움꾼이 된 전사의 목에 매달려 울고 있었다."41)는 서술이나 "본래의 카밀이 그리워 저절로 나오는 한숨"42)이라는 고백에서 신우가 여전히 카밀과 카밀의 출신지인 네팔을 낭만적 관점에서 신비화 하고 있음을 알 수 있다. 이러한 태도는 마지막 장에서 서사적 목소리를 이어가는 애린마야에게서도 그대로 드러난다. '2021-카일라스 가는 길'이라는 소제목에서부터 드러나는 태도이다. 카밀이 고층건물 옥상에서 분신하고 투신할 때 투신하는 카밀에게로 달려가다가 낙하하는 카밀과 부딪친 충격에 두개골이 손상되어 10년 동안 식물인간 상태에 있다가 사망한 신우의 사연이 요약 진술되며 사비나에게서 애린의 이복동생인 카밀이 태어났다는 정보도 제시된다. 애린은 "지구의 중심이자 티베트의 영혼이라 불리는 카일라스"에 가는 길이 힘든 여정임을 알고 있지만 "아버지와 어머니가 생전에 꿈꾸던 길"이고 "나의 참된 정체성을 찾아가는 길"이기에 포기할 수 없다고 서술한다. 사비나로부터 한국에서 경험했던 잔인한 폭력에 관한 이야기를 들으면서도, 참혹한 분신과 투신과 충돌의 현장에 대한 얘기를 들으면서도 애린은 초탈한 것 같은 태도를 취한다.

어머니는 다만 깊은 사랑으로 불꽃이 된 아버지를 당신 품 안에 안아서 살릴 수 있다고 믿었을 터였다. 갈망과 헌신의, 모귀가 어머니를

41) 박범신, 앞의 책, 301쪽.
42) 박범신, 앞의 책, 314쪽.

아버지에게 밀어냈을 것이었다. 함께 죽는 것이 함께 사는 것이라고 생각할 수도 있었다. 어머니에게 그것은 잔인하고 뜨거웠던 하나의 카르마가 완성되는 순간이었을 것이고, 또 다른 카르마들이 탄생되는 오묘한 틈이었을 것이다. 어쩌면 참된 본성의 빛이 떠오르는 다르마타 바르도의.[43)]

신우의 일인칭 서술에 이어서 딸 애린의 일인칭 서술까지 더해져서 인종과 계급을 초월한 신우의 사랑은 불교철학의 외피를 입고 낭만화 되었으며, 불법체류자가 된 외국인노동자들의 강제추방에 반대하는 농성의 선봉에 섰다가 분신한 카밀의 죽음까지 신비화 되었다. 유순한 눈빛을 가진 카밀이 농성 지지파의 수장이 되어 분신하기까지의 고민과 갈등과 주체적인 변화가, 그런 변화를 아쉬워하면서 자신의 사적 영역 안에 카밀을 두고 싶어 했던 신우의 시각에서 서술되었기 때문에 카밀의 심리변화와 주체적 결단은 선명하게 제시될 수 없다. 이는 사비나의 고통과 삶의 방식을 묘사할 때도 드러나는 한계이다. 사비나는 7명이나 되는 동생들의 생활비와 학비를 벌기 위해 한국으로 왔다. 카밀의 지극한 사랑을 이용하는 것처럼 묘사되기도 한 사비나는 계급의식과 신분상승의 욕망도 숨기지 않는다. 이런 사비나를 못마땅하게 여겼던 신우는 가족에 대한 사비나의 헌신을 알게 되고 그런 사비나를 칭송하기에 이른다. "그녀의 가족들은 그녀에게 오로지 돈, 돈, 돈 한다는 것이었고, 그녀는 가족들에게 이를테면 관음보살, 또는 우유의 바다에서 현현한 여신 락슈미였다."[44)]는 신우의 서술은 '심청 이데올로기'를 공고히 하려는 가부장적 사고방식에서 한 걸음도 나아가지 못한다. 신우가 못마땅하게 여겼던 모든 것들이 - 카밀의 사랑을 알면서도 다른 남자와 동거한다든가, 심지어 카밀이 모아놓은 돈을 모두 가

43) 박범신, 앞의 책, 379쪽.
44) 박범신, 앞의 책, 273쪽.

지고 달아난 것까지도 가족을 위한 헌신이었다는 것으로서 이해받게 되고, 사비나에게 가해진 한국인들의 성폭력에 분노하기에 앞서 몸과 마음이 만신창이가 되면서까지 가족을 위해 희생하는 사비나에 대한 칭송이 부각된다. 심지어 사비나 스스로 가족에 대한 자신의 헌신을 기꺼이 감당하는 것으로 서술된다.

심청 역시 아버지를 위해 자발적으로 인당수에 몸을 던진 것으로 서술된다. "고전문학 속의 주인공인 심청과 바리는 자식의 도리를 다하기 위해 목숨을 버리거나 생명수를 찾아 디아스포라가 되는 가부장제의 희생양들"이라고 역설한 이미림은 가족을 위해 탈국경하는 21세기 이주여성이야말로 전지구적 자본주의 가부장 체제에서 자행되는 불평등한 권력관계의 표상이라고 말한다. 가부장제 사회에서 가족과 국가를 위해 몸을 바치는 관습이 21세기에도 여전히 유효하며, 팔려가는 여성 혹은 심청바리모티프는 여성의 교환이 이루어지던 오랜 가부장제 역사 속에서 21세기까지 이어지고 있다.[45] 사비나의 희생을 "관음보살" 또는 "여신 락슈미"로 칭송하는 것은 남성작가의 가부장적 사고의 한계라고 생각된다. 사비나가 자신을 위해, 자신의 욕망에 충실해서 같은 행동을 했다면 사비나는 추악하게 묘사되었을 것이고 때문에 사비나에 대한 연민과 칭송은 가부장적 온정주의에 해당된다.

신우와 카밀의 관계가 한국여성과 외국인노동자와의 결합이라는 의미에서, 한국남성과 이주여성의 관계와 달리 젠더적인 전복의 의미를 일부 가지고 있다. 그런데 신우가 이룬 젠더적인 전복 역시 한계가 있다. 일견 한국의 가부장적 혈통주의를 배반한 듯 보이는 부분이 있지만 혈연중심 가족주의 이데올로기를 그대로 고수한다. 카밀을 인간 취급조차 하지 않았던 오빠는 애린의 탄생으로 인해 카밀을 받아들이게 되고 카밀에게 혼인신고를 하고 귀화하라고 말

45) 이미림, 앞의 책, 346-347쪽.

한다. 혼인신고를 위해서는 일단 네팔로 가야하는데, 동지들을 두고 떠날 수 없다는 카밀에게 오빠는 화를 낸다. 신우는 "그는 처음으로 뚜렷하게 개인적인 삶으로부터 전체적인 공동체의 삶으로 나가는 길을 보고 있었던 셈이었고, 나는 한사코 그를 내 가정 안에 한 개인으로 붙잡아 주저앉힐 길을 찾고 있었던 셈"[46]이라고 고백한다. 『나마스테』에서 "가족은 매우 신성하다."고 전제한 이경재는 "이 가족이란 한국 공동체의 확장된 판본일 가능성이 존재한다."[47]고 언급했다. 이는 "카밀의 단독성을 은폐한 채, 한국인과 동일시하고자 한 욕망의 사회적 구현체에 불과한 것일 수도 있"으며, "이 가족이 진정으로 타자의 타자성을 그대로 포용하는 방식인지에 대해서는 조금 더 고민해봐야 한다."[48]고 말한다.

분명 신우나 신우의 오빠가 선택한 포용방식은 카밀을, 그의 생각과 의지를 제대로 알려고 하지 않은 채, 한국가정의 일원으로 만들려는 동화주의적인 방식이다. 딸 애린이 그 가교 역할을 한다. 이는 한국으로 시집 온 결혼이주여성이 아이를 낳고 한국가정의 일원이 되는 것과 유사한 맥락이다. 막바지 농성 중이었던 카밀과 사비나와의 하룻밤은 다소 억지스러운 설정으로 보이는데 카밀과 사비나와의 관계에서 태어난 아들 카밀2세의 존재는 카밀을 한국가정에 일방적으로 편입시키지 않으려는 의도인 듯 보이지만 가부장적 의식에서 탈피하지 못한 채 결국 아주 익숙한 서사가 되어버렸다. 가부장제가 그토록 공고한 지배이데올로기로서 인류사에서 지속될 수 있었던 배경에도 혈연중심 가족주의가 있다. 애린이 "사진으로 본 나의 아버지 카밀과 너무도 닮"[49]은 이복남동생 카밀을 보며 아버지의 얼굴을 찾고, 사비나는 애린과 카밀을 번갈아 보며

46) 박범신, 앞의 책, 251쪽.
47) 이경재, 『다문화 시대의 한국소설 읽기』, 소명출판, 2015, 97-98쪽.
48) 이경재, 앞의 책, 99-100쪽.
49) 박범신, 앞의 책, 366쪽.

오래 전에 죽은 연인 카밀의 눈을 바라보는 장면에 대한 애린의 서술에서 그들 모두 카밀의 피로 연결되었기에 가족이 된다. "카밀은 …… 내 동생, 확실한가요?"[50]라고 사비나에게 확인하면서 "카밀은 어쨌든 나와 피를 나누어 받은 내 동생"[51]이기에 여정에 동행하기로 했다는 서술에서 부계혈통 혈연중심 가족주의 서사는 반복된다.

카밀과의 첫 만남에서 신우에게 각인된 이미지는 '세계가 환하다'는 것이었다. 애린 역시 신우와 마찬가지로 낭만적인 관점에서 네팔과 히말라야를 바라본다. 관광객의 짐꾼이나 가이드로서 험난한 산길을 걷는 것을 반복하거나 도저히 가난에서 벗어날 길이 없어서 이주민의 삶을 선택해야 하는 네팔 사람들의 실상에서 거리를 두고 바라보는 태도이며 앞서 언급한 낭만적 오리엔탈리즘의 시각이기도 하다. 신화의 나라 네팔을 신비적 관점에서 바라보다가 그들이 이주민으로서 한국에서 겪는 고통을 충실하게 재현하다가 혈연중심 가족주의로 마무리하면서 다시 낭만적인 오리엔탈리즘의 관점에서 그들을 바라보고 있어서 서술 주체의 시선과 태도가 감상적인 느낌을 준다. 첫 만남에서 세상이 환하다고 말했으나 분신하기 전 세상이 캄캄하다고 말한 카밀은 분명 대항 헤게모니의 가능성을 가지고 있었고, 신우와 카밀의 결합도 대항 헤게모니가 될 수 있는 전복의 가능성이 있었으나 네팔의 지리적 환경과 그들의 신화를 낭만적인 오리엔탈리즘의 시선으로 바라보면서 대항 헤게모니가 약화되었고 전복의 가능성도 한계를 드러냈다. 무엇보다 혈연중심 가족주의의 익숙한 서사로 마무리 되면서 남성적 시선과 온정적 가부장제의 한계에서 벗어나지 못했다. 신우는 사랑과 가정이라는 사적 영역에 집착하는 여성으로 인물화되고 사비나의 고통

50) 박범신, 앞의 책, 373쪽.
51) 박범신, 앞의 책, 379쪽.

은 가족을 위한 희생으로 칭송받으며 애린은 아버지와 이복남동생과의 혈연을 신비화함으로써 여성 캐릭터들을 모두 사적 영역과 가부장제에 귀속시켰다.

3 이방인 형상화와 관련된 문학적 소명

국가정책으로서 다문화를 홍보하는 미디어와 달리 문학텍스트에서 이방인을 형상화 할 때 크게 두 가지의 소명이 있다. 하나는 그들이 여기에서 겪는 차별과 폭력을 '폭로'하며 우리의 내부를 성찰하는 것이다. 이는 차이가 차별이 되지 않는 타자의 윤리학을 세우는 것이라고 할 수 있겠다. "동일성과 전체성을 기표하는 근대국민국가의 이방인이자 마이너리티인 이주자는 차별과 배제, 소외와 폭력을 경험"하며, "이주자는 21세기의 가장 남루하고 비극적인 인간상"[52]이기에 이주민 문제는 중요한 문학적 주제이다. 20세기가 국민국가를 실험한 시대였다면 21세기에는 국민국가를 넘어서려는 실험이 시작되고 있다[53]고 보이지만 여전히 20세기의 사고방식으로 국민국가를 고수하려는 사람들이 존재한다. 여기서 편견이 만들어지고 폭력이 발생하며 이주민들은 쉽게 희생양이 된다. 인간과 사회에 늘 예리한 촉수를 늘어뜨리고 있는 문학에서 인종적/민족적 소수자인 이주자의 삶을 주목하고 그들에게 가해지는 유형무형의 폭력과 편견을 고발함으로써 우리 내부를 성찰하게 만드는 것은 분명 의미 있고 가치 있는 일이다. 이주'여성'의 경우 젠더적인 타자화가 더해지므로 더 정밀한 관찰이 필요하다. 남근중심 사회에서 여성을 향한 폭력에는 성폭력이 빠지지 않고, 자본주의와 가부

52) 이미림, 앞의 책, 5쪽.
53) 나병철, 『근대서사와 탈식민주의』, 문예출판사, 2001, 174쪽.

장제가 결합하여 여성의 노동에 '성 노동'이 포함되는 현실 고발이 문화텍스트를 '소비'하는 수준에 그쳐서는 안 될 일이다.

또 한 가지 문학적 소명은 '그들' 개개인의 시선과 목소리를 드러내는 것이다. 지금까지는 문학텍스트 내에서 이방인들이 겪는 폭력에 주로 초점을 맞추다보니 그들을 천편일률적인 '피해자'로 묘사하는데 치중한 면이 있다. '희생자화'가 또 다른 의미에서 '타자화'일 수 있으며 자신의 목소리를 내기 힘든 '하위주체'는 그들에 대한 우호적인 시선 속에서도 왜곡되어 전달될 수 있고 지나치게 평면적으로 인물화 된다. 경계에 서서 디아스포라적인 삶을 살고 있는 그들이 "지배구조에 포획되어 있으면서도 거기에 저항하는 타자성을 지녀 완전히 전유할 수 없게 하는 대항 헤게모니의 가능성"[54]을 가지고 있다면, '벌거벗은 생명'으로서 아무 것도 갖고 있지 않은 자의 전복적 가능성이 갖는 도발적인 힘을 가지고 있다면, 이 부분을 조명할 필요가 있다. 이러한 과정에서 가부장적 시각과 남성적 시선에 함몰되는 것을 특히 경계해야 한다. 이주민 출신 여성 작가가 등장하여 그들 각자의 개성을 담은 시선과 증언의 목소리들을 세심하게 드러내고 특히 경계境界에 선 정체성을 가진 주체로서 내부인들이 보지 못하는 것을 포착하고 발화하는 것이 필요하겠지만, 한국작가들 스스로 자신이 가부장적이고 남성적이며 제국주의적이고 오리엔탈리즘적인 시선으로 그들을 바라보고 있지 않은지 계속 질문하고 성찰할 때 그들에 대한 '말 걸기'가 효과적으로 이루어질 수 있다.

54) 태혜숙, 『대항지구화와 '아시아' 여성주의』, 울력, 2008, 40쪽.

IX

김약국의 딸들 (박경리, 1962)

1. 거대한 이름, 박경리의 문학 세계
2. 운명에 저항하는 인물들의 생존방식
3. 각색영화가 소거해 버린 원작소설의 낭만성과 혁명성
4. 낭만과 혁명의 아이러니

IX 김약국의 딸들 (박경리, 1962)

1 거대한 이름, 박경리의 문학 세계

박경리1926~2008는 한국문학사에 큰 획을 그은 대하소설 『토지』를 비롯해서 40여 편의 단편소설과 25편의 장편소설을 발표한 대가이다. 그에 대한 연구도 활발히 진행되어 왔다. 하지만, 가장 많이 논의된 『토지』를 포함하여, 여전히 서사시학, 서사주제학, 수사학 등 여러 관점에서 연구되어야 할 많은 논점들과 맥락들이 있다. 이 글에서는 1962년에 출간된 장편 『김약국의 딸들』을 중심으로 저자가 『김약국의 딸들』을 통해 지향하고자 했던 세계관을 논하고자 한다. 『김약국의 딸들』은 『토지』 집필 이전 저자의 대표 장편들[1] 중 하나로 자리매김 되어 있으며 『김약국의 딸들』에서 『토지』의 기반이 된 많은 단초들을 찾을 수 있다. 그런데 『김약국의 딸들』을 논한 연구자들 중 상당수가 운명론적 주술적 세계관을 표상하는 작품으로 『김약국의 딸들』을 해석한다.[2] 이에 대한 문제제기

1) 1959년 첫 장편 『표류도』이후 1962년 『김약국의 딸들』, 1964년 『시장과 전장』을 발표했는데, 대표적인 세 장편들 중에서 『토지』와의 유사성이 가장 많이 보이는 작품이 바로 『김약국의 딸들』이다.

2) 김치수는 다섯 딸의 불행은 이미 숙정의 자결로 '운명처럼' 예고된 것이며, 박경리 소설의 주요 테마 가운데 하나가 '여인의 비극적 운명'이라고 말한다. 여성의 행복이란 선택의 여지가 없다고 하는 것이며 운명이란 주어지는 것이라고 말하고 있다는 것이다.
김치수, '비극의 미학과 개인의 한', 『김약국의 딸들』 작품 해설, 마로니에 북스, 2013, 424-426쪽.

가 이 글의 첫 번째 연구동기이다. 또한 이미 많은 논자들이 『토지』 이전의 장편들에서 『토지』와 연결되는 맥락들을 부분적으로 언급했으나[3] 부언하고 심화하며 확장할 여지가 많다고 생각된다. 무엇보다 『김약국의 딸들』에서 발견되는 『토지』와의 유사성 혹은 예시豫示들은 작가의 세계관을 유추할 수 있는 중요한 단서들이며 여기서 '운명론'이라는 해석에 반대되는 근거들도 찾을 수 있다. 이를 입증하기 위해 먼저 인물형상화에 대해 분석하려 한다. 『김약국의 딸들』은 제목에서부터 인물들이 부각된다. '딸들'의 서사라는 점에서 젠더의 함의가 존재함을 예측할 수 있고 '여성 가족사'의 전개를 예견할 수 있다. 또한 '김약국'은 딸들의 아버지이므로 '아버지의 이름', '아버지의 법'이 딸들의 서사에 영향을 미칠 것도 예

김은경은 『김약국의 딸들』을 '운명'의 절대화와 몰락으로 추상화했는데, 이 작품이 김약국 집안의 다섯 딸들의 인생을 통해 운명론적 세계관을 보이고 있다는 기존 연구사에 덧붙여서 김약국(김성수)도 자신의 집안에 예표된 운명에 예속된 인물이라고 말한다.
김은경, 「박경리 문학 연구: '가치'의 문제를 중심으로」, 서울대학교 박사논문, 2008, 92쪽.
김혜정은 '운명론적 세계와 비극성' '운명적 세계와 순환적 여성의 서사'로서 『김약국의 딸들』을 규정한다.
김혜정, 「박경리 소설의 여성성 연구」, 충북대학교 박사논문, 1999, 58-59쪽.
또한 『김약국의 딸들』에서의 서사공간을 '주술적 모성 공간으로의 회귀'로 정의하면서 '운명적인' 폐쇄적 공간임을 강조한다. 앞의 논문, 63쪽.

3) 송효정은 『김약국의 딸들』에서 기념비적 대하소설 『토지』(1969~1994)를 예견케 하는 박경리 작가세계의 단초들을 발견할 수도 있다고 말한다. 죽음, 광기, 소외로 둘러싸인 여성의 비극적 운명이라든가, 전근대와 근대를 관통하여 세대를 거듭하던 가문이 몰락하는 과정이 드러나고 있다는 점도 두 작품의 연관성을 드러낸다고 설명한다.
송효정, "딸들의 비극을 경유해 아버지의 얼굴에서 응고된 영화", 『영화와 문학 - 영화로 보는 한국문학』, 한국영상자료원, 2014, 43쪽.
김치수 역시, 개인의 운명의 비극성이라든가 새로운 교육을 받은 지식인의 갈등이라든가 사회변동에 따른 경제적 지배의 새로운 양상 등 『토지』에서 중심 테마가 된 문제들이 상당 부분 그 이전의 장편소설에서 집중적으로 다루어지고 있다고 논평한다.
김치수, 앞의 글, 424쪽.
이금란은 박경리 문학의 가족 서사학을 고찰하면서 박경리가 탐구한 모계 계승에 주목한다. 특히 『김약국의 딸들』과 『토지』에서 '아들의 죽음으로 부계 계승의 전망을 차단한 상태'라든가 '박제된 가부장의 상징'으로만 존재하는 아버지의 표상에 주목한다.
이금란, 『박경리 문학의 가족 서사학』, 인터북스, 2014, 166-168쪽.

시된다. 중요한 것은 '여성 가족사' '딸들의 서사' '아버지의 이름'에 대한 작가의 시선과 태도이다. 이것을 어떤 서사기법으로 전개해갔으며 궁극적으로 어떤 주제를 지향했는가가 텍스트 분석에 있어서 핵심이 될 것이다.

또한 이 글에서는 유현목 감독의 영화 〈김약국의 딸들〉1963과의 비교분석이 비중 있게 다루어질 것이다. 영화 〈김약국의 딸들〉을 분석하는 것은 차이를 통해 더욱 선명하게 드러나는 것이 있기 때문이다. 유현목 감독은 소설 『김약국의 딸들』이 발간되자마자 바로 영화화 했다. 각색영화가 원작소설과 어느 정도는 시간 간격을 두고 만들어지는 것을 생각해본다면 이례적이다. 그만큼 유현목 감독이 소설 『김약국의 딸들』에 강하게 매료되었다고 생각해 볼 수 있다. 영화 〈김약국의 딸들〉은 원작의 인물들과 사건들을 거의 그대로 가져왔으나 결말에서 달라졌다. 달라진 결말은 주제적인 지향점을 완전히 다른 방향으로 향하게 했으며 원작자의 세계관과 상반된 지점에 있는 영화작가의 세계관을 드러낸다. 이 글에서 주목하는 것은 바로 이 지점이다. 즉 영화에서 원작과 달라진 결말과 그로 인해 달라진 주제의식을 고찰함으로써 소설 『김약국의 딸들』의 낭만성과 반역의 정신, 그것으로 인한 비극의 강렬함을 더욱 선명하게 발견할 수 있다. '아버지의 이름'이 영향을 주는 양상도 확연하게 구별된다. 이를 본론에서 상술할 것이다. 또한 인물들의 비극의 근원이자 서사진행의 동력이며 텍스트의 이데올로기적 지형을 구축하는 낭만적 사랑이 가지는 함의에 대해 분석하려 한다.

2 운명에 저항하는 인물들의 생존방식

『김약국의 딸들』은 인물형상화가 빼어난 작품이다. 1860년대 구한말부터 1930년대 일제강점기에 이르기까지 격동의 시대에, 봉건적 전근대의 가치와 새롭게 부상하는 근대적 가치 사이에서 각 인물들은 저마다 다른 방식으로 생존해간다. 본고에서는 주요 인물들이 시대에 대응하는 각기 다른 생존방식에 대한 분석과 더불어 그러한 생존방식이 가지는 함의가 무엇인지 인물들의 생존방식에 대한 시선과 서술태도를 통해 추론하는 데 중점을 두려 한다. 제목에 언급된 인물들은 김약국김성수과 그의 딸들 - 용숙, 용빈, 용란, 용옥, 용혜-이지만 그들 못지않게 서술된 빈도에서 압도적인 인물은 김약국의 아내이자 딸들의 어머니인 '한실댁'이다. 『김약국의 딸들』은 여성들의 서사이며 이는 여성 가족사를 구축한 『토지』와 연결된다.[4] 김약국의 인물형상화도 한실댁과 딸들과의 관계망에서 그 의미가 부여된다. 모든 감정이 말라버린 것 같은 김약국의 완고함과 소극성에 인과관계를 부여하기 위해 박경리는 '딸들'의 서사가 시작되기 전에 비극적인 전사를 서술한다. 김약국의 어머니인 숙정은 남편으로부터 부정을 의심받고 비상을 먹고 자결한다. 남편 김봉룡은 부잣집 아들의 방자함과 안하무인, 가학성으로 뭉친 인물이었으며, 숙정을 사모해서 찾아온 가매골 도령을 죽이고 숙정마저 자결하자 후환이 두려워 집을 떠나 생사를 알 수 없다. 봉룡과 숙정의 어린 아들 성수는 백부 내외의 손에서 자라났으며 고아의식과 생모에 대한 몰이해와 그리움 그리고 사촌 누이 연순을 향한 연정과 연민으로 인해 우울하고 소극적인 성격으로 성장하게 된다. 일견 "비상 묵은 자손은 지리지"[5] 않는다는 속신이 주술이 되고 운명이

4) 『토지』의 서사는 윤씨 부인, 별당아씨, 최서희, 최치수, 구천(김환), 귀녀, 길상, 봉순이 등 최씨가의 사람들과 마을의 용이와 월선, 강청댁, 임이네, 두만네, 함안댁 등 농가의 아낙들 및 임명희, 유인실, 배설자, 강선혜 등 신여성들을 중심으로 전개되고 있다. 이중에서도 윤씨 부인과 별당아씨, 최서희, 월선, 임이네 등 개성적 여성인물이 『토지』의 주된 맥을 이어간다고 생각할 때, 현대소설사에서 여성의 역할이 이만큼 강조된 작품은 보기 힘들다.
김혜정, 앞의 논문, 90쪽.

5) 박경리, 『김약국의 딸들』(1962), 마로니에북스, 2013, 35쪽.

되어 김약국과 그 가족의 몰락과 비극을 예시한 듯 보이지만 그보다는 김약국 스스로 속설과 주술의 운명론적 세계관에 자신을 침잠시켰다고 보는 것이 타당하다. 소설 『김약국의 딸들』의 결말 부분에서 김약국은 위암 선고를 받고 자신의 삶을 돌아보면서 스스로 모든 것들로부터 자신을 단절시켰음을 인정한다. '속신'이라는 '숙명'이 자신의 삶을 결정한 것이 아니라 자신이 스스로 '속신'과 '숙명'에 자신의 삶을 꿰맞추었다는 것이다.

숙정의 죽음에 대해서도 유사한 해석이 가능하다. 숙정은 그를 사모한 가매골 도령과 "혼사가 될 뻔하였으나 처녀의 사주가 세다 하여 혼인이 삐그러진"[6] 것으로 서술된다. 의처증과 가학성을 가진 봉룡과의 혼인과 자결로 인해 사주에서 벗어나지 못했음을 스스로 보여주었지만, 역으로 사주를 믿고 숙정을 봉룡의 후취로 보낸 숙정의 부모와 이에 순응한 숙정의 행위가 사주대로 된 비극을 야기했다는 점을 생각해본다면 박경리의 소설들, 특히 『김약국의 딸들』을 운명론적 세계관 혹은 주술적 세계관[7]으로 해석하는 것은 표면적 해석이라고 볼 수 있다. 이는 후에 비명횡사 할 거라는 무당의 말에 비명횡사를 피하고자 굿을 했으나 결국 비명횡사 하게 된 한실댁의 경우에도 적용되는 문제제기이다. 머슴 한돌과 딸 용란과의 관계를 인정하지 못하고, 이미 '정조'를 잃은 용란을 마약

이후, 이 언술은 텍스트 내에서 반복된다.

6) 박경리, 앞의 책, 17쪽.

7) 김약국 집안의 몰락이 사회적인 인과관계가 아니라 어떤 초역사적이고 불합리한 운명에 의해 초래되고 있다는 평가를 받는 작품으로서, 이 작품에서 역사는 개인이나 가족에 닥치는 무서운 운명의 힘으로 추상화 된 것으로 논의된다.
윤지관, '한의 가치화와 소설의 공간 - 박경리론', 『민족현실과 문학비평』, 실천문학사, 1990, p. 97.
김은경은 이러한 기존논의를 바탕으로 『김약국의 딸들』을 김약국을 중심으로 볼 때, 그가 자신의 집안에 예표된 운명에 예속된 인물이라는 사실을 간취할 수 있다고 말한다. 운명론은 예정된 결정론의 한 형태로서, 미래를 통제하면서 미래를 지향하는 것을 거부하는 태도를 낳는다는 것이다.
김은경, 앞의 논문, 92쪽.

중독자인 연학에게 시집보낸 것이 한실댁의 죽음과 인과관계를 이루는 것이지 무당의 말과 한실댁의 죽음과 인과관계를 이루는 것은 아니다. 그런데 특히 영화 〈김약국의 딸들〉에서 굿의 시각적 효과와 사운드 스케이프에 공을 들인 장면으로 인해 텍스트의 주술적 숙명론을 부각시킨다. 각색영화가 원작소설에 대한 수많은 해석 중 하나임을 생각해본다면 유현목 감독은 원작소설을 운명론적 세계로 인식했다고 볼 수 있다. 게다가 영화에서 재현된 굿의 장면은 영화 전체의 그로테스크한 분위기를 형성하며 인간의 의지로 극복할 수 없는 숙명의 압도적인 힘을 보여준다. 그 위압적 힘에 인간 개인은 예속된다. 원작에 대한 이런 해석은 결국 원작과 달라진 결말로 이어졌다. 이에 대해서는 3장에서 상세히 논할 것이다.

소설 『김약국의 딸들』에서 형상화 된 숙명론은 인물 스스로 '예언'에 종속되는 삶을 선택한 것이며 또한 당대의 인물들이 가지고 있는 속신적 사고를 보여주는 것이지 텍스트의 세계관이 숙명론적인 것은 아니라는 것이 본고의 핵심 테제이다. 텍스트가 지향하는 가치는 보다 진보적인 것이며, 정해진 규범과 질서처럼 폭력적인 속신에 저항하지 못하는 당대의 시대적 한계에 대한 비판을 담고 있다. 오직 김약국만이 "인생의 적극적인 의지를 일찌감치 포기한 채 망연자실하게 살아"[8]갔을 뿐, 여타 인물들은 각자의 방식으로 운명이나 관습에 저항하여 살아가고 생존하려 한다. "비어 있는 중심으로서의 가부장"[9]이며 "이름뿐인 아버지에 불과"[10]했던 김약국은 아내 한실댁과 딸들의 비극에 지대한 영향을 끼쳤다. 이는 당시 여성들의 삶이 결혼에 의해 행/불행이 결정되었으며, 아버지가

8) 김만수, 「자신의 운명을 찾아가기」, 조남현 편, 『한국문학의 현대적 해석 8 - 박경리』, 서강대학교 출판부, 1996, 173쪽.

9) 김선아, 「가부장적 민족공동체와 여성성」. 이용관 · 이효인 · 정재형 편, 『유현목, 한국 리얼리즘의 길 찾기』, 도서출판 큰사람, 1999, 162쪽.

10) 오혜진, 「전근대와 근대의 교차적 여성상에 관해 - 박경리의 『김약국의 딸들』 『시장과 전장』 『토지』를 중심으로」, 『국제어문』 제47집, 2009, 329쪽.

결정하고 남편에게 아내의 생살여탈권이 주어진 봉건적 가부장제의 결혼에서 여성이 주체적으로 자신의 욕망을 실현할 수 없었기 때문이다. 용란처럼 주체적으로 자신의 욕망을 실현하려 했을 때 참혹한 비극이 발생했을 뿐만 아니라 한실댁이나 용옥처럼 봉건적 가부장제를 수호하는 삶을 살려 했을 때에도 그들은 행복할 수 없었다.

> 그러나 한실댁은 그 많은 딸들을 하늘만 같이 생각하고 있었다. 그는 딸을 기를 때 큰딸 용숙은 샘이 많고 만사가 칠칠하여 대갓집 맏며느리가 될 거라고 했다. 둘째 딸 용빈은 영민하고 훤칠하여 뉘 집 아들자식과 바꿀까 보냐 싶었다. 셋째 딸 용란은 옷고름 한 짝 달아 입지 못하는 말괄량이이지만 달나라 항아같이 어여쁘니 으레 남들이 다 시중 들 것이요, 남편 사랑을 독차지하리라 생각하였다. 넷째 딸 용옥은 딸 중에서 인물이 제일 떨어지지만 손끝이 야물고, 말이 적고 심정이 고와서 없는 살림이라도 알뜰히 꾸며갈 것이니 걱정없다고 했다. 막내둥이 용혜는 어리광꾼이요, 엄마 옆이 아니면 잠을 못 잔다. 그러나 연한 배같이 상냥하고 귀염성스러워 어느 집 막내며느리가 되어 호강을 할 거라는 것이다.
>
> 용숙이 과부가 됨으로써 한실댁의 첫꿈은 부서졌다.[11]

> "저의 아버지는 고아로 자라셨어요. 할머니는 자살을 하고 할아버지는 살인을 하고, 그리고 어디서 돌아갔는지 아무도 몰라요. 아버지는 딸을 다섯 두셨어요. 큰딸은 과부, 그리고 영아 살해혐의로 경찰서까지 다녀왔어요. 저는 노처녀구요. 다음 동생이 발광했어요. 집에서 키운 머슴을 사랑했죠. 그것은 허용되지 못했습니다. 저 자신부터가 반대했으니까요. 그는 처녀가 아니라는 험 때문에 아편쟁이 부자 아들에게 시집을 갔어요. 결국 그 아편쟁이 남편은 어머니와 그 머슴을 도끼로 찍었습니다. 그 가엾은 동생은 미치광이가 됐죠. 다음 동생이 이번에 죽은 거예요. 오늘 아침에 그 편지를 받았습니다."[12]

11) 박경리, 앞의 책, 86쪽.
12) 박경리, 앞의 책, 408-409쪽.

한실댁은 딸들을 '하늘'처럼 생각했으나 그가 상상할 수 있는 딸들의 행복이란 결혼의 성공여부에 달려 있다. 봉건적 가부장제 하에서 살아온 한실댁으로서는 다른 가능성은 상상할 수 없었다. 딸의 혼사는 본인의 의지와 선택이 배제된 것이기도 했다. 자유연애가 유입된 시기이기도 했으나 자유연애가 가능한 사람은 용빈처럼 근대교육을 받은 신여성뿐이었으며 그나마 집안의 몰락과 우유부단한 애인으로 인해 용빈은 결혼하지 못했다. 가장 비극적이고 문제적이며 많은 의미를 내포한 인물은 용란이다. 김약국은 용란을 어장 총 관리인인 기두에게 주겠다고 했다. 기두는 외모가 아름다운 용란을 마음에 둔다. 하지만 용란은 집안의 머슴인 한돌과 깊은 관계이다. 여성의 섹슈얼리티를 죄악시하려는 관점에서 본다면 용란과 한돌의 정사가 가지는 전복적이고 정치적인 의미를 읽어낼 수 없다.

> 용란과 같은 성격파탄자는 성에 대한 왜곡된 관심으로 당시의 여성으로서는 가장 비극적인 운명을 살게 된다. 집에서 정혼한 서기두와의 순탄한 결혼에 이르지 못한 용란은 아편중독자이며 성적인 불구자인 최연학에게 시집을 가지만, 다시 찾아온 옛 머슴 한돌과의 간통 사건으로 정신이상자로 전락하게 된다.[13]

박경리는 용란을 "성격파탄자"로 형상화 한 것이 아니며 용란의 비극을 통해 "성에 대한 왜곡된 관심"을 경고하는 것이 아니라 아버지와 남편에 의해 여성의 삶이 결정되는 가부장제의 폭력성을 고발하고 있다고 봐야 한다. 위의 인용글에서 정신이상자가 된 것을 '전락'으로 보는 것도, 한돌과의 관계를 '간통'이라는 어휘로 규정하는 것도 텍스트의 함의에 대한 올바른 이해가 아니다. 위의 인용글처럼 해석할 경우 『김약국의 딸들』은 통속소설[14]이 되어 버린

13) 김치수, 앞의 글, 427쪽.

다. 또한 젠더의 층위가 계급의 층위와 맞물려 고도의 정치적 함의를 가지고 있음도 놓치게 된다. 신분제가 완전히 붕괴되지 않은 시점에, 통영과 같은 보수적인 공간에서 주인집 딸과 머슴의 관계는 인정받을 수 없었다. 또한 순결 이데올로기가 지배적인 시대에 머슴과의 관계로 '정조'를 잃은 여성은 결혼을 할 수 없었다. 이것이 처참한 비극의 직접적인 원인이다. 용빈 역시, 그가 비록 근대교육을 받은 신여성이라할지라도 용란과 한돌의 정사 장면을 목격하고는 순결 이데올로기를 비롯한 봉건적 가부장적 시선에서 바라볼 수밖에 없었다. 그러나 용빈은 선교사 케이트에게 자신의 의구심을 고백한다. 용란이 "악덕을 악덕으로 알지 못하고" "수치를 알지 못하고" "사랑이 무엇인가를 알지 못"한다고 말하면서도 용란에게서 "때때로 천사와 같이 순진한 것을" 느낀다고 고백한다. 여기서 (내포)작가는 용빈을 '문명'의 축에 두고 용란을 '자연'의 축에 두고 있음을 알 수 있다. 용빈을 통해 문명을 지향하지만 한편 문명이성 우위의 근대적 사고와 달리 자연감성을 배척하지 않는다. 이는 근대를 넘어서 탈근대로 향했을 때 등장한 세계관임을 고려해 본다면 여기서 박경리의 선구자적 성격을 간파할 수 있다. 용란의 인물형상화를 통해 윤리, 규범, 사랑이라는 추상화抽象化를 초월한 자연 그대로의 건강한 욕망을 긍정하고 있는 것이다. 이는 후에 용란과 한돌의 재회장면에 대한 묘사에서 보다 분명하게 드러난다.

> 사나이는 언제까지나 흐느껴 울었다. 용란이도 울었다.
> 그들은 서로 껴안은 채 숲 속으로 들어갔다. 방금 이발을 하고 온 한돌이 머리에서 기름 냄새가 나고, 용란의 얼굴에는 그 싸구려 크림

14) 김만수는 1960년대 초반 대거 발간된 박경리의 장편소설들을 '애정소설'에 가깝다고 말하면서 "그러나 애정소설 앞에 자연스럽게 붙이는 〈통속〉이라는 말과는 거리가 먼 어떤 것, 삶의 진지함이 그 소설 속에서 완강하게 남아 있었다"고 서술한다. 김만수, 「자신의 운명을 찾아가기」, 조남현 편. 『한국문학의 현대적 해석 8 - 박경리』, 서강대학교 출판부, 1996, 165쪽.

냄새가 났다. 그들은 어미 개와 강아지 새끼가 서로 냄새를 맡듯 서로의 체취를 심장 속까지 들이마시며 나무 밑에 앉았다.[15]

아버지 김약국에 의해서 연학에게 시집간 용란은, 아편을 취하지 못하면 이성을 잃고 폭력적이 되어버리는 연학의 폭력에 시달리다가 자신의 눈앞에서 어머니와 한돌이가 연학의 도끼에 죽는 것을 보고 결국 미쳐버렸고 정신을 잃은 상태에서 계속 한돌이를 찾아 헤매고 다닌다. 이재선은 "광기 혹은 정신적인 이상이 가족이나 타인과의 관계의 가치를 상징적으로 변형시킴은 물론 역사적 사회적 갈등과 고통의 내면화 현상임을 시사"[16]한다고 말한다. 용란의 광기는 신분에 의해 인정받을 수 없는 사랑의 고통이 내면화된 것이며 무엇보다 '순결'과 '정절'이라는 미명으로 여성의 섹슈얼리티를 억압하고 죄악시했던 사회와의 갈등과 전근대와 근대의 충돌이라는 거대한 함의를 가지고 있다. 그 충돌에서 전근대가 압승했으며 용란은 더 이상 제정신을 가지고 전근대적이고 봉건적인 가부장 윤리가 지배하는 사회에서 살 수 없다. 용란의 광기는 시대와 불화한 용란의 생존방식인 것이다. 용란의 광기를 "한실댁과 한돌의 죽음에 따른 위기 상황에서 가부장 사회의 인습에 대한 반항의 의미를 드러낸" 것으로 설명한 김혜정은 그것이 "자신에게 요구되는 전통적인 여성상과 실제 자신 모습과의 불일치에 대한 불안과 공포도 담고 있다"고 말한다. "용란의 용모의 아름다움과 광기가 여성의 이중성을 감춘 장치로 여성문학의 특성이라고 볼 수 있다"[17]는 것이다. 아버지의 법을 위반한 용란은 이제 더 이상 아버지의 법이 지배하는 현실 세계에서 존재할 수 없다. 아버지의 법은 '윤리' 혹은 '도덕'이라는 이름으로 용란을 '미치광이' '정신이상자'로 단죄한다. 황

15) 박경리, 앞의 책, 313쪽.

16) 이재선, 『현대소설의 서사주제학』, 문학과지성사, 2007, 275쪽.

17) 김혜정, 「박경리 소설의 여성성 연구」, 충북대학교 박사논문, 1999, 67쪽.

혜진의 언술대로 "우리를 지배하는 내면의 기율은 타자와의 감정적 관계까지 관리"한다. "윤리와 도덕은 지배를 위한 도구에서 출발해 상위의 선善, 독립된 가치가 되었다. 이때 윤리와 도덕의 작동원리는 은폐된 채 엄중한 구호만이 가시적으로 드러난다."[18]

용란의 상대가 머슴이라는 것은 또 다른 정치적 의미를 파생시킨다. 신분이 높은 여성과 신분이 낮은 남성의 관계라는 점에서 젠더의 층위 위에 계급의 층위가 더해져 복합적인 의미망이 형성되는 것이다. 신분이 높은 남성과 신분이 낮은 여성과의 결합은, 낭만성과 혁명의 색채를 얼마간 지니기도 하지만, 그다지 문제가 되지 않는다. 한 명의 남성이 여러 명의 여성을 거느리는 것이 당연시되었던 봉건사회에서는 더욱 그러하다. 김약국 역시 공공연하게 기생 소청과 관계를 했으며 한실댁과 딸들 모두 그를 묵인했다. 현대사회에서 신분이 높은 남성과 신분이 낮은 여성의 결합은 신데렐라 스토리가 되기도 하지만 그것은 결국 가부장제라는 더 큰 규범의 자장 안에 포용된다. 하지만 여성의 신분이 더 높을 경우 그것은 같은 계층의 남성에게는 위협이 된다. 자신의 것이 되어야 할 여성을 낮은 신분의 남성이 취했다는 것은 용서할 수 없는 일이다. 백인 남성과 동양인 여성의 결합은 로맨틱한 느낌으로 포장되기도 하지만 백인 여성과 동양인 남성의 결합은 기이한 것으로 여겨지는 것과 마찬가지다. 한국 여성과 결혼하기 힘든 하위계층 한국 남성이 동남아 여성과 결혼하는 것은 흔한 일이지만 한국 여성이 동남아 출신의 외국인 노동자와 결합하는 것은 백안시된다. 젠더정치학의 관점에서 남성성은 여성성보다 우위에 있어야 한다는 묵계가 그 반대의 경우에 위협을 느끼는 것이며 박경리는 바로 이 지점을 예리하게 포착했다. 바로 이 지점에서 『김약국의 딸들』은 『토지』와 연결된다. 『토지』의 중심인물인 최서희의 어머니, 별당아씨는 남편

18) 황혜진, 『영화로 보는 불륜의 사회학』, 살림, 2005, 50쪽.

최치수와 딸 서희를 두고 머슴인 구천과 함께 달아났다. 당대의 지배 이데올로기로 볼 때 온갖 윤리적 비난을 감수해야 하지만 별당아씨를 재현하는 서술방식과 서술태도는 그를 아름답게 묘사하고 있다. 어머니에 대한 그리움과 원망을 가지고 성장한 서희 역시 하인 길상과 결혼한다. 용란은 철저하게 비극적이었지만 별당아씨는 조금은 행복했고 서희는 모든 것을 성취했다. 여기서 전복적인 힘과 혁명적인 기운을 내포한 낭만적 사랑을 (내포)작가가 긍정하고 있음을 알 수 있다.

가부장 이데올로기를 위반한 용란뿐만 아니라 철저하게 가부장 이데올로기를 내면화한 용옥 역시 비극적인 결말로 향했다는 것은 의미심장하다. 심성이 착하고 조신하며 살림꾼으로 형상화 된 용옥은 어머니인 한실댁처럼 가부장 이데올로기를 내면화 했다. 스스로 자신을 가부장 이데올로기에 침잠시켜 가부장제를 수호하는 것이 용옥과 한실댁을 비롯한 많은 여성들의 생존방식이다. 여성은 남성사회에 편입하기 위해서 남성에 의해 타자화된 여성성을 받아들이거나 오히려 남성보다 보수적인 성의식을 가질 수도 있다.[19] 용옥과 한실댁은 가부장 사회에서 살아남기 위해 보수적인 성의식과 가부장 이데올로기를 내면화했으나 가부장제는 그들을 지켜주지 못했다. 용옥의 남편 서기두는 용란을 좋아했으며 김약국에 의해 용란의 정혼자로 내정되어 있었다. 용란과 한돌과의 관계가 밝혀진 이후에도 기두는 내심 용란을 원했으나 김약국에게 말하지 못했다. 가부장제와 그로 인한 순결 이데올로기가 여성뿐만 아니라 남성들에게도 억압적인 기제로 작용함을 단적으로 보여주는 지점이다. 결국 기두는 용옥과 결혼하지만 용옥에게 마음을 주지 못한다. 기두의 냉담함에 힘들어하는 용옥은 설상가상으로 시아버지의 성폭력

19) 김해옥, '한국 여성 소설을 통해본 '근대성'과 '여성성'의 대위법', 『현대 소설의 여성성과 근대성 연구』, 깊은샘, 2000, 42쪽.

에 시달린다. 시아버지에게 추행을 당하고, 집에 들어오지 않는 남편을 찾아서 어린 딸을 데리고 부산으로 가는 배를 탄 용옥은 기두와 길이 엇갈리게 되고 통영으로 돌아오던 배가 침몰하여 딸과 함께 생을 마감한다. 용옥의 죽음의 직접적인 원인은 배의 침몰이었으나 남편의 무형의 폭력과 시아버지의 성폭력이 용옥을 죽게 했으며 아버지의 일방적인 결정에 의해 혼인을 해야 했던 가부장제의 내면화가 인과관계의 기반에 있다. '아버지의 법'을 위반한 용란은 정신을 놓아버리고 '아버지의 법'에 순종한 용옥은 차가운 바닷물에서 딸과 함께 생을 마감하게 함으로써 (내포)작가가 하고 싶은 말이 무엇이었는지 소설이 출간 된 바로 이듬해 개봉한 영화 〈김약국의 딸들〉과의 비교분석을 통해 더욱 확실하게 간파할 수 있다.

3 각색영화가 소거해 버린 원작소설의 낭만성과 혁명성

유현목 감독은 〈오발탄〉1961, 〈김약국의 딸들〉1963, 〈잉여인간〉1964, 〈순교자〉1965, 〈카인의 후예〉1968, 〈불꽃〉1975, 〈장마〉1979, 〈사람의 아들〉1980 등 많은 소설들을 영화화 했다. 동시대의 유명 소설을 원작으로 한 영화 〈김약국의 딸들〉에서 토속적 풍광과 샤머니즘의 장면들을 기괴한 느낌으로 담아낸 카메라 워킹과 영화언어의 한 축을 차지하면서 영화 〈김약국의 딸들〉의 전반적인 분위기를 독특하게 형성한 사운드 등은 매체수사학의 측면에서 많은 논점들을 내포한다. 하지만 본고의 연구방향은 영화 〈김약국의 딸들〉이 구축한 (매체)미학적 특성에 있지 않다. 소설과 달라진 결말 부분에 대한 서사주제학적 분석을 통해 원작소설의 의미를 보다 분명하게 드러내고자 하는 것이 본고의 연구방향이며 따라서 본고에서 전개하는 논의가 영화 〈김약국의 딸들〉의 미학을 축소하고자 하는 것이 아님을 먼저 밝힌다. 영화의 결말은 얼마든지 원작소설의 결말에서 이탈할 수 있다. 소설을 영화화 하는 것이 소설에서 이야기를 차용한 수준에서 그치는 것이 아니기 때문이다. 원작이 있는 영화라고 해도 영화는 소설과는 전혀 다른 매체의 특성을 가지고 영화의 미학을 추구한다. 중요한 것은 영화의 결말이 원작소설과 달라짐으로 인해서 전혀 다른 텍스트의 이데올로기를 구축했다는 것이다. 여기서 부각되는 것은 소설의 독자였던 감독의 의도와 선택이다. 이를 분석함으로써 소설 『김약국의 딸들』의 주제의식과 지향점을 더욱 선명하게 드러낼 수 있으리라 생각한다.

원작소설에서 용란은 비록 그의 정신이 다른 세계에 있다 해도 죽지 않고 살아남는다. 영화에서 용란은 실성한 상태에서 한돌을 찾다가 발을 헛디뎌 바다에 빠져 죽는다. 원작소설에서 용옥은 시아버지의 성추행을 뿌리치고 남편 기두를 찾아 부산까지 갔다가 통영으로 돌아오는 길에 배가 침몰하여 죽지만 영화에서 용옥은 죽지 않는다. 시아버지의 추행에 시달리는 설정까지는 그대로이지만 배를 타지 않았고 결말 부분에서 기두 옆에 서 있는 것으로 종결된다. 시아버지는 어떻게 되었는지 보여주지 않는다. 원작소설에서 김약국은 위암으로 사망한다. 하지만 영화에서는 위암선고를 받은 김약국을 죽게 하지 않는다. 김약국은 영화의 라스트신에 등장하여 롱 쇼트로 오랫동안 조명된다. 가장 의미심장한 변화는 용빈의 경우이다. 여기서 텍스트의 주제의식이 가장 많이 달라진다. 소설에서 용빈은 아버지의 장례를 치른 후 막내 동생 용혜를 데리고 통영을 떠난다. 용란은 맏언니인 용숙에게 맡기기로 했다. 용빈의 사촌오빠인 태윤의 절친한 친구이면서 용빈과 대화가 통했던 강극과 로맨스를 만들어 가지는 않는다. 소설의 종결부는 다음과 같다.

배는 서서히 부두에서 밀려 나갔다. 배 허리에서 하얀 물이 쏟아졌다.
"부우웅."
윤선은 출항을 고한다. 멀어져가는 얼굴들, 가스등, 고함 소리
통영 항구에 장막은 천천히 내려진다.
갑판 난간에 달맞이꽃처럼 하얀 용혜의 얼굴이 있고, 물기 찬 공기 속에 용빈의 소리 없는 통곡이 있었다.
봄이 멀지 않았는데, 바람은 살을 에일 듯 차다.[20](415)

반면 영화에서 용빈은 통영을 떠나지 않는다. 떠나려 했으나 아버지와 강극에 의해서 통영에 남기로 한다. 멀리 떠나겠다는 용빈의 말에 강극은 용빈에게 '물 푸는 노파'가 될 것을 주문한다. 바다 위에 아주 작은 나룻배가 있다. 카메라는 그 배에서 바가지로 계속 물을 퍼내는 노파를 원거리 쇼트로 포착한다. 다음 인용문은 처음 강극이 노파를 가리키면서 용빈에게 말한 대사인데 영화의 결말에서 용빈이, 여전히 물을 푸고 있는 노파를 바라보는 화면과 함께 강극의 대사가 다시 한 번 사운드로 제시되어 용빈의 생각을 보여준다.

"저 물 푸는 노파를 보십시오. 저 노파가 물 푸는 고역이 싫다고 바가지를 내던져버릴 수 있을까요? 물을 퍼야죠. 안 푸면 배는 가라앉고 생명은 죽는 것입니다.[……] 미칠 것만 같은 슬픔과 괴로움을 삼키며 극복을 했을 때 비로소 인간은 비극을 짓밟고 살 수가 있는 거죠."[21]

서울에서 근대 교육을 받고 서울의 학교에서 교편을 잡고 서울에서 거주했던 용빈은 강극과 결혼하여 아버지의 곁, 통영에 남기로 한다. 영화의 라스트 신에서 나란히 서서 바다를 바라보는 용빈과 강극, 기두와 용옥을 담은 카메라는 시선을 돌려 언덕 위에 서

20) 박경리, 앞의 책, 415쪽.
21) 유현목 감독, 〈김약국의 딸들〉, 극동흥업, 1963, 『Literature on Screen』 DVD, 한국영상자료원, 2014.

있는 김약국을 오래 조명한다. 송효정은 "여성들이 겪는 비극에 초점을 맞춰왔던 영화는 서사의 배후에 유령처럼 존재하던 아버지 김약국의 얼굴에서 응고된 채 종결된다"[22]라는 언술을 통해 이 영화가 결국 가부장제 이데올로기로 갈등을 봉합했음을 시사한다. 즉 "용빈과 그녀의 세대가 품은 지성, 비판, 항거의 정신은 숙명적 비극성물 푸는 노파과 근대화의 논리아버지의 복권과 경제 부흥 속에 희석되고 말았다"[23]는 것이다. 영화의 결말은 결국 봉건적 가부장제로부터 봉건성을 완전히 탈피하지 못한 채 근대의 외피를 쓴 가부장제로의 이행을 의미한다. 용옥은 자신에게 냉담한 남편 기두와 (원작에서 '늙은 짐승'으로 묘사된) 시아버지 곁에서, 용빈은, 이상주의적인 독립운동가이지만 유약해 보이는 강극과 암에 걸린 아버지 곁에서, 침몰을 유예시키기 위해 계속 물을 퍼야 하는 노파의 역할을 하는 것이 영화 〈김약국의 딸들〉의 결말이자 가부장제의 윤리적 무의식이다. 이는 영화가 제작되고 개봉된 1960년대의 시대적 상황과 타협한 것이기도 하다. 따라서 원작소설을 "마지막까지 '하강' 국면으로 치닫는 비극의 구조를 취한" 것으로, 영화를 "해피엔딩"[24]으로 규정한 기존논의 에서 가부장 이데올로기를 전제로 했을 때에만 '해피엔딩'으로 볼 수 있는 타당성이 일부 인정된다.

영화보다 일 년 먼저 출간된 소설 『김약국의 딸들』의 이데올로기적 지향은 주술적 세계관과도 가부장제와도 결별한다. 소설에서는 '아버지 죽이기'를 감행했으며 용빈이 배의 침몰을 유예시키기 위해 끝없이 물을 푸는 것이 아니라 물이 새는 배를 떠난다. 철저하게 남성 중심적인 신념인 봉건적 가부장제와 기독교를 내면화한

22) 송효정, 「딸들의 비극을 경유해 아버지의 얼굴에서 응고된 영화」, 『영화와 문학 - 영화로 보는 한국문학』, 한국영상자료원, 2014, 54-55쪽.

23) 송효정, 앞의 책, 55쪽.

24) 김은경, 「소설 『김약국의 딸들』과 영화 『김약국의 딸들』의 비교 고찰」, 『비교문학』 제 48집, 한국비교문학회, 2009, 174쪽.

용옥의 시신을 건져냈을 때 품 안에서 십자가가 떨어졌다는 서술을 통해 봉건적 가부장제의 윤리도 서구의 주술도 착한 여자 용옥을 구원할 수 없음을 암시한다. 영화에서와 달리 소설의 서사에서 용빈은 강극과 결혼하지 않는데 용빈과 강극의 대화를 통해 『김약국의 딸들』이 궁극적으로 지향하는 주제적 지평이 무엇인지를 유추할 수 있다. 그것은 낭만성을 내포한 혁명이며 혁명성을 내포한 낭만이다. '낭만'과 '혁명'의 상관관계에 대한 성찰이 때로 암시적으로 때로 노골적으로 제시된다.

> "혁명은 로맨티시스트가 이룩하는 겁니다. 그러면 그 다음은 실리자가 장악하는 거죠. 로맨티시스트는 종국에 가서 패자가 됩니다. 그러나 로맨티시스트는 또 일어나죠. 어떤 세대의 가름길에서."[25]

강극이 언급한 혁명은 『김약국의 딸들』의 시대적 배경이 일제강점기라는 것을 감안했을 때, 독립운동을 지시하는 것일 수 있다. 또한 그 시대에 많은 사람들을 매료시켰던 사회주의 혁명일 수도 있다. 혹은 근대의 물결이 밀려오고 있지만 여전히 봉건적 전근대가 지배적이라는 것을 생각해본다면 봉건적 전근대의 종식을 의미하는 것일 수도 있다. 그런데 박경리의 소설텍스트들에서 궁극적으로 지향하는 '혁명'은 부계혈통 중심의 가부장제의 종식이다. 그리고 이를 가능하게 하는 것이 낭만적 사랑으로 제시된다. 박경리 소설의 인물들은, 독립운동이나 사회주의를 위해 장렬히 전사하기보다는, 부계혈통 중심의 가부장제가 세워온 관습과 규범과 윤리에 저항하다가 비극의 주인공이 된다. 부계혈통 중심의 가부장제가 인류역사상 가장 강력한 지배 이데올로기이며 저항보다는 순응이나 적응이 더 유리한 생존방식이라는 측면에서 박경리의 인물들이 비극의 주인공이 되는 것은 자연스럽다. 게다가 낭만적 사랑에는 양

25) 박경리, 앞의 책, 403쪽.

가적인 특성이 있다. 인간 개인이 (아버지의 이름인) 가문에 강하게 묶여 있을 때 특히 그러하다. 근대의 정신에서 가장 중요한 것은 '개인'의 발견이다. 근대 이전에는 '개인'이 없었다. 그가 속한 계급, 가문, 지역, 민족, 종교 등이 그 사람을 규정한다. 결혼은 가문과 가문의 결합이었으며 거래의 성격을 띠고 있었다. 아버지에 의해서 결혼상대자가 정해지는 결혼에서 '사랑'이나 '애정', '행복'이라는 단어가 적용될 경우에도 그것은 '낭만성'과는 상관없는 것이다. '낭만'은 어느 정도 '금기'에 대한 '위반'을 함의하고 있기 때문이다. 아버지의 손에서부터 남편의 손으로 넘겨지는 결혼에서 특히 여성의 삶은 억압과 폭력을 견뎌야 하는 경우가 많았으며 섹슈얼리티는 생식과 관련된 것이었다.[26)]『김약국의 딸들』에서 재현된 시대상황도 마찬가지여서 혼인은 거래의 성격을 띠고 있었으며 축첩이 가능했던 남성들과 달리 여성들은 인고의 삶을 살아야 했다. 일제 강점기에 유입된 근대문물 못지않게 그 시대의 지식인들에게 영향력을 행사한 것이 '자유연애'였다는 것은 의미심장하다. 하지만 그 당시 자유연애 역시 성차별적이고 봉건적인 가부장제의 그늘에서 벗어나지 못했다. 여성들 중에서 자유연애를 꿈꿔볼 수 있는 사람들은 신여성들이었고 그들이 꿈꿨던 낭만적 사랑은 '아버지의 법'을 거역하지 못하는 남성들에 의해 좌절된다. 신여성과의 자유연애를 갈망했던 남성들은 이중 잣대를 가지고 있었으며 우여곡

26) 현대 이전의 유럽에서 대개의 결혼계약에 기초가 된 것은 서로 간의 성적 매력이 아니라 경제적 상황이었다. 가난한 사람들끼리의 결혼은 농업노동을 조직하는 수단이었다. 끊임없는 고된 노동으로 특징지워지는 삶은 성적 열정에는 맞지 않았다. [……] '점잖은(respectable)' 여성들의 성적인 방종이 널리 수용된 것은 오직 귀족 집단에서 뿐이었다. 성적인 자유는 권력에 뒤따르는 것이었으며 또한 권력의 표현이었다. 여성이 자기의 독자적인 성적 쾌락을 추구하기 위해서는 재생산의 요구와 일상적 일로부터의 충분한 해방이 전제되는데, 이는 오직 특정 시대 특정 장소의 귀족계층 여성들에게만 가능한 것이었다. 물론 이 경우에도 성적인 쾌락은 결코 실제로 결혼과 관련되지 않았다.
앤소니 기든스, 배은경 · 황정미 역, 『친밀성의 구조 변동 - 현대 사회의 성 사랑 에로티시즘』, 새물결, 1996, 77쪽.

절 끝에 자유연애를 통한 결혼에 이르렀다 해도 결혼 이후의 삶은 여전히 봉건적 가부장제에 의해 구속된다. 박경리는 이러한 점들을 세밀하게 묘사했다. 김약국의 다섯 딸 중에서 유일하게 자유연애에 의한 결혼의 가능성을 가졌던 딸은 서울에서 근대교육을 받은 신여성 용빈이다. 용빈 외에는 아버지가 정해준 남자와 결혼해야 했다. 용빈의 애인인 홍섭의 인물형상화는 용빈의 사촌오빠 태윤의 시선과 언술로써 재현된다. 그리고 바로 그 모습이 박경리가 바라보는 당시 지식인 남성들의 전형적인 모습들 중 한 가지이다.

> 홍섭은 적의(敵意)라 하지만 실상 태윤은 홍섭을 멸시하고 있었다. 그것을 용빈은 알고 있다. 태윤의 말로는 홍섭이 소심한 사나이요, 의지가 박약한 사나이요, 거기 반비례로 야심이 강한 사나이라는 것이다. 그래서 배신형을 면치 못할 위인이라는 것이다.
>
> "오빠는 괜히 그러셔. 그분 아버지에 대한 선입감이어요. 그인 나이브한 사람입니다."
>
> 용빈이 항의했을 때
>
> "나이브한 것만은 사실이다. 나쁜 뜻에서 말야. 게다가 품행이 방정한 예수쟁이의 전형을 갖다 붙였으니 언밸런스지 뭐야. 충분히 교활하거든."
>
> 그 말에 대하여 용빈은 공명도 반발도 하지 않았다. 그는 누가 뭐라건 홍섭을 사랑했던 것이다.[27]

"소심"하고 "의지박약"이면서 "야심"이 강해서 "배신형"을 면치 못할 위인이라는 분석은 당시 많은 지식인 남성의 속성임을 부인할 수 없다. 자유연애에 있어서 로맨티스트이지만 결혼에 있어서는 부모의 명을 거역하지 못하거나 실리를 추구한다. 지성과 교양을 갖춘 신여성을 원하는 경우에도 결혼 이후에는 '아내의 미덕'을 갖추기를 요구한다. 용빈은 "누가 뭐라건" "홍섭을 사랑했"지만 김약

27) 박경리, 앞의 책, 123쪽.

국의 어장사업이 몰락한 이후 흥섭은 아버지 정국주의 뜻에 따라 또한 어느 정도는 본인의 야심에 따라 서울의 부잣집 딸에게로 돌아서면서 용빈에게 우유부단한 모습을 보인다. 원작소설에서는 흥섭을 판단하고 해석하며 평가하는 용빈의 지성이 부각되지만 영화에서는 다른 여자와 함께 있는 흥섭의 뒷모습을 보며 눈물을 흘리는 용빈의 얼굴을 클로즈업함으로써 (당대의 관객성이 영화 매체에 요구하는) 통속성으로 향해갔다.

> 용빈은 흥분을 참는다. 용빈은 결론을 늦추고 싶었다. 흥섭의 체취는 미움과 그리움으로 용빈의 가슴을 죄었다.
>
> "우리는 어릴 때부터 친했었다."
>
> "친했었지. 흥섭이 얻어맞은 때 나는 돌을 주워 그 머시매를 때려준 일이 있었어."
>
> [……]
>
> "왜 좀 더 솔직할 수 없을까? 뻔히 알고 있는 일을. 하기는 뻔히 알아버린 일을 다시 확인하려고 나온 내 자신도 우습지만 말이야."
>
> "……"
>
> "형제처럼 깨끗하였고, 또 우리들의 혼인문제 같은 건 일종의 묵약에 지나지 않으니 책임이 없다고 그러지 그랬어."
>
> "……"
>
> "낮에 만난 그 마리아 양하고 결혼하나? 그리고 미국 가게 되나? 그의 아버지가 도와준다는 거지?"
>
> "누, 누가 미국 간다고 그랬어?"
>
> "너의 아버지가."
>
> "……"
>
> "축복해 주는 것이 이별을 아름답게 하는 것, 나도 그건 알아. 그렇지만 난 널 미워하겠다. 오래가지는 않을 거야. 미움이 말이야."[28]

용빈의 자유연애가 근대성에 기반을 둔 것이었다면 용란의 자유연애는 훨씬 원초적이고 위협적이며 급진적이다. 금기가 강할수록,

28) 박경리, 앞의 책, 227-229쪽.

죄의 색채가 더 강렬할수록 낭만성은 더 부각된다. 박경리의 여성 인물들이 낭만적 사랑에 솔직하고 용기 있는 반면 남성 인물들은 낭만적 사랑을 원하면서도 결정적인 순간에 발을 빼거나 가부장 이데올로기로 후퇴한다. 용란을 원했던 기두는 '정조'관념에 함몰되어 용란과의 결혼을 포기하고 용옥과 결혼한 후 용옥을 외면하고 결국 용옥의 죽음에 한 원인을 제공했다. 『김약국의 딸들』보다 3년 앞서 발표된 『표류도』에서 이상현 역시 아내가 아닌 지식인 여성 현희와의 관계가 주는 낭만성을 향유했지만 막상 현희와 육체적 관계를 가진 이후에는 자신이 현희를 소유했다는 봉건적 성 관념에 함몰되는 모습을 보인다. 『토지』에서 이상현 역시 조혼한 아내가 아닌 서희를 사랑하지만 하인이었던 길상과 결혼하는 서희를 이해하지 못했고 기생 기화와의 관계에서 한없이 나약하고 무책임한 모습으로 일관한다. 박경리의 남성 인물들 중에서 낭만적 사랑에 투신했던 인물은 『토지』의 박의사이다. 그는 서희에 대한 이루어질 수 없는 사랑에 결국 자살한다. 실성하여 다른 세계에 살고 있는 용란과 자살로 생을 마감한 박의사처럼 낭만적 사랑의 체제전복적인 특성은 주류 사회와 불화할 수밖에 없다. 유현목 감독이 원작 『김약국의 딸들』의 결말을 바꿔버리면서 영화 〈김약국의 딸들〉은 주류사회의 질서 안에 편입되는 것이다. 이는 (남성) 감독의 보수성이 당대 관객의 기대지평과 안전하게 타협한 결과라고 생각된다. 때문에 원작소설에서 신분과 젠더라는 두 층위에서 기존 규범에 저항했던 용란의 사랑은 영화에서는 '방종'과 '문란함'으로 그 의미가 변질된다. 용란을 단죄하면서도 그 순수함을 동경했던 용빈의 언술도 자연스럽게 삭제된다. 결정적으로 원작과 달리 용란을 죽게 함으로써 '규범'과 '질서'를 위협하는 요인을 완전히 제거한다.

규범을 위반한 사랑은 혁명처럼 도발적이다. 하지만 낭만적 사랑은 이루어지는 순간 그 낭만성을 잃어버린다. 소설 『김약국의 딸들』에서 강극이 설명한 혁명과도 같다. 혁명이 성공한 순간 혁명의 정신은 사라지고 주체만 바뀐 유사한 지배가 시작되는 것이다. 이것이 낭만과 혁명의 아이러니이다. 기든스는 "낭만적 사랑 복합체가 가진 내재적으로 전복적인 특징은, 사랑과 결혼과 모성의 결합에 의해, 그리고 진실한 사랑이란 일단 발견되기만 하면 영원하다는 관념으로 인해 오랫동안 억눌려져 있었다"[29]고 말하는데, 가부장제의 결혼과 모성 이데올로기 그리고 배타적 섹슈얼리티가 가져오는 비극을 보여주는 인물이 바로 한실댁과 딸들이다. 어머니와 자매들의 비극을 가슴에 새긴 용빈이 어린 막내동생 용혜를 데리고 아버지의 땅인 통영을 떠나는 결말은 『김약국의 딸들』에서 낭만과 혁명의 아이러니에도 불구하고 낭만과 혁명을 포기하지 않음을 시사한다. 김주연은 그 어느 형태로든지 낭만은 시대와 체제에 대하여 비판적인 힘이었으며 그런 의미에서 그 열정은 디오니소스적이라고 부를 수 있는 파괴의 모습으로 우선 다가올 수 있다고 말한다. 즉 '파괴와 생성을 거듭하는 원리'로서 낭만성과 낭만의 아이러니에 주목한 것이다.[30] 반면 영화 〈김약국의 딸들〉에서 용빈은 강극과 결혼하여 아버지의 곁에, 아버지의 땅 통영에 남기로 함으로써 원작에서 구축한 낭만과 혁명의 정신을 지우고 봉건적 근대로 회귀한다. '봉건적 근대'란 모순어법이 될 수도 있겠으나 1960년대의 시대적 사회적 상황을 생각해본다면 이해 가능하다. 이는 "가부장을 중심으로 뭉쳐서 잘 살아보자는 개발독재의 당위성"[31]

29) 앤소니 기든스, 앞의 책, 87-88쪽.

30) 김주연, 『사라진 낭만의 아이러니』, 서강대학교 출판부, 2013, 211-212쪽.

31) 유현목은 박정희 정권의 근대화 이데올로기에 동조한 작가로 평가된다.
이유란, 「1960년대 유현목 작품에 나타난 현실인식 연구」, 중앙대 석사논문, 2005, 60-62쪽.
김선아, 『유현목, 한국 리얼리즘의 길찾기』, 도서출판 튼사람, 1999, 160쪽.
김은경, 앞의 논문, 176-177쪽, 재인용.

과도 연결된다. 의도적으로 원작을 변형한 영화의 결말에서 고기가 다시 잡히기 시작했다고 외치는 어부의 들뜬 목소리와 안도하는 용빈의 표정을 한 화면에 담은 신을 "해피엔딩"[32]으로 명명할 수 있다면 숙명론적인 봉건성과 가부장적 근대성이 얼기설기 만들어 낸 억지 해피엔딩이라고 할 수 있다. 영화 〈김약국의 딸들〉은 근대성의 외피를 쓰고 있지만 원작보다 숙명론적이며 봉건적이다. 이는 원작에서 인물들의 처절한 저항과 생존방식으로 구축해 낸 위반의 낭만성을 가부장제에 위협이 되지 않는 선으로 후퇴시킨 감독의 선택과 함께 보수성의 가치를 안고 위로부터 아래로 전달되는 근대화를 추진했던 1960년대의 시대적 상황, 그리고 (일반대중의 보편적인 수준으로 여겨지는) 관객의 정서를 반영한다.

4 낭만과 혁명의 아이러니

박경리의 장편소설 『김약국의 딸들』의 비극성은, 기존 논의에서 언급된 것과 달리 숙명론적인 것이 아니라 낭만과 혁명의 아이러니에서 비롯된 보다 진취적이고 선구적인 것이다. 박경리는 선명하게 대비되는 두 인물, 용빈과 용란을 통해 한편으로는 근대의 문명을 지향하고 다른 한편으로는 자연 그대로의 건강한 욕망을 긍정한다. 이는 봉건적 전근대성과 거리를 둘 뿐만 아니라 파괴적이고 도구적이며 가부장적인 일그러진 근대와도 거리를 둔다는 점에서 변증법적이며 탈근대의 단초를 가지고 있다고 볼 수 있다. 문명과 자연의 변증법적인 세계관은 후에 대하소설 『토지』의 인물들을 통해서 확장된다. 계급적 구획과 젠더 구별을 허물어뜨리는 낭만적 사랑이 그 중심에 있다. 혁명성을 배태하고 있는 낭만적 사랑은 기

32) 김은경, 앞의 논문, 163쪽.

존의 윤리와 관습의 시각에서 볼 때 불온하다. 그 불온성이 억압된 인간을 해방시킬 수 있다. 박경리는 그의 문학 자서전에서 "사랑은 그것이 어떤 형태나 성질이든 결코 존엄에 손상을 주지 않는다. 사랑은 사람을 소외하지 않는다."[33]고 역설했는데, 가부장제이든 신분이든 '도덕'이나 '윤리'라는 명칭 하에 인간 개인의 존엄을 손상하고 인간 개인을 소외시키는 관습과 규범에 대한 안티테제로서 '위반'을 내포한 낭만적 사랑을 형상화 해온 것이다. 용빈처럼 이지적이고 플라토닉한 사랑이든 용란처럼 순진무구해서 원초적인 사랑이든 "형태"나 "성질"은 상관없다. 문학에서 형상화 된 낭만적 사랑은 "반사회적이고 파괴적인 정열과 관련된 비극적인 사랑"[34]이라고 볼 수 있는데, "인간 실존을 압살하려는 세력에 대한 반항의 형태로 표출될 때 그 정당성을 확보"할 수 있는 것이 "문학의 불온성"[35]이라면 박경리의 인물들은 문학의 불온성으로 인해 비극의 주인공이 되었다는데 의의가 있다. 또한 주술적 숙명론적 세계관 속에서 비극의 주인공이 되었던 것이 아니라는 점에 박경리의 현대성이 있다. 『김약국의 딸들』은 주류 질서의 규범과 젠더와 신분을 포함한 계급의식들과의 관계 속에서 감정의 역동성을 다루고 있으며 문명의 계몽을 지향하면서도 자연 상태의 긍정을 변증법적으로 형상화 하고 있어서 텍스트의 의미는 보다 중층적인 것이 된다.

박경리의 작품세계에서 또 한 가지 주목할 점은 가부장제의 폭력성을 고발하고 '아버지 죽이기'를 통해 가부장제의 전복을 꿈꾸면서도 남성 인물들을 포용한다는 것이다. 가부장제가 남성에게도 억압적일 수 있음을 간파한 것인데, 이는 현재의 젠더정치학에서는 일반적인 담론이지만 남성중심 국가중심의 개발과 근대화가 한창이던 1960년대의 시대적 분위기를 생각해볼 때 역시 선구적이라

33) 박경리, '나의 문학적 자전', 『꿈꾸는 자가 창조한다』, 나남, 1994, 138쪽.

34) 재크린 살스비, 박찬길 역, 『낭만적 사랑과 사회』, 민음사, 1985, 18쪽.

35) 이명원, 「문인 신비주의와 생식 신비주의」, 『페니스 파시즘』, 개마고원, 2001, 56쪽.

고 할 수 있다. 부계혈통이 당연시되던 시대에 여성을 가계혈통의 중심에 위치시키는 서사는 드물며 평등한 관계와 애정을 부부연인 사이의 핵심덕목으로 전제한 경우도 많지 않다. 『김약국의 딸들』은 여성에게 정조가 강요되었던 시대에 해방을 위한 위반으로서 섹슈얼리티를 형상화 했으며 여기서 야기된 비극이 내포하는 함의는 다층적인 의미망을 파생한다. 규범과 도덕성과 계급의식을 가로지르는 감정의 역동성에 대한 세밀한 묘사와 개성적인 인물형상화로 멜로드라마의 페이소스를 형성했다. 금기를 위반한 낭만적 사랑이 사회적 승인을 받는 순간 그 낭만성이 사라지고 혁명이 성공하는 순간 혁명의 정신 대신 새로운 지배체제가 구축되는 낭만과 혁명의 아이러니에도 불구하고 박경리의 인물들은 혁명의 정신을 내포한 낭만성을 포기하지 않으며 그 속에서 비극적 인물이 된다.

반면 영화 〈김약국의 딸들〉은 원작의 드라마틱한 사건들을 충실히 따라가다가 결말을 바꿈으로써 개인의 비극을 개인의 미성숙의 문제로 치환해버렸다. 김약국과 용옥이 죽은 원작과 달리 김약국과 용옥을 살리고 용란을 죽게 하는 변용에서 기존 질서 수호 의지를 엿볼 수 있다. 또한 근대적 여성 용빈으로 하여금 아버지의 이름 안에서 숙명을 감당하게 함으로써 봉건적 근대로 회귀하게 했다. 결과적으로 낭만성을 소거하고 가부장제의 균열의 틈을 봉합했다. 의도적으로 변형된 영화와의 비교를 통해 소설 『김약국의 딸들』이 형상화 한 낭만과 혁명의 아이러니와 그로 인한 비극이 갖는 의미망이 보다 확연하게 드러난다. 김약국을 라스트신에 등장시킨 영화와 달리, 아버지 김약국의 죽음으로 부계혈통을 종식시킨 소설『김약국의 딸들』은 후에 『토지』에서 모계서사로 확장되는 단초를 안고 있다. 이때의 모계서사는 낭만과 혁명의 아이러니에서 탄생했으며 문명과 자연 상태의 변증법을 추구하고 다양한 타자들을 끌어안는다.

X

이기영의 단편들

「오빠의 비밀편지」(1924), 「가난한 사람들」(1925)
「농부 정도룡」(1926), 「민촌」(1926)
「민며느리-금순의 소전(小傳)」(1927), 「서화」(1933)

1. 이기영의 선구적 의식과 젠더정치학의 의미
2. 억압적 결혼제도에 대한 저항과 자유연애에 대한 동경
3. 여성의 시선, 여성의 서술, 여성 성장 서사가 구성되는 방식
4. 타자를 식민화 하지 않는 관계에 대한 통찰

X 이기영의 단편들

오빠의 비밀편지(1924), 가난한 사람들(1925)
농부 정도룡(1926), 민촌(1926)
민며느리-금순의 소전(小傳)(1927), 서화(1933)

1 이기영의 선구적 의식과 젠더정치학의 의미

일제 강점기 카프 계열의 대표적 작가였던 민촌 이기영의 작품 세계는 크게 두 가지 범주로 구획되어 연구되어 왔다. 하나는 이기영의 작품 세계에서 그의 계급의식을 읽어내는 것이고 다른 하나는 리얼리즘이라는 문예사조, 즉 미학적이고 기법적인 측면에서 이기영의 텍스트들을 분석하는 것이다. 특히 이기영이 등단한 1925년부터 그의 대표작 『고향』이 발표된 1934년까지의 작품들이 주된 분석의 대상이었으며 이때 분석의 도구는 앞서 언급한 계급의식과 리얼리즘이다. 텍스트 내적 분석에 치중한 해석이든 작가의 전기적 상황과 연관시킨 역사주의적 해석이든 모두 계급과 리얼리즘이라는 해석의 범주 안에 포함되어 있다. 이기영에 대한 선행연구들이 그의 텍스트들을 계급의식과 리얼리즘이라는 준거 틀을 가지고 해석한 것은 충분히 타당하지만, 이 글에서는 지금까지 널리 사용되지 않았던 해석의 틀을 가지고 이기영의 초기 단편들을 분석하려 한다. 그 해석의 틀은 젠더정치학이다. 이기영의 텍스트들은 초기 단편들뿐만 아니라 그의 대표작인 장편 『고향』까지도 젠더정치학의 관점에서 연구할만한 가치가 충분히 있음에도 그러한 연구가 집중적으로 이루어지지 않았고 산발적으로 언급된 정도였다.[1] 이기영의 텍스트

1) 그다지 비중을 두지 않은 채 아주 짧게나마 젠더정치학적 관점에서의 해석을 엿볼

들이 명시적으로 혹은 암시적으로 젠더정치학의 함의들을 충분히 내포하고 있기 때문에 젠더정치학의 관점에서 그의 텍스트들을 보다 면밀하게 분석할 필요가 있다.

젠더정치학은 '계급'의 문제와 연관되어 있다. 그러나 카프 계열 작가들이 관심을 가졌던 계급은 부르주아와 프롤레타리아로 구분되는 자본의 소유 여부와 관련되며 '젠더'에 의해 구획되는 계급은 아니었다. 이는 1980년대 좌파 지식인들이 가졌던 계급의식과도 일맥상통하는데, 즉 그들 역시 자본가와 노동자로 계급을 구성했다. 다만 한국의 1980년대는, 유럽과 미국의 1960~70년대를 휩쓸었던 페미니즘의 거센 물결이 유입된 시기이기도 하므로, 이기영이 창작 활동을 했던 1920~30년대보다는 젠더에 의한 계급의식 역시 부각될 수 있었다. 이기영 역시 유산자와 무산자로 대별되는 계급의식에 투철했던 한편, 시대적 한계에도 불구하고, 동시대 다른 작가들과 달리 젠더로 구획되는 계급에 대한 관념을 어렴풋이 가지고 있었다는 것이 그의 텍스트 곳곳에서 드러난다. 여기서 '어렴풋이'라는 어휘를 사용하는 이유는 사실상 이기영이 '젠더'의 개념에 대해서 알 수는 없었기 때문이다. '젠더'라는 개념은 서구에서도 1960년대가 되어서야 생물학적 성별과는 다른 사회문화적으로 구성된 성 정체성을 지칭하기 위해 수립된 개념이고 1995년 북경에서 열린 세계여성대회에서 공식적으로 채택된 용어이기 때문이다. 그럼에도 불구하고 이기영의 텍스트들에서 젠더에 대한 의식을 엿볼 수 있는 지점이 상당히 많이 존재한다.

수 있는 언술은 다음과 같다.
"이기영의 등단작은 소재면에서는 연애소설로, 형태면에서는 대화소설로 나타났다. 그런가 하면 페미니즘 소설의 색채도 비치고 있다."
조남현, 『이기영』, 한길사, 2008, 28쪽.
또한 이상경은 이광수나 김동인의 여성관에 내포된 이중성을 비판하면서 그에 비해 "이기영은 우리 근대문학사에서 누구보다도 열심히 여성해방의 가능성과 해방된 여성의 모습을 상상해 본 작가"라고 서술했다.
이상경, 『한국근대여성문학사론』, 소명출판, 2002, 95쪽.

앞서 '젠더'가 '계급'과 연관된다고 언급했다. 젠더정치학에서 성性에 대한 개념은 세 가지로 분류되어 왔다. 즉 생물학적 성별sex, 문화적이고 사회적인 동일시 양식gender, 성적 욕망과 성적 실행sexuality이 그것인데, 주디스 버틀러는 이러한 전통적인 구별에 반기를 든다. 몸의 인식과 성과 욕망의 근원성을 만드는 것도 문화적이고 사회적인 양식이며 모든 정체성은 문화나 사회가 반복적으로 주입한 허구적 구성물이기에 결국 섹스나 섹슈얼리티도 젠더라는 것이다.[2] 몸도, 정체성도, 욕망도 문화적 구성물이며 법과 권력과 담론의 이차적 구성물이기 때문이 모두 젠더라는 주디스 버틀러의 주장에 동의하며, 본 논문에서 사용될 젠더 개념도 이 모든 것을 포괄한다. 게다가 젠더는 인간정체성을 규정하는 가장 기본적인 층위이면서 계급이나 계층, 인종, 종교, 지역 등 다른 여러 층위들과 연결되어 작동한다. 젠더가 계급과 연관된다는 언술의 함의 역시 젠더가 곧 계급이기보다는 젠더정체성이 다른 정체성의 층위와 연결되어 계급을 형성한다는 의미이다. 예를 들어, 백만장자의 아내와 그녀의 하녀는 엄밀히 말한다면 동일한 젠더라고 할 수 없다. 같은 여성이지만 다른 계급에 속해 있는 것이다. 이때는 자본에 의한 계급이 성별에 의한 계급을 압도하는 경우이다. 마찬가지로 백인 남성과 동양인 남성의 젠더 역시 같지 않다. 전통적인 젠더 분류 기준에서 서양을 남성으로 치환하고 동양을 여성으로 치환한 것은 젠더의 정치적 속성을 잘 보여준다.

젠더가 정치적 속성을 가지고 있기에 젠더에 관한 연구는 말 그대로 젠더정치학이다. 앞서 언급했듯이 젠더가 계급이나 인종이나 종교 그리고 지역 등과 얽혀서 인간 개인의 정체성을 규정하고 따라서 젠더는 사회적 구성물이며 수많은 문화적 심리적 요소들과의 영향 관계 속에서 만들어진 것이므로 젠더에 대한 연구는 그러한

2) 주디스 버틀러 지음, 조현준 역, 『젠더트러블』, 7쪽.

정체성을 만들어내고 작동시키는 사회구조와 권력에 대한 탐구이다. 또한 젠더 자체가 온갖 이데올로기들의 연결고리이기도 하고, 가부장제라는 인류역사상 가장 오래된 지배이데올로기와 상관관계에 있다. 이는 (크게 젠더의 범주 내에 포함되는) 섹슈얼리티에도 적용된다. 섹슈얼리티는 사회 구성론적 관점에서 개념화한 것으로, 성性을 다양한 사회 문화적 맥락들 내에서 모든 사회관계들과의 작용을 통해 구성되는 것으로 보는 개념을 말한다. 즉 섹슈얼리티는 성별뿐만 아니라 계급, 인종, 연령, 성적 취향, 사회적 규범, 제도 등에 따라 다양하게 구성된다는 점에서 유동적이고 다원적인 것이다. 따라서 섹슈얼리티는 우리 자신의 성정체성을 형성시키는 영역이며, 그에 기반해 관계가 결정되는 영역이며, 끊임없이 진행 중이기 때문에 새로운 구성이 가능하다는 점에서 정치적인 영역이다. 앤소니 기든스는, 섹슈얼리티가 근본적인 정치 투쟁의 영역이며 해방의 매개체이며 비억압적인 사회는 섹슈얼리티가 강박성으로부터 해방된 사회라고 말한다. 그런데 이것은 행복과 사랑 그리고 타인에 대한 존중을 결부시킬 수 있는 개인 생활의 윤리를 창조한다는 점에서 단순한 성적 관용과 구분된다고 주장한다.3)

이기영의 텍스트들은 이러한 젠더정치학의 관점에서 분석하고 해석할 수 있는 다양한 함의들을 내포하고 있다. 봉건적 잔재를 타파하려는 계몽의 측면에서 양성평등을 언급하거나 역시 봉건적 잔재인 조혼제에 대한 강한 부정과 자유연애 예찬, 여성인물의 성장서사, 배타적 섹슈얼리티에 저항하는 '간통'의 형상화 등이 그것인데, 이는 자유연애를 동경하면서도 반여성주의를 향해 갔던 김동인 그리고 염상섭과 완전히 다른 애티튜드에서 구축되었으며 역시 자유연애를 지향하면서 계몽과 성장의 서사를 구성했던 이광수와도

3) 앤소니 기든스 지음, 배은경·황정미 역, 『현대사회의 성 사랑 에로티시즘, 친밀성의 구조변동』, 새물결, 1996, 268-269쪽.

다른 길을 간다.[4] 예술적 영감을 위한 소재적 차원에서 여성 인물을 형상화 했던 이상李箱과도 다르다. 또한 자본에 의한 계급의식에만 경도되었던 카프 계열의 다른 작가들과도 갈라지는 지점이다. 이에 관해서 본론에서 상세하게 분석할 것이다. 특히 초기 단편들에 집중하여 분석할 것인데, 분석대상 텍스트는 등단작인 「오빠의 비밀편지」1924를 비롯해서 「가난한 사람들」1925, 「농부 정도룡」1926, 「민촌」1926, 「민며느리-금순의 소전小傳」1927, 「서화」1933이다. 사실 이 작품들은 이기영의 대표작인 장편 『고향』을 위한 예비단계로서 역시 이기영의 대표작들이라 할 수 있다.

2 억압적 결혼제도에 대한 저항과 자유연애에 대한 동경

이기영이 조혼제도에 비판적이었음은 널리 알려져 있다. 이기영 역시 조혼의 피해자이기도 한데, 그는 구습의 하나인 조혼경험을 통해 인습의 쓰라린 경험을 하나의 문학적 '트라우마'로 간직했다.[5] 그의 작품들 곳곳에 조혼에 대한 비판적 언술이 직설적으로 나타난다.

> 아내와 결혼하기는 성호가 열네 살 되던 해 이른봄이었다. 그해는 할머니가 갑년이 되는 경사로운 해이므로 손부를 맞는 경사를 아울러 보시게 하자는 부친의 효성으로 그렇게 하였다. 이를테면 성호는 속죄

4) 이에 대해서는 이상경이 적절하게 분석했다. 이상경은 다음과 같이 서술했다.
"이광수는 자신의 장편소설에 언제나 신여성을 등장시켰는데, 그 신여성은 탐욕적이고 방탕하며, 자기의식이란 전혀 없는, 외모만 신여성인 그런 인물들로 그려졌다. [……] 이광수는 조혼이나 봉건적 가족관계에 대해 격렬하게 비난했지만 어디까지나 현모양처론에 서 있었고 여성의 자기정체성 찾기에는 적대적이었다."
이상경, 앞의 책, 92-93쪽.

5) 권 유, 『민촌 이기영의 작가세계』, 국학자료원, 2002, 25쪽.

제에 바치는 어린 양 모양으로 할머니의 수연에 희생이 된 셈이었다. 그가 조혼을 당한 청년들이 지금 한창 떠들며 이혼문제를 일으키는 조건이란 게 나는 나 자의로 혼인을 한 것이 아니라 재래의 악습인 조혼의 강제결혼을 당하였으니 이혼할 권리가 있다. 이혼이 만일 죄악이라고 한다면 그 책임은 사회가 짊어질 것이라고 하는 것이었다. 그는 엘렌케이의 이혼신성론을 가미한 그런 이론에 공명하였다.6)

그런데 금순이는 어려서도 인물이 똑똑하게 생겨서 그때 여섯 살 먹은 것을 민며느리로 달라는 사람들이 예서 제서 나섰다. 하나 그의 부친 장공원은 어린 것을 그렇게 내줄 수가 없다고 주저해 왔다. 그러다가 그 이듬해 가을에 그전부터 지성으로 조르던 한 동리에 사는 차첨지집에다 필경 내주고 말았다. 금순이보다 스물한 살이나 더 먹은 스물 여덟 살 먹은 총각 대상에게로 …… 그때 금순이는 신부로서는 너무나 어리어서 보기에도 앙증맞은 쪽머리를 쪘다. 밤에는 사내에게 시달리고 낮에는 시집살이를 하기에 사뭇 쪼들려서 그는 마치 비루먹은 하늘소처럼 파리했다.7)

돌쇠 처 순임이는 간난이를 업고 쥐불 구경을 나갔다가 추워서 바로 들어왔다. 그는 집으로 오면서도 남편이 무슨 일이나 저지르지 않을까 걱정하였다. 그는 열두 살 때에 민며느리로 들어왔다. 그레 벌써 십 년 전이었다. 그는 남편이 무서웠다. …… 그는 어려서는 시집살이하기에 쪼달리다가 남편의 그늘을 알 만 하니깐 남편은 난봉을 피웠다.8)

응삼이 처 이쁜이는 올에 스물을 겨우 넘은 해사한 여자였다. 그의 친정은 바로 인근 동으로서 지금도 부모가 거기서 산다. 그들은 응삼이가 천치인 줄 알면서도 땅마지기나 있다는 바람에 사위 덕을 보려고 -역시 가난한 탓으로- 어린 이쁜이를 민며느리로 주었다. 이쁜이가 열한 살 먹었을 때 아버지 앞을 걸어서 낯선 이 동리로 왔었다.9)

6) 이기영, 「가난한 사람들」, 『서화(외)』, 범우 비평판 한국문학 34 이기영 편, 2006, 47쪽.

7) 이기영, 「민며느리-금순의 소전(小傳)」, 앞의 책, 189쪽.

8) 이기영, 「서화」, 앞의 책, 328쪽.

9) 이기영, 「서화」, 350쪽.

「가난한 사람들」에서는 주요 인물 성호의 시선을 통해 조혼의 폐해를 직설적으로 토로한다. 본문에서 언급된 '엘렌 케이'는 1920년대 유입된 서구 초기 페미니즘 사상가이며, 당시 노라, 엘렌 케이, 로자 룩셈부르크, 알렉산드라 콜론타이 등이 지식인 여성들이나 카프 계열 남성 지식인들에게도 강한 인상과 영향을 주었다. 예를 들면 조명희의 소설 「낙동강」1927의 여자 주인공은 자신의 이름을 독일 여성 혁명가 로자 룩셈부르크를 따라 '로사'라고 했다.[10] 이기영이 자기 자신이 직접 겪어야 했던 조혼의 피해를 같은 남성인 성호의 시선과 언술로 토로하는 한편, 여성이 겪어야 했던 조혼의 폐해는 '민며느리'라는 언술에 집약되어 그의 텍스트 곳곳에 등장한다. '민며느리'는 조혼이라는 악습의 성격뿐만 아니라 매매혼이라는 악습의 성격 역시 내포한다. 이때 '딸' 혹은 '누이'로 호명되는 어린 여성은 가족의 최소한의 생계를 위해 원하지 않는 곳으로, 싫은 사람에게로 시집을 가야 했다. 그 과정이 「민촌」에서 상세하게 묘사된다. 「민촌」에서는 공간의 상징적 구획이 두드러지는데 상놈만 사는 '민촌'으로 유명한 '향교말'과 돈이 많지만 난잡한 행실 때문에 누구나가 싫어하는 양반 박주사가 사는 '웃말'이 그것이다. 소설텍스트의 제목이 '민촌'인 것은 이러한 공간의 상징성을 더욱 강화한다. 민촌에 살고 있는 열여섯 살 점순은, 이미 첩을 여럿 둔 난봉꾼인, 박주사의 아들에게로 벼 두 섬에 팔려 간다. 점순의 부모와 오빠는 처음에는 박주사 아들의 제의를 완강히 거부했으나 끝까지 저항하지 못한다. 그 이유는 물론 가난에 있다. 전지적 서술자는 모든 것이 부자와 빈자 사이의 큰 간극 때문임을 역시 직설적으로 서술하며 경향 소설다운 지향성을 보인다.

> 그래도 모진 것은 목숨이다. 점순이의 모친은 딸을 팔아 그 벼와 쌀

10) 천정환, 『근대의 책 읽기』, 푸른역사, 2003, 335쪽 참고.

로 밥을 지어먹었다. 안 먹는다고 굶어죽어도 안 먹는다고 울며불며 야단을 치던 점동이도 그 밥을 먹기 시작하였다.[11]

부친의 실성과 모친의 기절과 오빠의 울음과 또는 '서울댁'의 무서운 눈도 벼 두 섬의 힘만 못하였다! 부모의 사랑과 형제의 우애와 '서울댁'의 순결한 사랑의 힘도 벼 두 섬의 힘만은 못하였다. 벼 두 섬은 부친을 미치게 하고 딸의 가슴에 못을 박고 모친을, 오빠를 영원히 슬프게 하고도 남음이 있었다. 그리하여 지금까지 귀엽게 길러온 점순이는 부모의 자애도-동기간의 따뜻한 우애로도 어찌할 수 없이 벼 두 섬에 실려갔다.[12]

여기서 내포저자의 이데올로기는 유물론에 집중되어 있음을 알 수 있다. 그런데 이 부분을 젠더정치학의 관점에서 본다면 빈곤과 연결된 성매매의 측면에서 접근할 수 있다. 인류역사에서 성매매는 빈곤과 계급과 식민주의와 뿌리 깊게 연관되어 있으며 이는 하층계급 여성이 겪는 이중의 억압을 보여준다. 계급적 억압과 성적性的 억압이 그것이다. 그리고 여기서 '자발성' 언급은 사실상 설득력이 없다. 「민촌」에서의 점순 역시 '자발적'으로 벼 두 섬에 팔려가지만 그것은 가족의 생계를 담보로 한 거래이기에 진정한 의미에서의 자발성이라고 할 수 없기 때문이다. 당시 식민지 여성 그리고 하위계층의 여성은 이런 상황에서 자유롭지 못했다. 또한 제국주의가 종료된 것 같은 현재에도 빈국의 여성은 과거 식민지 여성이나 하위계층의 여성이 겪어야 했던 것과 비슷한 상황에 처하게 된다. 국제결혼 과정에서 인신매매 논란이 끊이지 않는 이유도 여기에 있다. 자본주의가 극대화 된 21세기 한국에서 '본국' 여성과 결혼할 수 없는 하위계층 남성들이 빈국베트남이든 필리핀이든 캄보디아든의 어린 여성들을 데려다가 성적 착취와 노동력 착취를 자행하며 폭력을 행

11) 이기영, 「민촌」, 150쪽.
12) 이기영, 「민촌」, 156쪽.

사하는 일들이 발생하는 것도 그 근원에는 계급적 억압과 성적 억압이라는 이중의 억압을 겪어야 했던 하위계층 여성들의 고난의 역사가 있는 것이다. 이때 계급은 자본의 소유 여부, 인종이나 민족, 성별 등에 의해 중층적으로 구성된다. 「민촌」에서 명시적으로 언급된 계급의식은 유산자와 무산자의 이분법이지만, 이기영의 텍스트 곳곳에서 반복 재현되는 '민며느리' 메타포와 그에 따른 여러 양상들과 사건들은 젠더정치학의 측면에서 다층적으로 해석할 수 있는 여지가 충분하다. 왜냐하면 「민며느리-금순의 소전」에서 '금순'과 「서화」에서 '이쁜이'가 조혼 그리고 매매혼의 피해자였던 자신의 삶에 대항하는 방식은 「민촌」에서의 점순의 대응방식과 상당히 다르기 때문이다. 그리고 그것은 금기에 대한 위반으로까지 이어진다.

1920~30년대 당시 조혼의 폐해는 남성과 여성 모두를 피해자로 만들었으나, 남성중심사회에서 아무래도 남성에 대한 억압보다는 여성에 대한 억압이 훨씬 강했으리라는 것은 쉽게 짐작할 수 있다. 즉 남성의 경우, 집을 나가거나 '난봉질'을 하거나 다른 상대를 만나려고 하거나 심지어 자신의 아내를 학대할 수도 있었지만, 여성의 경우에는 팔자소관으로 돌리고 체념할 수밖에 없었을 것이다. 이런 상황은 「가난한 사람들」에서 조혼에 대한 피해의식을 강하게 가지고 있는 성호와, 그의 아내와의 대화에서도 드러난다. 즉 성호가 자신도 아내도 둘 다 부모에 의해 원치 않은 혼인을 한 피해자라고 말하자 아내는 "무얼! 당신은 사내니까 못할 짓 없이 다하지 않았소."라고 항명하는 데에서 조혼의 악습이 남성과 여성에게 동등한 억압이 아니었다는 것이 명시적으로 드러난다. 그런데, 어쩔 수 없이 남편에게 매달려야 하는 성호의 아내와는 달리, '금순'과 '이쁜이'는 노골적으로 남편을 거부하고 저주하며 다른 남성에게 구애하거나 다른 남성과 관계를 가진다.

그런데 하루 이틀 지나는 동안에 금순이는 자기도 모르게 어떤 이상한 생각이 싹트기 시작하였다. 그의 눈앞에는 날마다 밤마다 복남이 아저씨(김씨의 작은아들)가 알찐거렸다. 금순이는 처음에는 그를 무심히 대하였었다. 그런데 어느 틈에 그와 자기의 남편을 비교해 보게 되었다. 복남이 아저씨는 자기와 동갑인 열아홉 살이란다. 키가 호리호리하고 갸름한 얼굴에 눈이 어글어글한데다가 윗입술은 수염테가 새카맣게 잡혔다. 한편 자기의 사내는 남편으로 데리고 산다는 것이 매우 이상스레 생각되었다. 아버지뻘이 넘는 그를 어째 자기의 남편으로 삼지 않으면 아니 되었던가?[13)]

그럴수록 그는 사내가 미워서 죽겠다. 먹는 것도 살로 안 갔다. 만일 법이 없는 세상이라면 그는 벌써 응삼이를 사약이라도 해서 죽였을 것이다. 이런 생각은 한편으로 돌쇠에게 정을 쏟게 되었다 …… 돌쇠의 사내답게 생긴 풍채와 언변 좋은 데 그만 반하고 말았다 …… 마침 그때, 무슨 일로 왔던지 돌쇠가 응삼이를 부르며 들어왔다. 그때 이쁜이는 돌쇠를 보고 웃었다. 그는 그때 꽈리를 불고 있었다. 지금도 그 생각을 하면 심장이 뛰었다. 그것이 그에게는 초련의 독배였다.[14)]

결혼한 여성이 '일부종사'를 미덕으로 알고 '체념'을 체화하며 살았던 시대에 적극적이고 당돌하기까지 한 인물 형상화가 아닐 수 없다. 물론 1920년대는 서구사조의 유입으로 인한 '자유연애'에 대한 동경이 젊은이들과 지식인들 사이에 유행병처럼 번졌다는 것이 주지의 사실이다. 그러나 '자유연애'가 누구에게나 허용되는 것이 아니었다는 것도 사실이다. 자유연애는 기본적으로 근대의 산물이며 또한 개인을 중시하고 개인과 개인의 관계를 중시한다. 따라서 개인보다는 가문과 집단과 혈통을 중시하는 봉건성에 저항한다. 1920년대 일제강점기 식민지 조선에서 가문과 혈통을 중시하는 봉건성은 어느 정도 와해 되었으나 더 강력한 봉건성이 건재했다.

13) 이기영, 「민며느리 - 금순의 소전」, 190-191쪽.
14) 이기영, 「서화」, 352-353쪽.

바로 남성중심주의 가부장제이다. 즉 자유연애가 양성평등하게 전개될 수 없는 토양이었으며 이런 상황에서 소위 '신여성'이라 할지라도 기존의 가부장적 지배이데올로기에 저항할 경우 '윤심덕'처럼 애인과 함께 현해탄에 몸을 던지거나 '나혜석'처럼 객사할 수밖에 없었다. 양자 간의 평등한 관계에 기반을 두는 자유연애의 이러한 모순적 양상은 문단에서도 그리고 문학텍스트에서도 그대로 적용된다. 민족주의 우파 계열의 작가였던 염상섭과 김동인의 경우가 대표적인데, 그들의 모순적 사고는 그들의 작품에 날 것으로 투사되었다. 특히 염상섭의 『너희들은 무엇을 얻었느냐』와 김동인의 『김연실전』의 경우, 실존하는 신여성 문인들을 반여성주의 시각에서 냉소적으로 묘사한 것으로 악명 높다.15)

기실 염상섭, 김동인 등의 제대로 알려지지 않았던 악행에 대해서는 한 편의 시가 함축적으로 소개한다. 문정희 시인의 '곡시'가 그것이다.

곡시(哭詩) – 탄실 김명순을 위한 진혼가(문정희 시인)

한 여자를 죽이는 일은 간단했다.
유학 중 도쿄에서 고국의 선배를 만나 데이트 중에
짐승으로 돌변한 남자가
강제로 성폭행을 한 그날 이후
여자의 모든 것이 끝이 났다.

출생부터 더러운 피를 가진 여자! 처녀 아닌 탕녀!
처절한 낙인이 찍혀 내팽개쳐졌다.
자신을 깨워, 큰 꿈을 이루려고 떠난 낯선 땅
내 나라를 식민지로 강점한 타국에서
그녀는 그때 열아홉 살이었다.

15) 천정환, 앞의 책, 352쪽.

뭇 남자들이 다투어 그녀를 냉소하고 조롱했다.
그것도 부족하여 근대 문학의 선봉으로
새 문예지의 출자자로 기생집을 드나들며
술과 오입의 물주였던 스타 김동인은
그녀를 모델로 '문장' 지에
소설 '김연실전'을 연재했다.
그녀에게 돌이킬 수 없는 사회적 성폭력,
비열한 제2의 확인사살이었다.

이성의 눈을 감은 채, 사내라는 우월감으로
근대 식민지 문단의 남류(男流)들은 죄의식 없이
한 여성을 능멸하고 따돌렸다.
창조, 개벽, 매일신보, 문장, 별건곤, 삼천리, 신여성,
신태양, 폐허, 조광의 필진으로
잔인한 펜을 휘둘러 지면을 채웠다.
염상섭도, 나카니시 이노스케라는 일본 작가도 합세했다.

그리고 해방이 되자 그들은 책마다 교과서마다
선구와 개척의 자리를 선점했다.
인간의 시선은커녕 편협의 눈 하나 교정하지 못한 채
평론가 팔봉 김기진이 되었고
교과서 편수관, 목사, 소설가 늘봄 전영택이 되었고
어린이 인권을 앞세운 색동회의 소파 방정환이 되었다.
김동인은 가장 큰 활자로 문학사 한가운데 앉았다.

처음 그녀를 불러내어 데이트 강간을 한
일본 육군 소위 이응준은
애국지사의 딸과 결혼하여 친일의 흔적까지 무마하고
대한민국 국방 경비대 창설로, 초대 육군 참모총장으로
훈장과 함께 지금 국립묘지에 안장되어 있다.

탄실 김명순은 피투성이 알몸으로 사라졌다.
한국 여성 최초의 소설가, 처음으로 시집을 낸 여성 시인,

평론가, 기자, 5개 국어를 구사한 번역가는
일본 뒷골목에서 매를 맞으며 땅콩과 치약을 팔아 연명하다
해방된 조국을 멀리 두고 정신병원에서 홀로 죽었다.

소설 25편, 시 111편, 수필 20편, 희곡·평론 등 170여 편에
보들레르, 에드거 앨런 포를 처음 이 땅에 번역 소개한
그녀는 처참히 발가벗겨진 몸으로 매장되었다.
꿈 많고 재능 많은 그녀의 육체는 성폭행으로
그녀의 작품은 편견과 모욕의 스캔들로 유폐되었다.

이제, 이 땅이 모진 식민지를 벗어난 지도 칠십여 년
아직도 여자라는 식민지에는
비명과 피눈물이 멈추지 않는다.
조선아, 이 사나운 곳아, 이담에 나 같은 사람이 나더라도
할 수만 있는 대로 또 학대해보아라.
피로 절규한 그녀의 유언은 오늘도 뉴스에서 튀어나온다.
탄실 김명순! 그녀 떠난 지 얼마인가.
이 땅아! 짐승의 폭력, 미개한 편견과 관습 여전한
이 부끄럽고 사나운 땅아![16]

한 편의 시가 뒤틀린 역사와 문학사를 모두 담고 있다. 친일청산을 제대로 하지 못한 대한민국의 근현대사, 문단권력의 문제뿐만 아니라 '여성'과 '식민지'의 상징적 등가성 그리고 2018년 문단 내 '미투 운동'까지 떠올리게 하면서 오랜 시간 동안 변하지 않은 것들의 저변에 무엇이 있는지를 유추하게 한다. 근대 식민지 문단의 중심에 있었던 염상섭 김동인 등이 문학을 '여성혐오'와 '남성의 이중성'을 합리화 하는 도구로 사용한 반면 이기영의 「민며느리-금순의 소전」과 「서화」에서 남편 아닌 남성에 대한 연모의 감정을 솔직하게 고백하는 여성 인물은 봉건적 악습인 '민며느리'제도 뿐만 아니라 현재까지 유효한 가부장적 결혼제도의 배타적 섹슈얼리티

16) 문정희, 『작가의 사랑』, 민음사, 2018.

에까지 도전한다. 즉 염상섭 김동인을 비롯한 당대 작가들의 친일 행적이나 여성 혐오, 이기적인 보수성 등에 대해 '시대의 한계'라고 덮어버리지만, 염상섭 김동인 등과 이기영을 비교해보면 함부로 시대 탓을 할 수 없다는 것을 알게 된다. 중등교육과정에서 김동인을 포함하고 김명순을 배제해 온 관행에 대해서도 이제는 문제제기를 해야 한다.

가부장제는 인류 역사상 가장 오래된 지배 이데올로기이며 제도이다. 가부장제가 사유재산과 계급의 발생과 더불어 시작되었음은 이미 잘 알려져 있다. 사유재산과 계급이 발생하기 전, 원시시대에는 다자 간 관계가 형성되어 있었고, 다자 간 관계 속에서 여성의 임신 출산 능력은 경이로운 것으로 찬양받은 반면 아버지의 존재는 그 의미를 부여받지 못했으며 자연스럽게 모계사회가 형성되었다. 그런데 사유재산이 발생하고 계급이 형성되면서, 특히 자신의 친자에게 재산을 상속해야 할 필요성이 대두되면서, 다자 간 관계가 일부일처 혹은 일부다처로 제도화 되었고 여성의 섹슈얼리티는 통제되기 시작했으며 여성은 사적 영역에 갇히게 되었다. 엥겔스가 "여성의 세계사적 패배"라고 논평했던 바로 그 과정이다. 또한, 레비스트로스의 인류학적 통찰대로, 부족 내부에서 혹은 부족 간에 "여성의 교환"이 제도화 된 것이 가부장제에서의 결혼제도이다. 그리고 그 중심에 배타적 섹슈얼리티가 있다. '자유연애' 즉 낭만적 사랑이 부각된 서구 근대에서도 배타적 섹슈얼리티를 구심점으로 하는 가부장적 결혼제도는 굳건하게 유지되었다. 낭만적 사랑은 서구 근대의 주요 가치인 자유와 평등을 전제로 하며, 가문과 가문이 결합했던 근대 이전과는 달리 개인과 개인의 결합이라는 속성을 가지고 있다. 즉 낭만적 사랑은 이전의 봉건적 가치와 질서에 대해 상당히 저항적이고 전복적인 근대의 산물이라고 할 수 있다.

그러나 낭만적 사랑이 결혼으로 연결되고 가족주의와 연결되고 모성과 연결되면서 낭만적 사랑의 저항적이고 전복적인 속성이 체제순응적으로 선회한 것도 사실이다. 낭만적 사랑의 이러한 양가적 특징에 대한 기든스의 성찰은 많은 것을 시사한다. 그는 낭만적 사랑 복합체가 가진 내재적으로 전복적인 특징은, 사랑과 결혼과 모성의 결합에 의해, 그리고 진실한 사랑이란 일단 발견되기만 하면 영원하다는 관념으로 인해 오랫동안 억눌려져 있었다고 설명한다. 사실상 결혼이 실질적으로 유지될 수 있었던 것은 임금노동을 남편의 영역으로 배당하고 아내에게는 가정을 배당한 성별 분업 덕분이었고 여기서 여성의 섹슈얼리티를 결혼에 감금하는 것이 중요했다는 것이다. 또한 낭만적 사랑은 오랫동안 평등주의의 부담을 져 왔음을 지적했는데, 그것은 관계라는 것이 외부의 사회적 기준으로부터가 아니라 두 사람의 감정적 관여로부터 나올 수 있다는 발상에 내재하는 것이었기 때문이다. 그러나 실제로는 낭만적 사랑은 권력에 있어서 철저히 비대칭적이다. 낭만적 사랑에 대한 여성들의 꿈은 너무나 자주 완강한 가정적 종속으로 이어지고 말았기 때문이다.[17] 자유와 평등과 저항정신을 바탕으로 시작된 낭만적 사랑이 종국에는 수동성과 종속으로 이어지지만, 여전히 막강한 판타지로서 작용하는 것도 사실이다. 이 판타지가 서구 근대의 정신을 유입하기 시작한 일제 강점기 식민지 조선에서 '자유연애'에 대한 동경으로 이어진 것이지만, 결혼한 여성부모에 의해 어린 나이에 민며느리가 된 것이라 할지라도이 배타적 섹슈얼리티에 저항한다는 것은 당시 유행했던 '자유연애'에 대한 동경보다 훨씬 급진적이다. 「민며느리-금순의 소전」에서는 금순이 연모하는 복남이가 금순의 사랑을 거부함으로 인해 소위 '간통'까지는 가지 않았다. 그 대신 금순의 실연은 금순이 계급적 각성을 하게 되는 계기로 작동한다. 반면 「서화」에서는 이쁜이가 연모하는 돌쇠 역시 이쁜이를 좋아함으로써

17) 앤소니 기든스, 앞의 책, 109쪽.

'간통'의 분위기를 짙게 풍긴다. 게다가 돌쇠는 이쁜이를 일컬어 자신의 '정부'라고 명명하기까지 한다. 소설텍스트 내에서 그들의 관계는 직접적인 성애性愛로 형상화 되지 않았으나, 두 사람이 함께 널을 뛰는 장면이 상당히 에로틱하게 묘사됨으로써 그들의 섹슈얼리티를 간접적으로 형상화 한다. 이때 두 사람의 널뛰기는 성행위에 대한 메타포가 된다.

> 두 사람은 널을 올려 보았다. 이쁜이가 먼저 구르니까 돌쇠는 떨어질 듯이 서투른 두 발길로 간신히 널판을 밟는다. 그는 얼마 올라가지 않았다. 구경꾼들은 웃음을 내뿜었다. 그러자 돌쇠가 다시 탁 구르니까 이쁜이는 까맣게 공중으로 올라간다. 구경꾼들은 아슬아슬해서 쳐다보았다. 그러나 이쁜이는 조금도 자리를 잃지 않고 어여쁜 발맵시로 널판을 구른다. 돌쇠는 다시 엉거주춤하고 줄 타는 광대처럼 올라갔다. 구경꾼들은 또 폭소를 터치었다. 돌쇠가 떨어지며 다시 밟자 이쁜이는 이번에는 아까보다도 더 높이 올라갔다.
>
> "아이, 무서워라!"
>
> "참 잘 뛴다!"
>
> 제비같이 날쌘 동작에 여러 사람들은 감탄하기 마지 않았다. 사실 이쁜이는 돌쇠가 기운차게 굴러주는 바람에 신이 나서 뛰고 있었다. 그는 널에 정신이 쏠려 있으면서도 심중으로 부르짖었다.
>
> '그이가 참 기운도 세군!'[18]

일부일처제의 결혼제도는 명시적으로는 여성과 남성 모두에게 상대의 섹슈얼리티를 전유할 권리가 있음을 공인하는 것이지만 이것이 권력관계에 의해 차별적으로 적용되어 왔음이 사실이다. 여기서 핵심은 배타적 섹슈얼리티이다. 가부장적 가족주의의 신화가 주류 담론으로서 배타적 섹슈얼리티를 옹호하고 지탱했던 한편, 배타적 섹슈얼리티의 억압적 성격에 대한 성찰을 담은 저항 담론들이 제시되어 왔다. 평등주의를 내세웠던 낭만적 사랑의 차별적 속성을

18) 이기영, 「서화」, 361-362쪽.

성찰한 기든스는 합류적 사랑confluent love이라는 용어를 제시한다. 합류적 사랑의 가장 큰 특징은 배타적 섹슈얼리티를 정언명령화하지 않았다는 것이다. 기든스는 합류적 사랑은 낭만적 사랑과는 달리, 반드시 일부일처제적 - 그것이 성적인 배타성을 의미한다면 - 이어야 할 필요가 없다고 말한다. 왜냐하면 순수한 관계를 지탱해 주는 것은, 파트너 각자가 관계에서 얻는 혜택이 관계의 지속을 가치롭게 만들 만큼 충분히 크다는 데 대한 당사자 모두의 인정이며 이런 관계에서 성적 배타성의 역할은, 파트너 서로가 그것을 얼마만큼 바람직하고 본질적인 것으로 여기느냐 하는 정도에 따라 그 중요성이 달라지게 되기 때문이다.[19] 배타적 섹슈얼리티에 대해 문제를 제기하는 담론들이 발생함에 따라 기존의 배타적 관계를 고수하려는 쪽의 저항도 격렬하게 전개된다. 이들은 '혼외정사'의 당사자들에게 돌을 던지며 그들을 '윤리'와 '도덕'이라는 이름으로 심판한다. '혼외정사'를 '불륜'이라고 지칭하는 명명법에서 이러한 태도가 여실히 드러난다. 우리를 지배하는 내면의 기율은 타자와의 감정적 관계까지 관리한다. 윤리와 도덕은 지배를 위한 도구에서 출발해 상위의 선善, 독립된 가치가 되었다. 이때 윤리와 도덕의 작동원리는 은폐된 채 엄중한 구호만이 가시적으로 드러난다.[20] 「서화」에서 배타적 섹슈얼리티나 기존 규범에 대한 저항은 사상적 담론적 외피를 쓰지 않고 이쁜이의 언술을 통해 소박하게 전달된다.

> "그러면 임자도 옳지 못하지 …… 어떻든지 임자의 남편이 아니겠소."
> "나도 모르지 않아. 그래두 옳지 못한 것과 살 수 없는 것과는 다르지 않수? 난 어떻게든지 살고 싶수!"
> 별안간 이쁜이는 돌쇠의 무릎 앞에 엎어지며 흐늑흐늑 느껴 운다. 응삼이의 못난꼴이 보였다.

19) 앤소니 기든스, 앞의 책, 110쪽.
20) 황혜진, 『영화로 보는 불륜의 사회학』, 살림, 2005, 50쪽.

남편을 경멸하고 부모를 원망하며 자신의 행동에 대한 당위성을 발화할 정도로 당찬 여성 인물의 형상화는 이기영의 텍스트 곳곳에서 여러 가지 양상으로 나타난다. 때로는 구습에 저항하며 자유연애의 정당성을 토로하는 방식으로, 때로는 남성의 허위의식을 비판하는 방식으로 때로는 계급에 대한 인식과 성장의 서사를 구성하는 방식으로 형상화 된 여성 인물화characterization에 대해 좀 더 세밀하게 분석하려 한다.

3 여성의 시선, 여성의 서술, 여성 성장 서사가 구성되는 방식

앞서 '옳지 못한 것과 살 수 없는 것은 다르며 어떻게든 살고 싶다'고, 단지 생존만이 아닌 자신의 감정에 충실하고 자신이 주체적 주인이 될 수 있는 삶에 대한 열망을 토로한 '이쁜이'보다 더 적극적으로 규범에 저항하며 부모나 주인이 결정해 주는 삶이 아닌 자신이 결정하는 삶의 정당성을 역설한 여성 인물이 이기영의 소설 텍스트에 존재한다. 「농부 정도룡」에서 정도룡의 아내이다. 양반가의 종이었던 그는 결혼 전 정도룡과의 관계가 소문이 나서 주인에게 모욕을 당했을 때 눈물로 항변하며 이 부분은 정도룡의 회고적 시점에서 서술된다. 이때 '자유연애'의 정당성에 대한 논평이 정도룡의 시선에서 다시 한 번 서술되어 강조된다.

> 아내는 그 집 젊은 부인의 조전비이었다. 그 부인이 늘 말하기를,
> "너는 댁에서 잘 골라서 시집을 보내 줄 터이니 그리 알어라."
> 라고 당부하였다 한다. 그런데 별안간 자기와의 관계가 소문이 났을 때 그 부인은 그를 조용히 불러 앉히고 사실을 일일이 심문할 때 그의 이실직고하는 대답을 듣고 나서는 소스라쳐 놀라면서 마치 소금벌레나 본 것처럼,

"아모리 천한 상년이기로 그렇게 함부로 몸을 갖는단 말이냐? 상년이란 참 할 수 없고나! 나는 그럴 줄 몰랐더니!"
하고 혀를 툭툭 차면서 눈이 빠지도록 나무랐다 한다. 그때 아내는 분하고 무안해서 눈물을 샘솟듯하며 이러한 대답을 당돌히 하였다 한다.

……

"저는 그것을 부끄러운 줄 모릅니다. 저하고 살 사람을 제 손으로 고르는 게 무엇이 부끄러워요? …… 아씨는 왜 눈물을 흘리시고 한숨만 쉬시나요? 서방님은 첫째 나이가 어리시지요! 아씨보다 철이 안 나셨지요? 다른 것은 고만두고라도 지금 아씨가 한창때에는 서방님은 어리시고 서방님이 한창때에는 아씨도 벌써 이우는 꽃과 같이 늙으시지 않겠습니까? 아씨는 그게 좋으신가요? 예법대로 하신 혼인이 왜 그리 불행합니까? 저는 차라리 뭇사람에게 욕을 먹을지언정 저를 평생토록 불행으로 살 수는 없어요."

……

그날 밤에 아내는 나를 불러 가지고 으슥한 곳으로 가서 그 말을 죄다 하여,
"아주 무안해서 퍽 울었어요!" 하기에,
"울기는 왜 울었어? 남이야 뭬라던 우리 할 일만 잘했으면 고만이지." 하였더니
"네! 그렇지요! 남의 비방이 무서워서 저의 참맘으로 하고 싶은 것을 못 하는 것은 빙충맞지요!"
하고 그는 새로운 용기를 얻은 듯이 나의 손목을 꼭 쥐었다.

……

그래 제 발에 맞는 신을 제가 골라 신을 것이매 그런데 그 부인은 큰 짚신에다 나막신을 짝맞춘 셈과 같다.[21)]

시대의 한계와 신분의 한계에도 불구하고 자신의 짝은 자신이 선택해야 한다고 역설하는 여성 인물과 남성 인물은 작가 이기영의 관념을 체현한다. 시대적 상황을 고려할 때 상당히 진보적이라고 할 수 있는 이기영의 사상은 가족구성원들 간의 평등과, 아이의 부모도 아이의 주인이 될 수 없다는 의식 그리고 약육강식에 대한

21) 이기영, 「농부 정도룡」, 84-85쪽.

저항으로까지 이어진다. 이는 1920년대 당시는 물론이고 21세기 현재의 관점에서 볼 때에도 진보적이다. 한국사회에서 가족주의 이데올로기는 가족구성원들 간의 평등보다는 차별을 강화하는 측면이 있고, 아이를 소유 혹은 욕망의 대리 만족 매개체로 대하는 태도가 존재하며 명시적 신분제도는 사라졌지만 극대화 된 자본주의 사회에서 약육강식은 신자유주의를 지탱하는 가장 기본적인 원리로 작동하고 있기 때문이다. 사실상 '가족'은 일차적인 그래서 가장 강력한 사회화의 장場이자 제도이다. 가정 안에서 일차적으로 가족 간특히 젠더에 의해 차별적 지위를 학습하며, 성별 노동 분업을 내면화 하고, 다양한 층위의 편견을 학습한다. 전통적으로 한국사회에서 '가족'은 감성을 자극하는 기제로서 신화화되며 따라서 신성불가침의 영역으로 구획된다. 명절 때마다 미디어에서는 고속도로 상황을 거룩하고 신나게 보도하고 고향으로 가는 사람들을 인터뷰하며 가족으로의 회귀본능을 추동한다. 하지만 그 안에 내재된 함의들 그리고 불편한 진실들에 대해서는 침묵해 왔다. 가족 안에서의 차별이 정당화 되고, 특히 젠더정치학의 측면에서 논점이 되는 성별분업이나 성차별이 정당화되고 가부장의 권위는 신성시되어 가정폭력에 대해서는 법도 개입하지 않는 문화가 팽배했었다. 이러한 문화적 압력으로 인해 가족에게서 받은 상처는 쉽게 드러낼 수도 치유될 수도 없었다. 또한 가족이라는 이름으로 일방적인 희생과 헌신을 강요하기도 하고 그에 대한 불만을 드러낼 수 없는 분위기가 조성되어 왔다. 그런데 「농부 정도룡」에서 정도룡의 시선과 언술은 이런 문화적 무의식을 강하게 거부하며 비판한다.

어느날 정도룡은 용쇠의 집앞을 지나노라니까 용쇠는 그의 넷째딸을 사정없이 회초리로 때려주는 판이다. 그 아이는 지금 너덧 살밖에 안 먹어 보이었다. 이 거동을 본 정도룡은 별안간 달려들어 용쇠의 따귀를 후려갈기고 그 손에 든 매를 잡아 뺏었다. 그래 용쇠는 별안간

얼을 먹고 입을 우물쭈물하며 등신같이 멀거니 쳐다보고만 있다.

"왜 어린애는 따리니? 저 애가 니 집의 화수분이 아니냐? 어려서는 뚜드리고 헐벗기고 배 곯리다가 열 살만 먹으면 팔어 먹고 니 같은 놈이 도모지 사람의 자식이냐?"

……

"이 못난 자식아! 세상에 저보다 약한 자를 학대하는 것같이 못난 것은 없다. 나보다 강한 자에게는 소인을 개올리는 주제에 누구를 깔보고 때릴 권리가 있느냐 말이다. 그것은 포학한 자를 위하는 행위다. 양반이 상놈을 천대하거나 관리가 백성을 학대하거나 남자가 여자를 구박하거나 부모가 자식을 박대하거나 그것은 모두 일반이 아니냐?"[22)]

하위계층의 사람들에게 가장 큰 위로는 자신보다 더 소외된 사람들이 있다는 것인데 이는 곧 허위의식과 연결되어 자신보다 더 소외된 그리고 더 하위에 있는 사람을 잔혹하게 억압하게 된다. 이는 또한 전형적으로 '남성성'이 작동하는 메커니즘이다. 폭력적 성차별의 억압적 남성우월주의의 근거는 바로, 유일무이하게도, 고작 '페니스'이며 근원적 파시즘으로서 '페니스 파시즘'이 남성의 허약함을 은폐하는 치졸한 가면이 되고, 인종주의로 나아갔던 파시즘의 인간불평등에 대한 신념과 한국남근주의와 남녀불평등에 대한 확신 사이의 거리는 불과 한 걸음이며 파시즘적 폭력성이 한국 마초들에게서 버전만 달리 한 채 고스란히 반복되고 있다. 그리고 이들 마초들의 공통적인 특징은 힘에 대한 숭배 그리고 허약한 자아이다.[23)] 힘에 대한 숭배는 강자에 대한 비굴함과 약자에 대한 가혹함으로 표상되며 강자에게 기꺼이 충성하는 조직폭력배적인 질서를 유지한다. 그들에게 비춰진 세계는 약탈과 정복, 지배와 착취의 근거지이다. 그 속에서 실제로는 지배당하는 계층에 속하는 남성일지라도 자신이 지배하고 정복할 수 있다는 허위의식을 가지게 되며

22) 이기영, 「농부 정도룡」, 96-97쪽.
23) 이명원, 「'문인 신비주의'와 '생식 신비주의'」, 『페니스 파시즘』, 개마고원, 2001, 47쪽.

세계에 대해 그리고 자신에 대해 올바르게 성찰하지 못한다. 이는 참으로 '허약한 자아'라고 할 수 있다. 많은 남성인물들은 이러한 역학관계 속에서 남근을 확인하는 것으로 간신히 생존할 수 있다. 용쇠 역시 그러하다. 여기에 개입하여 용쇠의 '허위'와 '못남'을 깨우치게 하려는 정도룡은 사실상 (내포) 저자의 페르소나라고 볼 수 있다. 따라서 매우 이상적이며 영웅적이기까지 한 인물 형상화이다. 그런데 이때 영웅적 인물상은 분명 고전소설에 나타나는, 온갖 어려움을 딛고 일어나서 입신양명하는 영웅적 인물상과 다른 길을 가며 여기에 이기영의 근대성이 있다고 생각된다. 이기영의 근대성은, 정도룡과 같은 영웅적 인물의 시선에서 서술할 때뿐만 아니라 여성인물의 시선에서 여성인물의 언술로 서술하며 여성 성장 서사를 구성할 때에도 드러난다. 현재의 시각에서 봐도 상당히 진보적이다. 우선 이기영의 텍스트에서 여성 인물은 '그녀'라는 대명사로 지칭되지 않는다. '그'라는 중성적 인칭대명사로 지칭된다. '그/그녀'의 구별 때문에 '그'는 남성성영어의 He에 해당하는을 내포하는 대명사로 생각하기 쉽지만 사실상 한국어 인칭대명사 '그'에는 성별적인 함의는 없다.

이기영의 등단작은 여성인물의 시선에서 여성인물의 언술로 남성인물의 허위의식을 폭로한 「오빠의 비밀편지」인데, 당시 남성작가의 등단작으로서는 드문 설정이라고 할 수 있다. 주요 인물인 마리아와 오빠, 엄마, 친구 영순과 옥란이 등장하는 단편으로서, 이기영이 카프계열의 작가로서 시대적 사회적 계급적 의식을 드러낸 작품이 아니라 '일상적인 것이 정치적인 것'이라는 젠더정치학의 기본 명제에 충실한 텍스트이다. 필연적인 인과관계나 논리적 근거 없이 그저 '당연한' 것으로 치부되었던 문화적 무의식에 시비 거는 여성 인물의 소심함과 대담함이 엇갈리며 스며들고 있다.

마리아는 오빠와 여러 번 싸웠다. 싸울 때마다 이론으로 당하지 못할 때는 반드시
"계집애년이 무슨 잔말이냐!"
하며 주먹을 휘둘렀다. 그러면 자기는 계집애가 무슨 죄인은 아닌 줄 알았지만 그래도 계집애면 어떠냐고 끝까지 항거할 용기가 없었다. 벌써 그 소리가 나오면 어쩐지 기가 풀려서 당당히 할 말도 못 하고 그대로 눌리고 말았다.

……

"계집애년이 울기는 왜 우니? 계집애년이 까질르기도 한다! 계집애년이 맛난 음식은 퍽 밝히네!" 하는 소리는 제집 식구거나 남의 집 식구거나 소녀와 처녀에게 그들이 가장 많이 쓰는 일상용어였다. 오빠가 다니는 학교는 그저 학교라 하고 우리 학교는 반드시 여학교라 한다.

……

"딸자식은 쓸데없어. 시집가면 고만인걸."
"그래요. 시집보내기 전에 실컷 부려나 먹지요. 호호 ……"
하는 어머니와 이웃사람들의 이야기를 들을 때는 계집애의 천덕꾸러기가 된 까닭은 그렇구나! 하였고, 구약성경을 펴들고 창세기를 보다가 이브가 마귀의 꾀임을 받아서 선악과를 따먹었다는 구절을 읽고는 또 그래 그런가도 싶었다. 그래 한 번은 내뚝에서 뱀을 만났을 때 불현 듯 그 생각이 나서
"요놈이 마귀! 마귀."
하고 징그럽게 서리서리하고 누운 것을 돌멩이로 때려죽였다. 몸서리가 나지마는 이를 악물고 때려죽였다.[24)]

징그러운 뱀을 이를 악물고 때려죽일 정도로 마리아의 분노가 크다는 것을 알 수 있는데, 인과관계나 논리적 타당성이 없이 동어반복적으로 계속되는 억압과 차별과 편견은 사실상 대항하기가 더 어렵다. 적으로 규정할 수 있는 뚜렷한 실체가 없기 때문이다. 따라서 일상의 혁명은 정치적 혁명보다 더 어렵고 더 급진적인 것이 된다. 이기영의 등단작인 「오빠의 비밀편지」에 대해 "이 작품은 작

24) 이기영, 「오빠의 비밀편지」, 14-16쪽.

가의 이데올로기적 전망의 제시가 전혀 드러나고 있지 않다”[25]는 주장은 젠더가 계급과 밀접한 관련이 있다는 사실을 인식하지 못한 해석이라고 생각된다. 편견과 차별은 무지의 소치이거나 심리적인 거부의 문제이기도 하지만, 때로 의도적으로 이루어진다. 즉 편견 자체가 계급과 인종과 성별과 종교 등 각 경계를 구획하고 편가르기를 하며 영역을 확고히 다지는 장치로서 사용되기도 하는 것이다.[26] 이기영의 등단은 1924년『개벽』현상공모에 3위로 당선된 것을 계기로 이루어졌는데, 당시 심사위원이었던 염상섭은 「오빠의 비밀편지」를 탐탁하게 여기지 않았다고 한다.[27]이는 반여성주의의 성향을 가지고 있는 염상섭의 심기를 불편하게 할 정도로 이 텍스트가 젠더정치학의 함의를 가지고 있다는 것을 시사한다. 마리아는 친구 영선과 오빠가 밀회하는 장면을 엿보면서도 그것을 호기심을 가지고 구경하기보다는 그 광경을 통해 자기 자신을 성찰한다.

> 집에서 걸핏하면 자기를 보고 “이 계집애야! 저게 사람인가?”하고 욕하던 오빠가 영순이한테는 저렇게 소인을 개올리고 안달을 하는 꼴이 가관이다. 영순이는 대체 무엇을 가졌기에 저러나! 하다가 마리아는 잠깐 수태를 머금었다.
> ‘오빠! 나보구 계집애라고 그리더니 이게 왠일이요? 영순이는 계집애가 아니여요?’ 하고 오빠를 실컷 떠들어주고 싶으니 만큼 …… ‘나는 누구 ……’ 하는 생각이 마리아의 가슴에 잠기자 별안간 걸음은 안 걸리고 고개가 점점 숙여졌다.[28]

25) 권유, 앞의 책, 19쪽.

26) 이채원, 「(대중) 소설과 (대중) 영화가 당대의 사회 규범과 소통하는 방식 - 소설『은교』와 영화 〈은교〉를 중심으로」,『문학과 영상』 제13권 4호, 문학과 영상학회, 2012, 705쪽.

27) 조남현,『이기영』, 한길사, 2008, 27-28쪽.

28) 이기영,「오빠의 비밀편지」, 22-23쪽.

마리아의 오빠가 영순에게 '안달을 하는' 것은 영순이 그에게 욕망의 대상이기 때문이다. 욕망의 대상이 된 존재는, 욕망하는 주체보다 여러 층위에서 약자의 입장이라고 해도, 주체의 욕망의 대상으로서 존재하는 한 역설적으로 주체보다 더 힘을 가지고 있다고 볼 수도 있다. 가부장제 사회에서 타자인 여성은 일방적으로 억압받는 것이 아니라 자신의 타자성을 활용한다. 타자는 제한당하지만 힘을 갖기도 한다. 남성 욕망의 대상으로서 여성은 남성에게 권력을 행사할 수 있다.[29] 그러나 그것은 남성의 욕망의 대상이 되는 시점에만 해당된다. 오빠의 비밀 편지의 대상이 '옥진'으로 바뀌고 오빠의 밀회의 대상도 옥진으로 바뀌었을 때 영순은 더 이상 오빠에게 힘을 행사할 수 없게 된다. 결국 마리아와 오빠, 영순, 옥진은 한 자리에 모이게 되고 마리아는 오빠의 허위와 비밀을 비난하고 폭로하며, 도망가는 오빠의 모습은 희화화 된다. 그리고 마리아는 더 이상 오빠를 두려워하지 않게 되며 남성의 허위를 경계하고 자아를 강화하는 성장의 서사를 구축하게 된다.

> 어느 날 저녁에 마리아는 뱅글뱅글 웃으며 오빠를 쳐다보고
> "오빠 사랑보다 큰 것은 안방이지요?"
> "뭐!"
> 하고 오빠는 픽 웃더니만 두 눈을 끔적끔적하고 밖으로 나간다. 어머니는 웬 곡절을 모르고 물끄러미 쳐다보다가
> "그게 다 무슨 소리냐? …… 무슨 소리냐?"
> 하고 따라 웃는다.[30]

「오빠의 비밀편지」에서 여성 인물의 성장의 서사가 일상의 정치학에 초점이 맞춰졌다면, 「민며느리-금순의 소전」에서는 여성 인물의 성장의 서사가 자본에 의한 계급의 각성으로 향한다. 조혼과

29) 정희진, 『페미니즘의 도전』, 교양인, 2005, 231쪽.
30) 이기영, 「오빠의 비밀편지」, 29쪽.

매매혼의 희생자였던 금순이 남편을 거부하고 다른 남성에게 연모의 감정을 품었으나 '계급'을 이유로 참혹하게 거절당한다. 금순이가 연모했던 복남이 금순에게 내뱉은 말은 "여학생도 발길에 툭툭 채이는데 네까진 것을!"이었고 이것이 금순에게 각성의 계기가 된다. 금순은 남편 원득에게 이혼을 요구했다가 남편과 시부모가 가하는 모진 구타와 고문을 견디고 끝내 자유의 몸이 된다. 그리고 많은 남성들의 유혹과 회유를 뿌리치고 공장에 취직하고 공부를 시작했다. 그리고 계급의식을 가지게 된다.

> 인제는 그가 모든 것을 잘 알았다. 남녀간에 서로 걸맞지 않는 사이에는 마치 무너뜨릴 수 없는 장벽이 가로막혀 있다는 것을! 그 남자는 학생이 아니었던가? 또한 양반이 아니었던가? 아니 일본 동경까지 갔다온 아직 장가도 아니든 남의 집 귀동자가 아니었던가?
>
> ……
>
> 사람의 생활이 연애뿐만 아닐 것이다. 아니 그가 겪은 인생의 비극적 원인을 캐어보면 모두 가난한 때문이었다. 그런데 그것이 자기 하나만 그렇다면 운수라고나 한다지만 이 세상에는 많은 가난한 사람들이 있다.
>
> ……
>
> 금순이는 또다시 결심하였다. 그는 오직 부지런히 일하고 공부하기로, 그것은 금순이의 왕성한 정력이 모든 난관을 극복할 수 있게 하였다. 그리하여 그는 무산계급전선의 한 투사가 되기를! 그의 이 결심은 마치 십 년 전의 그때와 같았다.31)

사랑의 실패가 각성의 계기가 되어 계급의식을 가지게 되는 여성 인물의 성장의 서사는 「민며느리-금순의 소전」 외에도 「해후」 「채색무지개」에서도 전개된다. 또한 장편 『고향』에서도 변주되어 반복된다. 이는 작가 이기영의 이데올로기적 지향을 보여준다. 이러한 여성 인물화에 대해서 "가난의 문제인식 역시 연애의 실패와

31) 이기영, 「민며느리-금순의 소전」, 197-199쪽.

연관되면서 개인의 삶의 비극으로 축소되는 경향을 보여준다"고 논평하며 "플롯의 적절함이 훼손"[32]되었다고 해석하는 것은 '개인적인 것이 정치적인 것'이라는 젠더정치학의 기본 명제를 간과하기에 발생하는 오류이다.

4 타자를 식민화 하지 않는 관계에 대한 통찰

지금까지 젠더정치학의 관점에서 이기영의 초기 단편들을 분석했다. 그의 소설텍스트에서 드러나는 젠더정치학은 서구 페미니즘의 여러 갈래 중 마르크스주의 페미니즘에 해당한다. 따라서 마르크스주의 페미니즘이 가지는 지향성과 한계 역시 그의 소설텍스트에 내포되어 있다. 그의 텍스트에서 형상화 된 여성 인물은 성별과 계급에 의해 이중으로 억압당하는 하위계층의 여성들이며 '민며느리'라는 조혼과 매매혼의 악습의 희생자들이다. '신여성'이라고 지칭되던 당대의 지식인 여성과 그들의 특수한 상황에 대한 인물형상화는 거의 보이지 않는다. 이러한 인물 설정은 이기영이 카프 계열 작가라는 것과 무관하지 않다. 그러나 카프 계열 작가라고 해서 모두 젠더정치학적인 의식을 가지고 있는 것은 아니다. 정치적으로 진보적인 사람이라고 해서 젠더의 문제에 대해서까지 진보적인 것은 아니기 때문이다. 이는 한국사회에서 1980년대 진보적 남성 지식인들이 보였던 모순적 태도와도 일맥상통하는데 정치적으로 진보적인 남성이 보수적인 여성관을 가지고 자신들이 거부하는 억압과 편견과 차별을 그대로 여성에게 적용하는 태도이다. 이는 앞서 언급했던 우파 민족주의 계열의 작가들이 자유연애를 주장하면서도 신여성에 대한 모순적 태도를 보이고 성적 자유를 주장하면서

32) 권유, 앞의 책, 205쪽.

도 여성의 정조에 대해 양가적이며 모순된 글을 썼던 것과도 연결된다. 그러나 이기영은 그가 꿈꾸었던 해방의 이상을 젠더정치학의 차원에서도 일관되게 추구했다. 이는 그가 쓴 소설텍스트에서 뿐만 아니라 그가 쓴 에세이에서도 확인된다.

이기영은 「부인의 문학적 지위」『근우』1929. 5라는 글에서 삼종지의를 주장하는 사람들을 향해 "여자와 술을 동일한 요마로 보고 또한 여자와 술을 합한 것이 문학인 것처럼 여자+술=문학이라는 공식을 세웠다"고 비판했다. 그리고 부인과 노동자는 공통적인 운명을 가졌다고 전제한 다음, "노동계급이 해방되지 않고서는 부인해방도 바랄 수 없는 것과 마찬가지로 프로문학이 아니고서는 완전한 여성문학을 세울 수가 없는 것이다"고 했으며, 여성들을 향해 "우선 남존여비의 봉건사상과 싸우고 여자를 가정지옥과 문맹과 남자에게 예속시킨 현대 사회제도에서 해방하려는 투쟁문예 다시 말하면 열렬한 인류해방운동에 합류하지 않으면 안 될 것"이라고 주장했다.[33] 이러한 그의 주장에 대한 문학적 실천이 바로 본문에서 분석한 여성 인물화로 나타났다. 이기영이 형상화 한 여성 인물들은 단지 피해자의 위치에 머물지 않고 '봉건사상'과 '가정지옥'과 '문맹'과 '남자에 대한 예속'에 적극적으로 저항한다. 때로 '윤리'와 '도덕'으로 포장된 기존 규범에까지 저항하기에 상당히 진보적이다. 이때 자신의 감정과 섹슈얼리티에 대한 솔직함은 시대적 상황을 감안할 때 급진적이라고도 할 수 있다. 낭만적 사랑을 추구하는 것이 결혼제도와 보수적 가족주의로 안착할 때 이는 부르주아적이며 반동적일 수 있으나, 이기영의 텍스트에서 형상화 된 낭만적 사랑에 대한 동경은 계급투쟁 더 나아가 인간해방의 정신과 연결된다. 농촌계몽소설이라 일컬어지는 이광수의 『흙』에서 '간통'한 여인을 처벌하고 속죄하게 하는 억압적 설정과 비교하면 그 차이가 확연

33) 조남현, 앞의 책, 64-65쪽 참고.

하게 드러난다. 성性에 대한 고정관념을 해방시킨다면 자본주의의 기본 세포라 할 수 있는 가부장적 가족이 해체될 것이라고 주장했던 프레드릭 마르텔의 언술은 사회주의와 젠더정치학의 관점에서 이기영의 지향점과 유사하다.

이상주의적 사회주의자인 푸리에는 "여성 해방의 정도가 한 사회의 일반적 해방의 척도"라고 말한 바 있는데, 정치적 사회적 문제에 대해 보수적인 사람들은 거의 예외 없이 성 문제에 대해서도 보수적인 태도를 취하지만 그 역은 성립하지 않는다. 즉 정치적으로 진보적인 사람이라고 해서 반드시 성 문제에 대해서도 진보적인 태도를 보이지는 않는다. 따라서 성에 대한 기존의 가치관이나 낡은 성 담론에 도전하는 것은 정치적 지배 이데올로기보다 더 뿌리 깊고 은밀한 장벽을 극복해야 하는 '이중의 모험'이 된다.34) 이러한 이중의 모험을 문학텍스트 내에서 예술적 실천으로써 감행했던 수많은 고전들이 존재한다. 명시적으로 일부일처제혹은 일부다처제의 배타적 섹슈얼리티가 공고하게 자리한 가부장적 결혼제도 하에서 수많은 문학텍스트들에서 형상화 한 섹슈얼리티는 기존 사회의 규범을 거스르는 것이었다. 수많은 소설과 영화에서 배우자 외 사람과의 사랑 즉 '혼외정사'를 다루고 있다. 결국 배타적 섹슈얼리티가 누구를 위한 그리고 무엇을 위한 규율이냐는 문제의식이 중요하다. 또한 배타적 섹슈얼리티가 상대의 정신과 신체에 대한 자발적이고 상호 평등한 전유인가에 대한 질문도 필요하다. 문학텍스트에서 기존 관습에 대한 저항이 의미 있는 것이 되기 위해서는 바로 이러한 문제의식과 질문과 성찰이 진지하게 그리고 미학적으로 이루어져야 하는 것이다. "문학의 '불온성'은 현실 속에서의 아름다운 인간 실존을 압살하려는 세력에 대한 반항의 형태로 표출될

34) 김재기, 『철학, 섹슈얼리티에 말을 건네다 - 인간의 성에 대한 체계적이고 전면적인 철학적 성찰』, 향연, 2008, 89쪽.

때 그 정당성을 확보한다."35)는 언술은 이기영의 소설텍스트를 분석하고 해석할 때에도 유의미하게 적용된다.

배타적 섹슈얼리티에 대한 위반과 저항은, 윤리나 도덕이라는 이름으로 기득권층에 봉사하는 제도나 관습적 인식이 억압하고 있는 인간의 주체적 감성을 해방시키려는 치열한 고민이 있을 때 정당화 될 수 있다면, 본 논문의 본론에서 분석한 이기영의 텍스트들은 이러한 치열한 고민을 담고 있다고 생각된다. 윤리나 도덕으로 포장된 배타적 섹슈얼리티에 대한 위반은 정치권력에 대항하는 혁명보다 더 불온하고 더 어려운 것일 수 있는데, 이때 문제적이 되는 경우는 남성보다는 여성이기에 이는 젠더정치학의 측면에서 관심있게 조명하는 문제가 될 수밖에 없다. 비록 일제 강점기 식민지 조선에서의 남성 중심적인 가부장제의 이데올로기가 완고한 것이었다 해도 그에 대한 저항 담론을 이기영의 소설텍스트에서 발견할 수 있다. "이데올로기가 모순된 이해관계에 의해 균열되어 있으며, 따라서 이데올로기는 경합의 장이며 늘 만들어지고 있는 중"36)이라는 푸비Mary Poovey의 언술처럼 확고한 제도를 지탱하며 그 제도에 의해 힘을 행사하는 이데올로기라 할지라도 균열과 모순의 틈새는 늘 존재한다. 여성이 자신의 감정과 주체의식을 솔직하게 드러냈을 때 그것이 도리에 어긋나는 것이 되어 버리는 상황 속에서 기득권의 수혜를 받은 남성은 여성을 이해할 수 없다. 따라서 그들의 교감과 소통은 이루어지지 않는다. 이때 여성들이 교감과 소통을 위해 선택한 남성은 제도권 밖에 존재하는, 따라서 기존 규범으로부터 좀 더 자유로운, 그럼으로써 여성과 교감할 수 있는 사람들이다. 이는 기존의 '남성성'와 '아버지의 법'에서 자유로운 남성이어야 함을 의미한다. 기존의 패러다임 속에서는 사랑과 결혼도

35) 이명원, 앞의 책, 56쪽.

36) Poovey, Mary. *Uneven Developments: the Ideological Work of Gender in Mid-Victorian England.* Chicago: U of Chicago P. 1988. p. 3.

식민지 점령이 될 수 있으며 타자를 식민화 하지 않는 관계를 위해서는 새로운 패러다임이 필요하다. 비록 이기영의 소설텍스트에서 새로운 패러다임이 그 모습을 분명하게 드러내지는 못했으나 새로운 패러다임의 필요성과 그것을 향한 단초들이 곳곳에 제시되어 있다는 의미에서 충분히 젠더정치학의 관점에서 의의 있는 담론들을 내포하고 있다고 할 수 있다.

XI

소설 남한산성(김훈, 2007)과 영화 남한산성(황동혁 감독, 2017)

1. 사실서사와 허구서사
2. 소설 『남한산성』의 아이러니와 작가의 이데올로기적 태도
3. 원작의 아이러니가 소거된 지점에서 드러나는 영화작가의 이데올로기적 태도
4. 타자에 대한 윤리

XI 소설 『남한산성』(김훈, 2007)과 영화 <남한산성>(황동혁 감독, 2017)

1 사실서사와 허구서사

역사歷史는 늘 소설과 영화의 주요 소재가 되어왔다. 이는 역사에 기록된 사실들이 소설과 영화의 드라마틱한 구성을 가능하게 할 수 있는 유표적 사건들이기 때문이고, 작가가 자신이 선택한 역사적 사실을 통해서 하고 싶은 말이 있기 때문이기도 하다. 역사는 고정된 것이 아니라 지속적으로 재해석되고 재평가 되며 다시 서술된다. 역사를 재구성 한 역사소설과 영화는 이러한 재해석과 재평가를 보다 자유로운 상상력과 미학적 장치에 의거하여 행하므로 당대의 독자와 관객에게 주는 영향력도 상당히 크다고 할 수 있다. 또한 작가가 역사를 기억하고 재구성하고 형상화 하는 방식에서 작가가 과거와 현재를 어떻게 인식하고 있는지 작가의 역사관과 세계관이 명시적으로 또는 암묵적으로 드러난다. 그렇다면 역사소설을 읽는 독자는 역사적 사실이 서술되는 방식을 통해서, 그리고 서술된 것뿐만 아니라 서술에서 배제된 것을 통해서 해당 사건을 대하는 작가의 이데올로기적 태도를 읽어낼 수 있다. 이러한 비판적 독해를 통해서 해당 역사적 사건이 내포하는 의미의 층들을 입체적으로 파악하고, 동시대의 소설과 영화가 재현하는 역사에 대한 통찰과 인간에 대한 인식을 비평적으로 고찰함으로써 허구서사에서의 역사재현방식에 관한 담론의 장場을 확장하려 한다.

이를 위해, 김훈의 역사소설 『남한산성』2017[1]과 이를 원작으로 한 황동혁 감독의 영화 〈남한산성〉2017을 분석한다. 먼저 2장에서 소설 『남한산성』을 분석할 것인데 특히 다음 질문들을 염두에 두고 논의를 전개한다. 수많은 역사적 사실 속에서 왜 그 사건을 선택했는가? 선택한 해당 사건은 어떻게 재현되고 있으며 그 재현방식을 통해서 작가가 말하고자 하는 메시지는 무엇인가? 그 메시지가 과거의 사건을 통해 현재를 바라보는 시각은 어떠한가? 라는 질문들을 포함하여 작가의 인간과 세계에 대한 인식이 재현되는 양상을 분석한다. 3장에서는 김훈의 소설을 각색한 영화 〈남한산성〉을 분석할 것인데 여기서 원작과의 비교분석은 필연적이다. 매체의 차이에 의해 달라진 재현방식이 가져오는 주제적인 변화도 논하겠지만 특히 원작소설의 독자였던 영화감독이 의도적으로 원작과 다른 선택을 한 지점에서 어떻게 원작과 공명하고 어떻게 원작과 충돌했으며 그로 인해 영화가 원작과는 어떻게 달라진 이데올로기를 내포하고 있는지를 분석한다. 이러한 연구는 궁극적으로 해당 역사적 사건과 이를 소재로 한 텍스트들의 의미망을 더 두껍게 하는 유의미한 작업이 되리라 생각한다.

김훈의 『남한산성』에 대한 학술 논문은 텍스트 서술에 있어서 시제 이동의 기능을 분석한 텍스트 언어학적 연구[2], 고전을 활용한 『남한산성』의 서사화 전략 연구[3], 『남한산성』을 시간담론의 측면에서 분석하여 작가가 진보의 역사적 시간이 상정하는 목적론적 시간관에 거부를 표현하고 있음을 논한 연구[4], 김훈의 '역사소설'

1) 김훈의 『남한산성』은 2007년에 초판이 발행되었다. 이 글에서는 작가 김훈이 '못다 한 말'이라는 에필로그를 수록한 2017년 개정판을 분석 텍스트로 한다.
2) 김정남, 「소설 텍스트 시제이동의 한 가지 새로운 기능 - 김훈의 〈남한산성〉을 중심으로 -」, 『텍스트언어학』 28, 2010, 1-22쪽.
3) 이영호, 「고전을 활용한 〈남한산성〉의 서사화 전략 연구」, 『고전문학과 교육』 30, 2015, 275-308쪽.
4) 김주언, 「김훈 소설에서의 시간의 문제 - 『남한산성』을 대상으로」, 『한국문학이론과

에 나타난 파시즘 문제에 대해 고찰한 연구[5], 『남한산성』의 서술기법이 복합다중시점과 영화의 서술기법을 차용하여 대중성을 높였다고 분석한 연구[6], 김훈의 역사소설에서 탈영토적 인물이 가지는 정치성을 고찰한 연구[7], 김훈의 『남한산성』과 유하령의 『화냥년』을 서사를 이끌어가는 작중 인물의 담론을 중심으로 비교분석하여 병자호란을 기억하는 두 가지 양상을 논한 연구[8] 등이 있다.

한편 영화 〈남한산성〉을 분석한 학술 논문으로는 정민아의 논문과 이효인의 논문이 있다. 정민아의 논문 「불안사회의 거울, 2017년 한국영화의 경향 - 〈1987〉, 〈남한산성〉, 〈밤의 해변에서 혼자〉, 〈아이 캔 스피크〉, 〈옥자〉 -」에서 영화 〈남한산성〉은 2017년 한국영화의 경향을 설명하는 과정에서 다른 영화들과 더불어 논평되었다. 이 논문에서 정민아는 영화 〈남한산성〉이 이전 성공한 사극들과 다른 표현방식을 상술하고 있다고 보고 있으며 이 영화가 제시하는 철학적 순간을 주목한다[9]. 이효인은 「2000년대 한국 사극 영화의 아이러니 서사 연구: 〈관상〉, 〈남한산성〉, 〈음란서생〉을 중심으로」에서 사실적 사극, 재인적 사극, 장식적 사극이라는 분류를 바탕으로 세 영화를 분석했으며 그에 의하면 〈남한산성〉은 사실적 사극에 해당된다.[10]

비평』 제54집, 2012, 235-253쪽.

5) 이성혁, 「김훈의 '역사소설'에 나타난 파시즘 문제에 대한 고찰」, 『한민족문화연구』 46집, 2014, 365-395쪽.

6) 이성준, 「『남한산성』 서술기법의 다양성과 대중성」.『한국문예창작』 제14권 제2호, 2015, 107-128쪽.

7) 김윤정, 「김훈의 역사소설에 나타난 역사 변용의 원리 연구」, 『한국문학이론과 비평』 제75집, 한국문학이론과 비평학회, 2017, 181-203쪽.

8) 음영철, 「병자호란의 두 가지 기억 양상」, Asia-pacific Journal of Multimedia Services Convergent with Art, Humanities, and Sociology, Vol.9, No.1. 2019, 445-455쪽.

9) 정민아, 「불안사회의 거울, 2017년 한국영화의 경향 - 〈1987〉, 〈남한산성〉, 〈밤의 해변에서 혼자〉, 〈아이 캔 스피크〉, 〈옥자〉」, 『현대영화연구』 31, 2018, 24쪽.

10) 이효인, 「2000년대 한국 사극 영화의 아이러니 서사 연구: 〈관상〉, 〈남한산성〉, 〈음란서생〉을 중심으로」, 『영화연구』 89, 2021, 47-48쪽.

원작소설 『남한산성』과 영화 〈남한산성〉을 비교 분석한 논문은 아직 없다. 원작이 있는 영화의 경우, 원작과의 비교 분석을 통해서 더 확실하게 드러나는 양상들이 있다. 매체의 전이에 따른 재현 방식의 변화와 그로 인한 미학적 변이는 주제와 이데올로기적 측면에도 변화를 가져온다. 무엇보다 후행텍스트인 각색영화에서 선행텍스트인 원작소설의 흔적을 간직한 채 의도적인 변형을 추구한 지점이 있다면 바로 그 곳에서 영화작가의 의도를 보다 타당하게 추론할 수 있다. 따라서 원작이 있는 영화를 분석할 때 원작과의 비교는 영화텍스트를 정밀하게 분석하기 위한 필연적인 당위성을 가진다. 이에 더해서 동일한 사건과 인물을 통해서 원작소설과 각색영화가 형상화 한 현재적 의미가 다르다면 이를 비교분석하는 것은 역사적 사건의 허구적 재현이 가지는 의미에 대한 보다 명료하고 진일보한 연구가 되리라 생각한다.

이 글에서는 선행연구들을 바탕으로 선행연구들에서 아직 논의되지 않은 논점들을 통해 역사와 소설과 영화의 상호교차에 관한 연구와 담론을 심화확장하려 한다. 2장에서는 소설 『남한산성』이 내포한 '아이러니' 분석을 통해서 작가의 역사관과 인간관이 결국 안착하게 되는 지점을 논할 것이다. 특히 소설 『남한산성』의 서술이 발생시키는 세 가지 아이러니를 정밀하게 분석하고, 이 세 가지 아이러니가 역사적 허무주의와 체제수호적인 봉건성을 거쳐서 미소지니Misogyny로 향하게 되는 과정을 논리적으로 분석할 것이다. 3장에서는 영화 〈남한산성〉에서, 원작소설에서 사건과 대사를 가져왔음에도 불구하고 역사관과 인간관의 측면에서 원작과 다른 성찰을 가져오게 된 양상을 고찰할 것이다. 이를 통해 과거와 현재, 역사와 역사 해석이 어떻게 충돌하며 그 사유와 통찰의 지평을 넓히는지 입체적으로 드러내려 한다.

2 소설 『남한산성』의 아이러니와 작가의 이데올로기적 태도

1) 생존에 대한 궁극의 가치부여가 귀착하게 된 체제수호적인 봉건성

소설 『남한산성』에서는 특정 인물들과 배경에 대한 공들인 묘사가 두드러진다. 작가가 묘사 대상으로 선택한 인물들과 그들을 묘사하는 방식은 그 인물들에 대한 작가의 감정과 판단과 편견까지도 내포한다. 따라서 묘사와 서술의 대상을 분석하는 것은 대상을 바라보는 시선과 서술주체까지도 인식의 영역으로 포함시켜야 하는 작업이다. 『남한산성』에서 선택된 주된 서술 대상 인물은 김상헌과 최명길, 서날쇠와 정명수, 인조와 칸과 '여자들'이다. 먼저 김상헌의 내면에 대한 묘사가 이어지고 김상헌과 최명길의 논쟁이 많은 분량을 차지하며 서술되는데 여기서 소설 『남한산성』의 첫 번째 아이러니가 발생한다. 현란한 수사修辭로 공들인 묘사가 주장하는 내용이 말의 허무함과 말의 무의미함이기 때문이다. 즉, 말의 허무함과 말의 무의미함을 주장하기 위해 공들여 언어를 조탁彫琢하는 데에서 아이러니가 발생한다.

> 문장으로 발신(發身)한 대신들의 말은 기름진 뱀과 같았고, 흐린 날의 산맥과 같았다.[……] 혀들은 맹렬한 불꽃으로 편전의 밤을 밝혔다. 묘당(廟堂)에 쌓인 말들은 대가리와 꼬리를 서로 엇물면서 떼뱀으로 뒤엉켰고, 보이지 않는 산맥으로 치솟아 시야를 가로막고 출렁거렸다. 말들의 산맥 너머는 겨울이었는데, 임금의 시야는 그 겨울 들판에 닿을 수 없었다.[11]

> 칸의 문장은 거침없고 꾸밈이 없었으며, 창으로 범을 찌르듯 달려들었다. 그 문장은 번뜩이는 눈매에서 나온 듯했다.[12]

11) 김훈, 『남한산성』, 학고재, 2017, 15쪽.
12) 김훈, 위의 책, 31쪽.

너희가 벼루로 성을 쌓고 붓으로 창을 삼아 내 군마를 막으려 하느냐.[13)]

정명수는 여진말과 몽고말을 쉽게 배웠다. 사람의 마음에서 비롯하는 정처 없는 말과 사물에서 비롯하는 정처 있는 말이 겹치고 비벼지면서, 정처 있는 말이 정처 없는 말 속에 스며서 정처에 자리 잡는 말의 신기루 속을 정명수는 어려서부터 아전의 매를 맞으며 들여다보고 있었다. 매틀에 묶여 있을 때 말이 비벼지면서 매는 더욱 가중되었다. 정명수는 빠르게 그 신기루 속을 헤집고 나가면서 여진말과 몽고말을 익혔다. 압록강 이쪽의 신기루와 압록강 저쪽의 신기루가 다르지 않았다.[14)]

문장으로 관직에 올라서 말로써 상대편을 제압하고 자신의 뜻을 관철하고자 왕을 설득하는 것이 조선의 정치였으나, 무력의 압도적인 우위를 앞세운 점령군 앞에서 관료들의 말의 향연은 "떼뱀"으로 묘사되고 "임금의 시야를 가리는 산맥"으로 비유된다. 말馬 먼지 속에서 강성한 칸의 나라에 대항하기 위해 대신들은 말言로써 싸우며 방도를 모색한다. 이러한 말은 "신기루"와 같은 것으로 묘사되지만 한편 관청의 노비 출신인 정명수가 조선의 대신들에게 위세를 부릴 수 있게 된 것은 압록강 저쪽의 말을 배웠기 때문이다. "벼루로 성을 쌓고 붓으로 창을 삼아 군마를 막"을 수 없다고 말하는 칸의 문장은 '창'에 비유되고 있다. 그렇다면 말과 글에는 힘이 있는 것인가? 없는 것인가? 말은 무의미인가, 의미인가? 작가에게 말과 글은 무엇인가? 소설 『남한산성』에서 이러한 질문을 던지게 하는 아이러니를 파생하면서 작가의 공들인 묘사와 현란한 수사가 궁극의 가치를 부여하는 것은 '생존'이며, 작가 김훈이 인식하는 '생존'은 먹고 배설하고 생식하는 '동물적 생존'이다.

---

13) 김훈, 위의 책, 34쪽.
14) 김훈, 위의 책, 81쪽.

작가가 동물적 생존에 가치를 부여하고 형이하학이 형이상학을 압도하며 인간을 유물론적 존재이자 동물생태학에 종속되어 있는 것으로 인식하고 묘사하는 것에서 두 번째 아이러니가 발생한다. 『남한산성』에서 민초들의 삶을 동물적 생존 그 자체로 묘사하는 서술적 자아의 태도는 생존을 위한 것 외에는 다른 무엇에도 저항하거나 거스르는 것이 부질없고 의미 없는 것으로 인식하는데, 이는 체제수호적인 이데올로기를 필연적으로 내포하며 그로 인해 결국 작가 김훈이 애정을 가지고 묘사하려는 듯 보이는 민초들을 억압하는 봉건적 체제유지로 향하기 때문이다. 김훈이 대장장이 서날쇠를 긍정적으로 묘사하는 이유는 그의 원초적인 동물적 생존력 때문이고 작가가 원초적인 동물적 생존에 아무리 큰 가치를 부여한다고 해도 피지배계층 하층민을 동물적 생존이 전부인 존재로 바라보는 것이 타당한가에 대한 문제는 여전히 남는다. 양반관료인 김상헌의 시선과 언어로 묘사되는 서날쇠는 양반관료와 달리 동물적 생존만으로 자족하는 존재로 규정된다. 김상헌이 동물적 생존에 가치를 부여한다고 해도 이는 명백한 타자화이다. 당시 백성들이 생존을 위해서만 애썼다면 이는 백성민초들이 기본적인 생존조차 이어가기 어려웠던 시대였기 때문이다.

음영철은 김훈이 객관적인 관찰자의 입장을 취하면서도 병자호란이 갖는 역사적 의미를 성 안 사람들인 지배층의 언어로 풀어냈으며, 김훈의 『남한산성』은 『인조실록』의 부연설명이라 할 수 있다고 논평하고, 김훈의 『남한산성』이 최명길의 『병자봉사丙子奉事』와 김상헌의 『남한기락南漢紀略』, 나만갑의 『병자록丙子錄』 등 지배층의 역사 기록에 충실했다고 말한다.[15] 기실『남한산성』에서 칸과 인조와 김상헌을 묘사하는 작가의 서술에서 드러나는 작가의 이데올로기적 태도는 봉건적 지배체제에 대해 적대적이지 않다. 또한

15) 음영철, 앞의 논문, 448쪽.

힘에 대한 동경을 보이고 이를 '동물 생태'로 이해하며 이에 저항하는 것은 부질없는 것으로 설파한다. 소설 『남한산성』에서 실제 작가에게 밀착한 3인칭 서술주체는 인간에게 있어서 최고의 가치는 '살아남는 것', 즉 '생존'이라고 서술한다.

조선왕조사에 큰 상흔을 남겼던 병자호란의 47일 간의 기록을 묵직한 장편소설로 서사화하면서 작가가 전하고자 하는 메시지가, 생존 외의 것은 무의미하다는 허무주의적 역사관이라면, 역사의 허무주의를 설파하는 작가가 무의미하고 허무한 역사에 관해 계속 역사소설을 쓰는 세 번째 아이러니가 발생한다. 그렇다면 이러한 아이러니들이 발생시키는 이데올로기적 효과는 무엇일까? 김훈이 역사소설을 통해 역사의 진실을 드러내려고 했다기보다는 역사를 재료로 자신의 세계관을 드러내려고 했다고 논한 이성혁은 김훈의 소설과 그것에 작동하는 허무주의 이데올로기가 항상 파시즘의 중간 숙주로 전락할 위험성이 있다고 경계한다. 김훈의 소설에서 인간의 삶이 "목숨 자체와 관계된 삶 그 자체로 환원되고 있"으며 "말로 이루어진 인간의 문화가 자연으로서의 삶에 대비되면서 무의미한 무엇으로 나타나고 있"는 것에 "파시즘적인 반지성주의가 거주할 위험이 있다"[16]는 것이다. 사실 김훈의 서사에서 힘의 행사는 지극히 자연스러운 것으로 서술된다. 서술적 자아의 이러한 태도는 소위 '자연의 법칙'이 실상은 지극히 정치적이고 사회문화적인 담론임을 간과한다. 이를 고의적인 무지라고 할 수도 있겠다. 권력을 자연화 하는 경향은 그 권력이 마치 '자연적으로 정해진' 운명에 따라 주어진 것처럼 보이게 만드는 효과가 있[17]기에 늘 경계해야 하는 것이다.

기실 『남한산성』의 서사는 약육강식을 자연스러운 것으로 받아

16) 이성혁, 「김훈의 '역사소설'에 나타난 파시즘 문제에 대한 고찰」, 『한민족문화연구』 46집, 2014, 380쪽.

17) 이성혁, 위의 글, 380쪽.

들이는 양상으로 전개된다. 강자는 강자가 할 수 있는 일을 하는 것이고 약자는 약자가 할 수 있는 일을 하는 것일 뿐 여기에 가치판단도 저항의식도 투사하지 않는다. 화친에 반대하고 싸울 것을 주장하는 김상헌조차 강자의 횡포에 대한 분노를 명확하게 보이지 않는다. 김상헌에게 섬겨야 할 강자는 청이 아니라 명나라인 것이기에 청과의 화친에 대한 김상헌의 거부감은 약육강식에 대한 저항이 아니며 특히 김훈이 공들여 묘사하는 김상헌은 말의 허무함을 현란한 말의 수사로써 말할 뿐이다. 결국 "강한 자가 약한 자에게 못 할 짓이 없고, 약한 자 또한 살아남기 위하여 못 할 짓이 없는 것"18)이라는 최명길의 간언대로 서사는 진행된다. 인조는 살고자 하는 것이 자신의 뜻이라고 밝히고 칸 앞에서 삼배구고두례를 행했으며, 명의 제후국에서 청의 제후국이 된 조선의 왕 자리를 계속 유지한다. 소설 속에서 김상헌은 자결을 시도했으나 실패한다. 이후 "물 위에 어른거리는 길들을 바라보면서 김상헌은 성안에서 목을 매달았을 때 죽지 않기를 잘했다고 생각했다. 김상헌은 남은 날들이 아까웠다"19)는 서술은 결국 김상헌조차 최명길처럼 생존을 최우선가치에 두었다는 것을 시사한다.

그렇다면 김상헌은 무엇을 위해 최명길과 논쟁을 벌이고 임금을 설득하려 애쓴 것일까? 소설의 종반부까지 팽팽하게 유지했던 긴장감을 맥없이 허물어뜨리면서까지 작가가 전하고자 했던 메시지를 '무의미'라고 하든 '허무주의'라고 하든 '파시즘적 반지성주의'라고 하든 이러한 메시지가 궁극적으로 체제수호적인 봉건성 내지는 보수성을 내포하는 것은 부정할 수 없다. 그리고 이것은 현실세계의 구조적인 불편부당함과 불의에 대한 비판과 저항까지 부정하는 위험성을 내포한다. 오히려 "폭압적인 세계를 비판한답시고 책

18) 김훈, 앞의 책, 366쪽.
19) 김훈, 위의 책, 392쪽.

임 없는 말들을 내뱉는 것보다 묵묵히 그 현실을 치욕적이라도 받아들이고 내일의 양식을 위해 노동하며 살아나가는 것이 삶의 본성-자연-에 맞고 허위 없는 삶"[20]이 되어버리게 만드는 위험성이 있는 것이다.

소설 『남한산성』에서 묘사된 민초들은 '먹고 배설하는 몸' '노동하는 몸' '생식하는 몸' '전쟁터의 최전선에서 죽는 몸' '매를 맞는 몸' '굶주리고 추위에 떠는 몸'이다. 결국 그들은, 내포작가에 의해서, 춥지 않고 굶주리지 않는다면 노동하고 생식하면서 자족할 수 있는 (개별적 개인이 아닌) 집단적 민중으로 인식된다. 조선의 민초들에게 군림하며 지배하고 착취하는 조선의 왕과 대신들도 점령군 앞에서는 강자에 복종하는 약자의 포즈를 취하며 생존을 이어가야 한다. 소설 『남한산성』에서 실제 작가 김훈과 밀착된 서술적 자아는 약육강식을 동물생태로 이해하고 있고 인간사회 역시 이 동물생태에 포함되는 것으로 주장하고 있으며 힘에 대한 동경을 보이고 있으므로 봉건적 지배체제에 대해서도 적대적이지 않다. 병자호란이 끝난 후 심양에 끌려간 조선인 포로는 50만에 육박한다. 김훈의 『남한산성』은 이들을 서술하지 않는다. 앞서 서론에서 논했듯이 서술에서 배제된 역사적 사실을 통해서도 작가의 이데올로기적 태도를 추론할 수 있다. 게다가 김훈은 '못다한 말'이라는 에필로그에서 1인칭 화자로 등장하여 인조와 세자에 대한 연민을 애절하게 드러낸다. 이 에필로그는 2007년 초판이 발행된 이후 10년이 지난 시점인 2017년 개정판에 새로 수록된 것인데, 세월호와 촛불혁명과 #Me Too로 이어지는 시대적 변화 속에서도 작가는 봉건적 이데올로기를 고수하고 있음을 보여준다.

저 가엾은 임금은 …… 나는 이 아비를 사랑한다. 미워하지 않는

20) 이성혁, 앞의 논문, 381쪽.

> 다.[21]
> 명은 더 큰 세력 앞에서 무너져야 할 하나의 거대한 힘에 불과했다. 그리고 세자는 삼전도에서 이마를 땅에 찧으며 홍타이지에게 투항하던 부왕을 생각했을 것이다.[22]

작가 김훈은 "저 가엾은 임금"을 "아비"라 부르며 그 "아비를" "사랑한다"고 토로한다. 21세기에 쓴 글에서 '군사부일체'라는 봉건성을 보이는 작가의 이런 이데올로기적 태도가 소설 『남한산성』에서 조선의 지배계층의 무능과 사리사욕으로 인해 처참하게 고통받는 백성들 개개인의 내면에 대한 서술이 배제된 이유를 설명한다. 그리고 이러한 이데올로기적 태도는 김훈의 산문에 일관되게 반복적으로 나타나는 여성혐오와 연결된다.

2) '동물생태학'에 대한 작가의 인식과 여성혐오(Misogyny)

역사적 사실로서 '병자호란' 이후 지금까지도 사용되는 여성혐오 용어가 존재한다. '화냥년'이 그것이다. 병자호란에 대한 두 가지 기억 양상으로서 지배층의 언어에 충실한 김훈의 『남한산성』과 피지배층의 언어적 전환을 다룬 유하령의 『화냥년』을 비교분석한 음영철은 유하령의 소설이 병자호란에 대한 또 다른 시각을 제공한다는 점에서 문학사적으로 의의가 있다고 논한다. 유하령은 병자호란 직후 심양으로 끌려간 50만에 가까운 조선인 포로들을 주 인물로 서사를 전개한다. "병자호란 당시 조선인 포로들은 '호모 사케르'와 같이 버려진 존재였"으며 특히 여성 피로인은 이중으로 억압을 받아야만 했다. 나만갑은 병자록에서 "사대부의 처첩과 처녀들은 차마 얼굴을 드러내놓고 남을 볼 수 없어 다들 옷을 머리에 뒤

21) 김훈, 앞의 책, 398쪽.
22) 김훈, 앞의 책, 427쪽.

집어썼다."라고 기록하고 있다. 심양으로 끌려가는 과정에서 성노예로 취급받았던 여성들은 속환가를 주고 풀려났으나 홍제천에서 세정의식을 치러야 했다. 홍제천에서의 세정의식은 이른바 '2차 가해'라고 할 수 있다. 그들은 청군의 성학대에 저항할 경우 죽을 수밖에 없었고, 살아 돌아온 고국에서도 싸늘한 시선을 감당하지 못하고 자결하거나 자결을 강요받기까지 했다. 유하령의 소설에서 별감의 아내는 "실절한 것은 조선 전체인데 왜 여인네들만 가지고 이러십니까?"라고 반문한다. 가족들은 "뭔 소리를 하는 거야? 속환되어 온 것도 모자라 하는 짓이 완전 화냥년이구먼."이라고 소리친다. 음영철은 왕조수난사가 아닌 민족수난사이자 여성수난사의 입장에서 볼 때, 병자호란의 비극을 기억하는 장소는 삼전도가 아닌 홍제천이어야 한다고 말한다. 병자호란 이후 포로였던 여인들이 돌아와서도 인간으로 취급받지 못하고 여성 '호모 사케르'로 살아야만 했던 조선시대야말로 야만의 시대였음을 역설한다.[23] 병자호란 이후에도 달라지지 않은 조선왕조는 이후 일제에 의해 식민지가 되었고, 병자호란과 '화냥년'의 비극은 아시아태평양전쟁과 일본군 '위안부'의 비극으로 이어진다. 역사에서 교훈을 얻지 못한다면 야만의 시대는 이렇듯 반복된다. 역사적 허무주의와 체제수호의 봉건성을 경계해야 하는 이유가 여기에 있다.

그렇다면 김훈의 『남한산성』에서 인조의 항복 후 청나라로 끌려가는 조선인 포로들, 특히 여성들은 어떻게 묘사되고 있을까? 김훈의 소설에서 여성포로들은 개별적으로 묘사되지 않고 흉겨운 모습을 보이는 집단으로 묘사된다.

> 정명수의 수레는 무거웠다. 비단과 은화 자루 위에 조선 여자 셋이 올라타 있었다. 정명수의 여자들은 화장이 짙었고, 틀어올린 머리 아

23) 음영철, 앞의 논문, 451-452쪽.

래로 목이 길었다, 수레 위에서 여자들은 깔깔거렸다. 여자들이 길가에 엎드린 백성들을 향해 손을 흔들었다.[24]

위 인용문에서 서술자의 언어로 "정명수의 여자들"이라고 지칭된 여성 포로들에 대한 묘사는 당시 여성들에 대한 (내포)작가의 인식을 반영한다. 이러한 묘사방식은 소설 『남한산성』에서 일관되게 이어진다. 『남한산성』에서 김상헌과 최명길, 이시백, 서날쇠, 정명수 등 남성인물들은 신분에 상관없이 고유명사 이름을 부여받았다. 인조와 세자는 '임금'과 '세자'로 지시된다. 이는 고유명사는 아니지만 특정 개인을 지칭한다. 하지만 여성인물에게 이름이 부여된 경우는 김상헌이 죽인 사공의 딸 '나루' 뿐이다. 또한 나루는 김상헌의 시선에 포획되어 김상헌의 서술로써 고유명사 '나루'가 아닌 '계집아이'로 호명된다. 나루를 제외한 다른 여성인물들은 모두 '여인들'로 통칭되며 '사대부의 딸' 또는 '아전의 딸'로 지칭되고 그들은 모두 성적 학대의 희생자로 건조하게 서술된다. 또한 『남한산성』에 등장하는 여성인물들인 '여자들'은 어떤 맥락에서도 똑같은 모습으로 묘사되는 "창기"들이다. 『남한산성』 서술자의 그토록 현란한 말의 수사는 전쟁 상황에서 특히 참혹한 '여자들'의 고통이나 분노, 번민이나 갈등에 대해서는 의도적으로 무지한 채 침묵한다.

소설 『남한산성』의 서술양상은 3인칭 전지적 서술로 이루어지고 있고, 서술자는 인조와 칸과 김상헌과 최명길 그리고 서날쇠와 정명수의 내면까지도 묘사하지만 '여자들'의 내면은 묘사하지 않는다. 인조에 대한 묘사가 지극히 건조했던 것에 비해서 김상헌에 대한 묘사에는 보다 공을 들인 흔적이 보이고, 칸에 대한 묘사에서 서술적 자아 그리고 서술적 자아와 아주 가까운 거리에 있는 작가의 힘에 대한 동경 또는 거친 '남성성'에 대한 예찬을 볼 수 있다. 이때

24) 김훈, 앞의 책, 386쪽.

힘에 대한 동경이나 거친 '남성성'에 대한 예찬 역시 어떤 관념이 들어설 여지가 없는 유물론적인 세계관에 기반을 둔다. 작가가 인식하는 동물생태학에 기반을 둔 인간관과 세계관은 김훈의 산문에서 여성혐오의 방식으로 사용된다. 김훈의 산문에서 시선과 서술은 여자의 몸에 압도적으로 많은 관심과 집요한 시선을 보이고 있고 이때 여자는 각각 자신만의 개성과 인격과 성향과 취향을 가진 인간 개인이 아니라 여성의 몸을 가진 '집단적 여성'으로 환원된다. 여성 개개인을 개별적 인간으로 보지 않고 '여자 집단'으로 보는 것은 대표적인 여성혐오의 시각이다. 여성에게서 목소리를 소거하고 그들의 내면에 대한 서술을 배제한 것 역시 여성혐오의 방식이다.

> 정명수는 사대부의 딸을 요구했다. 접반사가 광주 아전의 딸을 현감의 서녀라고 속여서 정명수의 방에 넣었다. 정명수는 방에 들어 있던 창기를 내쫓고 아전의 딸을 품었다. 아전의 딸은 밑이 좁아서 정명수의 몸이 저렸다. 내쳐진 창기가 사실을 정명수에게 고해바쳤다. 노한 정명수가 아전의 딸을 발길로 걷어찼다. 아전의 딸은 벌거벗은 몸을 새우처럼 꼬부리고 뒹굴었다. 명치를 차였는지 아전의 딸은 비명 한마디 지르지 못하고 숨이 막혀 죽었다. 별감이 죽은 아전의 딸을 끌어내 수구문에 버렸다.[25]

> 여자들이 술상을 들였다. 찹쌀막걸리에 어란과 말린 문어가 나왔다. 술상을 들고 온 여자들은 방글방글 웃었다. 머리를 틀어올려서 목을 드러냈고, 조선옷을 입고 있었다. 옷자락이 흔들릴 때마다 향기가 났다.[26]

> 꽃단장에 머리를 틀어 올린 조선 기녀 이백 명이 단 아래서 악기를 펼쳤다.[27]

25) 김훈, 앞의 책, 83쪽.
26) 김훈, 위의 책, 184쪽.
27) 김훈, 위의 책, 382쪽.

죽이지는 않을 거여. 계집도 초장에 대주는 년보다 뻗대다가 벌리는 년이 더 예쁘지 않던가. 맛도 더 좋고.

근데, 너무 오래 뻗댄 거 아녀?

그니까 빨리 벌려야지.

그려. 벌릴 바에야 활짝 벌려야 혀.

아녀. 활짝은 안 되어. 조신하게 찬찬히 벌려야 혀. 그래야 쫄깃하지.

콩찌니 먹고 헛좆들 세우지 말어.[28]

"비명 한마디 지르지 못하고" 죽은 아전의 딸처럼 소설 『남한산성』에서 여성인물들은 시선의 주체도 서술의 주체도 되지 못하고 어떤 경우에도 자신의 목소리를 내지 못한다. 최명길이 청의 진영을 방문했을 때 술상을 들이거나, 인조가 항복의식을 치를 때 악기를 연주하는 기녀들도 모두 똑같이 묘사된다. 서술적 자아가 인식하는 기녀들이란 모두 똑같은 외모에 "방글방글 웃"으며 똑같이 행동하는 동일한 대상이다. 이를 의도적인 무지에 의한 타자화 라고 하지 않을 수 없다. 그들 각자 나름의 정동과 고뇌에 대해서는 알려고 하지 않으며 이는 알 필요가 없다는 태도를 시사하고 따라서 천편일률적으로 묘사할 수밖에 없는 것이기 때문이다. 또한 남한산성을 지키던 군사들이 임금의 항복을 앞두고 투항을, 버티던 여성이 자신의 몸을 허락하는 것에 비유하는 것 역시 여성혐오의 진부한 어법이다. '여성'과 '식민지'의 상징적 등가성은 여성의 몸을 경유하며 그 의미를 발생시킨다. 투항과 점령을 여성의 몸에 빗댄 수사는 오래되고 진부한 것이다. '맛이 좋다'라든가 '쫄깃하다'라는 등의 어법은 조선시대 병사들의 언어를 가장한 현재 남성의 언어이다. 김훈의 다른 소설들에서도 빈번하게 등장하는 어법이기도 하다. 김훈의 소설에서 섹슈얼리티는 교감이나 사랑이 아닌 정복이고 생식이다. 김훈의 소설에서 여성의 몸은 점령지이거나 생식의 장소

28) 김훈, 위의 책, 313쪽.

이고 또한 여성은 교환되는 존재이다. 이는 인류의 역사에서 지속적으로 반복되어 온 여성혐오의 오래된 수사修辭이다.

김훈의 봉건적인 체제수호의 태도는 가부장제와 남근중심주의의 자장 안에 있으며 김훈은 이를 '동물생태학'이라고 말한다. 여기서 김훈이 인식하고 있는 '동물생태학'의 과학적/논리적 타당성을 검증할 필요가 있다. 이를 위해 먼저 김훈의 수필집 『라면을 끓이며』에서 김훈이 소설과 달리 서술자를 통하지 않고 직접 자신의 생각을 서술한 글을 소개한다.

> 구석기 이래로 미녀는 매우 자연스럽게 정복자들의 차지였다. 이 풍속에는 동물생태학적인 타당성이 있다. 거기에 시비를 걸어봐야 다 부질없는 짓이다. 인간의 풍속에는 동물생태학의 범주에 속하는 사태가 허다하다. 남성 지배와 미녀 우월주의의 공생공영 관계도 정확하게 그 범주에 속한다.29)

"남성 지배와 미녀 우월주의의 공생공영 관계"가 "동물생태학의 범주"에 있다고 말하는 위 인용문에서 김훈은, 앞서 2장 1절에서 분석했던 인간관과 세계관을 그대로 보여준다. 여기서 정치사회제도와 권력의 구조 등 지극히 정치적이고 사회문화적인 문제를 '자연적인' 것으로 환원시키는 논리적 오류가 반복된다. 또한 약육강식과 생존과 생식이 김훈이 이해하는 '동물생태학'이며 인간도 여기서 크게 벗어나지 않는다고 주장한다. 때문에 김훈이 보기에는 강자에 대한 저항은 부질없는 것이고 언어도 역사도 관념도 무의미한 것이 된다. 힘을 가진 정복자 남성과 공생하기 위해서 여성이 아름다움을 가꾸는 것이 동물생태학에 속하는 인간의 풍속이라고 김훈은 인식하고 있다. 이는 존 그레이John Gray, 로버트 라이트Robert Wright, 데이비드 버스David Buss 등이 쓴 몇몇 대중적인 진화심

29) 김훈, 『라면을 끓이며』, 문학동네, 2015, 252쪽.

리학 저서에서 흔히 발견할 수 있는 피상적이고 단순한 사고이다. 또한 비과학적이며 비합리적이다. 동물생태학에 대해 조금의 상식만 있다면 이성異性의 선택을 받기 위해 외적인 매력을 어필하려 애쓰는 쪽은 수컷이라는 것을 알 수 있다. 인간은 예외적으로 여성 쪽에서 경제적 자원과 권력을 가진 남성에게 외적인 매력을 표현해왔다. 이는 지극히 사회문화적인 문제이다.

찰스 다윈은 『종의 기원』1859을 통해 생존과 번식에 유리한 형질만 살아남아 후대까지 전해짐으로써 생물의 진화가 일어난다는 '자연선택설'을 제시했다. 그런데 다윈은 자연선택 외에 다른 진화적 힘을 발견하게 된다. 1871년 출간된 『인간의 유래와 성선택』에서 다윈은 '배우자선택에 의한 진화'의 메커니즘을 제시하는 과정에서, "암컷의 선호는 생물학적 다양성의 진화에 있어서 강력하고 독립적인 힘이 될 수 있다"라는 가설을 세웠다.[30] 이 생각이 급진적인 이유는, 생명체특히 암컷를 진화의 능동적 주체로 내세웠기 때문이다. 자연선택은 경쟁, 포식, 기후, 지리 등의 외부의 힘이 생명체에 작용하는 데서 비롯하지만, 이와 달리 성선택은 생명체가 스스로 담당하는 독립적이고 자기 주도적인 과정이다. 다윈은 암컷을 '미적 취향을 가진 존재'이자 '심미적 존재'로, 수컷을 '배우자를 매혹하려 노력하는 존재'로 서술했다.[31] 즉 암컷이 깃털· 노래· 과시행동에 대한 미적 선호도를 바탕으로 배우자를 선택하며, 수컷은 선택을 받기 위해 암컷의 선호도에 따라 자신의 장식물을 진화시켜 왔다는 결론이다. 하지만 인간사회에서는 물질 자원의 통제권을 장악한 남성이 문화적 이데올로기를 통해 남성의 사회권력을 공고히 할 수 있는 기회를 새로 창출했다. 즉 인간세계에서 종족번식에 유리한 쪽의 진화보다 더 힘이 센 것이 가부장제였다.[32] 김훈이 "동

30) 리처드 프럼(Richard Prum), 양병찬 역, 『아름다움의 진화』, 동아시아, 2019, 31쪽.

31) 리처드 프럼, 위의 책, 44쪽.

물생태학적인 타당성이 있"으니 "거기에 시비를 걸어봐야 다 부질없는 짓이"라고 인식한 현상은 남성이 경제적 자원을 차지한 가부장제에서 일어난, 자연상태의 동물생태학에 반反하는 문화적인 현상이지 자연적인 것이 아니다. 여기서 동물생태학과 상반된 문화적인 풍속을 가지고 동물생태학과 자연상태를 주장하는 모순과 아이러니가 발생한다. 가부장제가 가장 오래되고 가장 광범위한 전체주의이고 이를 지탱하는 것이 '페니스 파시즘'이라면, 김훈의 소설에서 여러 연구자들이 읽어낸 '파시즘'이 '여성혐오'를 내포하는 것은 논리적인 귀결이다.

역사서술에서 철저하게 배제된 여성들 개개인의 서사는, 그러나 발굴되고 복원되고 말해지고 있다. 이에 대한 두려움이 혐오를 만들어낸다. "김훈 소설의 남성 인물들이 느끼는 현실에 대한 불안감과 공포, 두려움은 이들의 적극적인 대결 의지에 비례해 커지는데, 모호하고 부정적인 감정의 소용돌이 속에서 발휘되는 이러한 남성적 영웅성은 그로 인해 일종의 감상적인 멜랑콜리와 결합"33)된다는 분석은 두려움과 혐오의 길항작용을 잘 설명한다.

3 원작의 아이러니가 소거된 지점에서 드러나는 영화작가의 이데올로기적 태도

1) 생존 이상의 삶을 지향하는 이상주의자의 혁명적 발화가 시사하는 의미

황동혁 감독은 원작소설에서 주요 사건과 대사들을 거의 모두 가져왔다. 450여 쪽 분량의 장편소설에서의 취한 핵심 인물들, 대

32) 리처드 프럼, 위의 책, 496쪽.

33) 심진경, '경계에 선 남성성 - 김훈의 소설을 중심으로', 『문학과 사회』 16(3). 문학과 지성사. 2003. 1275쪽.

사들, 사건들을 압축적으로 제시하면서 영화매체의 장점을 영리하게 활용한다. 예를 들면, 조선군에게 처참한 패배를 안기고 청의 요구에 맞춘 항복을 받아들일 수밖에 없게 했던 '북문전투'의 경우, 원작소설에서 서술자는 질 수밖에 없는 싸움에서 제대로 싸우지도 못하고 허무하게 쓰러진 병사들의 죽음과 관료들의 무책임한 사후처리 등을 냉소적인 태도로 길게 서술한다. 이러한 서술태도로 인해 더 무력하고 허탈한 느낌이 전달된다. 반면 영화에서는 조선의 군사들이, 영의정 김류의 우둔한 고집과 청군의 야만스러움에 의해 도륙되는 장면을 짧지만 강렬하게 보여준다. 이때 영상 못지않게 중요한 기호로 음악이 사용된다. 북문전투장면에 사용된 음악은 비트가 강하지도 않고 빠르지도 않다. 처연함과 비애를 담고 있는 음악이 너무나도 서정적이어서 잔혹한 영상과 서정적인 사운드가 충돌할 듯 스며드는데, 그 충돌과 스며듦으로 인해 관객은 원작을 읽을 때와 다른 파토스를 가지게 된다. 황동혁 감독이 사카모토 류이치에게 영화음악을 맡긴 이유34)를 알 수 있게 하는 대목이며, 영화가 동적 이미지의 연쇄와 사운드 트랙을 활용하여 시각과 청각에 호소하며 감각적 수용을 거친 인지적 수용에 이르게 하는 매체라는 것을 단적으로 보여주는 시퀀스이다. 소설이 작가 개인의 경험과 사상과 에토스에 의한 창작물이며 서술자의 서술태도에 의해 분위기와 메시지가 생산되는 장르라면, 영화는 집단지성의 협업에 의해 기술이 예술이 될 수 있는 장르라는 것도 분명하게 보여준다.

시청각매체로서 영화의 장점을 활용해서 관객의 감정을 고조시키며 이것이 다시 인지적 수용을 고조시키는 이러한 양상은 칸이 인조에게 보낸 서신이 낭독될 때 극에 달한다. 항복하지 않으면 죽

34) 황동혁은 "음악과 음향이 섞여서 특유의 분위기를 형성할 수 있도록 구상했고, 그래서 음악 자체로도 의미 있는 영화음악을 만들고자 했"으며, "그런 면에서 〈레버넌트: 죽음에서 돌아온 자〉의 음악을 작업한 사카모토 류이치 음악감독과의 작업이 유의미했다"고 말한다.
이화정, 황동혁 감독에게 듣는 〈남한산성〉 제작기, 2017, 09. 25.

을 수밖에 없다는 서신의 세부내용들은 모두 원작에서 그대로 가져왔다. 원작소설의 문자언어는 문자가 전달하는 전언과 그 함의에 집중하게 한다. 반면 영화에서는 칸의 목소리가 보이스 오버 내레이션을 통해 서신의 내용을 낭독하는 동안 남한산성의 처참한 모습들이 느린 파노라마처럼 펼쳐지고 역시 처참한 화면과 어긋나는 듯 스며들며 좀 더 비장해진 서정적인 음악이 배경에 깔린다. 이로 인해 편지의 내용이 전달하는 메시지 외에 잉여의 메시지가 전달되는 것이다. 영화에서 잉여의 메시지는 원작과 다른 이데올로기적 태도를 시사한다. 서정적이면서도 비애를 담고 있는 음악과 잔혹한 화면과 항복을 요구하는 점령군의 화면 밖 목소리가 충돌하고 스며들며 전달하는 잉여의 메시지는 원작에서의 건조하고 냉소적이며 허무주의적인 태도와 같은 것일 수 없다.

그렇다면 영화 〈남한산성〉은 '작가의 이데올로기적 태도'라는 측면에서 원작소설과 어떻게 달라졌는가? 이 영화를 가장 흥미롭게 만드는 것 중 하나는 김상헌김윤식과 최명길이병헌의 논쟁 장면들이다. 두 사람의 대사는 원작소설에서 그대로 가져왔다. 대사는 같은데 전달하는 메시지가 다르다. 그 이유는 무엇일까? "중요한 것은 두 인물이 주장하는 내용이 아니라 '절실하고 간절하게 싸운다'는 사실 자체에 있다"[35]는 논평을 주목할 필요가 있다. "황동혁의 〈남한산성〉이 최명길과 김상헌의 설전을 중심으로 각색될 때 김훈의 역사적 허무주의는 어쩔 수 없이 옅어진다. 왜냐하면 영화의 두 인물이 더 치열하게 대립하고 논쟁할 때마다 이들의 신념과 대의가 더 간절하고 절실하게 느껴질 수밖에 없기 때문이다"[36]라는 해석은 영화 속에서 논쟁에 임하는 두 사람의 태도 자체가 원작소설에서 말과 이념의 허무함을 설파하기 위한 현란한 수사와 대척점에 있

35) 안시환, '〈남한산성〉이 원작에서 취한 것, 혹은 배제한 것 - 근래의 역사영화에서 만나기 힘든 미학적 성취', 『씨네21』 No. 1127, 2017, 77쪽.

36) 안시환, 위의 글, 77쪽.

음을 시사한다.

더불어 본고에서 주목하는 것은 소설 『남한산성』에서 '말의 하찮음'을 공들인 묘사로 길게 서술한 3인칭 서술자의 언어가 영화에서는 자리할 수 없다는 사실이다. 영화는 서술자의 언어가 서사를 지배하는 매체가 아니기 때문이다. 즉 '말의 무의미함'을 주장하기 위해서 길게 '말해야' 했던 원작에서의 첫 번째 아이러니가 소거되면서 치열한 논쟁 속의 말들은 그 무게와 의미를 가지게 된다. 두 인물의 논쟁 장면에서 감독은 인물의 시점 쇼트를 사용하지 않고 두 인물을 균등한 구도와 거리에서 롱테이크로 촬영하는 방법으로 두 인물의 논쟁에 동일한 비중을 두고 균형을 맞췄다. 배우들의 뛰어난 연기도 어느 한쪽으로 균형추가 쏠리지 않으며, 김상헌의 시종일관된 흰 색 옷과 최명길의 진청 색 옷은 상징적 기호로 작동한다. 시점 쇼트를 사용하지 않았기에 쇼트 리버스 쇼트의 전개방식이 아니어서 김상헌과 최명길의 말은 각각 상대를 설득하기 위한 것이 아니게 된다. 영화서사 내에서 설득의 대상은 결정권자인 임금 인조가 되겠지만 영화서사 밖에서는 설득의 대상이 달라진다. 여기서 영화는 원작에서 가져온 두 인물의 대사를 동일한 비중으로 처리함으로써 판단을 관객의 몫으로 돌리는 것이다. 영화작가의 이데올로기적 태도는 최대한 드러나지 않는다.

그런데 영화의 종반부에 두 인물이 마주하고 대화하는 장면에서 시점쇼트와 쇼트 리버스 쇼트가 사용되면서 영화작가의 이데올로기적 태도가 드러나게 된다. 이 장면은 원작에 없는 장면이고 또한 여기서 원작에 없는 대사가 발화된다. 의도적으로 원작과 달라진 지점에서 원작에서 벗어난 영화 〈남한산성〉의 주제의식을 추론할 수 있다. 인조의 투항이 결정된 후에 "살아서 백성과 임금이 함께 걸어갈 길"을 함께 가자고 말하는 최명길에게 김상헌은 자신이 남한산성에 들어와서야 비로소 깨달은 것이 있다고 말한다. 그것은

"백성의 살 길과 임금의 살 길이 다르다는 것"이며 "백성이 살아야 할 새로운 길은 낡은 것들이 모두 사라진 세상에서 비로소 열린다"고 말한다. "그대도 나도 그리고 우리가 세운 임금까지도" 낡은 것들이라고 단언하며 상헌 자신과 명길과 임금까지 모두 사라진 세상에서 백성이 살 수 있다고 말하는데 이는 무척 혁명적인 발화이다. 이 말을 하면서 김상헌은 처음으로 최명길을 똑바로 바라보고 마주 본 두 사람의 시점 쇼트가 영화 내에서 처음으로 재현된다.

김상헌은 명에 대한 대의명분을 중시했기에 청과의 화친에 반대했던, 따라서 '보수'로 분류될 수 있는 인물이다. 즉 청과의 싸움을 주장한 쪽이 명에 대한 사대의 의리를 중시하는 보수이고, 명에 대한 변절을 내포할 수밖에 없는 최명길이 현실주의자 반反보수임에도 불구하고 왜 임금을 포함한 모든 낡은 것이 죽어야 백성이 살 수 있다는 혁명적인 생각이 대의명분을 고수하려는 보수 쪽에 있는 김상헌으로부터 발화된 것인가? 이는 "살 길"이라는 대사가 가지는 함의가 다른 것에 그 원인이 있다. 최명길이 말하는 '살 길'은 생존의 길이다. 말 그대로 죽지 않고 살아남는 길인 것이다. 반면 김상헌이 말하는 '살 길'은 생존 이상의 삶의 길이라고 할 수 있다. 김상헌은 남한산성에 들어와서 처음으로 백성들민중 역시 동물적 생존만이 전부인 '집단화' 된 존재가 아닌 개별적인 생을 가진 개별적인 인간이라는 것을 깨달은 것이다. 김상헌은 변화했고 최명길은 변하지 않았다. '동물적 생존'만을 '살 길'로 생각하는 이상 최명길이 변할 일은 없을 것이다. 이런 의미에서 본다면 최명길이야말로 확고한 '보수'의 포지션에 있다고 할 수 있다.

백성이 살기 위해서는 임금이 죽어야 한다는 발언으로 상징적 아버지 죽이기를 감행한 김상헌은 서날쇠에게 나루를 맡기고 천민인 서날쇠에게 큰 절을 한다. 서날쇠의 인물형상화 역시 이 영화에서 주목해야 할 부분이다. 원작에서 서날쇠는 '동물적인 생존' 그 자체인 '몸'을 가진 인물로서 김상헌의 관심을 끌었지만, 영화에서 서날쇠고수는 상당히 지적이고 인간적으로 형상화 된다. 배우지 못한 천민이지만 그의 판단력과 예지력은 무능하고 비겁한 양반 관료들을 압도한다. 이러한 서날쇠의 인물화와 함께, 김상헌이 스스로 목숨을 끊기 전에 서날쇠에게 나루를 맡기고 서날쇠에게 큰 절을 하는 행동을 재현함으로써 영화는, 민초들의 동물적 삶을 예찬하면서 민중을 '동물적 생존'만을 이어가는 존재로 묘사하여 결과적으로 민중을 집단화 타자화 한 원작에서의 아이러니에서 벗어난다.

인조가 칸에게 항복의 의례를 행하며 계속 조선의 왕으로서 살 수 있게 된 순간, 김상헌이 자결하는 장면과 인조가 삼배구고두례 의식을 행하는 장면이 교차편집으로 관객에게 제시된다. 원작에서 김상헌이 자결에 실패한 이후 남은 날들이 아까우니 죽지 않기를 잘했다고 생각했다는 서술자의 서술로부터 명시적으로 벗어나서 다른 의미를 만들어낸 지점이며. 이 의미를 교차편집이라는 가장 영화적인 방식으로 재현함으로써 관객을 몰입하게 한다. '자결'을 인정하는 것은 인간에게 '동물적 생존' 이상의 가치와 의미가 있다는 것을 말한다. 백성의 살 길과 임금의 살 길이 다르다는 것을 깨닫고 자결한 김상헌의 변화는 역사의 무의미함을 말하기 위해 역사소설을 써야 하는 원작의 아이러니에서도 벗어난다. 역사가 무의미하다면 혁명도 무의미한 것이다.

상헌은 죽기 전에 나루에게 송파강물은 언제 녹느냐고 묻는다. 나루는 민들레꽃이 필 때 송파강물이 녹는다고 답한다. 영화는 '그 해 봄, 다시 민들레꽃이 피었다'는 자막을 제시하며 끝난다. 자연과 생태를 단순하게 이해하면 자연은 변하지 않고 순환하며 지속된다. 봄이 오면 다시 꽃이 피는 것이다. 그러나 다시 핀 꽃 역시 작년에 핀 꽃과 같은 종으로 환원할 수만은 없는 개별적인 존재이다. 개별적인 존재로서 개별적인 생을 살고 죽는다. 인간 역시 호모 사피엔스 종으로서 집단화 된 삶을 생식으로 이어가는 것이 아니라 고유의 개별적인 삶을 사는 것이다. 낡은 제도가 사라져야 삶다운 삶을 살 수 있다고 인식할 때 이때의 삶은 또한 개별적인 삶이다. 개별성을 무시할 때 혐오도 발생한다. 개별성을 무시하고 피부색으로 환원할 때 개인은 ‘백인’ ‘흑인’ ‘황색인’이 되어서 혐오의 주체가 되거나 혐오의 대상이 된다. 개별성을 무시하고 성별로 환원할 때 개인은 ‘남자’ ‘여자’가 되어서 혐오의 주체가 되거나 혐오의 대상이 된다. 개별성을 인정하지 않았던 원작소설에서 ‘여성혐오’가 필연적인 귀결이었다면 영화에서는 어떠한가?

2) 약화(弱化)된 여성혐오, 새로운 문제제기

영화 〈남한산성〉에서는 여성인물이 거의 등장하지 않는다. 영화에서 비중 있는 여성인물은 어린 소녀 ‘나루’뿐이다. 먼저 ‘나루’를 인물화characterization 하는 방식에서 원작소설과 영화가 어떻게 다른지 분석할 필요가 있다. ‘나루’는 김상헌이 죽인 사공의 손녀원작에서는 딸이다. 나루는 할아버지를 찾아서 송파나루에서 남한산성까지 단신으로 걸어왔다. 소설과 달리 영화에서는 전투에 승리한 날 승장 이시백에게 발견되어 인조 앞에 앉게 된다. 관객은 이시백의 시점쇼트를 거쳐 나루를 직접 보게 된다. 반면 원작소설에서 나루는 김상헌의 시선에 포획되어 김상헌의 언어로 독자에게 전달된다. 김상헌의 시선과 언어는 ‘나루’를 ‘나루’로 보지 않고, 집단화 하여 타자화 하는 작가의 서술관습을 그대로 따름으로써 ‘계집’의 태가 박힌 ‘계집아이’로 제시된다. 원작소설에서 ‘여자들’을 고유명사로 개별화하여 호명하지 않고 ‘여자들’로 통칭했듯이 고유명사를 부여받은 나루조차 개별성을 삭제 당한다. 원작소설에서는 어린 소녀에게도 섹슈얼리티의 외피를 덧입히며 생식의 도구로 인식하는 서술이 이어지는데 이 역시 여성혐오의 자장 속에 있다.

> 김상헌은 아이의 뒷모습을 바라보았다. 새까만 머리채에는 윤기가 흘렀고 귓바퀴가 보였다. 어린 몸에 계집의 태깔이 박혀가고 있었다.[37)]

> 계집아이는 입술이 붉고 눈이 맑았다.[38)]

> 다시 대장간으로 돌아온 날 나루는 초경을 흘렸다. 나루가 자라면 쌍둥이 아들 둘 중에서 어느 녀석과 혼인을 시켜야 할 것인지를 생각하며 서날쇠는 혼자 웃었다.[39)]

어린 소녀 '나루'는 자신의 시선과 언어를 가지지 못한 채 생식을 위한 도구로 취급된다. 소설 『남한산성』이 나루가 초경을 흘렸다는 서술로 대단원을 마무리하는 것에서 인간과 세계에 대한 작가 김훈의 인식지평이 다시 한 번 확인된다. 여기서 인간은 먹고 배설하고 생식하고 생존할 뿐이며 특히 여성은 목소리가 소거되고 개별적 내면이 드러나지 않은 채 생식을 위한 집단으로 환원되어 타자화 된다.

소설에서 인물을 묘사하는 이런 방식은 영화에서 변형을 거칠 수밖에 없다. 영화에서는 인물이 보통명사가 아닌 고유명사로 존재하며 관객은 다른 인물의 시선과 서술자의 묘사를 거치지 않고 카메라의 눈과 동일시되어 배우가 표현하는 인물을 직접 보기 때문이다. 영화에서는 보통명사가 존재할 수 없다. 고유명사만이 존재할 뿐이다. 영화에서는 개별 인물을 통해 인물형상화가 이루어진다. 영화언어는 추상적이지 않고 구체적이며 특정 시간 특정 장소에 있는 대상이다. 예를 들어 문자언어로는 '나무'라는 보통명사를 제시할 수 있지만 영화에서 보통명사 '나무'는 존재할 수 없다. 소

37) 김훈, 앞의 책, 120쪽.
38) 김훈, 위의 책, 194쪽.
39) 김훈, 위의 책, 393쪽.

나무이든 은행나무이든 자작나무이든 키 큰 나무이든 키 작은 나무이든 잎이 무성한 나무이든 가지가 앙상한 나무이든 특정 형상을 지닌 구체적인 사물만이 제시된다. 또한 캐릭터의 생동감은 인물이 서술자의 시선과 설명에 종속되어 있는지 아닌지의 여부, 즉 소설과 영화의 매체적인 차이를 가장 잘 보여준다. 이때 원작에서 서술자의 언어에 갇혀 발화되지 못한 인물의 목소리가 영화에서 발화되는데 이것이 원작을 가지고 있는 영화를 원작과 다른 것으로 만든다. 영화 속에서 나루는 자신의 시선과 목소리를 가진 존재가 되어 자신의 생각을 발화한다.

또한 서날쇠가 나루의 생각과 의지는 물을 필요도 없이, 나루에게는 생각도 감정도 의지도 존재하지 않는 것처럼 일방적으로 나루를 자신의 아들과 짝을 지어줄 생각을 하며 웃는 것에서 끝나는 소설과 달리, 영화에서 서날쇠는 병자호란보다 7년 전에 발발했던 정묘호란에서 죽은 딸아이가 살아있다면 나루와 같은 나이일 거라면서 나루를 자신의 딸로 삼는다. 전쟁이 끝나고 임금과 대신들이 철수한 남한산성에서는 목가적인 풍경이 펼쳐지고 서날쇠는 자신의 일을 하며 나루는 천진한 아이답게 뛰논다. 영화 〈남한산성〉에서 원작과 달라진 나루의 인물형상화와 함께 원작에서 성적 대상으로 '똑같이' 묘사되는 '여자들'을 소거함으로써 여성혐오가 약화된 것은 분명하다. 그렇다면 원작에서 천편일률적으로 묘사된 보통명사 '여자들'을 영화에서 배제함으로써 여성혐오를 약화시켰다는 사실이 발생시키는 아이러니에 대해서 문제를 제기하고 논할 필요가 있다. 백델 테스트가 시사하듯, 여성인물을 배제하는 것 역시 여성혐오의 양상이 될 수 있기 때문이다.

앞서 2장에서 소설 『남한산성』과 다른 시각에서 병자호란을 다룬 유하령의 소설 『화냥년』에 대해 언급했다. 이 소설에서는 홍제천에서 '세정의식'을 거부한 여성인물을 통해 병자호란의 가장 큰 희생자가 조선인 여성포로였음을 증언하고 있음도 서술했다. 병자호란 당시에도, 남한산성에도 분명 여자들은 존재했다. 전쟁은 여성에게 더 상흔을 남겨왔다는 것을 생각해본다면 영화 〈남한산성〉에서 분명 존재했던 여성들을 존재하지 않은 것처럼 배제했다는 점은 여성혐오의 혐의에서 자유롭지 않다. 황동혁 감독도 이를 인식하고 있었다. 황동혁은 인터뷰에서 주요 등장인물 중 여성 캐릭터가 사공의 딸 나루뿐이라는 점이 아쉽다는 인터뷰어의 말에 다음과 같이 답한다.

> 처음부터 고민을 많이 한 지점이다. 시나리오를 읽은 사람들도 많이 지적했던 부분이고. 궁중을 배경으로 임금과 신하들 사이의 말의 논쟁을 다루다보니 어쩔 수 없이 여성 캐릭터를 포기할 수밖에 없었다. 당시 궁중에 있을 법한 여자는 왕비, 세자빈, 궁녀 정도인데 실제로 왕비는 병자호란 전에 죽었고 세자빈은 강화도로 피신한 상황이었다. 그처럼 남한산성에 왕족인 여자가 없었기에 여성 캐릭터가 비중 있게 들어가기 어려웠다. 영화에서 날쇠(고수)와 늘 같이 있는 칠복이라는 인물 대신 여성 캐릭터를 만들어볼까 하는 생각도 했었다. 그렇다 하더라도 부차적인 캐릭터에 그칠 위험이 컸기에 이런저런 이유로 포기하게 됐다.[40]

오랫동안 공식적인 역사서술은 언제 어디서나 있었던 여자들을 기록에서 배제시켰다. 기록에서 배제된 여성들은 기억될 수 없다. 여성 독립운동가들은 조명 받지 못했고, 민주화항쟁 자리에 함께 있었던 여성투사들도 기억되지 않았다. 전쟁에서 기록되는 이들도 여자들이 아니다. 전쟁은, 특히 옛날의 전쟁은 남자들의 일이었기에 여자들의 기록을 남길 것이 없다고 말할 수도 있겠다. 그러나 전쟁은 전투에 나선 군인 병사들만의 일이 아니고 전쟁을 일으킨 지배계층만의 일이 아니다. 공식적인 역사서술에서 지배계층과 군

40) 장영엽, 황동혁 감독 인터뷰, 『씨네21』 no. 1127, 2017. 10. 12.

인관료들에 대한 기록만을 남겼다면, 이름 없이 스러져간 군인들 개개인과 민간인들을 발굴, 보도하고 형상화 하는 것은 언론과 예술의 영역이라고 생각된다. 전쟁과 성폭력의 결합상황을 묘사할 때조차 여성을 타자화 대상화 하지 않고 폭력을 전시하지 않는 방식을 고민하는 것도 예술가의 임무일 것이다. 사실 지금까지 영화에서는 쉽고 흔하게 여성혐오가 전시되어 왔다. 여성의 신체는 파편화 되고 분절된 클로즈업을 통해 관음의 대상, 성적착취의 대상으로 전시되거나 시체로서 전시되어 온 관행들이 있다. 영화 〈남한산성〉에서는 그런 관행을 따르지 않았으며, '나루'를 분절된 언어로써 관음증적인 시선에서 묘사한 원작소설에서의 서술적 자아의 태도를 따르지 않았으므로 여성을 생식으로 환원시킨 원작보다 영화에서는 '여성혐오'가 훨씬 약화弱化되었다고 할 수 있다.

성차별은 계급차별과 동일한 구조를 가진다. 원작소설에서보다 영화에서 '여성혐오'가 훨씬 약화된 것처럼 계급차별에 의한 하층민에 대한 태도 역시 소설과 영화에서 다르며 이는 정명수를 묘사하는 방식에서 두드러지게 나타난다. 실존인물인 정명수는 은산 관청의 노비였다고 알려져 있다. 관청의 노비로서 인간 이하의 취급을 받는 삶을 견디다 못해 탈출하여 국경을 넘고 여진의 말을 익힌 정명수는 청의 역관이 되어 칸의 말까지 통역하며 조선의 관리들에게 위세를 떨쳤다. 소설 『남한산성』에서 정명수는 무척 악랄하게만 묘사된다. 그는 자신의 태생에 순응하며 산 사람이 아니었다. 자신이 태어난 자리에서 '동물적 생존'에 자족하지 않은 정명수는 소설에서 배반과 욕망과 야만을 표상하는 악인의 전형으로 서술된다. 주어진 자신의 자리를 거슬러 올라 조선의 왕까지도 위협하는 노비 출신의 역관 정명수에 대한 서술적 자아의 태도는 소설작가의 일관된 이데올로기적 태도와 밀접하게 관련된다. 즉 정명수의 복수심은 악한 것이며 그 복수심의 원인을 제공한 지배계층의 악행은 약육강식의 세계에서 자연스러운 것이 된다. 반면 영화 〈남한산성〉에서 정명수의 선택은 그가 직접 발화하는 대사를 통해서 나름의 설득력을 확보한다. 정명수는 청의 군막을 방문한 조선의 영의정에게 다음과 같이 말한다. “나는 부모가 노비여서 태어날 때부터 노비였소. 조선에서 노비는 사람이 아니오. 나를 조선인이라 칭하지 마시오.” 즉 정명수가 ‘조선인’인 순간 정명수는 ‘사람’이 아닌 게 되고, 정명수가 ‘사람’으로 살기 위해서는 조선을 버리고 청나라 사람이 되어야 했다. 이때 서술자의 묘사적 언어를 거치지 않고 카메라에 의해 초점화 되어 관객에게 직접 재현되는 정명수는 ‘상처받기 쉬운 타자의 얼굴’로 등장한다.

소설에서 신분에 집착하는 정명수의 악행은 여성에 대한 성착취와 야만적인 폭행의 형태로 건조하게 서술된다. 이때 여성혐오와 계급차별의 시각이 맞물리면서 정명수의 악행은 천민 출신 역관의 비루한 적개심 정도로 서술되며 사회구조적 모순은 은폐된다. 반면 영화에서 정명수는 이해와 연민의 시선으로 인물형상화 되었으며 영화 속에서 정명수는 소설에서 반복적으로 묘사된 어떤 악행도 저지르지 않는다. 즉 소설 『남한산성』과 달리 영화 〈남한산성〉에서는 약자에 대한 혐오와 편견을 넘어서려는 태도를 보인다.

4 현재가 달라지면 과거도 달라진다.

지금까지 역사를 대하는 작가의 이데올로기적 태도를 중심으로 소설 『남한산성』과 영화 〈남한산성〉을 분석했다. 소설 『남한산성』이 내포한 세 가지 아이러니- 말의 허무함과 말의 무의미함을 설파하기 위해 언어를 조탁해야 하는 아이러니, 역사의 허무함과 역사의 무의미함을 말하기 위해 역사소설을 계속 쓰는 아이러니, 민초들의 동물적 생존에 가치를 부여하려다가 민중을 동물적 생존만으로 자족하는 대상으로 타자화 하는 아이러니-는 결국 봉건적인 체제수호로 향한다. 이때 수호하고자 하는 체제는 임금이 아비가 되는 봉건적 가부장제이다. 여기서 남성은 각자의 지위에서 아버지를 섬기거나 스스로 아버지가 되고, 여성은 성적대상과 생식의 도구로만 환원되어 서술되는 여성혐오가 반복된다. 말로 하는 싸움이 무의미하며 역사가 허무하다면 이는 그 무엇도 할 필요가 없는 체제수호적인 봉건성으로 향하게 된다. 이와 함께 김훈은 '동물생태학'에 대한 그릇된 이해를 바탕으로 인간세계를 동물생태학에 포함시키고 생식을 강조하며 여성혐오 역시 자연스러운 것으로 만들어버린다.

글을 쓰는 작가가 말言이 관념적이어서 허무하고 무의미하다는 신념을 가지고 있다면, 먹고 배설하고 생식하고 생존하는 삶만이 구체적이어서 믿을 수 있다는 인간관과 세계관을 가지고 있다면, 말은 허무하고 삶은 곧 생존이라는 것을 전달하기 위해 말과 수사修辭를 갈고 닦아야 하는 아이러니는 필연적이다. 말의 요사스러움을 경계하기 위해서 역설적으로 문장에 공을 들여야 했고 그렇게 조탁한 문장이 담고 있는 메시지가 결국 먹고 사는 생존 이외에 그 무엇도 건드리려 해야 부질없다는 것이라면 공들인 문장의 미학이 무의미해질 뿐만 아니라 문장의 미학으로 인해 허무주의가 배가된다. 김훈의 소설에서 허무주의를 증폭시키는 문장의 미학은 작가가 자신을 투사한 인물의 나르시시즘을 펼치는 기제가 되어왔고 이는 작가의 나르시시즘으로 이어지는 결과를 가져왔다. 이때 개별적 존재인 타자들은 시선과 목소리를 부여받지 못한 채 '집단화' 되어 '타자화' 된다. 이렇듯 역사소설에서 역사를 재현하는 방식은 궁극적으로 타자를 어떻게 인식하고 묘사하는가, 즉 타자의 윤리와 연결된다. 김훈의 소설에서 드러나는 타자에 대한 인식과 서술은 보수적이고 전형적이다. 이는 모든 개별성을 외면하고 집단으로 환원시키는 것과 밀접하게 연관된다.

작가가 생산한 소설은 작가의 생산물이지만 독자적인 생명력을 가진 텍스트가 되며 이에 대한 비판적 독해는, 원작자의 의도와 상관없이, 소설텍스트를 경유하며 더 두터운 의미의 층을 가지게 된 메타텍스트를 만들 수 있다. 영화 〈남한산성〉은 소설 『남한산성』에 대한 비판적 독해를 통해 원작에서 가져온 사건들과 대사들을 활용하면서도 다른 사유와 철학을 담고 있는 진일보한 각색이라고 생각된다. 병자호란에 대한 해석과 소설 『남한산성』에 대한 비판적 독해를 경유한 영화 〈남한산성〉에서 드러난 영화작가의 인간과 세계에 대한 철학은 원작소설 작가의 이데올로기적 태도와 확연하게 달라졌다. 원작소설에서 서술자의 냉소적이며 건조한 어투로 전달되는 정교한 말의 수사가 발생시키는 세 가지 아이러니가 소거된 자리에 영화작가는 영화적 장치들을 활용하여 타자의 윤리에 기반을 두고 있는 혁명적인 사유를 이식한다. 배우들의 열연과 카메라 워킹을 통해 재현되는 치열한 말의 전쟁 속에서 삶과 죽음에 대한 사유는 그 의미를 얻게 되고, 각자 자신의 자리에서 분투하는 영화 속 인물들의 개별적 삶은 동물적 생존으로만 환원되지 않는다. 조선왕조라는 봉건사회에서 민초들에게는 생존을 위한 필요조건조차 충족되지 않았다. 생존을 위한 필요조건이 먼저 충족되어야 하지만 민중들이 동물적 생존만으로 자족하는 존재는 아니다. 영화 속에서 개별 인간의 역사가 개별적인 것으로 인식되면서 역사는 허무주의로부터 벗어난다. 영화 속에서 고유명사로 스스로를 드러내며 재현되는 인물화로 인해 원작에서 연민 없이 묘사되어 타자화 된 하층민 출신의 역관도 이해의 시선을 얻게 되었고, 원작 전반을 가로지르는 여성혐오도 약화되었다.

여기서 한편, 영화매체의 특성을 활용하여 고유명사로 가시화된 캐릭터가 개인과 그 내면을 잘 살려냈는지에 대해서 보다 정밀하고 예리한 시각의 진단이 필요하다. 남한산성 내의 하층민들의 저항이 가시화 되고 병사들 개개인의 얼굴이 전경화 되었지만, 김상헌이나 최명길 두 중심인물에 비해서 그들이 재현된 시간은 매우 짧은 것도 사실이다. 즉 개인과 그 내면이 충분히 구현되었다고 보기 힘들다는 주장도 가능하다. 하지만 백성민중이나 여성을 개별화시키지 않고 집단화시키는 태도를 보이는 원작소설과 비교해서 영화에서의 재현방식과 영화작가의 재현태도는 개별성을 집단으로 환원시키지 않는다는 것에 유의미한 의의가 있다는 것이 본고의 논지이다. 이는 후에 김상헌이 발화한 혁명적인 발언과도 그 논리적 흐름이 연결된다.

영화서사 내에서 가장 입체적 인물인 김상헌은 '모든 낡은 것이 사라져야 백성이 산다'는 자신의 신념을 자결이라는 행동으로 실천한다. 이때 계속 조선의 왕으로 살기 위해 인조가 청의 황제 앞에서 항복의 의식을 행하는 장면과 김상헌의 자결 장면이 교차편집되어 제시되면서 전쟁이 끝난 후 백성들의 삶이 어떨 것인지를 유추할 수 있다. 도성의 궁으로 돌아온 인조가 편전의 왕의 자리를 보고 감격해하는 표정을 담은 신은 이후 백성들의 삶이 영화의 엔딩에서 목가적으로 연출된 장면과는 다를 것임을 암시한다. 병자호란이 끝난 후 조선인 포로 50만 명이 심양으로 끌려갔다는 자막은 영화작가가 자신이 엔딩에서 목가적으로 연출한 백성민초들의 삶이 존재하지 않을 유토피아라는 것을 인식했음을 시사한다. 그럼에도 불구하고 전쟁 이후 백성들의 평화롭고 목가적인 풍경은 영화작가가 김상헌의 대사를 통해 발화한 혁명적 세계관에 대한 영화적 형상화로 보인다. 남한산성 안의 백성들은 왕과 대신들이 산성으로 피신 왔을 때 안팎으로부터 고통을 받았다. 왕과 대신들이 떠난 후에야 성 안의 백성들은 편안할 수 있다. 원작에 없는 김상헌의 혁명적인 대사는 병자호란이 제기한 문제에 대한 현재적 답변이며 이것이 영화작가가 역사를 대하는 이데올로기적 태도라고 생각된다. 소설 『남한산성』의 작가가 소설의 초판이 발행되고 10년 후 개정판을 발행하면서 덧붙인 에필로그는 소설작가의 변함없는 보수성을 표출했지만, 영화작가는 영화개봉 후 행한 인터뷰에서 촛불혁명을 긍정적으로 언급하며 원작의 작가와는 다른 시대정신을 보인다.[41] 이 역시 원작과는 달라진 영화의 역사의식을 납득하게 한다.

영화 〈남한산성〉은 원작소설 『남한산성』을 바탕으로 충실하게 각색되었지만 병자호란이 현재에 전하는 역사적 의의에 대한 영화작가의 인식과 태도는 원작에서 벗어났다. 소설에서는 세 가지 아이러니를 발생시킨 언어의 수사가 체제수호적인 봉건성을 향해 가며 '군사부 일체'라는 의식을 보였다. 즉 소설 『남한산성』의 서술주체는 유약하며 이기적인 아버지를 연민하는 태도를 보인 반면, 영화에서는 원작에 없는 혁명적인 대사를 발화함으로써 '아버지 죽이기'를 감행했다. 이는 사유의 원형인 원작소설에 대한 비판적 독해의 한 양상을 보여준다. 소설텍스트와 영화텍스트를 접하는 독자와 관객 역시 텍스트에 대한 비판적 독해를 거쳐서 새로운 의미를 생산해 낸다. 역사는 언제나 다시 해석되고 다시 서술되며 새롭게 기억된다. 현재가 달라지면 과거도 달라진다.

41) 황동혁은 인터뷰에서 다음과 같이 말한다. "사실 이 시나리오를 쓸 때만 하더라도 대통령이 탄핵되고 새로운 시대가 열릴 거라고 아무도 예상하지 못했다. 김상헌의 입을 통해 한국 사회의 변화를 바라는 내 개인적인 바람과 소망과 상상을 얘기해보고 싶었다. 이건 소설 『남한산성』, 병자호란이라는 역사적 사건에 대한 나 자신의 철학이 함축되어 있는 대사이기도 하다."
장영엽 글, 황동혁 인터뷰, 『씨네21』, 2017, 10. 12.

XII

개인사에 새겨진 시대를 증언하는 여성서사의 의미: 영화 <벌새>(김보라 감독, 2018)

1. 개인사에 새겨진 시대를 증언하는 여성 서사
2. 반복되는 재난: 폭력의 원형(原型)인 가부장제
3. 타자의 철학, 책임의 윤리학으로 연결되는 여성 성장 서사
4. 일상의 폭력과 사회적 재난의 연결고리

XII 개인사에 새겨진 시대를 증언하는 여성서사의 의미: 영화 <벌새>(김보라 감독, 2018)

1 페미니즘 시각에서 투시하는 개인사와 시대사

이 글은 영화 〈벌새〉김보라 2018의 서사를, 특히 '서울, 1994'라는 자막을 제시하며 시작된 이 영화에서 구현된 개인과 시대의 관계에 주목해서 고찰한다. 또한 영화 〈벌새〉의 토대가 되는 담론 중 '페미니즘'이 특히 중요한 비중을 차지한다는 판단 하에 이 영화에서 페미니즘이 발현되는 방식과 양상을 분석한다. 이에 더해서 두 주요 인물인 은희박지후와 영지김새벽가 '의미 있는 타자Significant Others'가 되는 과정에서 레비나스Emmanuel Lévinas의 '타자의 철학'과 '책임의 윤리학'을 읽어내고 그 의미를 논한다. 가부장제에서 여성은 제2의 성이자 타자이므로 페미니즘과 타자의 윤리는 밀접하게 연결될 수밖에 없으며 이는 이 글에서 중요한 논점이 될 것이다.

김보라 감독의 첫 장편영화인 〈벌새〉는 부산국제영화제와 서울독립영화제에서 수상한 것을 시작으로 베를린국제영화제, 시애틀국제영화제, 이스탄불국제영화제 등 국내외 영화제에서 44관왕2019년 12월 기준이라는 경이적인 기록을 세웠다. "한국영화 여성 서사의 한 분기점이 된 2019년을 대표하는 작품",[1] "지금까지 게토화되어 있던 중학생 여자아이의 일상을 확장해 보편화시켰다",[2] "무

1) 송형국, 『씨네21』, no. 1236, 2020, 56쪽.
2) 듀나, 『씨네21』, no. 1236, 2020, 56쪽.

심히 지나온 그 시절을 집요하면서도 차분하게 응시하는 시선",[3] "일상으로 스며드는 죽음의 무게를 정교하게 포착한 단단한 연출력"[4]등 평단의 평가는 〈벌새〉를 '2019년 한국영화를 대표하는 하나의 현상'으로 규정하기에 이른다. 특기할 만한 것은 2020년 2월 아카데미 시상식에서 4관왕을 차지함으로써 한국 영화 100년사에서 새로운 역사를 쓴 봉준호 감독의 〈기생충〉을 제치고 영화 〈벌새〉가 2020년 제56회 백상예술대상에서 '영화 감독상'을 수상했다는 점이다. 김보라 감독은 최근 개최된 2020년 제25회 춘사영화제에서도 '신인감독상'과 '각본상'을 수상함으로써 뛰어난 역량을 입증했다.[5]한영현 2020: 38

〈벌새〉는 저예산 독립영화이고 등장인물도 많지 않지만, 영화 한 편에 켜켜이 쌓인 의미망과 관계망이 방대하다. 이 영화에서는 열네 살 중학교 2학년 여학생 '은희'가 주인공이다. 같은 시대를 형상화 한 영상 텍스트들에서 재현된 시대의 분위기가 각각의 텍스트마다 다를 수밖에 없지만, 특히 미성년 중학생의 일상을 경유한 시대사의 모습은 성인의 일상과 교차한 시대사와 확연하게 다른 느낌 속에서 다른 메시지를 내포할 거라고 추론할 수 있다. 또한 여중생 소녀의 개인사에 새겨진 시대사는 남중생의 기억 속에 각인된 시대와 다르다고 생각된다. 같은 시대가 그것을 느끼고 체험하고 기억하는 주체에 따라 다른 형상을 가지게 되기 때문에 영화에서 누구에게 시점쇼트가 주어지는가는 중요한 문제이다. 카메라의 시선이 인물의 시선이 되는 순간 관객은 그 인물의 시선에서 보고 느끼고 판단하며 공감하고 영향을 받게 되기 때문이다. "영화에서의 시점 쇼트는 소설에서의 1인칭 서술과 유사한 서사장치이

3) 조한나, 『씨네21』, no. 1236, 2020, 56쪽.
4) 김지미, 『씨네21』, no. 1236, 2020, 56쪽.
5) 한영현, 「가족과 사회의 윤리적 폭력을 응시하는 영화 〈벌새〉」, 『현대영화연구』 16(3), 현대영화연구소, 2020, 38쪽.

다. 영화는 기본적으로 전지적 3인칭 시점이지만, 영화에서 1인칭 서술과 전지적 서술의 결합은 흔하다. 영화감독은 주관적인 시점 쇼트(1인칭)에서 여러 가지 객관적 쇼트로 쉽게 커트하여 전환할 수 있다."[6] 〈벌새〉가 이룬 성취의 가장 기본적인 동인은 열네 살 소녀에게 부과된 빈번한 시점쇼트에 있다. 이는 영화작가인 감독의 선택이며 감독은 소녀의 시점쇼트와 다른 쇼트들을 연결지음으로써 '서술'하고 메시지를 전달한다. 여기서 '서술'은 소설에서의 서술과 다르지만 유사한 기능을 하는 영화적 서술을 의미한다. 로트만은 "텍스트 구성 원리로서의 시점 때문에 영화는 회화나 연극이 아니라 소설과 유사하다"[7]고 말한다. 쇼트의 연결로 형성되는 영화의 서술은 소설의 작가 서술에 상응하는 역할을 영화 속에서 하기 때문이다.

김보라 감독은 〈벌새〉를 2013년부터 준비했다고 밝혔다. 당시 한국영화는 문화산업의 측면에서 거대자본을 앞세워 대작영화들을 쏟아냈다. 제작사와 배급사는 손익분기점을 맞추기 위해 스크린을 독점하다시피 했고 관객들은 다양한 영화와 만날 기회를 갖지 못했다. 2010년대 중후반까지 한국영화의 양적 팽창의 중심에 있었던 영화는 '한국형 누아르'라고 불리는 범죄영화인데 이들 영화의 Anti-PCPolitical Correctness, 특히 '여성혐오'는 〈브이아이피〉2017에서 정점에 달했고 이는 여성시체의 전시장이 되곤 했던 한국영화에서 여성시체전시의 절정을 보여주는 결과를 가져왔다. 대부분의 여성 캐릭터는 남성의 시각에서 소비되고 버려지며 시신들로 전시되었다. 영화가 문자 그대로 "남성중심적인 재현의 장"[8]이 된 것이다. 결국 초호화 캐스팅에도 불구하고 관객들은 등을 돌리게 되었으며, 여성혐오를 전시하면서 잔혹함에 의존하는 스펙터클과 스타 캐스

6) 루이스 자네티, 김진해 역, 『영화의 이해』, 현암사, 1999, 396쪽.
7) 유리 로트만, 오종우 역, 『영화의 형식과 기호』, 열린책들, 2001, 182쪽.
8) 손희정, 『당신이 그린 우주를 보았다』, 마음산책, 2020, 131쪽.

팅과 막대한 제작비와 스크린 독점으로 흥행에 성공하려는 영화에 대한 비판의 목소리가 발화되기 시작했다. 또한 다양성 영화에 대한 요구도 거세졌다.

'다양성 영화'라고 하면 흔히 독립영화를 떠올리기 쉽다. 그러나 저예산 독립영화라고 해서 〈브이아이피〉 같은 영화와 반대지평에 있는 것만은 아니다. 흔히 독립영화를 일컬어 제작사의 자본에 의존하지 않고 독립적으로 만들어지며 따라서 작가 정신에 충실한 영화라고 말한다, 그러나 엄밀히 말한다면 자본에 의존하지 않는 것이 아니라 의존하지 못하는 것이다. 사실 제작사의 투자를 받아 영화를 찍을 수 있는 감독은 극소수이며, 제작사의 투자를 받지 못하는 감독은 저예산 영화를 찍을 수밖에 없다. 독립영화가 영화산업의 변방에 있다고 해서 항상 대안적이거나 전복적인 것만은 아니다. 변방에 있기에 중심을 더 욕망하게 된다면 중심을 모방하게 되기 때문이다. 또한 독립영화가 곧 예술영화인 것도 아니다. 하지만 결과적으로 이윤 추구를 최우선 목표로 하지 않아도 되고 제작사의 요구에서 자유로울 수 있기에 독립영화는 창작자의 의도와 작가의 실험정신까지도 펼칠 수 있는 장場이 될 수 있다. 무엇보다 주류主流상업영화에서 말하지 않는 것을 말할 수 있다. 〈우리들〉2016의 윤가은 감독은 "중심부에 있는 사람이 아닌 누군가의 삶을 들여다볼 수 있는 것은 독립영화 안에서 가능한 것 같다"고 말하는데, 〈우리들〉이 제작된 2016년을 기점으로 관객들은 '여자아이들'의 시선에서 세상을 바라볼 수 있게 되었다. '여자아이들'은 젠더와 연령에 의해서 가장 취약한 계층이며 정치사회문화의 영역에서 그들의 이야기를 듣지 않거나 왜곡해서 들어왔다는 의미에서 서발턴이었다고 할 수 있다. 주지하다시피 '서발턴Subaltern'은 제국 지배자들에 의해 배척되고 차별 받는 식민지인을 지칭하는 용어이고 보다 포괄적으로 하위계층을 지시하는 용어이다. 또한 가야트리

스피박의 '서발턴은 말할 수 있는가?'라는 에세이로 유명해진 개념이기도 하다. 스피박은 이 에세이에서 제국과 식민지 남성들에 의해 이중으로 억압받고 목소리를 낼 수 없는 식민지 여성의 상황을 논증한다. 본고에서 '여자아이들'에게 굳이 '서발턴'이라는 용어를 사용한 이유는 여자아이들 역시 연령과 젠더에 의해서 이중으로 억압되며 그들의 목소리가 제거되거나 왜곡되기 때문이다. 따라서 장편영화 데뷔작에서 여자아이들의 서사를 조명한 윤가은 감독의 선택은 그 의미가 크다. 이어서 2018년에 제작되고 2019년에 개봉된 〈벌새〉 역시 여자아이들의 시선과 이야기를 전면에 부상시킨다.

〈벌새〉에서는 열네 살 소녀가 주인공이므로 어느 정도 성장서사의 장르적 관습도 사용되지만, 이 영화는 무엇보다 당시 시대가 어떤 모습이었고 왜 그런 모습이었는지를 질문하고 그것이 개개인에게 어떤 흔적을 남겼는지를 묘사한다. 이를 본론에서 논할 것인데 특히 이 영화에서 과거를 낭만화 하지 않고, 재난을 스펙터클로 만들지 않으며 미래를 예시하면서 개인사와 시대사의 연속성을 암시하는 양상들과 방식들을 상술할 것이다. 무엇보다 이 영화에서 주목해야 할 것은 서로를 투시하고 투영하는 개인사와 시대사의 전체 맥락을 관통하는 주요 담론 중 하나인 '페미니즘'인데 〈벌새〉의 페미니즘 관점이 공들여 예리하게 투시하는 것은 '상처의 근원인 가족'이다. 영화 〈벌새〉에서는 가정과 학교와 사회에 일상적으로 자리했던 폭력의 뿌리에 가부장제가 자리하고 있다고 보고 가부장제의 폭력이 열네 살 소녀 '은희'의 몸과 마음에 새겨지는 양상을 세밀하게 묘사한다. 이 글의 2장에서는 폭력이 일상이 되고 일상이 폭력인 시대에 폭력이 어떻게 용인되고 재생산되는지 그 원형을 〈벌새〉 분석을 통해 논한다.

2 반복되는 재난: 폭력의 원형(原型)인 가부장제

〈벌새〉는 가정과 학교에서의 폭력이 일상이었으며 거품경제의 일시적인 호황 속에서 개발지상주의로 인한 재난이 이어졌던 때와 장소로서 1994년 서울을 소환한다. 중학교 2학년생인 열네 살 은희는 오빠 대훈손상연의 일상적인 폭력에 시달린다. 〈벌새〉에서 서사 초반부에 등장한 대훈의 폭력의 디테일 묘사는 구체적이고 생생하다. 하지만 폭력을 스펙터클로 만들지 않는다. 물리적 폭행이 시작되기 전까지 여동생을 대하는 대훈의 언행은 그가 여동생을 자신과 같은 인간으로 취급하지 않으며 언제든 기분상하면 짓밟을 수 있는 존재로 생각하고 있음을 보여준다. 그런데 1994년을 명시적으로 표기한 이 영화에서 지금 현재의 시대적 분위기가 감지된다. 〈벌새〉가 제작된 2018년을 고려해본다면 2016년 강남역 살인사건 등이 우선 떠오를 수 있다. 하지만 인류역사에서 여성에 대한 폭력과 페미사이드는 늘 반복되어왔으며 그 저변에 '여성혐오'가 있다. 여성혐오misogyny라는 용어에서 '혐오'는 주관적 취향이나 기호의 문제가 아니다. 단순히 '몹시 싫어함'의 의미가 아니라 사회와 문화에 걸친 위계적 젠더 체계 아래서 광범위하게 이루어지는 차별적 혐오를 의미한다. 때문에 "혐오는 특정 집단을 배척하기 위한 사회적 무기"[9]가 될 수 있다. 여성을 상대로 한 폭력이나 여성의 성적 대상화 등이 모두 여성혐오이다.[10] 강남역 살인사건의 가해자는 "여성이 자신을 무시해서"라고 범행동기를 밝혔다. 언론에서는 가해자가 조현병 환자임을 내세웠지만, 문제의 핵심은 자신을 무시하는 여자는 죽여도 된다는 생각이 조현병 환자의 사고체계에도 각인되어 있다는 것이다. 즉 범인은 위계적이고 차별적인 젠더

9) 마사 누스바움, 조계원 역, 『혐오와 수치심』, 민음사, 2015, 207쪽.
10) 김선희, 『혐오 미러링』, 연암서가, 2018, 37쪽.

체계를 내면화하고 있고 따라서 이 사건은 위계적인 젠더 체계에 근거한 여성혐오범죄이다.[11] 자신이 부당한 지시를 했을지라도 여동생이 이를 따르지 않아서 자신의 기분을 상하게 했다면 죽을 만큼 때려도 마땅하다고 생각하는 대훈 역시 위계적인 젠더 체계에 근거한 여성혐오를 내면화하고 있다. 이렇게 폭력은 반복되고 재난도 반복된다. 대훈의 폭행은 조금 열린 방문 사이로 들리는 둔탁한 소리의 연쇄와 은희의 숨넘어가는 가쁜 호흡 소리만으로 그 야만의 분위기가 전달된다. 관객을 긴장하게 하고 분노하게 하지만 '고발'을 빌미로 폭력을 전시하지 않는 방식이다.

여동생에게 폭언하고 폭행을 가하는 대훈은 불과 중학교 3학년이지만 아버지의 지원 아래 새끼 가부장의 지위를 누린다. 대훈의 위치는 영화에서 재현된 식탁의 배치에서 압축적으로 제시된다. 거실 한 쪽 벽에 붙어 있는 식탁에서 벽과 마주하고 있는 아빠정인기의 오른쪽 자리에 대훈이 앉아 있고, 대훈의 맞은편에 엄마이승연의 자리가 있다. 엄마는 자리에 앉아 있지 못하고 계속 음식을 가져온다. 대훈의 옆자리에는 은희의 언니이자 대훈의 누나인 수희박수연가 앉아 있고, 엄마의 옆자리에 은희가 앉아 있다. 그 식탁에서 아빠는 가족들에게 대훈이가 2년 연속 학생회장에 선출될 수 있게 기도하자고 말한다. 그 자리에서 은희는 오빠의 폭행을 호소했지만 소용없다. 아빠는 못들은 척 하고 엄마는 "니들 싸우지 좀 마"라고 말한다. 카메라에 클로즈업 되는 은희의 절망하는 얼굴과 이를 바라보는 수희의 굳은 얼굴은 말 그대로 '상처받은 타자'의 것이다. 그들의 목소리는 쉽게 묵살된다. 수희는 아빠로부터 "대치동에 살면서 공부 못해서 강북으로 고등학교 다니는 년"이라는 폭언에 시달리며 동생 은희를 도와줄 힘이 없다. 아빠가 오빠를 혼내는 경우는 자신이 있는 자리에서 대훈이 은희를 때렸을 때이다. "어디 아

11) 김선희, 앞의 책, 51쪽.

빠 앞에서 동생을 때려"라는 대사에서 방점은 "아빠 앞에서"에 찍혀 있다. 가부장인 자신 앞에서 아직 새끼 가부장인 아들이 가부장 행세를 하는 것을 용납할 수 없는 것이다.

〈그림 1〉 은희 가족의 식탁. 수희가 지각으로 인해 성수대교 사고를 피한 후 저녁 식탁에서 대훈이 갑자기 오열한다. 사실은 허약한 남성성을 어떤 대사나 설명도 없이 보여준다.

은희의 가장 친한 친구 지숙 역시 오빠에게 맞아서 처참해진 입술을 마스크로 가리고 학원에 온다. '어린 여자'라는 이유로 함부로 다뤄지는 몸과 마음에 상처 입은 두 소녀의 대화에서 약자의 저항방식인 '자살'이 언급될 때 소녀들의 무력한 분노는 극에 달하지만 이는 곧 체념으로 향한다.

> 지숙: 너네 오빤 주로 어떻게 때리냐?
> 은희: 존나 다양해. 요샌 죽도. 그 새끼 해동검도 하거든.
> 지숙: 그건 차라리 나아. 골프채 존나 아파.
> (……)
> 은희: 가끔 그런 생각한다. 내가 자살을 하는 거야. 오빠 새끼가 괴롭혀서 힘들다고 유서 남기고 …… 근데 그러면 내가 김대훈 새끼가

죄책감 느끼는 걸 못 보잖아. 그래서 죽고 나서 하루만 유령으로 있는 거야. 그 새끼 막 울고 아빠한테 혼나. 그럼 난 그걸 천장에서 다 내려다보는 상상을 한다? 엄마, 아빠 다 울고 …… 그러면 막 상상만 해도 후련해.

……

지숙: 다들 우리한테 미안해하긴 할까?[12)]

백델 테스트로 유명한 그래픽 노블 작가 앨리슨 백델Alison Bechdel은 김보라 감독과의 인터뷰에서 영화 〈벌새〉를 보고 그렇게 어린 나이에 성차별이 발현되는 것과 동생을 공공연하게 때리는 오빠의 모습이 충격적이었다고 말한다.[13)] 가부장이 새끼 가부장을 키우는 사회 분위기에서 씩씩했던 여자아이들도 두려움과 무기력과 체념을 학습하게 된다. 즉 "여성의 외로움, 불안함, 수치심은 사춘기가 되면서 어린 시절의 적극적인 성격이 성차별적인 사회 문화에 의해 꾸준히 침식당한 결과"[14)]라고 볼 수 있다. 아들 대훈이 대원외고에 합격하기를 염원하는 아빠는 신분상승의 수단이 된 학벌지상주의가 공기와도 같이 일상에 퍼져 있었던 1990년대 사회분위기를 전달한다. 신분상승의 수단이 된 학벌지상주의가 1990년대만의 특징은 아니다. 다만 평등과 정의를 추구하며 민주화에 투신했던 1980년대를 지난 1990년대를 기점으로 배금주의와 학벌주의는 반성적 성찰 없이 뻗어나갔다고 볼 수 있다. 이 역시 현재까지 반복되어 진행되는 사회현상이다. 자신의 사회적 계층에 대한 자격지심을 집에 와서 가부장으로 군림하면서 해소하는 모습 역시 흔한 가부장의 모습이다. 은희의 아버지는 떡집을 하는 자신을 무시했다고 생각되는 여자 손님에 대해 식탁에서 욕설을 퍼부으며 허세를 부리고 아내의 노동으로 살아가면서도 자신의 '춤바람'에 대해 질타하는 아내에게

12) 김보라, 『1994년, 닫히지 않은 기억의 기록, 벌새』, arte, 2020, 58-59쪽.
13) 김보라, 앞의 책, 269쪽.
14) 저메인 그리어, 이미선 역, 『여성, 거세당하다』, 텍스트, 2012, 105-106쪽.

손찌검을 하는 등 일그러진 남성성을 보여준다. 은희 아빠의 행동에 대해서 이나라는 코멜R. W. Commell의 '복수의 남성성' 개념 중 '항변하는 남성성protest masculinity이라는 개념으로 명명한다. 항변하는 남성성은 아내의 수입에 의존해 살면서 사나운 개를 키우는 등의 방식으로 남성성을 보상받으려고 하는 남성성을 지칭한다.[15] 은희 외삼촌인 오빠의 학비를 벌기 위해 진학을 포기했던 사연이 짧게 소개된 엄마는 떡집에서의 노동과 가사노동에 더해서 '춤바람' 난 남편 때문에 늘 고단하다. 은희에게 날라리가 되지 말고 여대생이 되어야 한다고 말하며 여대생의 모습을 묘사하는 엄마의 꿈을 꾸는 듯한 눈빛은 그 시대 엄마들의 전형을 보여준다. 딸로 태어났다는 이유로 많은 것을 포기한 엄마 역시 가부장적 이데올로기를 내면화 했으며 은희의 이야기에 귀를 기울이지 않는다. 영화 속에서 은희가 엄마를 애타게 부르지만 엄마의 시선이 먼 곳에 가 있는 장면은 짧은 쇼트 안에 많은 정보를 응축하고 있다. 〈벌새〉 전반에 걸쳐서 가장 '영화적인' 장면들 중 하나이기도 하다. 카메라 렌즈와 인간의 눈은 포착하고 기록기억한다는 유사점이 있다. 카메라는 해낼 수 있지만 인간의 눈이 결코 할 수 없는 것은 그 사건의 외관을 그대로 고정시켜 놓는 일이다.[16] 은희의 시점쇼트를 거친 롱쇼트로 시작하여 엄마를 클로즈업 한 카메라 워킹은 엄마와 엄마를 바라보는 은희를 고정시키고 그들의 정동을 고정시킨다. 그 순간 엄마는 엄마가 아니라 '숙자'이다. 스스로 가부장 질서를 내면화 했음에도 어느 순간 비치는 공허한 얼굴이 순간의 정적과 함께 다소 몽환적으로 연출되어 견고해 보이는 가부장제의 균열을 암시한다. 숙자는 일종의 '문화적 우울증'을 앓고 있는 것이다. 많은 경우 여성의 우울증은 개인적인 심리의 문제라기보다는 여성에게 요구되는 차별적이고 억

15) 이나라, 「픽션과 다큐멘터리 사이에서 (독립)여성으로 다시 쓰기: 「벌새」와 「공사의 희로애락」」, 『영미문학연구』 (48), 영미문학연구회, 2019, 191쪽.
16) 존 버거, 박범수 역, 『본다는 것의 의미』, 동문선, 2000, 77쪽.

압적인 가부장제 젠더 체계로부터 기인하는 것이라는 점에서 문화적 우울의 성격을 갖는다.17)

은희와 친구 지숙이 트렘펄린 위에서 뛰는 장면을 로우앵글의 슬로우 모션으로 포착한 장면 역시 영화적인 방식으로 양가적 감정을 전달한다. 로우앵글로 촬영했기 때문에 마치 날아오르는 것처럼 보이지만 흐릿한 필터를 사용한 느린 속도의 움직임은 슬픈 정동을 전달하기도 한다. 소녀들의 비상飛上은 천진난만하거나 즐겁게만 보이지 않는다. 그들의 몸은 찰나의 순간 비상하지만 그들이 발을 딛고 선 지상에서 그들의 몸과 마음은 반복적인 폭력을 각인하기 때문이다. 은희와 지숙은 문구점에서 물건을 훔치다가 주인에게 들킨다. 덩치 큰 남자주인은 은희와 지숙을 위협하고 지숙은 은희 아빠 가게가 어디인지를 실토한다. 아이들의 약점을 빌미로 한 몫 챙기려는 속셈을 드러낸 남자는 은희의 아빠한테 전화를 걸어서 은희를 경찰서에 보내지 않을 테니 보상해 줄 것을 요구한다. 후에 지숙은 자신의 행위에 대해 그 아저씨가 때릴 것 같아서 너무 무서웠기 때문이라고 말한다. 오빠의 지속적인 폭력으로 인해 몸과 마음에 새겨진 폭력의 상처는 친구까지 배신하게 할 만큼 후유증이 큰 것이다. 울면서 서로를 끌어안는 은희와 지숙의 화해는 사춘기 소녀들의 감성이나 우정 등의 어휘로만 설명하기에는 부족한 함의를 내포한다. 그들이 같은 상처를 공유하고 서로를 이해하고 위로하고 위로받기에 그러하다. 이는 여성들 간의 연대의 단초를 보여준다.

17) 김선희, 앞의 책, 72쪽.

〈그림 2〉 트렘펄린 위에서 뛰는 은희와 지숙

관객은 트렘펄린 위에서 뛰는 은희와 지숙의 즐거우면서도 슬픈 순간을 각인한다. "회화와 사진이 시간을 응결하는 예술이자 동시에 비상중인 시간을 포획하는 예술이"[18]라면 회화와 사진의 특성을 공유한 영화 역시 비상 중인 시간을 포획한다. 위에 소개한 스틸 컷에서처럼 의도적으로 느린 속도의 촬영을 했을 때는 더욱 그러하다. 응결된 시간을 공유한 은희와 지숙은 화해하고 그들이 공유하는 상처를 어루만진다. 그 상처의 근원은 가부장제의 폭력이 지배하는 가정이다.

〈벌새〉에 등장하는 남성 캐릭터들은, 오빠에게 뺨을 맞아 고막이 찢어진 은희에게 진단서가 필요하면 말하라고 한 의사를 제외하고는, 부정적으로 묘사되었다. 그런데 그 부정적인 모습들이 특이하다기보다는 일반적인 것으로 재현된다. 은희 아빠의 언행은 집안에서 허세부리는 한편 자신의 계층적 콤플렉스를 떨쳐내기 위해 아들에게 희망을 거는 그 시대 흔한 가부장의 모습으로 보이고, 은희의 오빠 대훈의 폭력성 역시 핍진하게 형상화된다. 은희와 사귀

18) 자크 오몽, 김호영 역, 『영화 속의 얼굴』, 마음산책, 2006, 70쪽.

면서 다른 여자아이를 만나기도 하고, 은희 앞에서 계층차이에 의한 차별을 당연시 하는 엄마에게 항변하지 못한 채 이끌려가고 다시 은희를 찾는 남자친구의 모습도 그다지 특이한 것은 아니다. 심지어 문구점에서 물건을 훔치던 은희와 지숙을 위협하며 아이들의 약점을 이용해 한 몫 챙기려던 문구점 주인남자의 모습까지도 유별난 것으로 보이지 않는다. 이는 실제로는 허약한 '남성성'이지만 여러 형태의 폭력으로 표출되는 '남성성'이 그 시대에 마치 공기처럼 퍼져 있었다는 것을 시사한다. 〈벌새〉의 페미니즘은 폭력을 폭력으로 인식할 수 없을 만큼 도처에 흔하게 자리한 '남성성'을 폭로하며 '남성성'의 방식이 지배하는 세계가 누구에게도 행복하지 않다는 것을 보여준다. 더 나아가서 어린 소녀의 몸과 마음에 각인된 폭력을 치유하는 과정에서 레비나스의 '타자의 철학'과 '책임의 윤리학'을 읽어낼 수 있는데 이를 3장에서 논한다.

3 타자의 철학, 책임의 윤리학으로 연결되는 여성 성장서사

친구의 배신에 깊이 상처받고, 그냥 경찰서로 보내라는 아빠의 말에 상처받으며 집에 돌아가서 오빠에게 맞을 일을 생각하며 눈물 흘리는 은희 앞에 레비나스적인 '환대'를 실천하는 사람이 나타난다. 한문학원 선생님인 영지이다. 영지의 행위에 대해서 '레비나스적인 환대'라고 서술하는 이유는 은희와 영지의 인물화characterization 두 사람의 관계가 진행되는 양상이 레비나스의 '타자의 철학'과 '책임의 윤리학'의 한 전범典範을 보이기 때문이다. 레비나스는 상처받기 쉬운 타자의 얼굴의 출현을 윤리적 사건이라고 말한다.[19] 응답을 요구하는 타인의 부름에 내가 응답할 때, 나는 비로소 '책

19) 강영안, 『레비나스의 철학, 타인의 얼굴』, 문학과지성사, 2005, 177쪽.

임적 존재' 또는 윤리적 주체로 탄생하며 레비나스가 말하는 타인의 얼굴은 동정을 유발하는 것이 아니라 내가 정의로워야 한다는 요구를 하는 것이다.[20] 무엇보다 타자를 내 손님으로 환대하는 가운데 구체적인 윤리성이 시작되며 내 자신은 내면성, 내재성의 세계를 벗어나 진정한 초월적 주체, 도덕적 주체가 될 수 있다. 레비나스는 이전까지 서양철학의 주류를 이루었던 존재론이나 인식론에 문제를 제기하고 나와 타자의 관계를 다루는 '책임의 윤리학'을 역설한다.[21] 상처 입은 타자의 얼굴로 다가온 은희를 환대하는 영지 선생님은 레비나스가 말하는 윤리적 주체이다. 영지는 울고 있는 은희에게 우롱차를 끓여주며 은희의 이야기를 들어준다. 그때까지 가족도 학교선생님도 은희의 이야기에 귀를 기울인 적이 없다. 오빠가 매일 자기를 개 패듯 때린다는 은희의 말에 영지는 "그러면 넌 어떻게 해?"라고 나지막이 묻는다. 반항하면 더 때리기 때문에 그냥 빨리 그 시간이 지나가기만 바란다는 은희의 말을 듣기만 했던 영지는 후에 은희가 입원한 병원에 찾아가서 은희의 이름을 다정하게 부른다. "너 이제 맞지 마. 누가 널 때리면 어떻게든 맞서 싸워"라고 말하는 영지에게 은희는 약속하겠다고 말한다. 은희에게 그렇게 말해준 사람은 영지가 처음이다. 은희의 엄마조차도 은희에게 여자아이가 애교도 없어서 오빠에게 맞는다고 말할 정도이다. 이렇듯 새끼 가부장을 키우는 문화는 남성 가해자에게 관대한 사회를 만들며 피해자를 비난하는 분위기를 형성하고 피해자를 숨게 해왔다. 하지만 영지 선생님은 은희를 비난하지 않으며 공격당하기 쉽고 상처받기 쉬운 약자인 은희가 가지고 있는 내면의 힘을 이끌어내려 한다.

20) 강영안, 앞의 책, 149쪽.
21) 강영안, 앞의 책, 152쪽.

〈그림 3〉 은희에게 우롱차를 끓여주고 은희의 이야기를 들어주는 영지 선생님

어떻게든 맞서 싸우라는 영지의 말이 은희에게 한 말이면서 동시에 영지 자신에게 한 말이기도 하다고 해석한 최은영은 은희에게는 한없이 크고 단단해 보이는 선생님이지만 영지 역시 20대의 젊은 여성이라는 것을 주목한다.[22] 20대의 젊은 여성으로서 연령과 젠더에 의해 취약한 입장에 처하기 쉬운 영지는 은희의 얼굴에서 자신의 십 대 소녀시절의 마음을 읽은 것이다. 자신의 이야기를 들어주고 자신에게 손 내밀어 주는 영지를 기억하는 은희는 훗날 영지가 되어 다른 은희의 이야기를 들어주고 손 내밀어 주게 될 거라는 예측도 가능하다. 손 내미는 연대는 이어지며, '의미 있는 타자'와의 만남은 한 인간의 성장에 결정적인 역할을 한다. 가부장제의 폭력과 그 후유증에 대해 차분하지만 강렬하게 증언하는 〈벌새〉에서는 사회적 재난도 은희의 시선으로 응시하는데, 사회적 재난의 근원에 자리한 남성성의 폭력성과 동일화의 폭력성이 포착된다.

영지의 인물형상화는 〈벌새〉에 정치적인 입장을 배치하고 개인사와 시대사의 관계를 분명하게 아로새기며 여성 성장서사를 구축하고 영화 전체의 독특한 분위기를 형성한다. 대중문화가 화려하게

22) 최은영, '그때의 은희들에게', 김보라, 앞의 책, 2020, 211쪽.

꽃피웠던 1994년을 배경으로 한 〈벌새〉에서 당시 널리 알려진 대중가요가 울려 퍼지는 와중에 영지가 은희와 지숙 앞에서 나지막하게 불러주는 노래는 "잘린 손가락 바라보며 소주 한 잔 마시는 밤"이라는 가사를 담고 있는 노동가요이다. 영지와 은희가 함께 걷는 거리는 화려한 번화가가 아니라 거친 호소문이 담긴 현수막이 널려 있는 (후에 타워팰리스가 세워진) 재개발 지역이다. 카메라는 은희의 시점쇼트를 거쳐서 영지의 서가를 오래 조명하는데, 서가에 꽂혀 있는 책들은 사회과학 서적들이다. 민주화를 이루어 내고이룬 것처럼 생각되고 문민정부가 들어섰으며 거품경제의 호황을 누리고 대중문화의 황금기이자 계층의 피라미드 상층부에 올라가기 위한 방법으로 학벌지상주의가 승승장구했던 1994년 대치동에서 영지의 존재는 유표적이다. 영지는 〈벌새〉에 등장하는 인물들 중 유일하게 불의와 결핍을 인식하는 인물이며 "집단의 꿈과 질서로부터 독립한 개인이면서, 부당한 것에는 맞서라고 용기를 주는 사람"[23]이다. 여기서도 영지는 레비나스의 철학을 체현한다. 국가는 익명적이고 보편적이기 때문에 구체적인 타자의 고유성에 무관심하고 이로 인해 의도와 상관없이 개인에게 폭력을 행사할 수 있다, 이것을 레비나스는 '정치의 드라마'라 부른다. 국가 체제 뒷면의 그림자를 직시한 레비나스는 국가 체제가 완벽하게 돌아가기 때문에 발생하는 폭력은 오직 개인의 양심을 통해 볼 수 있다고 말한다.[24] 문화적으로 경제적으로 풍요롭게 보이는 1994년, 국가 체제가 완벽하게 돌아가기 때문에 발생하는 폭력을 응시했던 영지는 '양심'을 가진 개인이며 단지 양심을 가진 개인에 머무르지 않고 타자의 목소리에 귀 기울이고 응답한다. 레비나스의 윤리학이 '책임의 윤리학'일 수 있는 이유는 인간을 응답자로 보는 관점에서 책임이란 함께 공동

23) 김원영, '붕괴하는 꿈속에서 누군가를 만나고, 이별한다는 것', 김보라, 앞의 책, 235쪽.

24) 강영안, 앞의 책, 195-197쪽.

체를 형성하는 사람들과 사회적 연대를 구축하게 하는 것이기 때문이다.[25] '책임의 윤리학'을 실천하는 영지에게 은희는 의미 있는 타자이고 은희에게 영지는 의미 있는 타자이다. 즉 영지는 가부장제와 자본주의와 개발독재의 폭력성을 직시하면서 어린 시절의 자신이기도 한 은희에게 용기를 주는 인물이다.

영지의 환대 속에서 자신을 소중히 하게 된 은희는 변화한다. 은희의 말을 귀담아 듣지 않고 건성으로 대답하는 바람에 영지 선생님과 만날 기회를 무산시킨 학원원장이 영지 선생님이 원래 이상한 사람이라고 말하자 알지도 못하면서 이상한 사람이라고 말하지 말라고 항의한다. 영지 선생님을 다시 만나지 못하게 될 것 같은 절망감에 방에 틀어박힌 은희를 카메라가 초점화 하고 보이스 오버를 통해 문밖에서 은희의 성격이 나빠서 학원에서 쫓겨났다는 부모의 거친 말이 들린다. 결국 은희는 자신의 감정을 표출한다. "내 잘못 아니야. 나 성격 안 나빠"라고 울부짖는 은희의 모습은 핸드헬드로 촬영되어 은희의 절망과 억울함과 분노의 정동이 관객에게 그대로 전달된다. 그때 들어온 대훈은 은희에게 "맞고 싶냐? 조용히 해"라고 위협하는데 은희는 "때리기만 해 봐 이 개새끼야. 내가 너 신고할 수도 있는데 봐주는 거야."라고 소리 지른다. 숨도 쉬지 못할 정도로 맞으면서도 저항하지 못했던 은희였다. 은희는 껍질을 깨고 다른 세계로 나오지만 대훈은 자신의 기분을 나쁘게 하는 은희를 참을 수 없다. 대훈은 은희의 고막이 찢길 정도로 세차게 은희의 뺨을 때린다. 이러한 대훈의 행위는 지금 여기서도 낯설지 않다. 즉 저항하지 않고 맞기만 했을 때에도 폭력은 지속되지만, 고분고분하지 않은 여성에 대한 폭력의 양상은 현재 페미니즘에 대한 백래시로 모습을 드러내고 있다.

〈벌새〉의 스토리시간으로 제시된 1994년은 페미니즘이 한국의

---

25) 강영안, 앞의 책, 199쪽.

학술과 문화영역에서 어느 정도 주류담론으로 자리 잡은 시기이지만 〈벌새〉가 제작되고 개봉된 2018년, 2019년은 페미니즘 백래시가 거셌던 시기이다. 페미니즘의 역사와 갈래들에 대해서 본고에서 상세하게 다룰 필요까지는 없지만 학술적으로 명명된 페미니즘의 갈래들을 간략히 소개해보면 자유주의 페미니즘, 급진주의 페미니즘, 사회주의 페미니즘, 마르크스주의 페미니즘, 실존주의 페미니즘, 정신분석 페미니즘, 에코 페미니즘, 포스트모던 페미니즘 등이 있다. 이들 다양하고도 상이한 페미니즘 이론들이 공유하는 지점, 즉 페미니즘이 충족해야 할 최소 조건을 김선희는 다음 두 가지로 보고 있다. 첫째는 인류의 역사를 통해 구조적으로 부당한 성차별이 있어왔으며 지금도 그렇다는 것을 인정하는 것이다. 둘째는 부당한 성차별이 해소되어야 한다고 주장하는 것이다.[26] 여기서는 1994년과 2018년의 간극에 대해서는 언급할 필요가 있다. 1994년에도 안티-페미니즘은 존재했으나 백래시는 2010년대에 남초 커뮤니티의 온라인 활동과 함께 본격적인 공격의 양상으로 나타났다. 페미니즘에 대한 백래시는, 더 이상 가만히 있지 않기로 한 은희처럼, 젊은 여성들이 더 이상 참지 않기 시작하면서 가열되었다. '미러링' 전략으로 대표되는 젊은 여성들의 대응 방식은 이전 세대 페미니스트들과 갈라진다. 2016년 강남역 살인사건과 2017년부터 가시화 된 디지털성범죄의 가공할 파괴력에 젊은 여성들은 목소리를 내고 연대했으며 다시는 이전으로 돌아가지 않으리라고 말한다. 자신이 때리면 여동생은 맞기만 해야 한다고 생각하는 대훈의 멘털리티는 세대를 가로질러 현재 젊은 남성들에게서 재현된다. 자신을 무시하는 여자는 죽여도 된다고 생각하는 남자들에 의해 여자들은 실제로 죽임을 당하고, 성폭력은 여전히 기승을 부리지만 이에 대한 여성들의 저항방식이 기분 나쁘다는 이유로 페미니즘

26) 김선희, 앞의 책, 60쪽.

백래시가 거세진 것이다. 그들이 보기에 '피해자다운' 피해자일 때에만 그들은 피해자를 단지 동정한다. 현재 한국의 20대 남성들은 '페미'라는 말투와 글투를 '빨갱이' 인장 찍기와 유사하게 사용한다. 이들은 자신들의 힘든 삶과 전망 없어 보이는 미래에 대한 좌절과 불만을 '페미'에게 투사시켜 공격한다. 때로 자신의 힘듦을 내세워 더 힘든 사람들에게 폭력을 행사한다. 이들은 성차별과 성폭력이 만연한 현실을 인정하지 않으며 가부장제에서 누릴 수 있는 특권이 본래 자신의 권리였다고 생각한다. 공공선과 약자에 대한 정의와 인간에 대한 신뢰의 가치는 낡은 것이 되었다. 현재 젊은 남성들이 주장하는 '공정'은 기실 약육강식과 동일성의 폭력 속에 자리한다. 게다가 이들의 정서를 정치적으로 이용하는 정치인들이 세력을 얻고 있다. 폭력에 저항하는 여성을 그 '저항'을 이유로 더 억압하고 획일적인 잣대로 모든 것을 계량화 했던 결과인 1994년의 재난은 지금도 현재진행형임이 〈벌새〉에서 재현된다.

영화서사 종반부에 '1994년 10월 21일'이라는 자막이 제시될 때 그날이 성수대교가 붕괴된 날이라는 것을 떠올리는 건 어렵지 않다. 그런데 〈벌새〉에서 자막 이후 먼저 제시된 장면은 "우리는 죽어도" "살고 싶다"는 구절만이 남아 있는 찢어진 현수막이 나뒹굴고 있는 재개발 현장이다. 그리고 TV 화면에서 성수대교 붕괴사고를 알리는 뉴스가 방송된다. 〈벌새〉의 작가는 재개발 현장과 성수대교 붕괴를 같은 맥락에서 보고 있는 것이다. 성수대교 붕괴 바로 다음 해에는 삼풍백화점이 붕괴되었다. 영화의 엔딩 시퀀스에서 수학여행을 떠나기 위해 교정에 모여 있는 여중생들의 들뜬 표정을 담은 장면은 20년 후 2014년 세월호 참사에 대한 예시의 기능을 한다. 이 역시 모두 같은 맥락 안에서 재현된다. 그리고 누구보다 그 맥락을 예리하게 간파하는 인물인 영지 선생님은 무너진 성수대교에서 세상을 떠났다. 사실 사고 소식과 함께 관객들을 긴장하게 한 것은 바로 그 시각에 성수대교를 지나는 버스를 탔을 것으로 추정되는 수희가 사고를 당했을지도 모른다는 불안의 정동이다. 수희의 안위를 묻는 친구와, 미친 듯이 전화하며 언니의 생존을 확인하려는 은희 그리고 무사히 함께 한 저녁식탁에서 대훈의 느닷없는 오열까지 일련의 시퀀스가 끝나고 평온을 찾은 은희에게 영지의 사고 소식이 전해진다. 이는 소설이나 영화 같은 예술텍스트가 반드시 가져야 하는 '비예측성'의 요소이다. 예술적 의사소통에서 미학적 접촉의 언어와 그 언어에 기반을 둔 텍스트는 비예측성을 반드시 가져야 한다. 텍스트는 동시에 규칙적일 수도 있고 비규칙적일 수도 있으며 예측적일 수도 있고 비예측적일 수도 있어야 한다.[27] 또한 스토리의 초반에 총이 제시되었다면 그 총은 누군가를 향해 반드시 발사되어야 한다는 스토리텔링의 기본에 충실한 것이기도 하다. 그런데 중요한 것은 사고를 당한 사람이 왜 '영지'인가 라는 문제이다. 영지는 자신에게 다가온 '상처입기 쉬운 타자의 얼굴'에 응답하고 환대하는 윤리적 주체이며 국가권력의 그림자를 직시하는 양심적 개인이고 남성성의 폭력과 동일성의 폭력이 작동하는 방식의 구조적 상동성을 인식하는 인물이다. 영지는 결국 작가의 페르소나라고 할 수 있다. 성장서사에서 의미 있는 타자의 죽음은 '죽음의 발견'을 통한 성장을 이끄는 교화자의 역할을 할 수 있지만, 열 네 살인 은희는 이미 죽음이 무엇인지 알고 있다. 영지의 죽음이 주는 의미는 영화의 결말부에서 영지가 은희에게 남긴 편지의 내용이 전달되는 화면구성방식을 통해 추론해야 한다.

영지 선생님이 은희에게 남긴 편지의 내용은 "세상은 참 신기하고 아름답다"는 것이다. 세상이 아름답다고 해도 그 아름다움은 함부로 다루어지는 은희의 몸과 마음의 상처와 대비되는 그래서 오히려 잔혹한 아름다움일 수도 있다. 가정에서도 학교에서도 만연한

27) 유리 로트만, 앞의 책, 187쪽.

폭력에 움츠러든 은희에게 영지 선생님은 왜 세상은 참 신기하고 아름답다고 했을까? 여기서 여성성장서사의 독특한 양상이 조형된다. 은희가 영지의 과거라면 영지는 은희의 미래이며 은희와 영지 선생님은 시공간을 가로질러 마주한 도플갱어로 보인다. 영지 역시 은희의 시절을 거쳤으며 은희가 겪고 있는 폭력이 어떤 것인지를 알고 있다. 그럼에도 불구하고 "세상은 참 신기하고 아름답다"고 말하는 영지는 자신의 삶을 사랑하고 있으며 그 사랑은 어렸을 때의 자신이기도 한 은희에 대한 응원으로 이어지는 것이다. 영지는 폭력을 폭력으로 인지하지도 못하는 사람이 가득한 이 세상에서 은희가 두려움에 침잠하지 않기를 바란 것이며, 은희가 삶을 견디는 것이 아니라 삶을 누리는 사람이 되기를 바란 것이다. 영화 〈벌새〉의 라스트 신에서 영지 선생님의 편지가 보이스 오버 내레이션으로 소개되며 카메라는 수학여행을 앞두고 들뜬 여학생들의 모습을 파노라마로 담는다. 이 장면은 은희의 시점쇼트를 거쳐서 촬영되었으며 이때 은희의 미소는 자기 자신을 사랑하게 된 사람의 미소이다. 가족의 폭력에 깊이 상처 받고 친구에게 배신당하기도 하고 우유부단한 남자친구를 통해 부모의 사회계층에 의해 자신이 어떻게 취급받을 수 있는지조차 알게 되며 스스로를 사랑할 수 없었던 은희였다. 그러나 자신의 이야기를 들어주고 자신에게 손 내밀어 주는 영지 선생님의 손을 잡으면서 은희는 스스로를 사랑할 수 있게 되었다. 자신의 생을 사랑하게 된 은희는 이제 영지 선생님이 되어 다른 은희에게 손을 내밀게 될 것이다.

성장서사에서 '성장'이 환멸에 눈뜨고 악의 세계에 진입하는 것으로 형상화 되는 경우가 많이 있다. 순진무구한 세계의 문턱을 넘어 정글에서 살아남을 수 있는 잔혹함이 통과의례의 조건으로 요구되기도 한다. 특히 남성성장서사에서 그러하다. 새끼 가부장은 가부장을 모방하며 '성장'한다. 하지만 〈벌새〉에서 은희의 성장은 약육강식의 생존법칙을 배우는 방향으로 향하지 않는다. 오히려 개발지상주의의 슬픈 과정과 참혹한 결과를 목격하며 다른 세상을 꿈꿔야 한다는 깨달음으로 향한다. 영지 선생님의 소식을 알게 되고 은희는 새벽 일찍 성수대교 붕괴 현장을 찾는다. 오열도 탄식도 대사도 없이, 카메라는 붕괴된 성수대교와 이를 바라보는 은희를 조명한다. 이제 은희는, 한 가지의 가치만이 옳다고 주장하며 그 가치에서 벗어난 사람들을 기이한 것으로 여기고 타자화 하며 타자화 된 이들에게 거침없는 폭력을 행사하는 가족과 학교와 국가의 민낯을 바라보게 된 것이다. 아내의 노동력을 착취하면서 아내에게 손찌검 하고 아들의 대원외고 합격을 갈망하는 아빠와 자신의 좌절과 절망을 가학성으로 표출하는 오빠와 날라리 색출 작업을 벌이겠다며 반 친구를 고발하게 하는 담임교사와 떡집을 하는 부모를 둔 은희의 면전에서 '방앗간 집 딸'과 사귀지 말라고 말하는 남자친구 엄마 등이 추구하는 가부장적 자본주의 피라미드의 상층부로 가기 위한 학벌지상주의와 편 가르기와 배타적인 폭력과는 다른 세상을 상상하는 능력을 가지게 된 것이다.

〈그림 4〉 영지 선생님이 무너져 내린 성수대교에서 사고를 당해 더 이상 세상에 없다는 것을 알게 된 은희는 새벽에 언니 수희와 수희의 남자친구와 함께 성수대교 붕괴 현장을 찾는다.

평범한 여중생인 은희에게는 힘이 없다. 여자아이인 은희는 쉽게 폭력과 억압의 대상이 될 뿐만 아니라 은희의 말에 귀 기울이는 사람도 많지 않다. 그러나 영화 〈벌새〉는 은희에게 시점쇼트를 부여했다. 따라서 은희는 많은 것들을 본다. 자신이 보고 있는 것의 의미를 완전히 이해하지 못하더라도 보고 있다. 아빠의 허세를, 엄마의 공허한 얼굴을, 맞고 싶냐고 말하는 오빠의 눈을, 언니의 상처 입은 분노를, 찢겨진 현수막을, 영지의 사진을, 무너진 성수대교를, 수학여행 길에 오르는 친구들의 들뜬 표정을 은희는 본다. 그리고 관객은 은희의 시선에 포착된 모든 것들과 함께 은희의 얼굴을 본다. 이는 "가족과 학교와 국가 제도의 폭력성을 환시하는 시대적 징후로서의 얼굴"[28]이다. 그리고 카메라에 초점화 된 은희의 얼굴은 또한 자신이 그 곳에 있다고 목격자로서의 자신의 존재를 말하는 얼굴이다.

본다는 것, 목격했다는 것은 증언의 소명을 가지고 있다는 것을 의미한다. 그리고 증언은 개인적인 차원을 넘어서 사회적인 차원의 행위가 된다. 개인에게 새겨진 시대사는 개인의 증 언을 거쳐 서사가 된다. 여기서 '여자아이'인 은희에게 목격과 관찰의 시선이 주어지고 증언의 소명이 주어졌다는 것이 중요하다. 오랫동안 우리는 중심에 있는 사람들백인, 남성, 귀족 또는 부르주아, 이성애자 등의 시선을 통해 세상을 바라봤고 그들의 언어를 통과한 증언들을 진실이나 역사적 사실로 받아들였다. 그 과정에서 배제된 삶이 있고 지워진 사실이 있으며 드러나지 못했던 진실이 있다. 하지만 〈벌새〉는 "타자화 된 존재들이 살아냈던 삶 또한 빛나고 가치 있는 것으로서 이해되어야 한다는 점을"[29] 여자아이인 은희의 시선과 얼굴을 통해 증언했으며 더 나아가서 중심과 주변의 경계를 허물고 억압된 것을

28) 남다은, '영지, 우리가 잃어버린 얼굴', 김보라, 앞의 책, 220쪽.
29) 한영현, 앞의 논문, 44쪽.

부상시킨다. 영화감독 김보라의 이러한 선택은 세상을 바라보는 시선을 다각화 할 뿐만 아니라 타자와 관계에 대한 철학 자체를 다시 정립할 것을 요구한다. 이는 구체성을 띤 개인의 삶 속에 새겨진 시대의 모습을 바라볼 수 있을 때 가능하다.

4 일상의 폭력과 사회적 재난의 연결고리

지금까지 영화 〈벌새〉에서 개인에게 새겨진 시대적 재난이 형상화 되는 방식을 분석하고 그 의미를 고찰했다. 〈벌새〉에서는 목격과 체험의 증언자로서 '상처 입은 타자의 얼굴'을 가진 열네 살 소녀 '은희'를 전경화 한다. 은희의 몸과 마음에 새겨진 상처의 근원은 가부장 질서의 폭력이 자리하고 있는 가정이다. 학교와 사회에서의 일상적인 폭력도 유사한 방식으로 작동되며 재난은 반복된다. 〈벌새〉의 주요 담론 중 하나인 페미니즘은 폭력을 폭력으로 인식할 수 없을 만큼 도처에 흔하게 자리한 '남성성'의 폭력의 양상들을 세밀하게 드러내며 '남성성'의 방식이 지배하는 세계에서 누구도 행복하지 않다는 것을 보여준다. 어린 여자로서 연령과 젠더에 의해 이중으로 타자화 되는 은희는 도처에서 쉽게 폭력에 노출되고 있으며 은희를 향한 가장 직접적인 폭력은 오빠 대훈의 폭행과 폭언이다. 대훈의 폭력은 새끼 가부장을 키우는 문화에서 묵인되며 지속적으로 재생산된다. 또한 본고에서는 은희의 저항을 대하는 대훈의 태도에서 영화가 제작될 당시부터 현재에 이르기까지 만연한 젊은 남성들의 페미니즘 백래시와 유사한 인식과 정서를 추론하고 논증했다. 폭력에 저항하는 여성을 그 '저항'을 이유로 더 억압하고 획일적인 잣대로 모든 것을 계량화 했던 결과인 1994년의 재난은 지금도 반복적으로 계속되고 있음이 〈벌새〉에서 재현된다.

상처 입은 타자의 얼굴로 다가온 은희를 환대하고 은희의 이야기를 들어준 영지 선생님은 레비나스가 말한 윤리적 주체로서 책임의 윤리학을 실천한다. 〈벌새〉에서 타자에 대한 억압에 저항하는 윤리적 투쟁인 페미니즘은 타자의 철학, 책임의 윤리학과 교차하게 된다. 영지는 동일한 가치만을 추구하는 집단과 이를 지탱해 온 획일적인 질서의 야만성을 응시하는 개인으로서 가부장제와 개발지상주의의 폭력성을 직시하고, 상처입고 목소리를 내지 못하는 은희에게 용기를 준다. 의미 있는 타자인 영지와의 만남은 은희를 치유하고 성장하게 한다. 이는 여성들의 연대가 내포하는 의미망을 시사한다. 은희의 성장은 기존 질서에 편입하는 방향으로 향하지 않는다. 영화에서 은희에게 부여한 시점 쇼트를 통해 은희와 관객은 개발지상주의가 초래한 재난의 참혹함을 목격하고, 하나의 목표만을 향해 달려가며 거기서 벗어난 사람들을 타자화 하는 가족과 학교와 국가의 유사한 폭력과 그 그늘을 본다. 또한 모든 시대적 징후들을 투영한 은희의 얼굴을 바라보는 관객은 세상을 바라보는 시선과 타자와의 관계에 대해서 다시 사유한다. 함부로 판단되거나 지워져버린 주변의 삶, 타자의 삶에 대해서 생각하고 중심과 주변의 경계를 질문하며 지배적인 질서에 대해서 문제를 제기하게 된다. 거대한 사회적 재난을 다루면서 그 재난을 겪은 개별적인 인간 개인에 관심을 가지고 그 이야기를 진심으로 귀 기울여 들으려는 윤리적 태도가 일상의 폭력과 사회적 재난의 연결고리를 발견할 수 있었다. 이것이 이 영화가 사회적 재난과 일상의 폭력을 다룬 여타 영화들과 차이를 가지게 된 요인이다.

참고도서 및 인용자료

1 소설 및 영화

공지영, 『고등어』, 웅진출판, 1994.

공지영, 『도가니』, 창비, 2017.

구병모, 「하르피아이와 축제의 밤」, 조남주 외, 『현남오빠에게』, 다산책방, 2017.

김보라, 영화 〈벌새〉, 에피파니&매스 오너먼트, 2018.

김승옥, 『무진기행』, 동아출판사, 1995.

김훈, 『남한산성』, 학고재, 2017.

박경리, 『김약국의 딸들』, 마로니에 북스, 2013.

박민정, 「모르그 디오라마」, 『2019 현대문학상 수상소설집』, 현대문학, 2019.

박민정, 「세실, 주희」, 『2018 제9회 젊은 작가상 수상작품집』, 문학동네, 2018.

박범신, 『나마스테』, 한겨레신문사, 2005.

서성란, 『파프리카』, 화남, 2009.

유현목 감독, 〈김약국의 딸들〉, 극동흥업, 1963. 『Literature on Screen』 DVD, 한국영상자료원, 2014.

이기영, 『서화(외)』, 범우 비평판 한국문학 34 이기영 편, 2006.

정세랑, 『시선으로부터,』, 문학동네, 2020.

천운영, 『잘가라 서커스』, 문학동네, 2005.

최은영, 「먼 곳에서 온 노래」, 『쇼코의 미소』, 문학동네, 2016.

최은영, 「그 여름」, 『내게 무해한 사람』, 문학동네, 2018.

최은영, 「아주 희미한 빛으로도」, 『2020 제 11회 젊은작가상 수상작품집』, 문학동네, 2020.
최은영, 『밝은 밤』, 문학동네, 2021.
황석영, 『오래된 정원』, 창비, 2000.
최윤, 『저기 소리 없이 한 점 꽃잎이 날리고』, 문학과지성사, 1992.
최윤, 『회색 눈사람』, 문학동네, 1992.
황동혁 감독, 〈남한산성〉, 싸이런 픽쳐스, 2017.

2 논문, 단행본, 기사

가야트리 스피박, 김지영·정혜욱·유제분 공역, 『탈식민 페미니즘과 탈식민 페미니스트들』, 현대미학, 2001.
강가람, 「2000년 여성국제법정을 통해 본 초국적 여성 연대의 가능성: 한일 사회 내 일본군 '위안부' 문제를 중심으로」, 이화여자대학교 대학원 석사학위논문, 2006.
강미옥, 『보수는 왜 다문화를 선택했는가 - 다문화정책을 통해서 본 보수의 대한민국 기획』, 상상너머, 2014.
강선미, 「자매애에 대하여」, 『여성과 사회』제11호, 2000.
강소영, 「일본인 '위안부' 피해자의 말하기」, 『일본사상』 36호, 2019.
강소희, 「동일적 여성주체의 '회상'과 글쓰기 - 정세랑의 『시선으로부터,』를 중심으로」, 『여성문학연구』 54집, 한국여성문학학회, 2021.
강영안, 『레비나스의 철학, 타인의 얼굴』, 문학과지성사, 2005.
강지희, '끝내 울음을 참는 자의 윤리', 최은영, 『내게 무해한 사람』, 문학동네, 2018.
강지희, '사회문제와 싸우는 또다른 방식', 『2020 제 11회 젊은작가상 수상작품집』, 문학동네, 2020.
강진구, 「한국소설에 나타난 결혼이주여성의 재현양상」, 『다문화 콘텐츠 연구』 11집, 중앙대 문화 콘텐츠 기술 연구원, 2011.
고부응, 『탈식민주의 이론과 쟁점』, 문학과지성사, 2003.

권미경, 「디지털성범죄 피해자 지원 프로세스에 대한 연구」, 『이화젠더법학』 제10권, 제3호, 이화젠더법학회, 2018.
권 유, 『민촌 이기영의 작가세계』, 국학자료원, 2002.
권택영, 『다문화시대의 글쓰기』, 문예출판사, 1997.
길버트 바트 무어, 이경원 역, 『탈식민주의! 저항에서 유희로』, 컬처북스, 2001.
김경연, 「파토스의 윤리학과 문학의 (불)가능성 - 백신애 문학에서 '정념'의 문제 재고 -」, 『여성학연구』 제26권, 2호, 여성연구소, 2016.
김동식, 「데이터베이스의 얼굴을 한 생명권력」, 『2019 현대문학상 수상소설집』, 현대문학. 2019.
김륜옥, 「이상적 혹은 이상화된 삶의 형태로서 남성 간 우정의 구조-헤르만 헤세의 소설」, 『헤세연구』 23집, 한국헤세학회, 2010.
김리나, 「메갈리안들의 '여성' 범주 기획과 연대」, 『한국여성학』 제33권 제3호, 한국여성학회, 2017.
김만수, 「자신의 운명을 찾아가기」, 조남현 편, 『한국문학의 현대적 해석 8 - 박경리』, 서강대학교 출판부, 1996.
김미영, 「오키나와코코로(沖縄のこころ)의 형성 및 변용과정」, 『일본연구』 32집, 2019.
김민정, '여전히 위협받는 일본 여성의 인권 …… 목소리 내는 한국문학서 안식처 찾아', 『경향신문』, 2020. 02. 01.
김보라, 『1994년, 닫히지 않은 기억의 기록』, 벌새, arte, 2020.
김보명, 「혐오의 정동경제학과 페미니스트 저항」, 『한국여성학』 제34권 제1호, 한국여성학회, 2018.
김부자, "'위안부' 문제와 탈식민주의: 역사수정주의적 화해에 대한 저항", 나카노 도시오 편, 『역사와 책임』, 선인, 2008.
김선아, 「가부장적 민족공동체와 여성성」, 이용관 · 이효인 · 정재형 편, 『유현목, 한국 리얼리즘의 길 찾기』, 도서출판 큰사람, 1999.
김선희, 『혐오 미러링 - 여성주의 전략으로 가능한가』, 연암서가, 2018.
김성곤, 『다문화시대의 한국인』, 열음사, 2002.
김성종, 『여명의 눈동자』, 남도, 1979.
김승욱, 『다문화 콘서트』, 법문사, 2009.

문학과 젠더

김신자, 「사유습관과 경험의 재구성 - 듀이의 경험주의에 따른 영화《벌새》의 내러티브 분석 -」, 『건지인문학』 (29), 인문학연구소, 2020.

김세령, 「2000년대 이후 한국소설에 재현된 조선족 이주민」, 『우리문학연구』 37집, 우리문학회, 2012.

김영민, 『탈식민성과 우리 인문학의 글쓰기』, 민음사, 1996.

김영옥, 「새로 쓰는 '모성 신화': 여성 계보학의 재사유와 여성 리더십의 새로운 구성을 위하여」, 『여성학 논집』 22(1), 한국여성연구원, 2005.

김영옥 외, 『국경을 넘는 아시아 여성들』, 이화여자대학교 출판부, 2009.

김영옥, 「21세기 다문화소설에 나타난 국민개념의 재구성과 탈식민성」, 『한국문학이론과 비평』 제56집, 한국문학이론과 비평학회, 2012.

김영찬, 「1960년대 문학의 정치성을 '다시' 생각한다」, 『상허학보』 40집, 2014.

김우영, 『라이 따이한』, 푸른사상, 2002.

김윤정, 「김훈의 역사소설에 나타난 역사 변용의 원리 연구」, 『한국문학이론과 비평』 제75집, 한국문학이론과 비평학회, 2017.

김은경, 「박경리 문학 연구: '가치'의 문제를 중심으로」, 서울대학교 박사논문, 2008.

_____, 「소설 『김약국의 딸들』과 영화 『김약국의 딸들』의 비교 고찰」, 『비교문학』 제 48집, 한국비교문학회, 2009.

김은경, 「일본군 '위안부' 기념관의 '위안부' 재현과 기억정치」, 『한국학연구』 35, 2010.

김은실, 『여성의 몸, 몸의 문화정치학』, 또 하나의 문화, 2001.

김은하, 「'살아남은 자'의 드라마 - 여성후일담의 이중적 자아 기획」, 『문학을 부수는 문학들』, 민음사, 2018.

김인숙, 「폭력의 서사, 순간의 응시」, 『2019 현대문학상 수상소설집』, 현대문학, 2019.

김정남, 「소설 텍스트 시제이동의 한 가지 새로운 기능 - 김훈의 〈남한산성〉을 중심으로」, 『텍스트언어학』 28, 2010.

김정한, 『수라도』, 삼중당, 1975.

김주언, 「김훈 소설에서의 시간의 문제 - 『남한산성』을 대상으로」, 『한국문학이론과 비평』 제54집, 2012.
김주연, 『사라진 낭만의 아이러니』, 서강대학교 출판부, 2013.
김주현, 「교양 필수 토론 교과의 기초-심화 연계 - 이화여대 고전읽기와 글쓰기를 중심으로」, 『사고와 표현』 제8집, 2호, 한국사고와표현학회, 2015.
김주희, 「우에노 치즈코의 젠더-본질주의 비판」, 『여성문학연구』 47호, 2019.
김재기, 『철학, 섹슈얼리티에 말을 건네다 - 인간의 성에 대한 체계적이고 전면적인 철학적 성찰』, 향연, 2008.
김청강, 「'위안부'는 어떻게 잊혀졌나? 1990년대 이전 대중영화 속 '위안부' 재현」, 『동아시아문화연구』제71집, 2017.
김치수, '비극의 미학과 개인의 한', 『김약국의 딸들』 작품 해설, 마로니에 북스, 2013.
김태환, 『다문화사회와 한국이민정책의 이해』, 집사재, 2015.
김한균, 「사이버성범죄·디지털성범죄 실태와 형사정책」, 『이화젠더법학』 제9권, 제3호, 이화젠더법학회, 2017.
김훈, 『라면을 끓이며』, 문학동네, 2015.
김해옥, '한국 여성 소설을 통해본 '근대성'과 '여성성'의 대위법', 『현대 소설의 여성성과 근대성 연구』, 깊은샘, 2000.
김혜숙, 「여성주의 관점에서 본 다문화주의」, 『철학연구』 76집, 철학연구학회, 2007.
김혜정, 「박경리 소설의 여성성 연구」, 충북대학교 박사논문, 1999.
계운경, 「〈도가니〉의 참여적인 관객성을 위한 재현전략」, 『한국콘텐츠』 제14호, 한국콘텐츠학회, 2014.
나병철, 『근대서사와 탈식민주의』, 문예출판사, 2001.
나병철, 『탈식민주의와 근대문학』, 문예출판사, 2004.
나병철, 「청소년 환상소설의 문학교육적 의미와 '가치의 세계'」,『청람어문교육』 제42호, 청람어문교육학회, 2010.
루이스 자네티, 김진해 역, 『영화의 이해』, 현암사, 1999.
류재형, 「1994년의 호명, 주체로서의 별새 만들기」, 『영상기술연구』 (33), 한국영상제작기술학회, 2020.

리처드 프롬, 양병찬 역, 『아름다움의 진화』. 동아시아. 2019.
마사 누스바움, 박용준 역, 『시적 정의』, 궁리출판, 2013.
마사 누스바움, 조계원 역, 『혐오와 수치심』, 민음사, 2015.
마사 누스바움, 조형준 역, 『감정의 격동: 2 연민』, 새물결, 2017.
문소정, 「동아시아 여성평화운동과 일본 여성의 횡단 정치학」, 『사회와 역사』 89집, 2011.
문정희, 『작가의 사랑』, 민음사, 2018.
문현아, 「찬트라 탈파드 모한티, 경계 없는 여성주의를 향한 저항의 실천」, 『여성이론』 12호, 여성이론학회, 2005.
문형준, 「정치적 올바름과 살균된 문화」, 『비교문학』 제 73집, 비교문학회, 2017.
메릴린 옐롬· 테리사 도너번 브라운, 정지인 역, 『여성의 우정에 관하여: 자매애에서 동성애까지 그 친밀한 관계의 역사』, 책과 함께, 2016.
박경리, '나의 문학적 자전', 『꿈꾸는 자가 창조한다』, 나남, 1994.
박은태 · 고현철, 「공지영과 김영하의 후일담 소설 연구」, 『한국문학논총』 44집, 2006
박은태, 「1990년대 후일담 소설의 문학사적 연구」, 『한국문예비평연구』 26호, 한국현대문예비평학회, 2008.
박정오, 「남성의 시선, 여성의 몸-포크너와 몸의 정치」, 『영미문학페미니즘』 제 8권, 1호, 영미문학페미니즘학회, 2000.
박정오, 「여성SF작가가 꿈꾸는 가상세계 속의 신화와 젠더」, 『영어영문학』 제52권 제3호, 영어영문학회, 2006.
박정애, 「2000년대 한국소설에서 '다문화가족'의 성별적 재현 양상 연구」, 『여성문학연구』 22호, 한국여성문학학회, 2009.
박현희, 「온라인 수업에서 대학생의 사회적 공감 능력 향상을 위한 단계별 사회성찰글쓰기 교육」, 『사고와 표현』 제13집, 3호, 한국사고와표현학회, 2020.
백성우, 『현실 변혁의 소설 담론 - 이기영 소설 연구』, 국학자료원, 1997.
백우암, 『조선여자정신대』, 민성사, 1992.
서성란, 「한국현대소설에 형상화 된 결혼이주여성」, 『한국문예창작』 29호, 한국문예창작학회, 2013.

서영채, '순하고 맑은 서사의 힘', 최은영, 『쇼코의 미소』, 문학동네. 2016.

소영현, 「징후로서의 여성/혐오와 디아스포라 젠더의 기하학」, 『대중서사연구』 제23권 2호, 2017.

소영현, 「페미니즘 리부트 이후, 진화하는 한국문학」, 『2019 현대문학상 수상소설집』, 현대문학, 2019.

손희정, 『페미니즘 리부트』, 나무연필, 2017.

손희정, 『당신이 그린 우주를 보았다』, 마음산책, 2020.

송명희, 「다문화소설에 재현된 베트남 여성」, 『현대소설연구』 51집, 한국현대소설학회, 2012.

송현호, 「『잘가라, 서커스』에 나타난 이주 담론 연구」, 『현대소설연구』 45호, 한국현대소설학회, 2010.

송효정, 「딸들의 비극을 경유해 아버지의 얼굴에서 응고된 영화」, 『영화와 문학-영화로 보는 한국문학』, 한국영상자료원, 2014.

시모어 채트먼, 한용환 강덕화 역, 『영화와 소설의 수사학』, 동국대학교 출판부, 2001.

신영숙, 「아시아태평양전쟁 시기 일본군 '위안부'의 정체성 - 여자 군속의 종군간호부와 비교 연구」, 『동북아역사논총』 25호, 2009.

신예슬, 「우리는 누구의 음악을 듣는가」, 『경향신문』, 2019. 04. 03.

신형철, "지적이라는 평가의 의미", 『2018 제9회 젊은 작가상 수상작품집』, 문학동네, 2018.

신희선, 「버지니아 울프 『자기만의 방』을 활용한 대학의 사고와 표현교육 사례연구」, 『사고와 표현』 제9집, 2호, 한국사고와표현학회, 2016.

심아정, 「피해/가해의 틀을 흔들며 출몰하는 오키나와의 조선인 - 가해자들의 '말하기', 그 기점으로서의 오키나와 -」, 『사이』 27호, 2019.

심진경, 「경계에 선 남성성-김훈의 소설을 중심으로」, 『문학과 사회』 16(3), 문학과 지성사, 2003.

심진경, 「성공의 신화와 비난받는 여자들: 『위대한 개츠비』다시 읽기」, 『젠더와 문화』 제15권2호, 2022.

쑨거, 김민정 역, 『왜 동아시아인가: 상황 속의 정치와 역사』, 글항아리, 2018.
아이리스 M. 영, 허라금 외 역, 『정치적 책임에 관하여』, 이후, 2013.
아이리스 M 영, 김도균·조국 옮김, 『차이의 정치와 정의』, 모티브북, 2017.
안숙원 외 공저, 『한국여성문학비평론』, 개문사, 1995.
안시환, 「〈남한산성〉이 원작에서 취한 것, 혹은 배제한 것 - 근래의 역사영화에서 만나기 힘든 미학적 성취」, 『씨네21』 No. 1127, 2017.
안아름, 「현대소설에서 나타난 생태학적 정체성 양상 연구」, 『문학과 환경』 제16권 제4호, 2017.
야마시타 영애, 박은미 역, 『내셔널리즘의 틈새에서: 위안부 문제를 보는 또 하나의 시각』, 한울 아카데미, 2012.
양명수, 『동아시아의 평화와 인권』, 역사비평사, 1999.
양성희, 「정치적 올바름의 정치학」, 『중앙일보』, 2017. 01. 09.
연남경, 「다문화소설과 여성의 몸 구현 양상」, 『한국문학이론과 비평』 제48집, 한국문학이론과 비평학회, 2010.
오성숙, 「여학생의 '우정'을 둘러싼 제국 일본 담론과 대동아공영권」, 『일어일문학연구』 제95집, 일어일문학회, 2015.
오연희, 「계급적 관점에서 바라본 현대가족의 두 양상 - 김혜진의 『딸에 대하여』와 정세랑의 『시선으로부터,』를 중심으로」, 『어문논총』 제38호, 한국어문학연구소, 2021.
오혜진, 「전근대와 근대의 교차적 여성상에 관해 - 박경리의 『김약국의 딸들』 『시장과 전장』 『토지』를 중심으로」, 『국제어문』 제47집, 2009.
우신영, 「문학교육에서 문학사회학적 상상력에 대한 시론」, 『문학교육학』제64집, 문학교육학회, 2019.
우에노 지즈코, 이선이 역(2014), 『위안부를 둘러싼 기억의 정치학: 다시 쓰는 내셔널리즘과 젠더』, 현실문화, 2014.
움베르토 에코, 김운찬 역, 『이야기 속의 독자』, 열린책들, 2009.
유강하, 「'도가니 신드롬'을 통해 본 문학의 치유적 의미에 대하여」, 『아시아문화연구』 제27호, 아시아문화연구학회, 2012.
유경수, 「부정적인 현실에 대항하는 사회적 소통의 관계망 - 공지영의

『도가니』를 중심으로」, 『현대문학이론연구』 제45호, 현대문학이론연구학회, 2011.
유리 로트만, 오종우 역, 『영화의 형식과 기호』, 열린책들, 2001.
윤정모, 『에미 이름은 조센삐였다』, 인문당, 1982.
윤지관, '한의 가치화와 소설의 공간-박경리론', 『민족현실과 문학비평』, 실천문학사, 1990.
윤혜정, 「목소리의 공명을 통한 여성서사의 확장 - 최은영의 『밝은 밤』을 중심으로 -」, 『한국문예비평연구』 제75집, 한국문예비평학회, 2022.
음영철, 「병자호란의 두 가지 기억 양상」, Asia-pacific Journal of Multimedia Services Convergent with Art, Humanities, and Sociology, Vol.9. No.1. 2019.
이경규, 「헤세의 교양소설에 나타난 교양인의 길」, 『사고와 표현』 제13집, 3호, 한국사고와표현학회, 2020.
이경진, 「낭만적 사랑과 우정」, 『인문논총』 77권 4호, 인문학연구원, 2020.
이경재, 『다문화 시대의 한국소설 읽기』, 소명출판, 2015.
이금란, 『박경리 문학의 가족 서사학』, 인터북스, 2014.
이나라, 「픽션과 다큐멘터리 사이에서 (독립)여성으로 다시 쓰기: 「벌새」와 「공사의 희로애락」", 『영미문학연구』 (48), 영미문학연구회, 2020.
이나영, 「n번방이 던진 근본적인 질문」, 『경향신문』, 2020. 03. 29.
이동옥, 「네팔의 생태여행과 여성들의 관계, 우정, 연대: '쓰리시스터즈'를 중심으로」, 『젠더와 문화』 제5권 1호, 여성학연구소, 2012.
이명원, 「문인 신비주의와 생식 신비주의」, 『페니스 파시즘』, 개마고원, 2001.
이미림, 『21세기 한국소설의 다문화와 이방인들』, 푸른사상, 2014.
이민경, 「여성의 이야기에 오래 머무른다는 것은」, 조남주 외 『현남오빠에게』, 다산책방, 2017.
이상경, 『한국근대여성문학사론』, 소명출판, 2002.
이상경, 「1930년대의 신여성과 여성작가의 계보 연구」, 『여성문학연구』 12, 한국여성문학학회, 2004.

이석구, 『저항과 포섭 사이: 탈식민주의 이론에 대한 논쟁적인 이해』, 소명출판, 2016.

이성준, 「『남한산성』 서술기법의 다양성과 대중성」, 『한국문예창작』 제14권 제2호, 2015.

이성혁, 「김훈의 '역사소설'에 나타난 파시즘 문제에 대한 고찰」, 『한민족문화연구』 46집, 2014.

이수현, 「1930년대 경향소설의 이중서사 연구 - 이기영의 『고향』과 강경애의 『인간문제』를 중심으로 -」, 서강대학교 석사논문, 2001.

이영호, 「고전을 활용한 〈남한산성〉의 서사화 전략 연구」, 『고전문학과 교육』 30, 2015.

이윤경, 「박경리, 박완서 소설의 여성 정체성 연구」, 이화여자대학교 석사논문, 2008.

이은지, "무지한 반역의 크로노토프(chronotope)", 『2018 제9회 젊은 작가상 수상작품집』, 문학동네, 2018.

이은희, "다정함을 드러내기 위해 필요한 것들", 『경향신문』, 2022. 03.17.

이장욱, "심사평", 『2018 제9회 젊은 작가상 수상작품집』. 문학동네, 2018.

이진경, 『필로 시네마 혹은 탈주의 철학에 대한 7편의 영화』, 새길, 1995, 93쪽.

이진형, 「대중서사와 문학의 '윤리적 전회' - 녜진자오의 문학윤리학비평을 중심으로」, 『대중서사연구』 제22집, 2호, 대중서사학회, 2016.

이재선, 『현대소설의 서사주제학』, 문학과지성사, 2007.

이채원, 「(대중) 소설과 (대중) 영화가 당대의 사회 규범과 소통하는 방식 - 소설 『은교』와 영화 〈은교〉를 중심으로」, 『문학과 영상』 제13권 4호, 문학과 영상학회, 2012.

이채원, 「부산국제영화제 사태에 투영된 대한민국의 사회문화」, 계간 『예술문화비평』 제20호, 2016.

이효인, 「2000년대 한국 사극 영화의 아이러니 서사 연구:〈관상〉, 〈남한산성〉, 〈음란서생〉을 중심으로」, 『영화연구』 89, 한국영화학회, 2021.

이혜령, 「빛나는 성좌들 - 1980년대 여성해방문학의 탄생」, 『상허학보』 47집, 2016
이혜정, 「여성주의, 우정 그리고 도덕적 성장」, 『한국여성철학』 제18권, 한국여성철학학회, 2012.
인아영, “유토피아에서 있었던 일에 대해 알아보려고 합니다(박민정론)”, 『경향신문』, 2018. 01. 02.
임경화, 「오키나와의 아리랑 - 미군정기 오키나와의 잔류조선인들과 남북한」, 『대동문화연구』 89집, 2015.
임경화, 「한일 페미니즘 순환의 (불)가능성」, 『여성문학연구』 47호, 2019.
임종국, 『정신대실록』, 일월서각, 1981
앤소니 기든스, 배은경 · 황정미 역, 『친밀성의 구조 변동 - 현대 사회의 성 사랑 에로티시즘』, 새물결, 1996.
예동근, 「한국의 지역 다문화공간에 대한 비판적 접근」, 『동북아 문화연구』 27집, 2011.
자크 랑시에르, 유재홍 역, 『문학의 정치』, 인간사랑, 2009.
자크 오몽, 김호영 역, 『영화 속의 얼굴』, 마음산책, 2006.
장미영, 「디아스포라 문학과 트랜스내셔널리즘」, 『비평문학』 38집, 한국비평문학회, 2010.
저메인 그리어, 이미선 역, 『여성, 거세당하다』, 텍스트, 2012.
정강길, 「몸학, 화이트헤드 철학의 몸삶 적용 이론 탐구 - 전인적이고 통전적인 몸 이해 모색 -」, 『화이트헤드 연구』 26, 한국화이트헤드학회, 2013.
정민아, 「불안사회의 거울, 2017년 한국영화의 경향-〈1987〉, 〈남한산성〉, 〈밤의 해변에서 혼자〉, 〈아이 캔 스피크〉, 〈옥자〉」. 『현대영화연구』 31. 2018.
정세랑, 『지구인만큼 지구를 사랑할 순 없어』, 위즈덤하우스, 2021.
정연희, 「구병모 소설의 재난의식과 에코페미니즘의 상상력」, 『문학과 환경』 제21권 제4호, 문학과 환경학회, 2022.
정주아, “1인칭 글쓰기 시대의 소설”, 『창작과 비평』 제192호, 창비, 2021.
정현웅, 『잃어버린 강』, 행림, 1989.
정희진, 『페미니즘의 도전』, 교양인, 2005.

조경희, 「일본의 #Me Too운동과 포스트페미니즘」, 『여성문학연구』 제47호, 2019.
조남현, 『이기영』, 한길사, 2008.
조성희, 「한강의 『소년이 온다』와 홀로코스트 문학 - 고통과 치욕의 증언과 원한의 윤리를 중심으로」, 『세계문학비교연구』 제62호, 세계문학비교학회, 2018.
조연정, 「'무능한 남성'과 '불온한 예술가', 그리고 '여성혐오' - 여성주의시각으로 김수영 문학을 '다시' 읽는 일」, 『한국시학연구』제57호, 한국시학연구학회, 2019.
조윤정, 「문학과 정치, 문학의 정치」, 『상허학보』 42집, 2014.
조은숙, 「문순태의 자전적 소설을 통해 본 치유적 글쓰기」, 『현대문학이론연구』 87호, 현대문학이론학회, 2021.
조은주, 『디아스포라 정체성과 탈식민주의 시학』, 국학자료원, 2015.
조주현, 『벌거벗은 생명』, 또 하나의 문화, 2009.
조주현, 「모두가 자유로운 세상은 어떻게 우리에게 다가올까?」, 『페미니즘 연구』 제19권 제2호, 페미니즘학회, 2019.
조지 스타이너, 윤지관 역, 『톨스토이냐 도스토예프스키냐』, 서커스, 2019.
조한혜정, 「소년은 어떤 세상을 만나 어떤 어른이 되는가」, 『경향신문』, 2020. 07. 13.
존 버거, 박범수 역, 『본다는 것의 의미』, 동문선, 2000.
주디스 버틀러, 조현준 역, 『젠더트러블』, 2008.
주은우, "다문화주의와 내셔널리즘을 넘어, 혹은 그 사이에서 - 오키나와 영화와 정체성의 정치", 『오키나와 영화, 오키나와 아이덴티티: 영화, 지역&역사연구와의 조우』, 한국영상자료원, 2009.
진중권 외, 『페니스 파시즘』, 개마고원, 2001.
질리안 로즈, 정현주 옮김, 『페미니즘과 지리학』, 한길사, 2011.
재크린 살스비, 박찬길 역, 『낭만적 사랑과 사회』, 민음사, 1985.
차옥승, 「전쟁 폭력 여성 - 오키나와 전장의 기억을 중심으로」, 『아시아 연구』 12-2, 2009.
천정환, 『근대의 책 읽기』, 푸른역사, 2003.
천정환, 「1980년대와 '민주화 운동'에 대한 '세대 기억'의 정치」, 『대중서사연구』 제20권 3호, 대중서사학회, 2014.
체임벌린 프루던스, 김은주 · 강은교 · 김상애 · 허주영 역, 『제4물결 페미니즘: 정동적 시간성』, 에디투스, 2021.
최강민, 『탈식민과 디아스포라 문학』, 제이 앤 씨, 2009.
최명익, 『장삼이사』, 을서문화사, 1988.
최병우, 「한국현대소설에 나타난 이주의 인간학」, 『한국현대소설연구』 51집, 한국현대소설학회, 2012.
최용성 · 곽대훈, 「성폭력처벌법 제14조를 기반으로 한 디지털성범죄의 합리적 대응방안 연구」, 『한국경찰학회보』 22권, 2호, 한국경찰학회, 2020.
최은수, 「재일 작가의 '위안부' 표상 - 『8월의 저편(8月の果て)』과 『다시 오는 봄(巡りくる春)』을 중심으로」, 『일본연구』 제80호, 2019.
최은수, 「한일영화 속 '위안부' 표상과 민족남성주체」, 『일본학연구』 제 58호, 2019.
최은주, 「조선인 위안부의 연애=사랑을 둘러싼 정치 – 식민주의적/민족적 욕망의 미디어로서의 '위안부'」, 『일본연구』 제64호, 2015.
최종렬, 『다문화주의의 사용: 문화사회학의 관점』, 한국문화사, 2016.
최태섭, "국가는 여자의 얼굴을 하지 않았다", 『경향신문』, 2019. 01. 30.
최현숙, 「문학을 활용한 사회적 글쓰기 교수-학습 사례 고찰」, 『사고와 표현』 제12집 2호, 한국사고와표현학회, 2019.
최혜경, 「페미니즘 관점으로 본 애니메이션 〈겨울왕국〉의 자매애」, 『만화애니메이션연구』 44, 한국만화애니메이션연구학회, 2016.
태혜숙, 『탈식민주의 페미니즘』, 여이연, 2001.
태혜숙, 『대항지구화와 '아시아' 여성주의』, 울력, 2008.
하예나 뉴시스 인터뷰, 조인우 기자, 2018. 12. 16.
허문순, 『분노의 벽』, 자유시대사, 1989.
허윤, 「광장의 페미니즘과 한국문학의 정치성」, 『한국근대문학연구』 19권, 2호, 한국근대문학회, 2018.
한금윤, 「공지영의 『도가니』에 나타난 장애인 의사소통의 사회적 장벽과 종교」, 『문학과 종교』 제22권 2호, 문학과 종교학회, 2017.
한귀은, 「영화 〈벌새〉에 나타난 애도의 윤리와 하위주체의 우정」, 『어문학』(150), 한국어문학회, 2020.
한영현, 「가족과 사회의 윤리적 폭력을 응시하는 영화 〈벌새〉」, 『현대영화연구』16(3), 현대영화연구소, 2020.
호미 바바, 나병철 역, 『문화의 위치: 탈식민주의 문화이론』, 소명출판, 2002.
헤이든 화이트 외, 석경징 외 역, 『현대 서술 이론의 흐름』, 솔, 1997.
헹크만 · 로터 엮음, 김진수 역, 『미학사전』, 예경, 2002.
황 경, 「이창동의 〈버닝〉에 나타난 문예 미학적 논리 연구」, 『우리어문연구』64집, 우리어문학회, 2019.
황동혁 감독 인터뷰. 『씨네21』No. 1127. 2017.
황정아, "문학의 정치를 다시 생각한다", 『창작과 비평』제194호, 창비, 2021.
황혜진, 『영화로 보는 불륜의 사회학』, 살림, 2005.

Bilandzic, H. & Busselle, R, W. 'Enjoyment of films as a function of narrative experience, perceived realism and transportability'. *Communications*. 36, 2011.
Dolezel, Lubomir. "Fictional and Historical Narrative: Meeting the Postmodernist Challenge", David Herman(ed.), *Narratologies: New Perspectives on Narrative Analysis*. Ohio State University Press. 1999.
Lothe, J. *Narrative in Fiction and Film*, Oxford University Press, 2000.
M. Friedman, *What are Friends for? - Feminist Perspectives on Personal Relationships and Moral Theory*, Cornell University Press, 1993, p.189.
N. Noddings, *Caring - A Feminine Approach To Ethics and Moral Education*, University of California Press, 1984, p.16.
Poovey, Mary. Uneven Developments: the Ideological Work of Gender in Mid-Victorian England. Chicago: U of Chicago P. 1988.

Segal, E. A."Social empathy, A model built on empathy, contextual understanding, and social responsibility that promotes social justice", Journal of Social Service Research, 37(3), 2011, p. 268.

문학과 젠더

2024년 08월 27일 인쇄
2024년 09월 02일 초판 발행

저　　자 • **이 채 원**

발 행 처 • **한남대학교 탈메이지교양 · 융합대학(글누리)**
대전광역시 대덕구 한남로 70
(042) 629-7722
press.hannam.ac.kr

인 쇄 처 • **도서출판 이 화**
(042) 255-9708

ISBN 978-89-7066-429-3 03800

〈정가 28,000원〉